KB011749

지적인 하루를 위한

5분 역사

지적인 하루를 위한
5분 역사

초판 1쇄 인쇄 | 2018년 2월 2일
초판 1쇄 발행 | 2018년 2월 9일

기 획 | 이제희
지은이 | 박상철
펴낸이 | 박영욱
펴낸곳 | 깊은나무

편 집 | 허현자 · 김상진
마케팅 | 최석진
디자인 | 서정희 · 민영선

주 소 | 서울시 마포구 월드컵로 14길 62
이메일 | bookrose@naver.com
네이버포스트 : m.post.naver.com ('깊은나무' 검색)
전 화 | 편집문의: 02-325-9172 영업문의: 02-322-6709
팩 스 | 02-3143-3964

출판신고번호 | 제313-2007-000197호

ISBN 978-89-98822-46-0 (02900)

이 도서의 국립중앙도서관 출판예정도서목록(CIP)은 서지정보유통지원시스템
홈페이지(http://seoji.nl.go.kr)와 국가자료공동목록시스템
(http://www.nl.go.kr/kolisnet)에서 이용하실 수 있습니다.
(CIP제어번호: CIP2018000088)

박상철 지음
지적인 하루를 위한
5분 역사
깊은나무

'역사는 인물을 낳고, 인물은 역사를 만든다'

철없던 소년 시절에 이 말을 들었을 땐 그저 '닭이 먼저냐, 달걀이 먼저냐'처럼 아리송하게만 생각됐다. 나중에서야 임진왜란 때의 이순신이나 프랑스 혁명기의 나폴레옹, 미국 남북전쟁 당시의 링컨을 읽고서 역사와 인물 사이엔 뗄 수 없는 상관관계가 있음을 알게 됐다. 비단 장군이나 황제뿐만이 아니다. 뉴턴이나 아인슈타인 같은 과학자, 미켈란젤로나 베토벤 같은 예술가, 알리나 손기정 같은 스포츠맨에다 히틀러나 스탈린 같은 대 악당까지도 역사 속의 주인공이 되기도 한다. 심지어는 개와 원숭이도 우주여행을 한 역사가 있고 요즘엔 영화 '스타워즈'의 다스베이더나 마블사의 아이언맨 같은 가상의 존재도 이미 역사의 스포트라이트를 받고 있다.

또 세상의 역사를 만들어 온 것은 숱한 영웅들뿐만 아니라 알려지지 않았지만, 더 많은 평범한 인물들이 함께 만들어 온 것이기도 하다. 세상엔 주인공만으로 스토리가 진행될 수는 없는 법이다. 우리들 각자도 모두 나름대로 오늘 이 순간 역사를 창조하고 있는 중인 것이다. 이 지구는 선인이 있으면 악인이 있고, 미인도 평범한 사람도 추한 이도 함께 공존하며 부대끼는 거대한 연극무대와도 같다. 인간의 역사는 지혜로움과 어리석음이 함께 있고 감동적인가 하면 추악함으로 얼룩져 있기도 하다.

그림 그리기를 평생의 업으로 여기고 있는 내게 특히 흥미로운 주제는 바로 인간 얼굴의 끝없는 다양함이었다. 미처 글자를 알기 이전부터 만화방 출입을 하며 그림에 익숙하던 내가 연필과 종이를 갖고 나서 가장 먼저 끄적거린 것이 사람의 얼굴이었다. 초·중·고를 거치며 교과서와 공책의 여백에 수없이 그렸던 얼굴들 때문에 야단도 많이 맞았지만 결국 대학에서도 시각디자인을 전공하게 됐고 직장도 언론사 미술팀에 입사해 수만 장의 일러스트레이션을 그려오며 밥벌이를 하게 되었다. 인간의 얼굴 그림은 앞으로도 평생 내 작업의 주제가 될 라이프워크라고 할 수 있겠다.

이 책의 글과 그림은 한 일간지에서 4년간 연재한 역사 그림칼럼이다. 역사와 인물에 대한 주관적인 시각을 최대한 줄이고 객관적이고 팩트(Fact)에 충실한 글과 그림으로 기록하려 노력했다. 특히 그림은 많은 자료를 참고해 세밀한 묘사를 기본으로 포토샵에서 작업했다. 역사적 인물은 많은 책과 온라인에서 사진이나 그림으로 볼 수 있지만, 이 책에서는 그런 판에 박은 듯한 사진과 그림보다는 생동감 있고 현실감 있는 이미지로 포착해 보려 애썼다. 4년 동안 1,000명 가까운 인물들에 대해 쓰고 그렸는데 중복된 인물도 많고 미처 챙기지 못한 인물은 더 많다. 기회가 닿는 대로 더욱더 조사하고 자료를 모아 보충하려 한다.

난삽한 원고와 판형으로 고충이 많았던 북오션 출판사의 대표님과 편집팀에 감사를 드린다. 그리고 언제나 내 작업의 든든한 후원자이자 조언자인 아내 동일과 두 아들 정환, 지환에게 특별한 고마움을 전하면서 이 책이 역사에 대한 재미와 궁금증을 불러일으키는 안내서가 된다면 더 바랄 것이 없겠다.

박상철

Contents

3월

March

149

바미얀 석불 | 이토 히로부미 | 영화 '킹콩' | 조정래 | 마르그리트 뒤라스 | 오페라 '카르멘' | 프랭클린 D. 루스벨트 | 찰리 채플린2 | 이오시프 스탈린1 | 훌라후프 | 조지아 오키프 | 미켈란젤로 부오나로티2 | 펄 벅 | 기형도 | 스탠리 큐브릭 | 조병화 | 나폴레옹 보나파르트1 | 바비 인형 | 중광 스님 | 도쿄 대공습 | 알렉산더 그레이엄 벨 | 법정 스님 | 소설 '프랑켄슈타인' | 마하트마 간디2 | 바슬라프 니진스키 | 수전 앤서니 | 최은희 · 신상옥 부부 | 존 스타인벡 | 유비 | 율리우스 카이사르 | 로버트 고다드 | 사이먼 & 가펑클 | 마르쿠스 아우렐리우스 | 라디오 '별이 빛나는 밤에' | 알렉세이 레오노프 | 칼리굴라 | 안토니오 가우디 | 아서 C. 클라크 | 박인환 | 아사하라 쇼코 | 스티븐 스필버그 | 요한 세바스찬 바흐1 | 요한 볼프강 폰 괴테2 | 김점선 | 서태지와 아이들 | 스탕달 | 박목월2 | 로베르트 코흐 | 영화 '아마데우스' | 아르투로 토스카니니 | 루트비히 반 베토벤1 | 안중근1 | 장정구 | 락희화학공업 | 영화 '타잔' | 마르크 샤갈 | 막심 고리키 | 맥도날드 | 진시황릉 | 빈센트 반 고흐1 | 지우개 달린 연필 | 르네 데카르트 | 에펠 탑

4월

April

213

밀란 쿤데라 | 요한 바오로 2세 | 샤를마뉴 대제 | 그레이엄 그린 | 말론 브란도 | 마틴 루터 킹2 | 로젠버그 부부 | 찰턴 헤스턴 | 신경림 | 소설 '어린 왕자' | 신동엽 | 권진규 | 루이 암스트롱 | 파블로 피카소1 | 로버트 리 | 여자 탁구 | 폴 매카트니 | 더글러스 맥아더2 | 유리 가가린 | 마이클 조던 | 타이거 우즈 | 토머스 제퍼슨 | 타이타닉 호 | 장 폴 사르트르 | 가와바타 야스나리 | 찰리 채플린3 | 이상 | 그레이스 켈리 | 알버트 아인슈타인1 | 4. 19 혁명 | 박지성1 | 퀴리 부부1 | 루이 파스퇴르 | 로마 건국 | 아기공룡 둘리 | 메겔 데 세르반테스1 | 행크 애런 | 트로이 함락 | 고우영 | 배트맨 | 이승만2 | 최영 | 아웅산 수치 | 이순신 장군 동상 | 아이작 뉴턴 | 윤봉길 | 아돌프 히틀러1

5월

May

261

데이비드 리빙스턴 | 넬슨 만델라2 | 마거릿 대처1 | 전차 개통 | 키스 해링 | 엄홍길 | 지그문트 프로이트1 | 박수근 | 힌덴부르크 호 | 플라톤 | 루트비히 반 베토벤2 | 앙리 뒤낭 | 텐징 노르가이 | 장영희 | 미켈란젤로 부오나로티3 | 쉘 실버스타인 | 살바도르 달리 | 뮤지컬 '캣츠' | 오토 폰 비스마르크1 | 윈스턴 처칠 | 노무현1 | 이스라엘 건국 | 나일론 스타킹1 | 정지용 | 정명훈 | 권정생 | 리처드 닉슨 | 발터 그로피우스 | 소설 '드라큘라' | 세인트헬렌스 산 | 미스코리아 | 헬리혜성 | 리바이 스트라우스 | 아멜리아 에어하트 | 안드레이 사하로프 | 빌 게이츠 | 보니 & 클라이드 | 지롤라모 사보나롤라 | 이고르 시코르스키 | 로버트 카파 | 니콜라우스 코페르니쿠스 | 덕혜옹주 | 베이브 루스 | 영화 '스타워즈' | 이사도라 덩컨1 | 임권택 | 자와할랄 네루 | 장 칼뱅 | 야세르 아라파트 | 빙 크로스비 | 손기정 | 파울 루벤스 | 잔 다르크 | 2002 한일 월드컵 | 클린트 이스트우드2

6월

June

317

샤를 드골 | 팔미도 등대 | 헬렌 켈러 | 김지하1 | 루 게릭 | 앤서니 퀸 | 프란츠 카프카 | 한국, 월드컵 첫 승 | 최익현 | 조반니 자코모 카사노바 | 오 헨리 | 조세희 | 마릴린 먼로3 | 굴리엘모 마르코니 | 앨런 튜링 | 마호메트2 | 송시열 | 조지 오웰 | 양준혁1 | 이한열 | 알렉산드로스 대왕 | 변법자강운동 | 존 웨인 | 롤링 스톤스 | 보리스 옐친 | 미란다 원칙 | 윌리엄 예이츠 | 호르헤 보르헤스 | 슈퍼맨 | 체 게바라 | 김대중1 | 태조 왕건 | 알베르 카뮈 | 김수영 | 발렌티나 테레시코바 | 김동리 | 자유의 여신상 | 나폴레옹 보나파르트2 | 차범근 | 알렉산더 카트라이트 | 파스칼 | 빅토리아 여왕 | 영화 '조스' | 니콜로 마키아벨리 | 프랑수아즈 사강 | 갈릴레오 갈릴레이 | 버락 오바마2 | 아돌프 히틀러2 | 가말 압델 나세르 | 미셸 위 | UFO | 파블로 피카소2 | 김기수 | 마이클 잭슨2 | 시팅 불 | 김구1 | 남인수 | 체코 '2000어 선언' | 포템킨 호 | 펠레1 | 장 자크 루소 | 오스트리아 황태자 부부 | 노태우1 | 앙투안 생텍쥐페리 | 한용운 | 소설 '바람과 함께 사라지다' | 알버트 아인슈타인2

7월

July

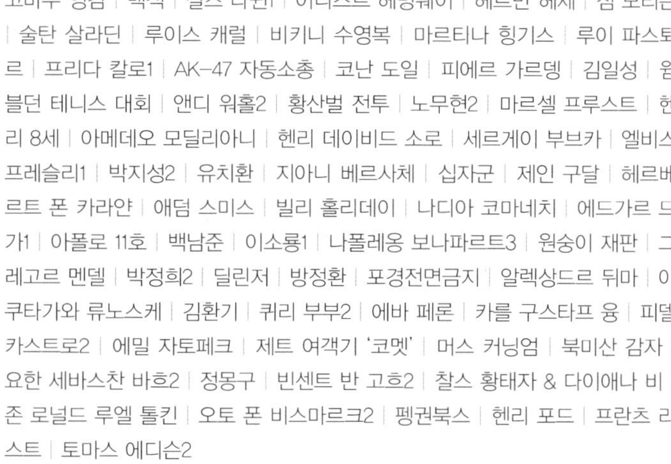

8월

August

9월
September
145

루이 14세 | 카다피 | 옥타비아누스 | 호치민 | 프레더릭 더글러스 | 알렉산더 플레밍 | 알베르트 슈바이처 | 조훈현 | 테레사 수녀 | 존 돌턴 | 이중섭 | 리처드 1세 | 엘리자베스 1세 | 태즈매니아 주머니늑대 | 기욤 아폴리네르 | 마오쩌둥1 | 컴퓨터 '버그' | 아베베 비킬라 | 최초의 신도시 화성 | 마하트마 간디3 | 황창규 | 세레나 윌리엄스 | 미켈란젤로 부오나로티4 | 로알드 달 | 단테 알리기에리 | 이사도라 덩컨2 | 황순원 | 탱크 전장 투입 | 이순신2 | 마리아 칼라스 | 김대중2 | 윤이상 | 그레타 가르보 | 양준혁2 | 처비 체커 | 소피아 로렌 | 이탈리아 통일 | 갈릴레오 우주선 | 아르투르 쇼펜하우어 | 아이작 스턴 | 이병철1 | 로키 마르시아노2 | 벤 존슨 | 루쉰 | 발터 벤야민 | 폴 뉴먼 | 알베르트 아인슈타인3 | 에드가르 드가2 | 마라톤 전투 | 유관순 | 김지하2 | 제임스 딘2 | 권터 그라스

10월
October
199

마오쩌둥2 | 헨리 포드 | 최진실 | 노무현3 | 렘브란트 판 레인 | 슬로보단 밀로세비치 | 달라이 라마 | 데이비드 쿤스트 | 조지 포먼 | 석주명 | 영화 '재즈 싱어' | 메겔 데 세르반테스2 | 에드거 앨런 포 | 왕가리 마타이 | 박경리 | 세종대왕 | 오손 웰즈 | 율 브리너 | 에디트 피아프 | 장 콕토 | 앙리 파브르 | 크리스토퍼 콜럼버스 | 옥토버페스트 | 존 덴버 | 네로 황제 | 로멜 장군 | 마틴 루터 킹3 | 마타하리2 | 마리 앙투아네트 | 선통제 푸이 | 프레데릭 프랑수아 쇼팽 | 허먼 멜빌 | 토머스 에디슨3 | 이정재 | 카미유 클로델 | 김좌진 | 호레이쇼 넬슨 | 레프 야신 | 존 F. 케네디1 | 스머프 | 펠레2 | 크리스티앙 디오르 | 로자 파크스1 | 나일론 스타킹2 | 요한 슈트라우스 2세 | 파블로 피카소3 | 김일 | 안중근2 | 니코스 카잔차키스 | 에라스무스 | 정주영1 | 베니토 무솔리니 | 마광수 | 보리스 파스테르나크 | 무하마드 알리3 | 러시모어 산 | 마르틴 루터

11월

November

257

김현식 | 김우중 | 나는 꼼수다 | 버나드 쇼 | 데이비드 H. 로렌스 | 앙리 마티스 | 우주견 '라이카' | 지그문트 프로이트2 | 로널드 레이건 | 성철 스님 | 알버트 아인슈타인4 | 에이브러햄 링컨2 | 레닌 | 빌헬름 뢴트겐 | 마가렛 미첼 | 아돌프 히틀러3 | 서정주 | 전국 노래 자랑 | 아르튀르 랭보 | 창씨개명제 | 1차 세계대전 | 표도르 도스토예프스키2 | 마크 맥과이어 | 보이저 1호 | 이오시프 스탈린2 | 군용차 '지프' | 전태일 | 넬리 블라이 | 클로드 모네 | 서태후 | 마거릿 미드 | 요하네스 케플러 | 노태우2 | 잉카제국 | 클라크 게이블 | '마우스' 발명 | 오귀스트 로뎅 | 김득구 | 영화 '벤허' | 미키 마우스 | 이병철2 | 프란츠 피터 슈베르트 | 이순신3 | 레프 톨스토이 | 펠레3 | 볼테르 | 토마스 에디슨4 | 마거릿 대처2 | 존 F. 케네디2 | 마이크 타이슨 | 프레디 머큐리 | 드라마 '닥터 후' | 전두환1 | 찰스 다윈2 | 앙리 툴루즈 로트렉 | 알프레드 노벨 | 미시마 유키오 | 정주영2 | 제임스 쿡2 | 투탕카멘 | 마쓰시타 고노스케 | 이소룡2 | 페르디난드 마젤란 | 프리드리히 엥겔스 | 강우규 | 김춘수 | 마크 트웨인2

12월

December

325

로자 파크스2 | 베나지르 부토 | 나폴레옹 보나파르트4 | 베이징 원인 | 전두환2 | 오귀스트 르누아르 | 갑신정변 | 영화 'ET' | 리영희 | 볼프강 아마데우스 모차르트2 | 네페르티티 | 세계문화유산 등록 | 노엄 촘스키 | 진주만 공습 | 키케로 | 존 레논 | 나쓰메 소세키 | 레흐 바웬사 | 김구2 | 윈저공 | 노벨상 수상식 | 영화 '서부전선 이상 없다' | 손정의 | 전두환3 | 장제스 | 비타민 | 사담 후세인 | 프랜시스 드레이크 | 영화 '바람과 함께 사라지다' | 로알 아문센 | 막스 플랑크 | 프란시스코 타레가 | 월트 디즈니 | 얀 베르메르 | 붉은 악마 | 영화 '토요일 밤의 열기' | 해리 트루먼 | 라이트 형제 | 김대중3 | 발레 '호두까기 인형' | 노무현4 | 조광조 | 스타인 벡 | 광부 파독 | 메이플라워호 | 퀴리 부부3 | F. 스콧피츠제럴드 | 드레퓌스 | 금동대향로 | 술탄 술레이만 1세 | 빈센트 반 고흐3 | 박정희3 | 도조 히데키 | 캐럴 '고요한 밤 거룩한 밤' | 크리스마스 | 마오쩌둥3 | 찰스 다윈3 | 뤼미에르 형제 | 알렉산드르 솔제니친 | 랜스 암스트롱 | 라이너 마리아 릴케 | 인디언 대학살 | 라스푸틴 | 윤동주2 | 성냥팔이 소녀 | 소련연방 해체 | '최고'와 '최악'

365, Todays in History

1월
January

2월
February

3월
March

4월
April

5월
May

6월
June

014

1월 1일,1863년

링컨, 노예 해방을 선언

남북전쟁이 한창이던 1863년 1월 1일, 미국의 16대 대통령 에이브러햄 링컨이 연방에서 탈퇴한 남부 여러 주를 대상으로 노예 해방을 선언했다. 링컨은 백악관 집무실에서 “내 평생 이 보다 더 옳은 일을 한 적이 없다. 이 일로 내 이름과 영혼이 역사에 길이 새겨질 것이다.”라며 선언서에 서명했다. 내용은 ①반란상태에 있는 여러 주의 노예를 전부 해방하며, ②해방된 흑인은 폭력을 삼가고 적절한 임금으로 충실히 일할 것과 ③흑인에게 연방 군대에 참가할 기회를 줄 것 등을 규정했다. 이 선언으로 20만 명에 가까운 흑인들이 북군인 연방병사로 지원해 북군 승리의 중요한 발판이 됐고 전쟁 뒤 노예가 해방되는 결정적 계기가 되었다.

1월 1일, 1959년

쿠바혁명 성공

1959년 1월 1일 피델 카스트로가 이끄는 게릴라들이 바티스타정권을 축출하고 쿠바혁명을 성공시킨다. 쿠바혁명은 독재자 바티스타를 타도하기 위해 1953년 7월 26일 카스트로가 이끈 무장청년들이 산티아고의 몬카다 병영을 습격한 데서 시작됐다. 이 습격은 실패했지만 카스트로는 다시 농민을 참여시키는 게릴라전을 전개해 쿠바혁명을 달성했다. 총리가 된 카스트로는 미국자본을 접수하고 토지개혁과 사회개혁을 실시했다.

1월 2일, 2007년

반기문 사무총장 유엔 첫 출근

2007년 1월 2일 반기문 유엔 사무총장이 뉴욕 맨해튼 유엔본부에 첫 출근해 기다리고 있던 직원들의 환영을 받았다. 반 총장은 임시숙소로 사용 중이던 월도프 아스토리아 호텔에서 15분 남짓 걸리는 유엔본부까지 걸어서 이동했고 이동 중 관광객들의 사진촬영 부탁에도 응하는 등 열린 사무총장의 이미지를 과시했다.

1월 2일, 1920년

SF작가 아시모프 출생

1920년 1월 2일, 한평생 500권이 넘는 책을 쓴 SF의 거장 아이작 아시모프가 태어났다. 러시아 스몰렌스크 지방의 유대인 방앗간집 아들로 태어난 그는 3세 때 부모를 따라 미국의 뉴욕으로 이주해 과학책에 눈을 떴다. 2차 대전 후 생화학교수가 되었으나 과학소설의 집필에 전념해 로봇을 다룬 SF등 과학의 대중화에 크게 기여했다. '파운데이션' '바이센테니얼 맨' '아이 로봇' 등의 저작으로 '20세기 르네상스인'으로 불린다.

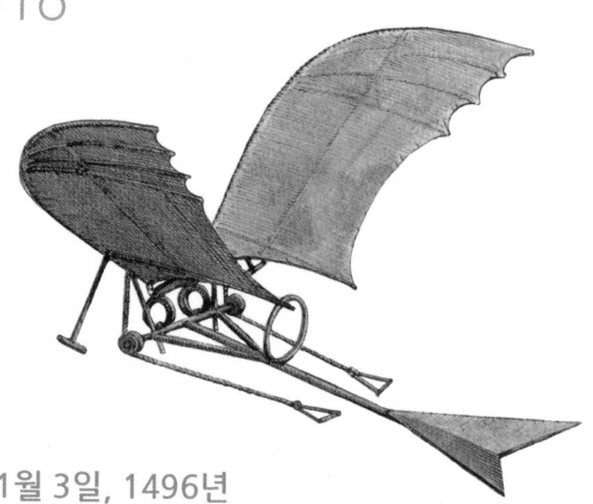

1월 3일, 1496년

다빈치 비행에 도전하다

1496년 1월 3일 르네상스 시대의 천재 레오나르도 다빈치가 자신이 고안한 박쥐 모양의 날개를 단 비행기로 비행을 시도했다. 피렌체 근방 체체리 산에서 두 손으로 크랭크를 돌리고, 두 발로 페달을 밟으며 언덕을 뛰어내렸지만 비행기는 힘이 세고 가벼운 동력엔진이 없어 날지 못했다. 다빈치는 천재 화가였지만 해부나 과학실험, 전쟁무기 개발에 더 힘을 쏟은 과학자이기도 했다. 다빈치의 비행 실험은 실패했으나 400년도 더 지난 후 러시아의 이고리 시코르스키는 다빈치의 나선형 날개에서 영감을 얻어 1930년대에 최초의 헬리콥터를 만들었다.

1월 4일, 1943년

소설가 황석영 출생

1943년 1월 4일, 한국 문단의 대표적인 소설가 황석영이 만주 장춘에서 태어났다. 경복고 자퇴 후 '사상계'에 '입석부근'이 당선돼 등단했다. 베트남전쟁에 참전한 70년대에 '객지''한씨연대기''삼포 가는 길' 등 사회적 리얼리즘 소설들을 발표했고 80년대엔 대하소설 '장길산'을 한국일보에 연재하여 큰 반향을 불러일으켰다. 89년 방북하여 김일성을 만난 일로 국가보안법 위반에 적용돼 5년간 징역을 살고 출감한 후 왕성한 창작 활동을 이어가고 있다.

020

1월 5일, 1953년

연극 '고도를 기다리며' 초연

1953년 1월 5일, 아일랜드 출신 극작가 사무엘 베케트의 희곡 '고도를 기다리며'가 파리 바빌론 극장에서 초연됐다. 공연 전 베케트와 그의 전위적인 대본은 연출가들의 외면을 받았으나 초연이 대성공을 거두어 '기다려도 오지 않는 고도'의 이야기는 현대 부조리극의 고전으로 세계 각국에서 공연되었다. 베케트는 이 희곡으로 1969년 노벨문학상 수상자로 선정됐지만 수상식 참가를 비롯해 일체의 인터뷰를 거부했다.

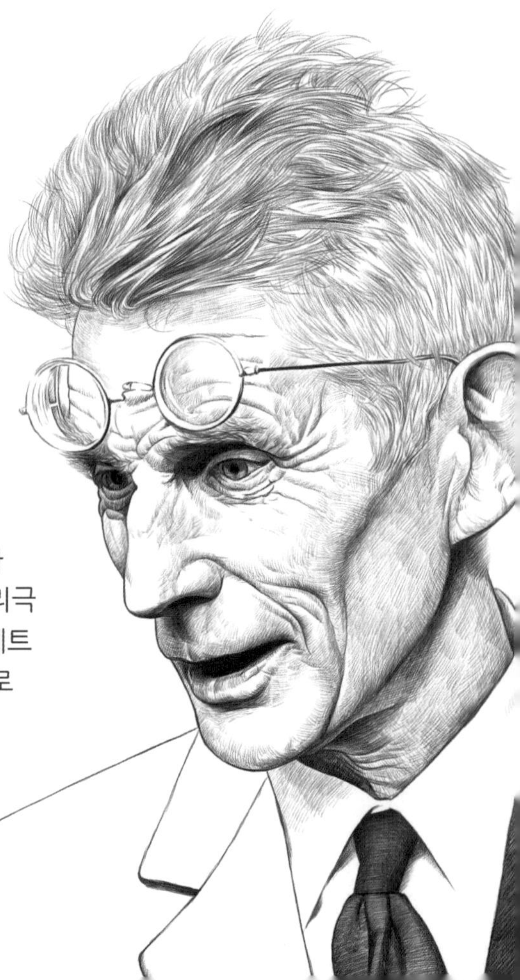

1월 5일, 1948년

킨제이 박사 성보고서 발표

'유부남의 35~45%는 아내 몰래 바람을 피웠고, 남성의 90%는 자위행위를 했다.' 1948년 1월 5일, 알프레드 킨제이 박사가 발표한 '인간 남성의 성적 행동'이란 보고서는 엄청난 충격을 불러일으켰다. 혼외정사, 동성애, 매춘 등 이전까지 금기시 됐던 인간 성생활에 대한 내용을 적나라하게 공개했기 때문이었다. 10년 동안 9000명을 인터뷰한 결과를 토대로 작성된 이 보고서는 매스컴의 집중 조명을 받으며 곧바로 베스트셀러의 반열에 올랐다. 원래 하버드 대학에서 동물학을 전공한 킨제이 박사는 남성보고서에 이어 53년엔 '인간 여성의 성적 행동'을 발표해 다시 한 번 센세이셔널한 충격을 불러일으키면서 한 달 만에 27만 권이 팔려나갈 정도로 대성공을 거뒀으나, 록펠러재단은 의회의 압력으로 킨제이 성 연구소에 대한 자금 지원을 중단하고 말았다.

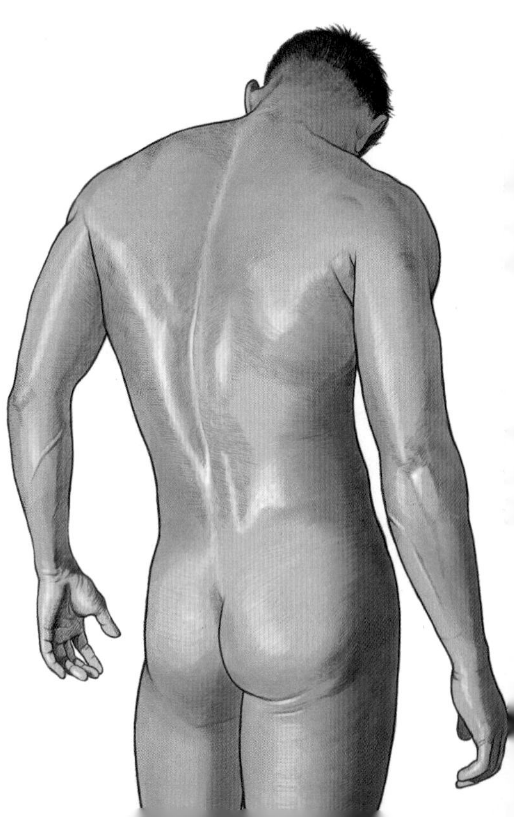

022

1월 5일, 1982년

야간통행금지 해제

1945년부터 시행된 야간통행금지가 1982년 1월 5일 해제됐다. 줄임말로 '통금'이라 불렸던 이 제도는 밤 12시부터 새벽 4시 까지 실시됐는데 이를 어기면 경찰서에 잡아놓고 오전 4시가 되어서야 풀어주었다. 현재 50대 이상의 장년들은 12시 통금사이렌이 울릴 때 미처 대중교통을 잡지 못해 공포로 마음을 졸였던 경험을 한 번씩은 갖고 있을 법하다. 단, 성탄절과 12월 31일에는 예외적으로 통행이 허용됐다.

1월 6일, 1996년

가수 김광석 사망

1996년 1월 6일, '노래하는 음유시인' 김광석이 스스로 세상을 버렸다. 1984년 김민기 음반에 참여하면서 데뷔했고 노찾사 1집에도 참여하였으며 이후 동물원의 보컬로 활동하면서 대중들에게 이름을 알렸다. 80년대 운동권 출신으로 기성 가요계에 진출한 그는 평범한 사람들의 소박한 삶의 얘기를 노래하고 싶어했다.

아무것도 가진 것
없는 이에게
시와 노래는
애달픈 양식
아무 것도 뵈지 않는
어둠속에서
조그만 읊조림은
커다란 빛
나의 노래는 나의 힘
나의 노래는 나의 삶

024

1월 6일, 1907년

마리아 몬테소리, 어린이집 개원

1907년 1월 6일, 이탈리아 로마에서 조그만 학교가 문을 열었다. 이탈리아어로 '어린이의 집(Casa dei Bambini)'이라는 이름이 붙어 있었다. '어린이의 눈높이에 맞춘 교육' 몬테소리가 구상하고 어린이의 집이 실천했던 유아교육 방법이다. 지금은 너무도 당연한 것처럼 보이지만 당시에는 시대를 앞서간 교육법이었다. 몬테소리는 어린이의 집에서 주입식 교육과 체벌을 배제하고 어린이에게 최대한의 선택권을 주었다. 어린이를 잠재력이 풍부한 인격체로 본 그녀는 어린이의 세계를 발견한 것이다. 몬테소리는 로마대 의과대학을 졸업한 이탈리아 최초의 여성의사로서 로마대학 부속병원 정신과 조수로 일했고 1949년 노벨평화상 후보에 올랐다. 어릴 적엔 엔지니어를 꿈꾸며 남학생 전용의 기술학교에 홍일점으로 입학하고 졸업한 열혈 여성이었다.

1월 6일, 1822년

고고학자 슐리만 출생

1822년 1월 6일, 고대 트로이 문명의 유적을 발굴해 낸 독일의 고고학자 하인리히 슐리만이 태어났다. 북부 독일의 가난한 목사 집안에서 태어난 그는 소년시절 호머의 '일리어드'를 애독하여 트로이가 실재한다고 믿었다. 상인으로 성공해 거부가 된 슐리만은 어릴 적 꿈을 이루기 위해 파리에서 고고학을 공부하였고 마침내 소아시아 히살리크 언덕의 유적이 트로이임을 실증해 세계를 놀라게 했다. 그 후에도 미케네와 티린스 등을 발굴해 에게 문명의 연구에 큰 공헌을 했다.

1월 6일, 1884년

유전학의 아버지 멘델 사망

1884년 1월 6일 현대 유전학을 개척한 수도사 그레고르 멘델이 지병인 만성신장염으로 고생하다 62세를 일기로 사망했다. 오스트리아의 작은 읍 하인젠도르프에서 가난한 소작농의 아들로 태어난 그는 빈곤한 집안 사정으로 대학은 포기했으나 성 아우구스티노 수도회의 수사가 되어 학문을 공부했다. 30대 초부터 15년간 완두콩 교배실험을 통해 종의 형질유전에 관한 수학적인 법칙성을 연구해 멘델의 법칙을 발견했다. 멘델은 브륀의 학회지에 연구 성과를 '식물의 잡종에 관한 실험'이라는 제목으로 발표했지만 인정받지 못하다가 사후 16년이 지난 1900년에 3명의 학자들이 동일한 연구로 재발견하여 비로소 유전학의 아버지로 인정받았다.

1월 7일, 1949년

이승만 대통령 '대마도는 우리 땅' 선언

1949년 1월 7일 이승만 대통령은 내외신 기자들과의 회견에서 '대마도는 우리 땅'이라고 전격 선언했다. 이대통령은 "대마도는 오래전부터 우리나라에게 조공을 바쳐온 속지나 마찬가지였는데 350년 전 임진왜란을 일으킨 일본이 무력강점한 뒤 일본 영토가 됐고 이때 결사 항전한 의병들의 전적비가 도처에 있다"며 배경을 설명했다. 10여 일 뒤 31명의 우리 의원이 '대마도 반환촉구결의안'을 국회에 제출해 일본을 더욱 압박했다.

1월 7일, 1989년

히로히토 일본 왕 사망

1989년 1월 7일, '유약하고 유명무실한 천황'이란 가면 속에서 아흔 살 가까이 천수를 누린 냉혹하고 잔인한 일본의 군주 히로히토가 죽었다. 그의 재위 기간 중 일본 제국은 한국에서 창씨개명 강요와 강제징병을 행하였고 한국어와 한글을 말살하려 했다. 히로히토는 경제 불황을 극복하기 위해 군사력을 증강하여 만주를 침공했고 중·일 전쟁동안 화학무기와 세균무기를 시험 사용하도록 재가했다. 그는 대동아 전쟁 및 제2차 세계대전의 최종 책임자였지만 패전 후 맥아더의 지시로 자신이 신이 아닌 인간이라 선언하면서 전범 재판에 회부되지 않고 면책을 받았었다. 원자폭탄의 충격에 무조건 항복을 선언한 것이 그의 60여 년 재임기간 중 가장 빠른 행동이었다 한다.

1월 8일, 1974년

박정희 대통령 긴급조치 1호 선포

1974년 1월 8일, 야당과 지식인의 '개헌청원 서명 운동'이 30만 명을 넘어서자 박정희 대통령은 긴급조치 1호를 발표하여 모든 헌법개정 논의를 금지시켰다. 그는 이 조치를 발동함으로써 "헌법상의 국민의 자유와 권리를 잠정적으로 정지"할 수 있었는데 총 9차례에 걸쳐 내려진 이 조치를 위반한 자는 비상군법회의로 심판, 처단했다. 전 국회의원 장준하와 백범사상연구소 대표 백기완이 긴급조치 1호 위반 혐의로 징역 15년, 자격 정지 15년이 구형되었다.

1월 8일, 1942년

천체물리학자 스티븐 호킹 출생

갈릴레이, 뉴턴, 아인슈타인을 잇는 세계 물리학의 거장 스티븐 호킹이 1942년 1월 8일 영국 옥스퍼드에서 태어났다. 케임브리지 대학원에서 박사과정을 밟던 그는 몸속의 운동신경이 차례로 파괴돼 전신이 뒤틀리는 루게릭병에 걸려 1~2년 안에 죽는다는 시한부인생을 선고받았다. 그러나 그는 이때부터 우주물리학에 몰두하여 특이점 정리, 블랙홀 증발, 양자우주론 등 현대물리학의 혁명적인 3개 이론을 제시했고 대중을 상대로 쉽게 풀어쓴 우주의 역사 등의 저술을 계속해오고 있다.

1월 8일, 1918년

화가 장욱진 태어나다

1918년 1월 8일 예술과 술의 화가 장욱진이 충남 연기에서 태어났다. 그는 일본인 교사의 부당함을 항의하다 경성 제2고보에서 퇴학당하고 양정고보를 거쳐 도쿄제국 미술학교에서 수학했고 김환기, 유영국 등과 함께 서양화 2세대를 이루어 신사실파 동인으로 활동했다. 동화, 전설, 이웃 등 친근한 소재를 단순하면서도 대담한 구성으로 그려내 동양철학적인 사색이 담긴 화풍을 추구한 그는 도시를 떠나 덕소, 수안보, 신갈 등 자연 속의 시골로 들어가 그림과 술, 가족과 더불어 치열한 예술과 무욕의 삶을 살다 갔다.

1월 9일, 1908년

프랑스 작가 보부아르 탄생

20세기 중반 프랑스의 실존주의 작가이자 철학자인 시몬느 드 보부아르가 1908년 1월 9일 파리에서 태어났다. 21세로 최연소 철학교수 자격을 얻으면서 사귄 사르트르의 영향으로 실존주의 철학을 익혀 사상과 행동의 기초로 삼아 언행일치의 지성으로 일관했다. 왕성하게 소설과 에세이를 저작했던 그녀는 특히 개성적인 여성론인 '제2의 성'으로 세계적인 반향을 일으켰다. 보부아르는 사르트르와 평생 계약결혼 상태로 각자 복잡한 애정 행각을 벌인 관계로도 유명하다.

1월 9일, 1942년

삼성 이건희 회장 출생

삼성의 최고경영자 이건희 회장이 1942년 1월 9일 대구에서 태어났다. 1987년 창업주 이병철 회장의 사후부터 삼성그룹을 이끌어 온 이건희 회장은 1993년 29조원 이었던 그룹 매출을 2013년 380조원으로 이끌었고 D램 하나 뿐이던 삼성의 시장점유율 1위 제품은 20개로 늘어났다. 반면 제왕적인 의사결정으로 구 삼성자동차의 실패를 낳았고, 편법 상속이나 비자금 조성 등의 전근대적인 경영 행태가 기업 가치를 훼손해온데 대한 비판도 크다. 2014년 5월 가슴통증으로 쓰러진 후 현재 와병 중인 상태다.

1월 9일, 2001년

아동문학가 정채봉 타계

2001년 1월 9일, 동화 '오세암'의 작가 정채봉이 간암으로 숨졌다. 전남 순천에서 태어나 동국대 국문과를 졸업한 그는 1980년 광주민주화항쟁 때의 충격에 종교적 체험을 더해 동화 '물에서 나온 새' '오세암' '생각하는 동화' 등을 발표, 침체된 한국의 아동문학을 부흥 발전시킨 작가로 인정받았다. 20년이 넘도록 샘터사에서 편집자로 일하며 동화를 발표했던 그는 98년 말 간암 진단을 받고 투병 중에도 에세이와 시집을 내는 등 집필을 멈추지 않았다.

1월 10일, 1929년

소년 모험가 '땡땡' 탄생

"세계에서 나의 유일한 라이벌이 있는데, 바로 땡땡이다." 역대 프랑스 대통령들 중 가장 지명도가 컸던 사람 가운데 하나인 샤를 드 골이 남긴 말이다. 1929년 1월 10일, 벨기에의 만화 작가 에르제가 '르 쁘띠 벵티엠(소년 20세기)' 지에서 소년 기자 땡땡을 주인공으로 한 만화를 연재하기 시작했다. 땡땡과 그의 개 밀루가 전 세계를 여행하며 휘말리는 모험담을 그린 이 만화의 첫 여행지는 당시 금단의 땅이었던 소련이었다. 이듬해인 30년 '소비에트에 간 땡땡' 이 땡땡 시리즈 1권으로 발간되면서 총 24권의 책이 출판됐는데 전 세계 50개 언어로 60개국에서 판매되어 만화계의 고전으로 자리 잡았다.

036

1월 10일, 1971년

'코코 샤넬' 떠나가다

1971년 1월 10일, 프랑스 여성 패션계의 전설 가브리엘 샤넬이 87세의 나이로 사망했다. 12살에 어머니가 죽고 고아원에 맡겨진 샤넬은 18세에 재봉사 보조원으로 바느질을 배우기 시작했다. 가수가 꿈이었던 그녀는 틈틈이 노래를 부르던 카페에서 '코코 샤넬'이라는 별명을 얻었지만 사람들은 코르셋과 레이스를 없앤 샤넬의 디자인에 더 매혹됐다. 무릎 근처까지 올라간 짧은 치마, 끈을 달아 어깨에 멜 수 있게 한 손가방, 검은 색의 리틀 블랙 드레스, 개발 번호가 이름이 된 향수 '샤넬 넘버5' 등 그녀의 디자인은 하나하나가 모두 혁명이 됐다.

1월 10일, 1835년

일본 사상가 후쿠자와 유키치 출생

1835년 1월 10일, 일본 메이지시대의 계몽 사상가이자 교육자인 후쿠자와 유키치가 태어났다. 미국을 여행하고 유럽을 견문하여 '서양사정'을 저술한 그는 일본의 부국강병과 자본주의 발달의 사상적 근거를 마련했다. 그러나 그는 한편으로 '아시아를 벗어나 서구를 지향한다'는 '탈아입구(脫亞入歐)'론을 주장해 일본의 극우 제국주의와 조선 침략을 정당화한 이중적 잣대의 사상가였다. 후쿠자와는 지금도 일본의 국민적 영웅으로 추앙받으며 일본 지폐 1만 엔 권에 얼굴이 새겨져있다.

038

1월 11일, 630년

마호메트, 메카에 무혈입성

아라비아 반도 중부 메카에서 유복자로 태어나 숙부의 손에 자란 가난한 목동 마호메트. 그는 부유한 과부 카디자의 고용살이 도중 그녀의 큰 신임을 얻고 결혼까지 하기에 이르지만 금식과 명상으로 진리를 찾아 나선다. 어느 날 히라 산 동굴에서 사색 중 천사 가브리엘의 계시로 유일신 알라의 사도가 된 마호메트는 이슬람의 가르침을 전파하다 탄압을 피해 622년 신도 72명과 함께 메카를 탈출, 메디나로 떠난다. 이때를 기점으로 이슬람력 헤지라 원년이 시작됐다. 630년 1월 11일, 이슬람 전도를 위해 '한 손에는 칼, 한 손에는 코란'을 들고 온갖 역경을 헤쳐 온 마호메트가 고향 메카에 돌아왔다. 그는 메카의 카바 신전에 있던 수백의 우상을 때려 부수고 "진리는 왔고 거짓은 멸망하였다."라고 선언했다.

1월 11일, 1965년

독문학자 전혜린 자살

1965년 1월 11일 재기와 치열함으로 가득 찬 생을 살았던 젊은 독문학자 전혜린이 31세의 젊은 나이에 스스로 세상을 버렸다. 백지상태의 수학시험에도 불구하고 서울 법대에 합격할 정도로 총명했던 그녀는 재학 중 독문학으로 전공을 바꿔 독일 뮌헨대학에 유학했고 59년 귀국 후 교수로 재직하며 명동의 문인들과 어울려 많은 일화를 남겼다. 명징하고 유려한 문체로 다수의 번역 책을 낸 전혜린의 수필집 '그리고 아무 말도 하지 않았다' 와 유고집 '이 모든 괴로움을 또 다시' 는 그녀의 사후 50년 가까이 지난 지금까지도 여전히 인쇄를 거듭하며 읽히고 있다.

1월 11일, 1928년

소설 '테스'의 작가 하디 사망

19세기 영국의 소설가이자 시인인 토마스 하디가 1928년 1월 11일 사망했다. 고향인 영국 남부의 시골인 도체스터가 대부분 그의 작품 속 배경이 되었는데 이러한 외진 농촌의 인습과 편협한 종교인들, 그리고 이에 짓밟히는 인간과 운명의 비극을 묘사했다. 특히 남녀의 사랑을 성적으로 대담하게 묘사한 '귀향' '테스' 등으로 당시 도덕가들로부터 맹렬한 비난을 받아 절필했으나 말년엔 영국문단의 원로로 대접받았다. 사후 유해는 웨스트민스터 사원에 묻혔는데 그의 심장만은 고인의 유지에 따라 고향의 교회에 있는 부인의 묘 옆에 매장되었다.

1월 12일, 1976년

추리 소설의 여왕 크리스티 사망

회색 뇌세포의 벨기에인 탐정 에르큘 포와로와 노처녀 해결사 미스 마플은 한번이라도 읽어 본 사람이라면 좀처럼 잊혀지지 않는 사랑스러운 캐릭터다. 1976년 1월 12일, 영국의 추리 소설 작가 애거서 크리스티가 85세의 나이로 사망했다. 크리스티는 1920년 첫 추리 소설인 '스타일즈 저택의 괴사건'을 발표한 이후 80여 편의 작품으로 대중적인 사랑을 받았다. 그녀의 작품은 지금까지 전 세계적으로 약 20억 부 이상 팔려 기네스 세계 기록에 등재됐는데 이 기록은 셰익스피어와 견줄 정도다. 또한 그녀의 희곡 '쥐덫'은 1955년 런던에서 초연된 이래 현재까지 끊임없이 계속 공연되고 있다. 기차 안의 승객 모두가 범인인 '오리엔트 특급 살인'이나 소설의 화자가 바로 살인자인 '애크로이드 살인 사건' 등 크리스티의 추리 소설은 상상을 뛰어넘는 재미를 선사한다. 그녀는 1971년 영국의 기사 작위를 받아 '데임' 칭호를 얻었다.

1월 12일, 1746년

교육개혁가 페스탈로치 탄생

세계적인 교육개혁가 요한 하인리히 페스탈로치가 1746년 1월 12일 스위스 취리히에서 태어났다. 그는 루소의 교육론 '에밀'을 읽고 감동받아, '왕좌에 있으나 초가에 있으나 모두 같은 인간'이라는 신념으로 어린이 교육에 일생을 바쳤다. 교육의 목적을 머리와 마음과 손의 조화로운 발달에 두고 노동을 통한 교육을 인간 도야의 근본 원칙으로 삼아, 올바른 사회로의 개혁에 이바지하는 일꾼 양성에 심혈을 기울였다. 그의 교육론은 많은 국가에서 받아들여져 루소와 함께 신교육의 원천이 됐다.

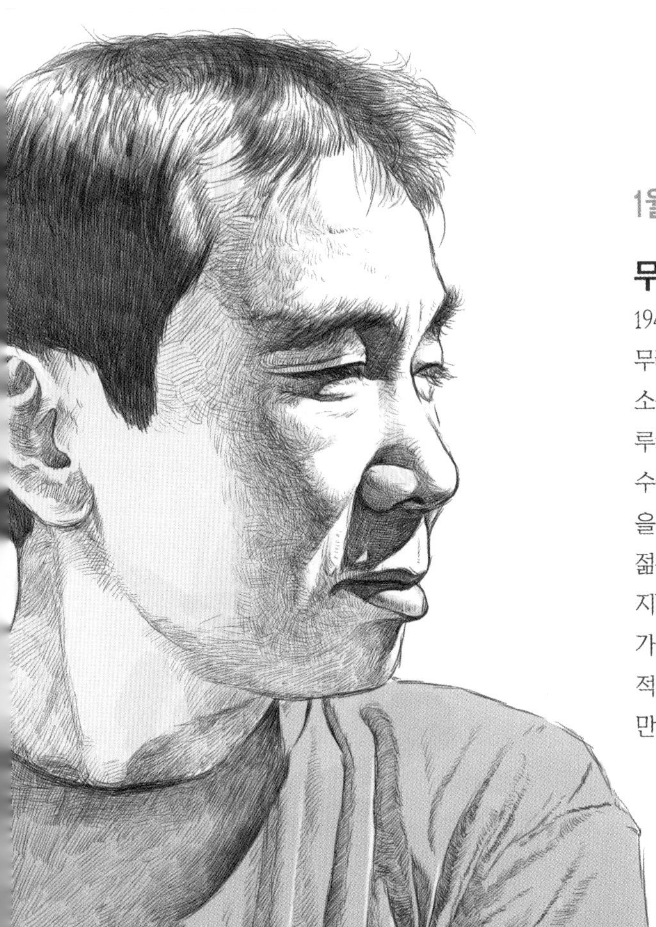

1월 12일, 1949년

무라카미 하루키 태어나다

1949년 1월 12일, 일본의 베스트셀러 작가 무라카미 하루키가 태어났다. 30세에 첫 소설 '바람의 노래를 들어라'를 쓴 하루키는 장편과 단편 소설은 물론 번역물, 수필, 평론, 여행기 등 다양한 집필 활동을 통해 소외와 상실의 시대를 사는 현대 젊은이들의 혼란과 방황을 그리고 있는데 지난 2009년 일본에서는 새 소설 '1Q84'가 출간 당일 68만부가 팔렸고 그의 대표적 소설 '노르웨이 숲'은 누적 부수 천만 권이 넘게 팔렸다.

044

1월 13일, 771년

성덕대왕 신종 완성되다

771년 1월 13일, 신라 36대 혜공왕이 30년 만에 우리나라 최대의 종을 완성한다. 원래는 35대 경덕왕이 아버지인 33대 성덕왕의 공을 기리기 위해 만들려던 것으로 봉덕사종이라고도 하고 에밀레종이라 부르기도 한다. 12만 근(72t)의 구리를 쏟아부은 이 전성기 통일신라시대의 걸작은 종 하나만으로도 박물관이 될 만 하다고 한 독일학자가 말했다. 현재는 국립경주박물관에 소장되어 있다.

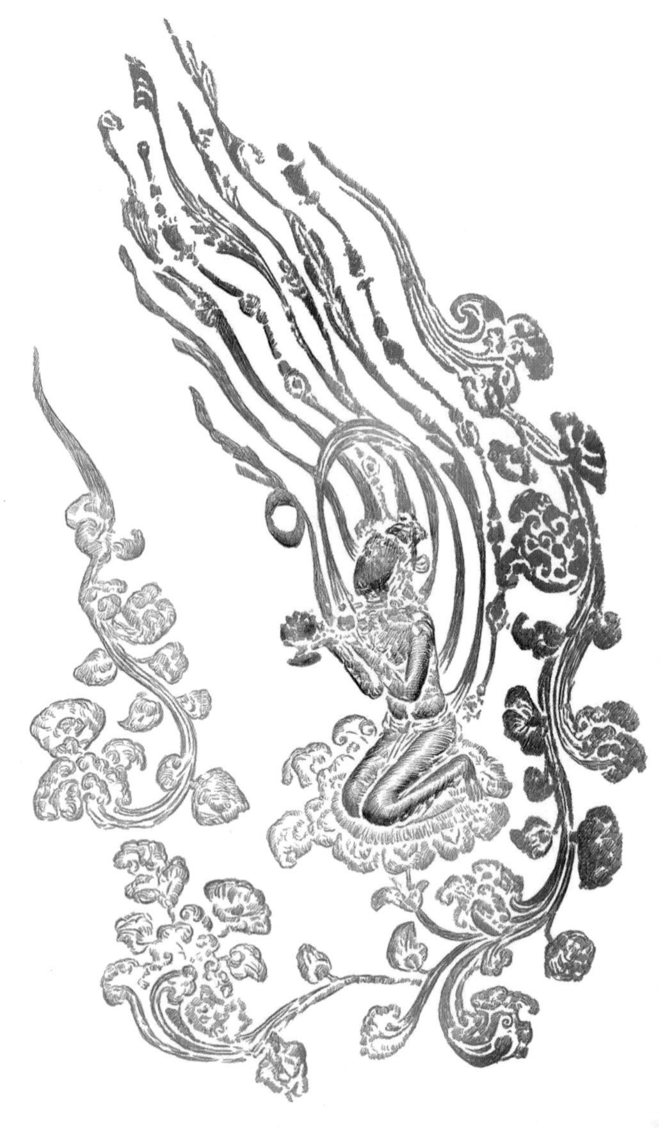

1월 13일, 1941년

소설가 조이스 사망

1941년 1월 13일 소설 '율리시즈'의 천재적 작가 제임스 조이스가 위궤양 수술의 후유증으로 스위스 취리히에서 사망했다. 아일랜드의 더블린 태생인 그는 첫 소설 '더블린 사람들'이 더블린을 부정적으로 묘사했고 외설적이라는 이유로 출간이 되지 않자 조국을 등지고 미국과 프랑스, 스위스 등지로 옮겨 다니며 글을 썼다. 대표작 '율리시즈'도 음란성과 신성모독을 이유로 미국에서 연재와 출판이 거부돼 파리에서 출간해야만 했다.

1월13일, 1898년

졸라 '나는 고발한다!' 발표

소설 '목로주점' '나나' '제르미날' 등을 쓴 프랑스 자연주의 문학의 인기작가 에밀 졸라가 1898년 1월 13일, 파리의 일간지 로로르(여명) 1면에 '나는 고발한다!'는 제목의 기고문을 발표했다. 간첩 혐의로 종신형을 선고받은 유대인 포병대위 알프레드 드레퓌스의 무죄를 주장하고, 이미 진범이 잡혔음에도 드레퓌스를 유죄로 몰기위해 문서까지 날조한 프랑스 군지도부의 비열한 음모를 폭로한 것이다. 그러나 졸라는 이 때문에 징역1년형에 벌금 3천 프랑을 선고받고 망명길에 나서야 했고 드레퓌스는 8년 후에야 무죄 판결을 받고 명예를 회복했다.

1월 13일, 1864년

미국의 작곡가 포스터 사망

새가 노래하듯 가곡을 작곡한 미국의 천재 작곡가 스티븐 콜린스 포스터가 1864년 1월 13일, 38세를 일기로 뉴욕에서 세상을 떠났다. 가사까지 대부분 자작한 189곡의 가곡을 작곡한 그가 숨진 후 남긴 것은 녹슨 38센트와 유서뿐이었다. '오! 수잔나' '켄터키 옛집' '스와니강' '올드 블랙 조' '매기의 추억' 등 우리에게도 친숙한 많은 노래를 작곡한 그는 어릴 때 플루트를 배운 적은 있으나 정규 음악 교육은 거의 받은 적이 없 었다. '금발의 제니'는 아내 제인을 위해 쓴 작 품이었지만 그녀는 생활고로 인해 6년 뒤 그의 곁을 떠났다. 악보의 인세가 수입의 전부였던 그에게 결혼 생활의 파탄은 치명적이었고 빈곤 속을 전전하다 홀로 맨해튼의 허름한 호텔방에서 쓰러져 요절하고 말았다. 선율에 대한 놀라운 직관력으로 틀에 박히지 않은 독창성을 발휘한 그는 '미국 민요의 아버지' 또는 '미국의 슈베르트'라고 칭송받는다.

1월 14일, 1954년

마릴린 먼로와 조 디마지오 결혼

1954년 1월 14일, 샌프란시스코 시청에서 스크린의 섹스 심벌 마릴린 먼로와 최고 인기의 야구선수인 조 디마지오가 '세기의 결혼'을 했다. 키 큰 남자를 좋아하던 먼로에게 디마지오는 최고의 신랑감인 듯 했지만 한 남자의 아내로 묶여 있기에 먼로는 너무나 화려하고 자유로운 여인이었다. 반면 디마지오는 먼로의 계속된 스캔들에도 불구하고 죽을때 까지 평생 그녀만을 사랑했다니 비극일 수밖에 없는 결혼이었다.

1월 14일, 1957년

터프가이 험프리 보가트 사망

모든 시대를 통틀어 가장 위대한 배우로 지목된 터프가이 험프리 보가트가 1957년 1월 14일, 식도암으로 사망했다. 비정한 탐정 샘 스페이드로 사립 탐정의 전형을 완성했다는 평을 들은 '말타의 매', 주정뱅이 선장으로 나와 여배우 캐서린 햅번과 완벽에 가까운 연기 조화를 이루어 호평을 받은 '아프리카의 여왕', 잉그리드 버그만과 최고의 연기 앙상블을 만들어 낸 '카사블랑카'등 터프하면서도 로맨틱한 매력의 그는 고독한 영웅이자 센티멘털리스트로 각인되어 남았다. 1952년 '아프리카의 여왕'으로 아카데미 남우주연상을 수상했다.

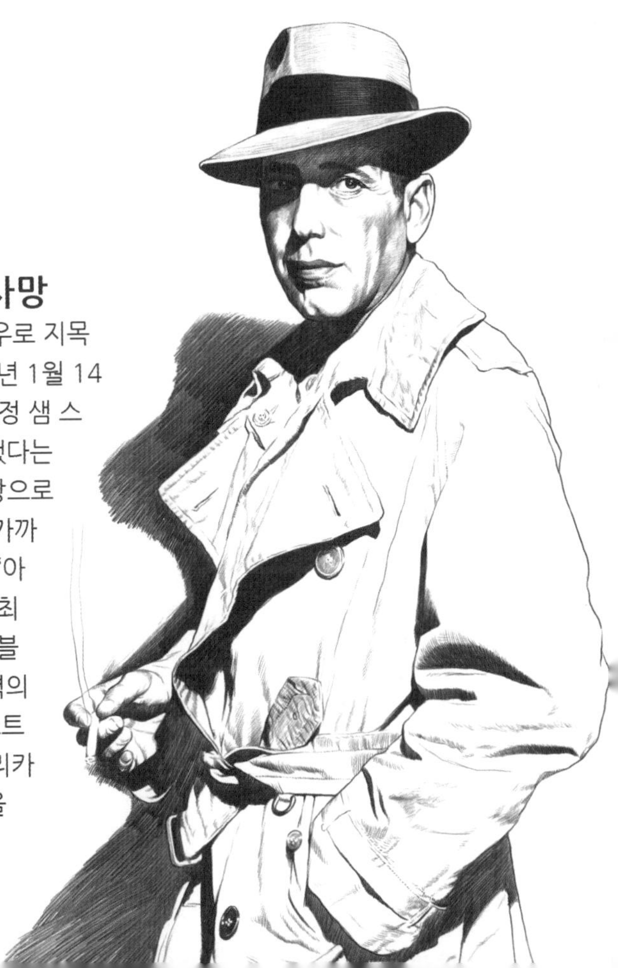

050

1월 15일, 1919년

로자 룩셈부르크 피살

1919년 1월 15일, '마르크스 이후 가장 뛰어난 지식인 혁명가'이자 '불꽃 여인'으로 불렸던 로자 룩셈부르크가 독일 군부의 사주를 받은 갱단에 의해 살해됐다. 그녀는 국제공산주의 단체에서 유일하게 레닌에 대적할 수 있는 이론가로 20세기 초 유럽에서 가장 영향력 있는 정치 지도자 중 한 사람으로 꼽힌다. 로자의 사상은 현실 속에선 꽃을 피우지 못했지만 프롤레타리아 독재나 수정주의에 불만을 느끼는 지식인들의 지지를 받았다.

1월 15일, 1929년

마틴 루터 킹 목사 출생

미국의 흑인 운동 지도자이자
침례교 목사인 마틴 루터 킹이 1929년
1월 15일 조지아 주 애틀랜타에서 태어났다.
보스턴 대학에서 신학 박사 학위를 받은 뒤 앨라배마 주의
몽고메리 교회에 부임했는데 그곳에서 시영 버스의 인종 차별에 항
의하는 보이콧 운동을 비폭력 전술로 이끌면서 승리를 거두어 전국적 민권 운동
의 지도자로 성장했다. 64년 노벨평화상을 받았으나 68년 멤피스에서 암살당했다.

1월 16일, 1916년

서정시인 박목월 출생

'북에 소월, 남에 목월'… 정지용 청록파 시인 박목월이 1916년 1월 16일 경주에서 태어났다.

사월의 노래

목련꽃 그늘 아래서
베르테르의 편질 읽노라
구름꽃 피는 언덕에서
피리를 부노라
아 멀리 떠나와 이름 없는
항구에서 배를 타노라

돌아온 사월은 생명의
등불을 밝혀 든다
빛나는 꿈의 계절아 눈물 어린
무지개 계절아

1월 16일, 기원전 27년

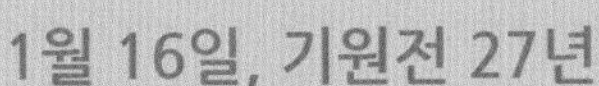

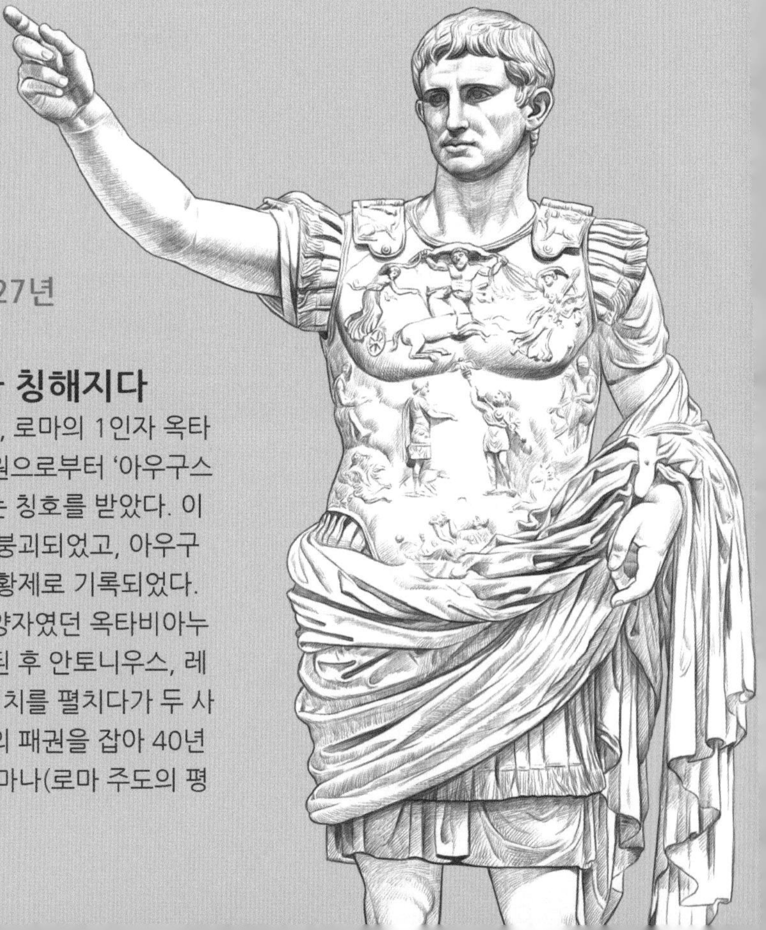

옥타비아누스가 '아우구스투스'라 칭해지다

기원전 27년 1월 16일, 로마의 1인자 옥타비아누스가 로마 원로원으로부터 '아우구스투스' 즉 '존귀한 자'라는 칭호를 받았다. 이로써 로마는 공화정이 붕괴되었고, 아우구스투스는 로마의 초대 황제로 기록되었다. 율리우스 카이사르의 양자였던 옥타비아누스는 카이사르가 암살된 후 안토니우스, 레피두스와 제2차 삼두정치를 펼치다가 두 사람을 굴복시키고 로마의 패권을 잡아 40년을 통치하면서 팍스 로마나(로마 주도의 평화시대)를 열어나갔다.

054

1월 17일, 1706년

벤저민 프랭클린 태어남

'오늘 할 일을 내일로 미루지 말라' '하늘은 스스로 돕는 자를 돕는다' 우리에게도 익숙한 이 경구를 지어 낸 벤저민 프랭클린이 1706년 1월 17일 태어났다. 그는 미국 '건국의 아버지 중 한명으로서 특별한 공식적 지위에 오르지는 않았지만 미국 독립에 중추적인 역할을 했다. 그는 독립선언서 작성에 참여했으며, 미국독립전쟁 때 프랑스로부터 경제적 군사적 원조를 얻어냈고 영국과 협상하는 자리에서 미국 대표로 참석해 13개 식민지를 하나의 주권 국가로 승인하는 조약을 맺었으며, 2세기 동안 미국의 기본법이 된 미국헌법의 뼈대를 만들었다. 또 특이하게도 피뢰침, 다초점 렌즈를 발명하는 등 과학자로서, 미국인 일상생활의 편리와 안전에도 이바지한 천재였다. 달러화 인물 중 대통령이 아닌 인물은 알렉산더 해밀턴(10달러)과, 벤저민 프랭클린(100달러) 두 명뿐이다. 리처드 손더스라는 필명으로 금언집 '가난한 리처드의 연감'을 펴내 상식적이며 재치 있는 경구들로도 유명하다.

1월 17일, 1942년

복서 무하마드 알리 출생

미국의 프로복서 무하마드 알리가 1942년 1월 17일 켄터키주 루이빌에서 태어났다. 알리의 본명은 캐시어스 클레이. 24세 때 찰스 리스턴을 누르고 헤비급 챔피언이 된 클레이는 이슬람교를 선택해 무하마드 알리로 개명하고 베트남전 징집을 거부했다. 그 때문에 타이틀을 박탈당했으나 나중에 두 차례나 다시 챔피언의 자리에 올랐고 알리는 선언했다.

"나는 위대하다! 나는 복싱보다 더 위대하다!"

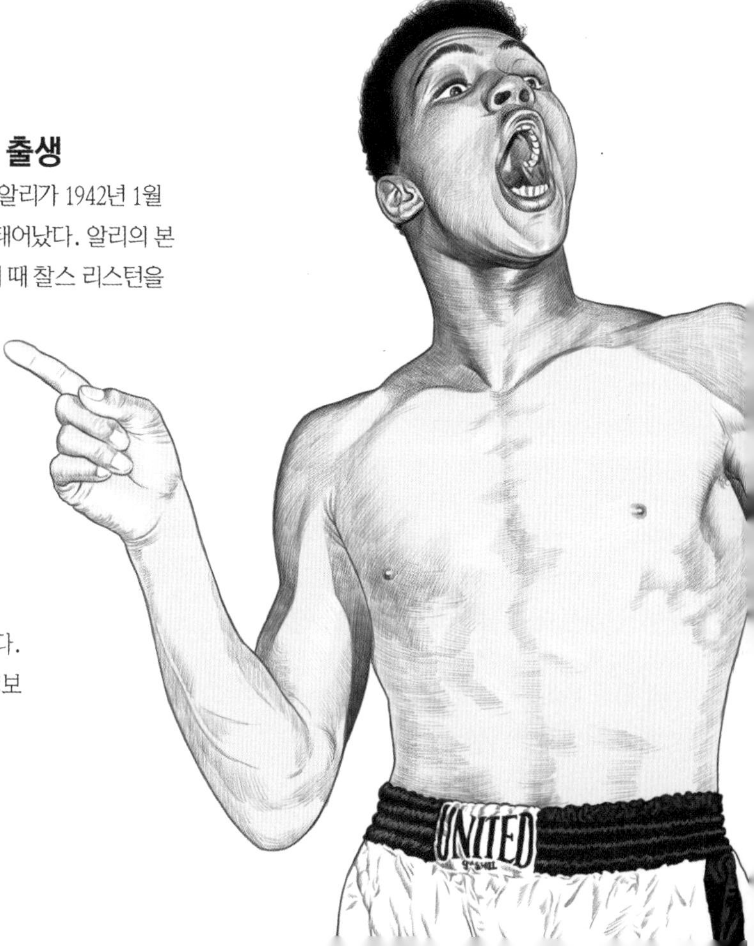

1월 18일, 1994년

재야운동가 문익환 별세

1994년 1월 18일, 한국 민주화운동의 역사적 증인인 문익환 목사가 심장마비로 타계했다. 그는 행동하는 목사요 통일운동가이며 참여 시인이었다. 호는 늦봄. 친구이자 사회운동가인 장준하의 의문사를 계기로 민주화운동에 투신한 문익환은 3·1민주구국선언, 유신헌법 질타, 내란예비음모죄 등으로 수차례 투옥됐다. 1989년에는 북한을 방문하여 김일성과 회담하에 통일방안 합의 성명을 발표한 뒤 국가보안법 위반으로 다시 옥고를 치르는 등 통일과 민주화를 위해 온 몸을 바쳤다.

1월 18일, 1912년

비운의 탐험가 스콧 남극점 도달

1912년 1월 18일, 영국 남극탐험대의 스콧 대장과 4명의 대원들이 케이프 에반스를 출발한 지 81일 만에 남극점에 도달했다. 그러나 그곳엔 이미 34일 전에 다녀간 아문젠의 노르웨이 국기가 휘날리고 있었고 첫 정복의 목표는 깨졌다. 그와 4명의 동료는 귀로에 악천후로 조난, 식량 부족과 동상으로 전원 비운의 최후를 맞았다. 그러나 스콧은 마지막까지 용기를 잃지 않고 영국 신사다운 최후를 맞은 것이 알려져 국민적 영웅이 됐다.

058

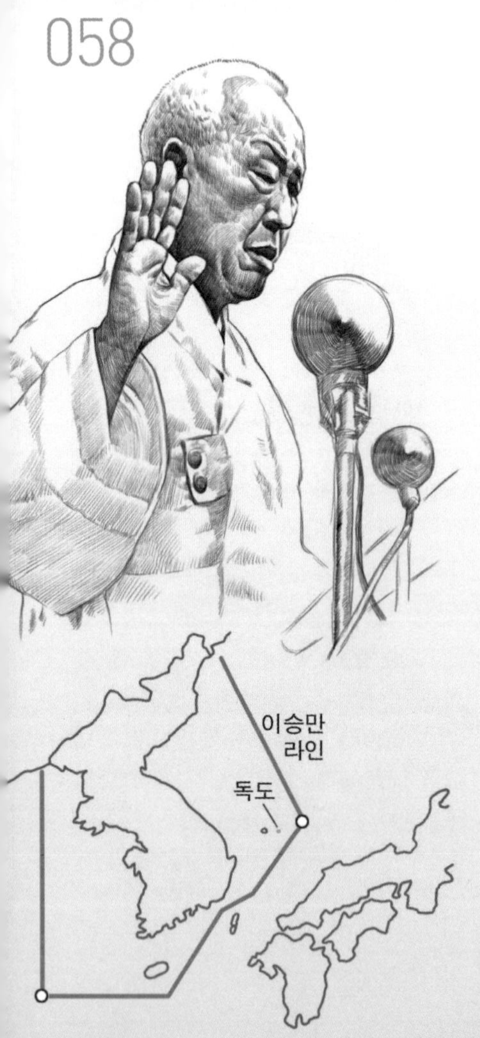

1월 18일, 1952년

'이승만 라인' 선포

태평양전쟁이 끝나고 일본에 진주한 미군은 일본에 어선들의 조업 한계영역인 '맥아더 라인'을 설정했다. 이 라인이 폐지되기만을 학수고대하던 일본 어민들은 1952년 1월 18일, 청천벽력 같은 뉴스를 전해 듣는다. 6.25전란의 와중에 있던 대한민국 임시수도 부산에서 대통령 이승만이 해안에서 50~100마일에 이르는 해상에 선을 긋고 '인접해양에 대한 주권 선언'을 감행한 것이다. 아연실색한 일본이 이를 비난하며 철폐를 강력 요구했으나 이승만은 오히려 한일 간 평화를 위한 '평화선'이라 이름 짓고 이 선을 넘는 일본 어선을 가차 없이 나포했다. 이 선언은 당시 일본 어선의 5% 규모에 불과한 한국 어업을 보호하고 독도를 대외적으로 한국 영토 안에 포함시키는 결정적 쾌거였으나 65년 한일 국교 정상화 조약의 조인으로 사실상 소멸되고 만다.

1월 19일, 2001년

박찬호, LA다저스와 연봉 990만 달러 계약

1994년 미국 프로야구 마이너리그에 처음 진출한 지 7년 만인 2001년 1월 19일, 박찬호는 에이전트 스콧 보라스와 함께 LA다저스와 2001년 연봉 990만 달러(약 130억 원)에 재계약을 한다고 발표했다. 이때 그의 나이 27세. 그것은 1년 계약을 체결한 투수로는 사상 최고액이었다. 그 계약이 가능했던 이유는 박찬호가 2000년에 18승 10패 방어율 3.27이라는 생애 최고의 성적을 거두어 리그의 특급투수로 떠올랐기 때문이었다.

060

1월 19일, 1983년

최초 GUI컴퓨터 애플리사 등장

1983년 1월 19일, 미국 애플컴퓨터의 스티브 잡스는 제록스사의 GUI기반 컴퓨터 Alto의 기술을 차용한 개인용 컴퓨터 애플리사를 소개하였다. 그러나 대당 1,995달러의 높은 가격과 제한된 소프트웨어 때문에 상업적으로 실패했고 스티브 잡스는 경영 내분으로 밀려났다. 하지만 그는 먼 훗날 아이팟과 아이폰이라는 혁신적 기기로 화려하게 부활해 MS사의 빌 게이츠와 이름을 나란히 올려놓게 된다.

1월 20일, 1875년

화가 밀레 사망

19세기 프랑스 바르비종파의 대표적인 사실주의 작가 장 프랑수아 밀레가 1875년 1월 20일 사망했다. 바르비종파는 파리 근교의 퐁텐블로 숲 근방에서 자연 그대로의 풍경을 그렸던 일군의 화가들이다. 직접 농사를 지으며 농민 생활과 풍경을 그렸던 밀레는 차분하고 우수에 넘치는 분위기로 화폭에 서정성과 경건함을 담았으며 만년에 프랑스 최고 훈장인 레종도뇌르를 받을 정도로 사회적 인정을 받았다. 주요 작품은 '씨 뿌리는 사람' '이삭줍기' '만종' 등.

1월 20일, 1993년

로마의 요정 떠나가다

1993년 1월 20일, 맑고 청순한 모습으로 전세계 영화팬들의 사랑을 받았던 여배우 오드리 헵번이 스위스 로잔의 자택에서 사망했다. 향년 63세, 사인은 직장암. 그녀는 1953년 윌리엄 와일러 감독의 영화 '로마의 휴일'에서 공주로 출연하면서 일약 세계적 스타가 되었다. 이후 '사브리나' '티파니에서 아침을' '마이 페어 레이디'등 출연한 영화마다 대성공을 거둔 그녀는 은퇴 후 유니세프 친선대사가 되어 정열적이고 헌신적인 구호 활동으로 수많은 생명을 살린 천사같은 요정이었다.

1월 20일, 2009년

오바마, 미국 대통령 취임

2009년 1월 20일 정오 미국 최초로 대통령에 당선된 흑인 버락 후세인 오바마가 성경에 손을 얹고 제44대 미국 대통령 취임 선서를 했다. 그는 취임 연설에서 전례 없는 위기 상황을 강조하면서도 더 나은 내일을 위해 힘을 합쳐 건국 선조들의 약속을 재건하자는 희망의 메시지를 던졌다. 오바마 대통령은 취임식 뒤 백악관까지 행진을 벌이며 환영 인파들의 환호에 일일이 손을 흔들어 답했다.

1월 21일, 1954년

최초 원자력 잠수함 노틸러스호 진수식

1954년 1월 21일, 프랑스 소설가 쥘 베르느의 〈해저 2만리〉에서 등장하는 잠수함 '노틸러스'의 이름을 본딴 세계 최초의 원자력 잠수함 노틸러스호가 진수식을 가졌다. 원래 '앵무조개'라는 뜻의 노틸러스는 가압수형 원자로에서 만들어진 증기로 터빈을 돌려 20노트 이상의 속력으로 장시간 잠수할 수 있어 최초로 북극점을 횡단하기도 했다.

1월21일, 1793년

프랑스 국왕 루이16세 처형

1793년 1월 21일 프랑스의 국왕 루이16세가 39세의 나이로 파리의 혁명광장에서 단두대의 이슬로 사라졌다. 할아버지 루이15세의 뒤를 이어 왕위에 올랐던 루이16세는 선량하고 성실했지만 내성적이고 결단력이 부족했으며 루이14세 때부터 시작된 경제위기와 재정문제들을 해결할 능력도 부족했다. 1789년 프랑스혁명의 발발 후 목숨의 위협을 느낀 나머지 국외탈출을 시도하다 발각되어 파리로 압송되고, 이로 인해 배신자의 낙인이 찍힌 그는 국왕으로서의 권위와 신뢰를 모두 잃고 만다. 왕비 마리 앙투아네트도 그가 처형된 지 9개월 후 역시 단두대에 올랐다.

1월 22일, 2011년

소설가 박완서 별세

한국 여성문학의 대표적 작가로 활동한 소설가 박완서가 2011년 1월 22일 지병인 담낭암 투병 중 향년 80세의 나이로 별세했다. 경기도 개풍에서 태어나 서울 숙명고등여학교를 나오고 서울대학 국문과에 합격했으나 입학 닷새 만에 터진 6.25전쟁으로 중퇴했다. 전쟁 중 취직한 미8군 초상화부에서 박수근 화백과의 만남으로 영감을 얻은 '나목'으로 1970년 마흔 살에 등단하고 잇달아 비평가와 독자를 사로잡는 문제작들을 발표했다. 그녀는 분단체험과 소시민적 허위, 여성의 정체성 추구를 주제로 한국문학의 새 지평을 열었고 사후 문학적 업적을 기려 금관문화훈장이 추서됐다.

1월 22일, 1861년

앙코르와트 발견

1861년 1월 22일, 프랑스의 탐험가 앙리 무오가 500년이 넘게 정글에 버려져 있던 캄보디아 유적지 앙코르와트를 발견하였다. 앙코르와트는 12세기 초 옛 캄보디아 크메르 제국의 수준 높은 건축기술로 만들어진, 세계에서 가장 크고 아름다운 종교 건축물이다. 약 30년에 걸쳐 축조된 이 사원은 힌두교의 3대 신 중 하나인 비슈누 신에게 봉헌되었다.

068

1월 23일, 1832년

프랑스 화가 마네 출생

1832년 1월 23일 프랑스 인상파 화가들의 리더 에두아르 마네가 파리에서 태어났다. 그는 구태의연한 아카데미식 기존 회화를 거부하고 당대의 인물과 거칠고 빠른 붓질로 혁신적인 화풍을 선보였다. 기존 화단인 살롱에 충격을 준 '풀밭 위의 점심'은 모네, 르누아르, 시슬레, 바지유 등 인상파 청년화가들의 열광적 환영을 받았다. 그는 결국 성공하여 최고 훈장 레종도뇌르를 받았고 대중과 평단의 분노와 경멸을 샀던 '올랭피아'는 마네가 죽은 지 24년 만에 루브르에 걸렸다.

1월 23일, 2001년

한국화가 김기창 별세

2001년 1월 23일 한국화단의 거목 운보 김기창이 노환으로 별세했다. 향년 88세. 7세에 장티푸스의 고열로 청각을 잃은 그는 17세에 이당 김은호 문하에서 한국화를 배웠다. 일제강점기 선전에 수차례 입선하며 유명작가가 됐으나 친일행위로 큰 오점을 남겼다. 해방 후 실험적인 작품으로 변신을 거듭한 운보는 청록산수, 바보산수 등 한국화의 독자적 경지를 개척했고 청각장애인을 위한 복지활동을 열정적으로 이끌었다.

070

1월 24일, 1984년

애플사, 매킨토시128K 출시

1984년 1월 24일, IBM으로부터 개인용 컴퓨터 시장을 탈환하기 위해 애플사는 획기적인 디자인의 컴퓨터를 출시하고 슈퍼볼 경기장에서 특이한 광고를 통해 새 모델 매킨토시128K를 소개한다. 말끔한 차림으로 연설하는 신사와 멍하니 연설을 듣는 노동자들이 보이는 스크린을 스포티한 패션의 젊은 여성이 해머로 깨부순다. 신사는 IBM, 노동자는 소비자를, 젊은 여성은 애플을 암시한다. 2495달러에 판매를 시작한 매킨토시 128K는 모토로라 MC68000 8Mz 프로세서에 128KB의 기본 메모리를 장착했으며 최초로 마우스로 입력하는 GUI방식을 채택했다. 그러 나 이 컴퓨터도 IBM에 비해 상대적으로 비싼 가격 탓에 판매가 부진했고 결국 스티브 잡스는 자신이 일구어 놓은 애플에서 쫓겨나게 된다.

1월 24일, 1965년

정치가 처칠 사망

1965년 1월 24일 영국이 낳은 세계적인 정치가 윈스턴 처칠이 90세를 일기로 사망했다. 육군사관학교를 졸업한 후 육군 장교와 종군기자를 지낸 처칠은 26세에 의회에 진출했고 1차 세계대전 때 해군장관으로 참전했다. 그리고 2차 세계대전 중 영국총리로 취임해 연합군이 승리하는 데 탁월한 지도력을 발휘했다. 신임총리로서 의회에서 "내가 바칠 수 있는 것은 피와 노력, 눈물, 땀뿐이다"라고 연설했던 그는 저술가로 명성을 얻어 노벨문학상을 수상하기도 했다.

1월 25일, 1874년

영국 작가 서머싯 몸 출생

고갱을 모델로 한 소설 '달과 6펜스'의 작가 서머싯 몸이 1874년 1월 25일 태어났다. 서머싯(Somerset)은 영국의 지명인데 '공중제비'란 뜻이기도 하다. 파리 대사관의 변호사 아들로 비교적 유복하게 자랐지만, 8세와 10세에 양친을 잃은 몸은 청소년기에 영국, 프랑스, 독일에서 방황하다 공부했던 의학을 접고 문필가의 길에 들어섰다. 희곡과 소설에서 대중성과 작품성을 인정받은 그는 50代 이후 프랑스에 정착해 다양한 장르에서 많은 저작을 남겼고, 91세에 니스에서 생을 마감했다. 대표 작품으로 '인간의 굴레에서' '달과 6펜스' '면도날'등이 있다.

1월 25일, 1947년

밤의 대통령 알 카포네 사망

1947년 1월 25일, '스카페이스'라는 별명으로 유명한 미국의 조직폭력단 두목 알폰소 카포네가 죽었다. 별칭은 앨 브라운, 통칭 알 카포네. 스카페이스라는 별명은 뺨에 흉터가 있어서다. 이탈리아에서 이민 온 부모를 둔 그는 뉴욕 빈민가에서 자라나 일찌감치 소년시절부터 갱단에 들어가 범죄를 일삼았는데 금주법이 발효된 1920년, 21세 때 시카고로 옮겨 밀주.밀수.매음.도박 등으로 순식간에 떼돈을 벌었다. 특히 27년에는 시카고의 정계인사와 경찰을 매수, 한 해 1억 달러의 수입을 올려 기네스북에 올랐다. 그러나 32년 탈세 명목으로 체포돼 영원할 것 같던 밤의 권력도 감옥에서 끝났다. 7년간의 옥살이 후 출소할 땐 이미 폐인이었고 매독과 폐렴합병증으로 초라하게 숨져 죗값을 치르고 만다.

1월 25일, 2004년

화성 탐사선 오퍼튜니티 화성에 착륙

2004년 1월 25일, 화성 탐사선 오퍼튜니티가 화성에 착륙했다. 오퍼튜니티는 먼저 착륙한 쌍둥이 탐사선 스피릿과 함께 예상탐사 기간이 90솔(Sol=화성일)이었으나 2000솔이 넘은 현재도 화성을 돌아다니며 탐사 중이다.

1월 26일, 1880년

더글러스 맥아더 태어나다

1880년 1월26일 인천 상륙 작전을 지휘한 미국의 군인 더글러스 맥아더가 태어났다. 웨스트포인트 사관학교를 수석 졸업한 맥아더는 제1차, 제2차 세계 대전과 한국전쟁에 참전했는데 한국 전쟁 당시 성공적으로 지휘한 인천상륙 작전은 전쟁의 양상을 남한에 유리하도록 뒤바꿔 놓았다. 그러나 이후 중공군의 개입과 원자폭탄의 만주 투하 주장 등으로 당시 미 대통령인 트루먼과 불화하여 해임되었다. 한국에서 그의 공과에 대한 논란은 아직 끝나지 않고 계속되고 있다.

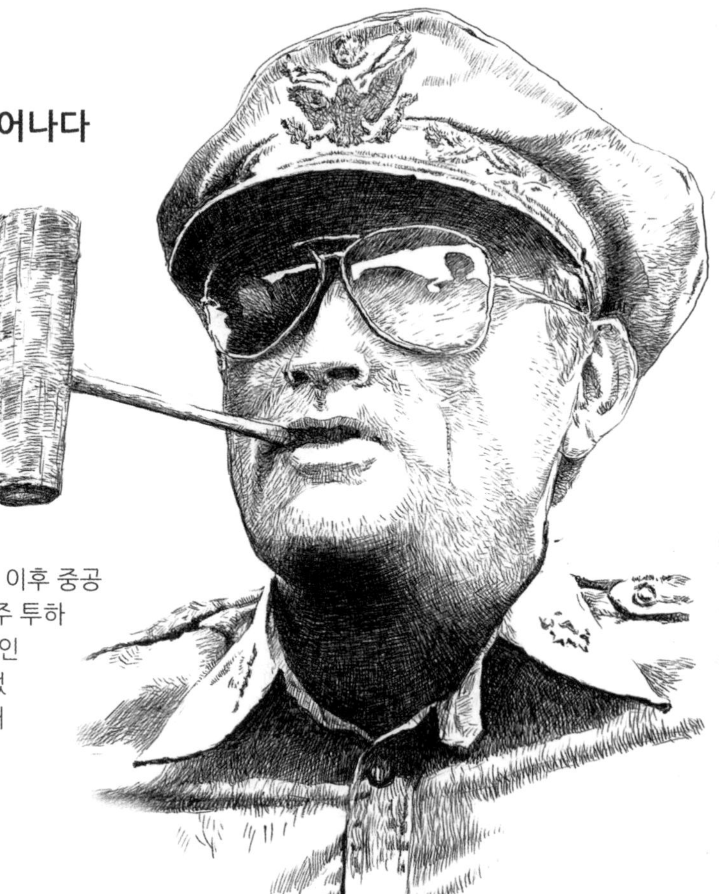

1월 26일, 2009년

이스트우드 최고의 배우 선정

2009년 1월 26일, 미국인들이 가장 사랑하는 배우로 80세의 배우 겸 감독 클린트 이스트우드가 선정됐다. 이스트우드는 해마다 미국인들이 뽑는 영화배우 톱10에서 3년 연속 1위였던 덴절 워싱턴을 3위로 밀어내고 1위에 등극한 것이다. 1960년대 마카로니웨스턴 영화인 '황야의 무법자'시리즈와 1970년대 '더티 해리'시리즈의 스타였고 90년대 이후는 감독으로서 더 명성을 쌓고 있는 이스트우드는 남성·공화당 지지자와 45세 이상의 중도파들로부터 압도적인 표를 얻었다.

1월 26일, 1898년

한성전기회사 설립

1898년 1월 26일, 한국전력공사의 전신인 한성전기회사가 설립됐다. 전기사업에 깊은 관심이 있던 고종은 열강의 간섭을 피하기 위해 극비리에 미국인 콜브란에 위탁하여 사업 신청과 허가가 이루어지도록 조치하고 서울 시내의 전등, 전화, 전차 사업의 시설 및 운영권을 허가했다. 자본금은 일화 30만 엔 규모. 특히 전차는 고종이 명성황후의 무덤인 홍릉에 행차할 때 소요되는 막대한 경비를 줄이기 위해 간절히 원했다고 전해진다. 노선은 '서대문~종로~동대문~청량리'에 이르는 약 km 단선궤도로 1899년 5월에 개통됐다. 전차는 곧 백성들의 큰 사랑을 받 아 한번 타면 내리지 않는 승객도 있었고 시골에서 구경하러 오기도 했지만 한성전기회사는 1909년 일제의 손아귀에 완전히 넘어가게 된다.

078

1월 27일, 1756년

모차르트 태어나다

1756년 1월 27일 오스트리아의 천재 작곡가 볼프강 아마데우스 모차르트가 잘츠부르크에서 태어났다. 아마데우스는'신의 은총' 이란 뜻으로, 이름 그대로 다섯 살이 채 되기 전에 미뉴에트와 트리오를 저녁 무렵 30분 만에 다 익혀버린 신동이었다. 모차르트의 아버지는 그의 뛰어난 재능을 각지의 궁정에 알리고자 6세 때부터 연주 여행을 시작했다. 그 여행 중 빈의 여황제 마리아 테레지아 앞에서 연주하기도 했는데 나중에 프랑스 루이16세의 왕비가 되는 꼬마 공주 마리 앙투아네트에게 청혼했다는 일화가 전해진다. 그러나 천재의 수명이 짧음을 우려한 아버지의 걱정대로 모차르트는 불과 35년 밖에 살지 못했다. 사인은 류머티즘 고열인데 살리에르의 독살설도 꾸준히 제기되고 있다.

1월 27일, 2010년

'호밀밭의 파수꾼' 작가 샐린저 타계

전 세계에서 6500만부 이상 팔렸고 지금도 해마다 30만부 이상 팔리는 베스트셀러 소설 '호밀밭의 파수꾼'의 저자 J D 샐린저가 2010년 1월 27일 노환으로 타계했다. 향년 91세. 1951년 발표한 '호밀밭의 파수꾼'은 반항아인 주인공 콜필드가 고교에서 퇴학당한 후 허위와 위선으로 가득한 세상에 눈떠가는 과정을 그린 소설이다. 샐린저는 세계적인 명성에도 불구하고 극단적인 은둔생활을 유지했다.

1월 28일, 1986년

스페이스 셔틀 챌린저호 폭발

1986년 1월 28일, 7명의 승무원을 태운 스페이스 셔틀 챌린저호가 발사된 후 73초 만에 공중에서 폭발하여 승무원 전원이 사망했다. 발사 장면이 텔레비전으로 전 세계에 방송되고 있어서 수백 만 명이 폭발 장면을 보고 큰 충격을 받았다. 이 사고로 미국의 스페이스 셔틀 발사계획이 막대한 차질을 빚었고 사고 후 2년 9개월이 지나서야 비행이 재개됐다.

1월 29일, 1886년

벤츠, 가솔린 자동차 특허

1886년 1월 29일, 독일의 자동차 기술자 칼 벤츠가 세계 최초 가솔린 자동차의 발명 특허를 신청했다. 최대 출력 0.75마력, 최고 속도 시속 15km, 1기통 엔진의 배기량은 954cc인 벤츠 페이턴트 모토바겐으로 증기가 아닌 가솔린 기관을 장착한 세계 최초의 자동차로 인정받는다. 벤츠의 아내 베르타 벤츠는 이 차에 세 자녀를 태운 채 단독으로 180km를 넘는 거리를 운전한 최초의 여성 운전자가 되었다. 현재 독일박물관에 전시되어 있는 모토바겐은 100년이 넘은 지금도 주행이 가능한 상태라 한다.

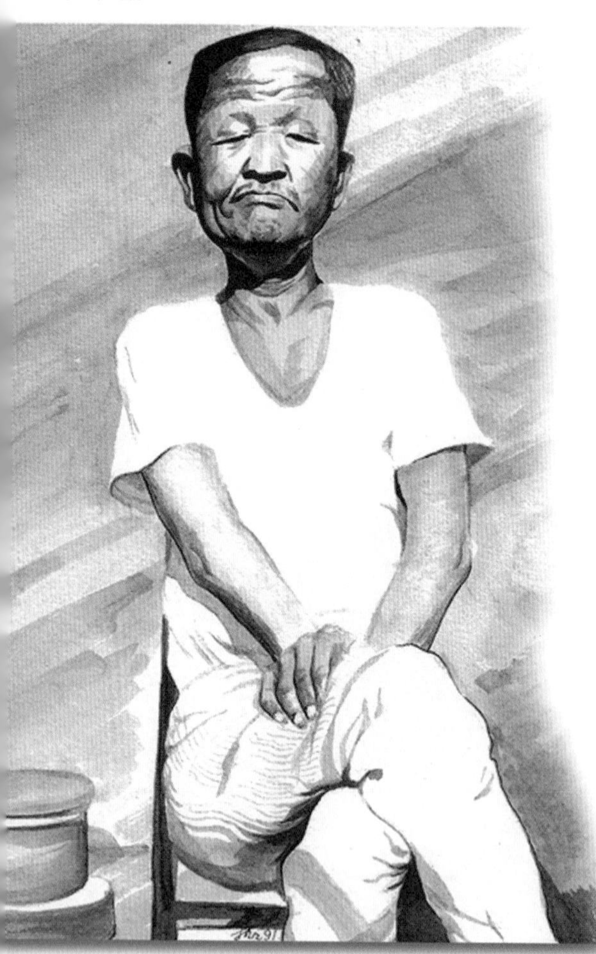

1월 29일, 1930년

시인 천상병 태어남

천진무구의 시인 천상병이 1930년 1월 29일 경남 창원에서 태어났다.

나의 가난은

오늘 아침을 다소 행복하다고 생각는 것은
한 잔 커피와 갑 속의 두둑한 담배,
해장을 하고도 버스값이 남았다는 것,
오늘 아침을 다소 서럽다고 생각는 것은
잔돈 몇푼에 조금도 부족이 없어도
내일 아침 일도 걱정해야 하기 때문이다.
가난은 내 직업이지만
비쳐오는 이 햇빛에 떳떳할 수가 있는 것은
이 햇빛에도 예금통장은 없을 테니까…
나의 과거와 미래
사랑하는 내 아들딸들아,
내 무덤가 무성한 풀섶으로 때론 와서
괴로왔음 그런대로 산 인생 여기 잠들다. 라고,
씽씽 바람 불어라…

1월 30일, 1948년

마하트마 간디 쓰러지다

1948년 1월 30일, 비폭력·무저항주의로 인도의 독립을 이끌어냈던 '마하트마(위대한 영혼)' 간디가 반이슬람 극우힌두교도 청년의 총에 맞아 사망했다. 18세에 영국 런던으로 유학하여 변호사 면허를 딴 간디는 남아프리카에서 소송을 의뢰받아 건너가 인종차별에 대한 투쟁인 사티아그라하 운동을 승리로 이끌고 인도로 돌아왔다. 인도의 독립과 종교화합을 위해 1, 2차 세계대전을 거치는 동안 반영불복종운동 등으로 수없이 투옥당했던 간디는 78세인 1947년 비로소 인도의 독립을 볼 수 있었으나 파키스탄이 이슬람 국가로 분리 독립했고 두 종교의 화합을 위해 애쓰던 그는 흉탄에 쓰러지고 말았다.

1월 30일, 1595년

로미오와 줄리엣 초연

젊은 두 남녀의 열정적인 사랑이 반목·질시하는 두 집안 때문에 이루어지지 못하는 이야기 '로미오와 줄리엣'이 1595년 1월 30일 초연됐다. 두 연인의 죽음으로 절정의 대단원을 맞이하지만 해묵은 원수지간인 몬터규와 캐풀렛가의 갈등을 치유하는 희망을 이끌어내며 극은 끝난다. 윌리엄 셰익스피어의 초기 작품의 절정으로 여겨지는 이 작품은 세계문학에서 가장 유명한 러브스토리인데, 전해 내려오는 이야기를 정리·가공한 청년극작가 셰익스피어에게 단번에 큰 명성을 안겨주었다.

1월 31일, 1963년

작가 공지영 출생

소설 '고등어' '봉순이 언니' '도가니'의 작가 공지영이 1963년 오늘, 서울 아현동에서 태어났다. 연세대 영문학과 재학 시절 386세대로서 민주화운동에 참여해 감옥에 수감된 경험을 바탕으로 단편 '동트는 새벽'을 <창작과 비평>에 발표하면서 등단했다. 이후 1980년대를 배경으로 하여 부조리한 사회적 상황의 비판과 개혁을 작품 속에 담아왔다. 2011년에 한 인터넷 매체가 주최한 '2011 최고의 책'선정에서 공지영은 최고 작가에 뽑혔다.

086

1월 31일, 1957년

침팬지 햄 우주여행

1957년 소련의 우주견 라이카는 최초로 지구 궤도 비행 후 안타깝게도 몇 시간 만에 죽고 만다. 그로부터 4년 후인 1961년 1월 31일, 15개월간의 훈련을 마친 미국의 침팬지 '햄'이 탄도로켓 MR-2에 실려 우주로 발사됐다. 수차례 발사가 지연되고, 산소가 일찍 끊긴 적도 있지만 햄은 무중력 상태 6.6분을 포함해 16분 39초의 비행 끝에 무사히 지구로 귀환했다. 비행 중 불빛을 보고 손잡이를 잡아당기는 임무도 성공적으로 수행했다. 성공하면 바나나를, 실패하면 발바닥에 전기 충격을 받는 훈련을 강도 높게 한 덕분이었다. 햄은 비행 종료 후 워싱턴DC의 동물원에서 17년을 더 살았다.

1월
January

2월
February

3월
March

4월
April

5월
May

6월
June

088

2월 1일, 1019년

강감찬, 귀주에서 거란을 박살내다

1019년(고려 현종 10년) 2월 1일, 고려의 강감찬 장군이 귀주에서 거란군을 크게 무찔렀다. 거란은 자신을 적대시하는 고려에게 고려 국왕이 직접 인사를 올 것과 강동 6주를 돌려달라며 장군 소배압에게 10만 대군을 주어 침공했었다. 그러나 고려의 수도인 개경 부근까지 쳐내려 오는 동안 많은 패배로 큰 타격을 입은 거란이 견디지 못하고 쫓겨갈 때 강감찬 상원수와 병마판관 김종현이 청천강 유역의 귀주에서 거란군을 거의 전멸시켜 버렸고 이후 거란은 다시는 고려에게 무리한 요구를 할 수 없게 되었다.

2월 1일, 1774년

괴테, '젊은 베르테르의 슬픔' 집필

1774년 2월 1일, 25세의 신진 독일작가 요한 볼프강 폰 괴테가 '젊은 베르테르의 슬픔'이라는 서간체 소설의 집필을 시작한다. 2년 전에 괴테는 업무 때문에 새 친구를 사귀는데 그에게는 샤를로테 부프 라는 약혼녀가 있어 괴테는 첫눈에 반해 그녀를 짝사랑하게 된다. 고향으로 돌아온 괴테는 얼마 뒤 한 친구가 자신과 비슷한 상황에 처해 자살했다는 비보를 전해 듣고 이 소재에 자신의 체험을 섞어 '젊은 베르테르의 슬픔'을 쓴다. 파국으로 치달아 권총 자살을 선택하는 베르테르의 극단적인 심정에 공감해 당시 유럽의 많은 젊은이들이 소설 속 베르테르의 옷차림을 따라했고 그를 모방해 자살한 사람도 2000여 명 이상으로 추정되지만 정작 작가인 괴테는 80세가 넘게 장수했다.

2월 1일, 1895년

영화감독 존 포드 출생

아카데미 영화감독상을 4번이나 수상한 미국의 영화감독 존 포드가 1895년 2월 1일 태어났다. 미국 메인주 포틀랜드에서 출생한 그는 서부극 스타였던 형의 도움으로 영화계에 들어갔는데 미대륙 횡단철도 건설을 그린 대작 '철마'로 인정을 받으면서 '역마차' '아파치 요새' '리오그란데' 등 서부극에서 수많은 걸작을 남겼고 '분노의 포도' 등 사회적 주제를 다룬 영화에서도 발군의 기량을 보였다.

2월 2일, 1970년

20세기 지성 러셀 사망

1970년 2월 2일, 20세기의 대표적 지성인 버트런드 러셀이 영국 웨일즈의 자택에서 사망했다. 향년 98세. 영국의 귀족 가문에서 태어난 러셀은 논리학, 수학, 철학으로 명성을 떨쳤고 정치, 사회, 교육, 예술 등에도 다양한 저작을 해 1950년 노벨문학상을 수상했다. 그는 90세가 넘어서까지 반전·반핵의 평화운동에 열의를 쏟았는데, 1970년 1월말 이스라엘이 3년 전 6일 전쟁에서 점령한 지역에서 철수하라는 성명서를 발표하고 난 며칠 후 숨을 거두었다.

092

2월 2일, 1922년

소설 '율리시즈' 출판

1922년 2월 2일, 아일랜드 소설가 제임스 조이스의 대표작 '율리시즈'가 프랑스에서 출판됐다. 더블린 출신 인물 3인의 하루를 묘사한 이 소설은 현대 영문학 작품 중 최고로 손꼽히지만 난해하기로도 유명하다. '율리시즈'는 1918년 부터 미국의 한 잡지에 연재됐으나 외설적이라는 이유로 미국에서 한동안 연재와 출판이 금지당하는 바람에 파리에서 출간되었다.

2월 3일, 1874년

작가 거트루드 스타인 출생

1874년 2월 3일, 미국의 시인 겸 소설가 거트루드 스타인이 피츠버그에서 태어났다. 그녀는 시와 소설에서 대담한 언어상의 실험을 시도한 모더니스트로서 '로스트 제너레이션' 이란 말을 처음 사용했다. 엄격한 이성주의자, 논리주의자 이었음에도 불구하고 피카소, 헤밍웨이, 제임스 조이스 등 보헤미안이나 혁신주의자들을 후원했다. 그녀는 1946년 암으로 눈을 감기 직전 평생의 동성애 연인인 토클라스에게 "정답이 뭐야?" 라고 물었는데 답을 못하자 "그럼, 질문은 뭐야?" 라 다시 물으며 숨을 거두었다.

094

2월 3일, 1930년

호찌민 베트남 공산당 결성

'베트남 공산당의 아버지' 호찌민이 1930년 2월 3일 홍콩에서 베트남 공산당을 결성했다. 이로써 베트남 지역에서 따로 활동하던 3개 공산당이 하나로 통합되어 홍콩에 있는 공산당 중앙위원회의 통제 하에 들어간 것이다. 젊은 시절 유럽을 비롯한 세계 각지를 떠돌며 프랑스로부터 베트남 독립에 헌신했던 호찌민은 평생 정적을 숙청한 적이 없었고 자신을 우상화한 일도 없었다. 그는 일생동안 조국과 더불어 독신으로 살았고 죽었을 때 남긴 것은 옷 한 벌과 신 한 켤레뿐인 청렴한 사람이었다.

2월 4일, 1789년

미국 초대 대통령에 조지 워싱턴 선출

1789년 2월 4일 조지 워싱턴이 미국의 초대 대통령으로 선출됐다. 아메리카 혁명군 총사령관으로 뽑혔던 그는 영국군과의 여러 차례 격전 끝에 요크타운에서 콘월리스 장군을 항복시켜 사실상 전쟁을 끝냈다. 이후 그는 제헌회의를 이끌면서 국민의 두터운 신망을 얻었으며, 결국 선거인단의 만장일치로 초대 대통령이 됐고 3년 후 워싱턴은 제2대 대통령에 또다시 선출됐다.

2월 4일, 1989년

재야운동가 함석헌선생 별세

1989년 2월 4일 독재반대 투쟁과 민권운동을 끊임없이 펴나갔던 함석헌선생이 떠나갔다. 1956년부터 '사상계'를 통해 본격적으로 논설을 집필했고 5·16군사혁명 직후 한·일 협정 반대 단식, 3선개헌과 국민투표 반대 운동 등을 벌여 군사정권에 저항하였으며 1970년 '씨알의 소리'지를 창간, 발행 겸 편집인으로서 사회개혁을 위한 많은 글을 발표했다. 1979년과 1985년 두 차례에 걸쳐 노벨평화상 후보에 추천되었으며 1987년 제1회 인촌상을 수상하였다.

2월 5일, 1939년

영화 '모던 타임스' 개봉

1939년 2월 5일, 찰리 채플린이 제작·감독·각본·음악·주연한 무성영화 '모던 타임스'가 개봉됐다. 시계에 지배되는 기계문명에 대한 비판과 자본주의의 인간성 무시에 대한 분노를 날카롭게 풍자한 영화였다. 채플린은 알콜중독자 아버지와 정신병원을 드나 든 어머니 사이에서 가난하고 불우한 어린 시절을 보냈으나 천부적인 재능과 개척기 할리우드의 뛰어난 영화제작자 세넷의 지원으로 영화 100년 역사상 가장 폭넓은 사랑을 받는 영화인이 되었다. 그는 제국주의 전쟁의 범죄성을 파헤쳐 한때 공산주의자란 누명까지 썼으나 결국엔 미국의 아카데미 공로상을 받았고 고국인 영국의 여왕 엘리자베스로부터 기사 작위까지 받게 되었다.

2월 6일, 1952년

영국 엘리자베스 2세 즉위

1952년 2월 6일 영국의 엘리자베스 2세가 25세의 나이로 왕위에 올랐다. 그녀는 전 국왕이던 아버지 조지 6세의 건강악화로 이미 다양한 국가행사에 아버지 대행으로 참석해 왔는데 국왕의 갑작스런 사망으로 왕위를 계승한 것이다. 여왕의 대관식은 이듬해인 53년 6월에 웨스트민스터 대수도원에서 거행됐는데 사상 최초로 TV를 통해 전 세계에 중계됐다. 지난 1999년 한국을 방문한 여왕은 자신의 73번째 생일을 안동 하회마을에서 맞았다.

2월 7일, 1812년

영국의 소설가 디킨스 출생

영국에서 가장 큰 인기를 누렸던 소설가 찰스 디킨스가 200여 년 전인 1812년 2월 7일, 해군 하급관리의 아들로 태어났다. 경제관념이 없는 아버지로 인해 12살 때 런던의 구두약 공장에서 하루 10시간의 노동을 했던 아픈 기억이 있는 디킨스는 사환과 신문기자를 거치면서 작가로 성장했다. 디킨스는 평생 대중을 사랑했고 대중은 그에게 열광해 셰익스피어와 함께 영국문학의 대표작가로 인정받는다. 주요작은 '올리버 트위스트' '크리스마스 캐럴' '데이비드 코퍼필드' '위대한 유산' 등.

2월 7일, 1964년

비틀즈 미국 침공

1964년 2월 7일 낮 1시30분, 미국 케네디 공항에서 영국의 4인조 그룹 비틀즈가 나타나자 공항에 모인 3000여 명의 소녀들이 기쁨의 환호성을 질렀다. 이틀 후 비틀즈가 출연한 TV프로그램 '에드 설리번 쇼'는 7300만 명의 미국인이 시청했다는 기록을 남겼다. 영국 가수는 미국에서 성공할 수 없다는 징크스를 깨며 'I Want To Hold Your Hand'로 전미 히트 차트 1위에 오른 비틀즈는 두 달 후엔 빌보드 차트 랭킹 1위부터 5위까지 모두 석권하고 만다. 미국에 상륙한 이 해에만 18주 동안 전미 차트 1위를 독점하면서 미국 싱글레코드 판매의 60%를 차지한 그들은 1970년 해체하기 전까지 9년간 211곡을 발표했고 앨범 판매량은 20세기 최대 기록인 1억 6000만 장 이었다.

2월 8일, 1904년

러일 전쟁 발발

1904년 2월 8일, 일본의 해군사령관 도고 헤이하치로가 이끄는 연합 함대가 여순항에 정박해 있던 러시아 함대를 향해 돌연 어뢰 공격을 감행했다. 일본이 일으킨 전쟁마다 늘 그랬듯, 이번에도 선전포고 없는 갑작스러운 기습이었다. 만주와 조선의 쟁탈 주도권을 쥐기 위한 제국주의적 욕망의 충돌이 원인이었던 이 전쟁에서 주변국들의 예상을 뒤엎고 일본이 승리를 거머쥔다. 이후 마치 골리앗을 쓰러뜨린 다윗인 양, 세계무대에 진출할 자신감을 얻은 일본은 자국의 역량을 헤아리지 않고 거침없이 패권주의로 내닫고 말았다.

102

2월 8일, 1931년

영원한 청춘 제임스 딘 출생

1931년 2월 8일, 생애 단 3편의 영화만으로 청춘의 우상이 되었던 제임스 딘이 태어났다. 그는 불우하게 보낸 어린 시절을 뒤로 하고 배우의 꿈을 꾸며 입성한 헐리우드에서 5년 가까이 단역 배우로 전전했으나 1954년 영화 '에덴의 동쪽'에서 주연으로 발탁되어 섬세하고 날카로운 성격의 청년 역을 호연, 성공하였다. 우울하고 반항적인 눈빛 연기는 이어진 영화 '이유 없는 반항'으로 극대화되어 이 시대 젊은이들에게 폭발적인 인기를 끌었다. 그러나 여배우 피어 안젤리와의 사랑이 실패하여 좌절을 겪은 후 자신의 세 번째 영화인 '자이언트'의 개봉을 앞두고 스포츠 카를 과속으로 몰다 사고를 일으켜 불꽃같은 생을 마감하였다.

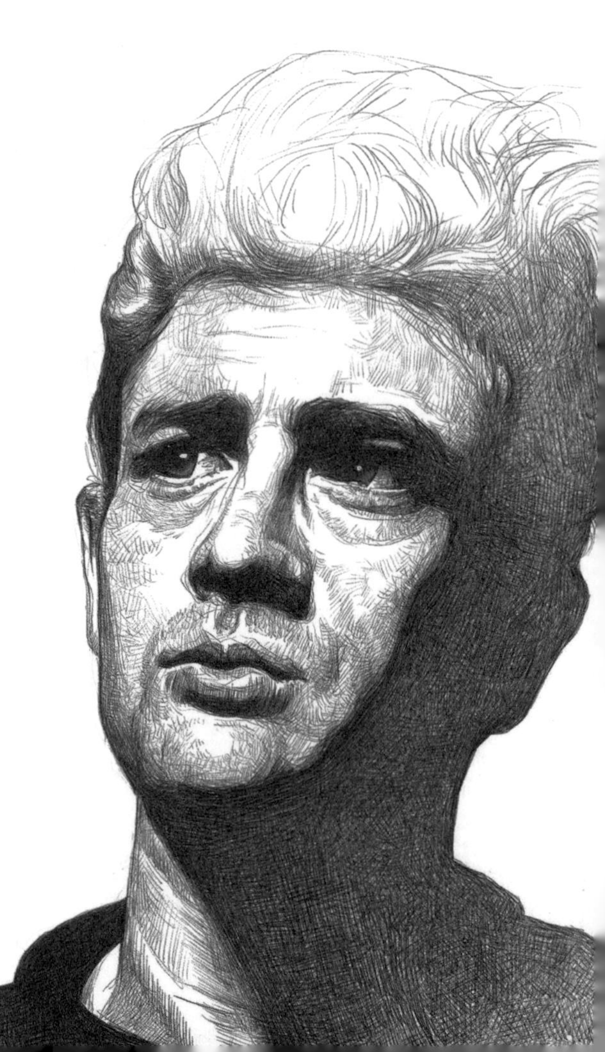

2월 8일, 1828년

근대 SF의 선구자 쥘 베른 출생

근대적 SF소설의 베스트셀러 작가 쥘 베른이 1828년 2월 8일, 프랑스 서부 대서양 연안의 항구도시 낭트에서 법조인 가문의 장남으로 태어났다. 아버지의 뜻에 따라 법학을 전공했으나 곧 문학으로 전향한 뒤 대담한 상상력과 철저한 자료 조사로 모험 소설을 펴냈다. 과학적이면서도 신비하고 미래적인 직관으로 한 시대를 풍미한 그의 작품은 이후 연극과 영화, 애니메이션 등으로 변주되며 끊임없이 전 세계의 꾸준한 사랑을 받고 있다. 대표작은 '해저 2만 리' '80일간의 세계일주' '15소년 표류기' 등.

2월 9일, 1989년

아톰의 작가 데즈카 사망

1989년 2월 9일, '철완 아톰'을 창조한 일본의 만화가 데즈카 오사무가 위암으로 사망했다. 오사카 대학에서 의학을 전공해 의학 박사 학위까지 취득했지만 의사 직을 포기하고 만화가로 대성하였다. '정글 대제' '리본의 기사' '불새' 등 700여 종의 만화책과 60여 종의 만화 영화를 제작한 데즈카는 어린이 만화만을 그린 것이 아니라 부조리한 인간 세계의 현실을 담은 철학적인 만화도 그려냈으며, 그의 사후 일본에서는 '만화의 아버지' 혹은 '만화의 신'으로 일컬어져 오고 있다. 고향 오사카에는 그의 업적을 기리는 데즈카 오사무 박물관이 세워져 있다.

2월 9일, 1881년

러시아 문호 도스토옙스키 사망

1881년 2월 9일, 러시아 문학의 최고 거장 가운데 한 사람인 작가 표도르 도스토옙스키가 60세의 나이로 사망했다. 첫 작품 '가난한 사람들'로 호평 받은 그는 급진적 정치 모임에 참여했다가 체포돼 총살직전에 황제의 특사로 감형된 후 시베리아 감옥에서 4년을 지냈다. 잡지 발간과 도박으로 진 빚을 갚기 위해 출판사와 무리한 계약을 하여 마감에 쫓기며 글을 썼다. 대표작인 '죄와 벌' '카라마조프가의 형제들'에서 인간 존재의 근본 문제를 제기했다.

2월 9일, 1950년

미국, 매카시즘 광풍 시작

1950년 2월 9일, 경력위조, 금품수수, 음주 추태 등으로 정치적 사면초가에 몰린 위스콘신 주 상원의원 조지프 매카시가 "미국무성 안에 205명의 공산주의자가 있다"는 폭탄 연설을 했다. 제2차 세계대전 후 심각한 냉전체제 중 미국은 동독과 중국의 공산화와 소련의 급격한 팽창에 위협을 느끼고 있었던 것이 배경이었다. 정작 매카시는 자신이 폭로한 공산주의자가 누군지 전혀 밝혀내지 못했지만 정계와 관계, 예술계, 언론계를 비롯해 대통령의 정책까지 공산주의와 연계시켜 심판대에 올렸고 신문들은 사실 여부에 관계없이 무책임한 폭로를 헤드라인으로 올려 판매 부수를 올리는데 급급했다. 그러나 1954년 열린 청문회에서 매카시는 허풍만 늘어놓고 고함을 치고 협박을 하는 등 이성을 잃고 추태를 부리는 모습이 고스란히 TV에 생중계되면서 몰락을 자초하고 말았다.

2월 10일, 1949년

연극 '세일즈맨의 죽음' 초연

1949년 2월 10일, 뉴욕 모로스코 극장에서 극작가 아서 밀러의 작품 '세일즈맨의 죽음'이 처음 막을 올렸다. 주인공 로만 역은 리 콥, 연출은 엘리아 카잔이었다. 이 작품은 30년 동안 오직 '세일즈맨'으로 성실하게 살아왔던 주인공 윌리 로만이 삶에 지치고 자식에게 배신당한 후 보험금을 가족에게 주는 최후의 선물로 남기고 차를 몰아 자살한다는 내용이다. 1940년대 후반 미국의 소시민적 소재를 뛰어넘어 전세계 보통사람들에게 보편적인 공감을 이끌어낸 이 걸작은 퓰리처상과 각종 비평가상을 휩쓸었다. 하지만 오늘날 대한민국의 가장들에 비한다면 로만은 오히려 형편이 나았다고 어느 경제지 저널리스트는 쓴 소리를 한 바 있다.

2월 10일, 1992년

‘뿌리’의 저자 헤일리 사망

1992년 2월 10일, 소설 ‘뿌리’와 ‘말콤 X’의 저자 알렉스 헤일리가 급환으로 미국 시애틀의 한 병원에서 사망했다. 그는 흑인 무슬림 투사 말콤X의 자서전을 대필한 것이 계기가 되어, 서부 아프리카 감비아의 한 마을에서 노예로 잡혀온 자신의 조상 쿤타킨테 이래 6대에 걸친 모계의 내력을 ‘뿌리’라는 소설로 완성했다. 이 작품으로 그는 퓰리처상을 받았고 ‘뿌리’는 동명의 TV 미니시리즈로 방영돼 전 세계적인 신드롬을 불러 일으켰다.

2월 11일, 기원전 479년

유교 시조 공자 사망

기원전 479년 2월 11일 고대 중국의 사상가 공자가 73세의 나이로 사망했다. 공자의 이름은 '구'이고 공자의 '자'는 존칭으로 선생을 뜻한다. 공자는 최고의 덕을 인(仁)으로 보았고 인은 극기복례(克己復禮)로 이룰 수 있다고 생각했다. 공자 사상의 핵심인 극기복례는 '자신을 이기고 예를 따른다'라는 뜻으로 여기서 예는 되살려야 할 주나라의 문화, 문물, 사상, 예법을 총체적으로 가리킨다. 공자는 초월적인 신을 거부하고 현실의 인간이 추구해야 할 이상적 질서를 찾았던 사람이다. 그는 춘추전국의 혼란한 시대에 법보다 덕으로 국가를 다스리는 이상정치를 꿈꾸었지만 현실의 권력자들에겐 받아들여지지 않았다.

2월 11일, 1990년

만델라, 27년 만에 석방

인종차별정책인 아파르트헤이트에 반대하는 무장항쟁의 주도자로 체포돼 27년 이라는 기나 긴 수감생활을 보내던 넬슨 만델라가 1990년 2월 11일, 마침내 석방된다. 남아프리카공화국 최초의 흑인 변호사였던 그는 흑인해방운동에 전념하던 중 1962년 체포돼 종신형을 선고받았다. 10000일의 수감생활 후 석방된 그는 백인정부와의 협상끝에 흑백차별 없는 총선 실시에 합의하여 인종차별의 종식을 고했다. 93년 노벨평화상을 공동수상하고 94년 대통령에 당선된 넬슨의 아프리카어 본명은 롤리흘라흘라다.

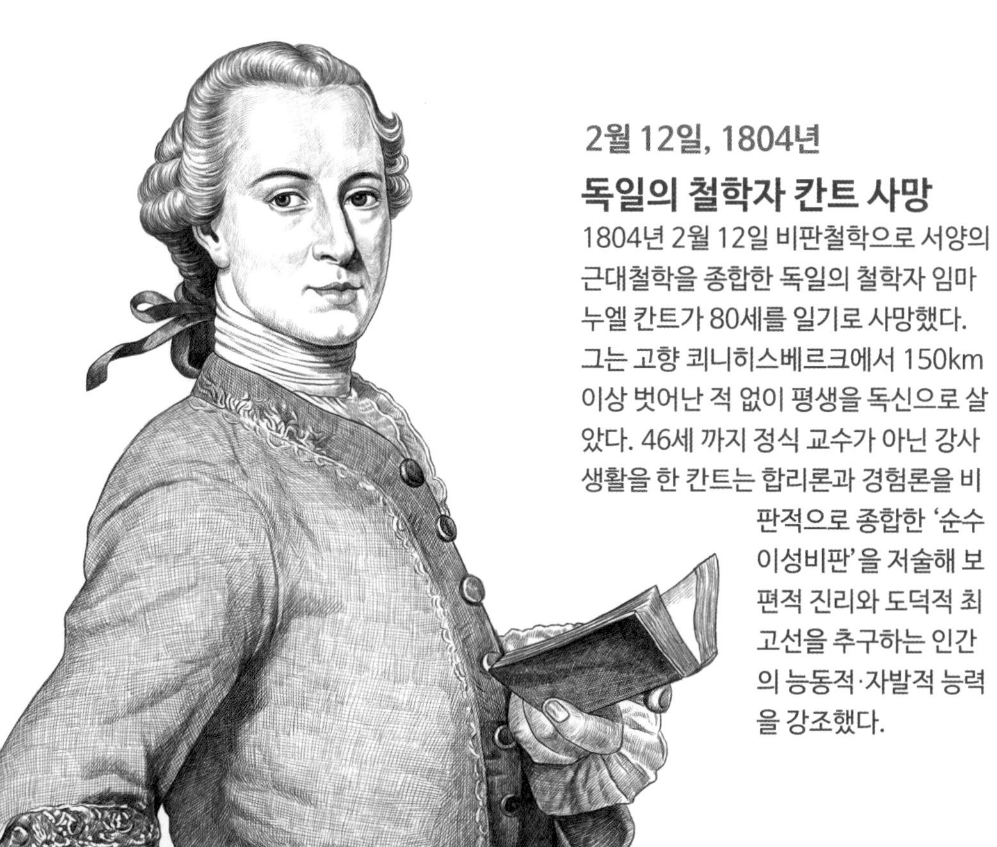

2월 12일, 1804년

독일의 철학자 칸트 사망

1804년 2월 12일 비판철학으로 서양의 근대철학을 종합한 독일의 철학자 임마누엘 칸트가 80세를 일기로 사망했다. 그는 고향 쾨니히스베르크에서 150km 이상 벗어난 적 없이 평생을 독신으로 살았다. 46세 까지 정식 교수가 아닌 강사생활을 한 칸트는 합리론과 경험론을 비판적으로 종합한 '순수이성비판'을 저술해 보편적 진리와 도덕적 최고선을 추구하는 인간의 능동적·자발적 능력을 강조했다.

2월 12일, 1999년

클린턴 미국대통령 탄핵안 부결

1999년 2월 12일 미국상원은 42대 대통령 빌 클린턴에 대한 위증과 사법방해 등 2개 항의 탄핵안을 부결시켰다. 미국 역사상 현직 대통령에 대한 두번째 탄핵투표였다. 이로써 클린턴 대통령은 백악관 인턴직원이었던 모니카 르윈스키양과의 성추문으로 초래된 정치적 위기에서 13개월 만에 벗어나 2001년 1월까지 임기를 보장받았다.

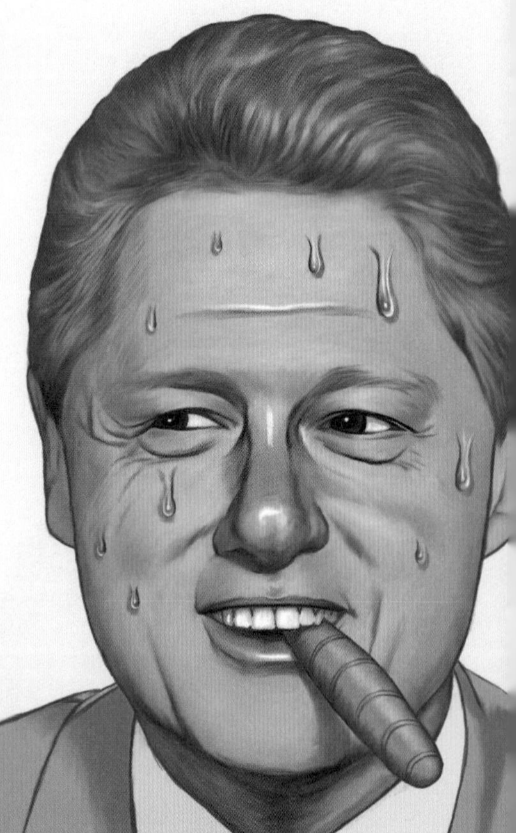

2월 13일, 1999년

영화 '쉬리' 개봉

1999년 2월 13일, 강제규 감독에 한석규, 최민식, 송강호, 김윤진 주연의 영화 '쉬리'가 개봉됐다. 제작비 24억 원의 이 한국형 블록버스터는 이전까지 한국 최다관객수를 기록한 외화 '타이타닉'의 226만 명을 훌쩍 뛰어넘어 개봉 199일 동안 621만 명이 관람했다. 실감나는 도심 총격 신과 남북한 정보요원 간의 비극적 사랑을 줄거리로 한 '쉬리'는 일본에서도 100만 명이 넘는 관객을 동원했고 홍콩, 북미 등 총 15개 지역에서 500만 달러의 수익을 올렸다.

114

2월 13일, 1967년

시인 유치환 사망

1967년 2월 13일 시인이자 부산여상 교장인 청마 유치환이 버스에 치여 두개골 파열상을 입고 부산대병원으로 옮기던 도중 59세의 나이로 사망했다.

깃발

이것은 소리 없는 아우성
저 푸른 해원을 향하여 흔드는
영원한 노스탤지어의 손수건
순정은 물결같이 바람에 나부끼고
오로지 맑고 곧은 이념의 푯대 끝에
애수는 백로처럼 날개를 펴다.
아아 누구던가
이렇게 슬프고도 애달픈 마음을
맨 처음 공중에 달 줄을 안 그는.

2월 14일, 1989년

소설가 루시디 처형 선고

1989년 2월 14일, 이란 혁명의 최고 지도자 호메이니가 소설 '악마의 시' 저자 살만 루시디에게 사형을 선고했다.

'악마의 시'는 인도 출신의 영국 소설가 루시디가 88년에 낸 소설로, 호메이니는 이 소설이 코란을 악마의 말이라 조롱하고 마호메트의 믿음을 의심했다고 판단했다. 이로써 루시디는 끝 모를 피신 생활을 시작했는데 일본인 번역자가 살해됐고 이 책과 관련된 여러 사람이 테러를 당했다. 이후 모하마드 하타미 이란 대통령이 1998년과 2001년 두 차례나 루시디의 사면을 선언했다.

116

2월 14일, 270년

밸런타인 주교 순교

서기 270년 2월 14일, 로마 교회의 밸런타인 주교가, 남자들을 더 많이 입대시키기 위해 결혼을 금지했던 황제 클라디우스 2세의 명령을 어기고 군인들의 혼배성사를 집전하다가 미움을 사 처형당했다. 세계 각지에서 이 날을 '밸런타인데이'라 해서 남녀가 서로 사랑을 맹세하는 날로 기념하고 있다. 초콜릿을 보내는 관습은 19세기 영국에서 시작됐지만 1960년 일본의 모리나가 제과가 여성들에게 초콜릿을 통한 사랑고백 캠페인을 벌이기 시작한 것이 계기가 되어 여성이 초콜릿을 통해 좋아하는 남성에게 사랑을 고백하는 일본식 밸런타인데이가 정착되기 시작해 오늘에 이르렀다.

2월 15일, 1988년

물리학자 파인만 사망

1988년 2월 15일, 미국의 이론물리학자 리처드 파인만이 암으로 투병하던 중 70세를 일기로 LA에서 사망했다. MIT와 프린스턴에서 공부한 그는 제2차 세계대전 중 원자폭탄 개발계획인 '맨해튼 프로젝트'에 참여했고 65년 양자 전기역학 연구로 노벨물리학상을 공동수상했다. 그는 거시물리의 아인슈타인과 함께 미시물리에서 20세기 최고의 물리학자로 인정받는다. 파인만은 형식과 권위를 거부하고 자유롭고 창조적인 사고로 과학의 대중화에 큰 족적을 남겼다.

2월 15일, 1936년

'폴크스바겐' 계획 발표

1936년 2월 15일, 나치 독일의 독재자 아돌프 히틀러가 어른 2명에 아이 3명이 탈 수 있고, 리터당 14.5km의 연비로 시속 100km 이상을 달릴 수 있는 '국민차(Volkswagen)'를 만들 계획을 발표했다. 당시 기술력으로는 불가능하다고 여겨진 이 계획을 실행에 옮긴 것은 천재적인 자동차 박사 페르디난트 포르쉐였다. 2차 세계대전의 패전으로 쑥대밭이 됐던 독일을 재건하는 견인차 역할을 했던 것이 딱정벌레형 모델의 폴크스바겐 비틀이었고 이후 폴크스바겐사는 세계 유수의 자동차메이커들을 인수하면서 현재 유럽 최대의 자동차 그룹으로 부상했다. 연간 평균 생산대수 약 520만 대, 고용 규모는 총 30만 명으로 본사는 볼프스부르크에 있다.

2월 16일, 2009년

김수환 추기경 선종

2009년 2월 16일, 한국 최초로 추기경에 올랐던 김수환 추기경이 선종했다. 향년 87세, 세례명은 스테파노. 무진박해 때 순교한 조부 김보현의 손자로 대구에서 태어난 김 추기경은 독실한 천주교인이었던 어머니의 말씀을 따라 30세에 대구 계산동 성당에서 사제로 서품됐다. 전 세계 추기경 134명 가운데 최연소의 나이인 47세에 추기경에 오른 그는 가난하고 소외된 사람들의 벗이었으며 한국 민주화 운동의 버팀목이었다.

"고맙습니다.
서로 사랑하세요."

2월 16일, 1954년

마릴린 먼로 한국 방문

6·25 전쟁이 끝난 직후인 1954년 2월 16일, 당시 할리우드 최고의 스타였던 마릴린 먼로가 한국을 방문했다. 뉴욕양키스의 전설적인 강타자 조 디마지오와 막 결혼한 먼로는 신혼여행지로 일본을 방문했다가 주한미군 위문공연 요청을 받고 방한한 것이다. 무려 10만 명의 군인들이 보내는 열렬한 환호에 먼로는 영하의 추운 날씨에도 아랑곳 않고 4일 동안 10차례의 공연을 가졌다. 후일 먼로는 한국공연을 '내게 일어난 가장 멋진 일' 이었다고 술회했다.

2월 16일, 1945년

시인 윤동주 별이 되다

1945년 2월 16일, 맑고 정직한 인품과 순수한 열정을 지녔던 청년 윤동주가 일제에 대한 저항의식이 남달랐다는 이유로 체포되어 1년 반의 모진 고문 끝에 일본 후쿠오카 형무소에서 유명을 달리했다.

죽는 날까지 하늘을 우러러
한 점 부끄럼이 없기를,
잎새에 이는 바람에도
나는 괴로워했다.
별을 노래하는 마음으로
모든 죽어 가는 것을 사랑해야지.
그리고 나한테 주어진 길을
걸어가야겠다.
오늘 밤에도 별이 바람에 스치운다.

― 서시 윤동주

2월 17일, 1904년

오페라 '나비부인' 초연 대 실패

'마농 레스코' '라보엠' '토스카' 등을 잇달아 히트시키며 20세기 초 오페라 계에서 최고의 명성을 자랑하던 푸치니가 3년간의 철저한 준비를 거쳐 완성한 오페라 '나비부인'이 1904년 2월 17일, 밀라노의 라 스칼라 극장에서 첫 공연을 가졌다. 19세기 말 일본의 나가사키를 배경으로, 미 해군 중위 핑커튼과 일본의 게이샤 초초상의 애절한 사랑이야기를 오페라로 각색한 '나비부인'의 초연은 푸치니의 자신과 달리 참담한 실패로 막을 내렸고 그 후의 모든 공연도 취소됐다. 낯선 일본 풍경과 동양적 선율, 1시간 반이나 지루하게 이어지는 2막, 여주인공의 기모노 의상도 관객의 조롱거리였다. 그러나 푸치니는 와신상담, 2막의 일부를 줄이는 등 작품을 고쳐 3개월 뒤 토스카니니 지휘의 두 번째 공연에서는 성황리에 막을 내렸고, 다음해 런던공연 때는 더욱 더 놀라운 성공을 거두며 최고의 오페라로 인정받게 된다.

2월 17일, 1600년

르네상스시대 사상가 브루노 화형

1600년 2월 17일, 로마 가톨릭의 도미니코회 수도사였던 조르다노 브루노가 공개 화형에 처해졌다. 그는 당시 이단시되던 지동설에 비해 한층 더 과격한 무한 우주론을 주장했는데 과학자 코페르니쿠스의 태양 중심 우주론보다 훨씬 더 정확한 견해로 판명되었다.

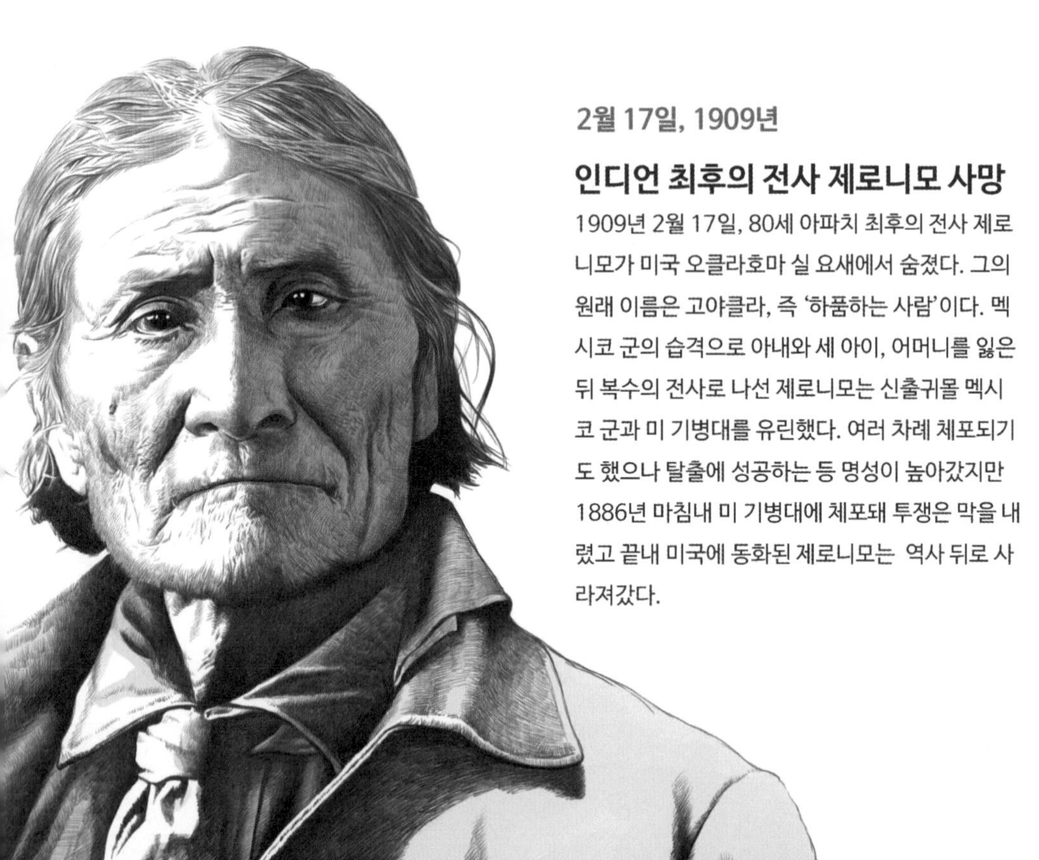

2월 17일, 1909년

인디언 최후의 전사 제로니모 사망

1909년 2월 17일, 80세 아파치 최후의 전사 제로니모가 미국 오클라호마 실 요새에서 숨졌다. 그의 원래 이름은 고야클라, 즉 '하품하는 사람'이다. 멕시코 군의 습격으로 아내와 세 아이, 어머니를 잃은 뒤 복수의 전사로 나선 제로니모는 신출귀몰 멕시코 군과 미 기병대를 유린했다. 여러 차례 체포되기도 했으나 탈출에 성공하는 등 명성이 높아갔지만 1886년 마침내 미 기병대에 체포돼 투쟁은 막을 내렸고 끝내 미국에 동화된 제로니모는 역사 뒤로 사라져갔다.

2월18일, 1564년

거장 미켈란젤로 사망

르네상스시대 이탈리아의 조각·회화·건축의 대가 미켈란젤로 부오나로티가 1564년 2월 18일 89세를 일기로 세상을 떠났다. 페렌체의 메디치가와 로마 교황들의 후원을 받은 그는 20대에 이미 산피에트로성당의 '피에타'와 피렌체 시청 앞의 '다비드'로 천재로 칭송됐다. 또 그가 4년 만에 완성한 시스티나성당의 천장화 '천지창조'와 그 후의 '최후의 심판'은 회화 부문에서도 인류 최고의 문화유산 중 하나로 손꼽힌다. 평생 독신으로 지낸 그는 말년에는 시와 서간문에 몰두했다.

2월18일, 1967년

'원자폭탄의 아버지' 오펜하이머 사망

1967년 2월 18일, 미국 로스앨러모스 연구소의 소장으로 원자폭탄의 개발을 총지휘던 로버트 오펜하이머가 후두암으로 사망했다. 아인슈타인을 비롯해 엔리코 페르미, 한스 베테 등 당대 최고의 물리학자들과 함께 개발한 원자폭탄이 미국을 전쟁의 승자로 이끌면서 오펜하이머는 일약 영웅으로 떠받들어졌지만 일순간에 22만 5000명의 목숨을 앗아간 원폭의 무서움 앞에 전율했고 고뇌 속에 연구소장을 사임하고 수소폭탄 제조 반대운동에 앞장선다. 그러나 때마침 불어닥친 매카시즘의 광풍으로 그는 '마녀사냥'의 희생양으로 공산주의자란 낙인이 찍혀 63년 린든 존슨 대통령이 페르미상을 수여하여 복권하기 전까지 오욕의 삶을 살아야 했다.

2월18일, 1884년

'허클베리 핀의 모험' 출간

1884년 2월 18일, 미국의 유명작가 마크 트웨인의 소설 '허클베리 핀의 모험'이 출간되었다. 소년 허클베리 핀과 흑인 노예 짐이 미시시피 강을 따라 뗏목여행을 하며 겪는 모험을 그린 이 소설은 미국 현대 문학의 효시가 되는 작품이라 평가되고 있다. 소년시절부터 인쇄공으 로 일하며 변변한 학교교육을 받지 못했으나 닥치는 대로 책을 읽으며 지식을 쌓은 마크 트웨인은 20대에 미시시피 강의 수로 안내인으로 일한 경험을 살려 '톰 소여의 모험'과 '허클베리 핀의 모험'을 쓸 수 있었다.

2월19일, 1951년

소설가 앙드레 지드 사망

소설 '좁은 문'의 작가 앙드레 지드가 1951년 2월 19일 파리에서 폐결핵으로 사망했다. 어린 시절 어머니의 엄격한 청교도 교육을 받으며 자란 지드는 선과 악의 이분법적 기독교 사상을 거부하고 정신과 육체는 함께 자유와 행복을 누려야 한다고 주장했다. 1947년 노벨문학상을 수상한 그의 수상 사유는 "진리를 향한 대담무쌍한 사랑과 예리한 심리학적 통찰을 놀라운 글쓰기로 표현해낸 작가"라고 한림원은 밝혔다.

2월19일, 1878년

에디슨, 축음기 특허 획득

미국의 발명가 토마스 에디슨이 1878년 2월 19일 축음기의 발명 특허를 받았다. 소리를 저장해 시간의 한계를 극복하겠다는 아이디어가 실현된 셈이다. 당시의 이름은 포노그래프. 에디슨이 특허를 내면서 적어낸 축음기의 가장 중요한 용도는 노래나 음악이 아니라 회의나 재판때 속기사 대신 말을 기록(녹음)하는 것이었다.

130

2월 20일, 1584년

율곡 이이 사망

1584년 2월 20일, 조선 중기의 유학자 이자 정치가, 사상가인 이이가 49세의 나이로 생을 마감했다. 율곡은 호의 하나다. 사헌부 감찰을 지낸 이원수와 사임당 신 씨의 셋째 아들로 외가인 강릉에서 태어난 이이는 조광조의 제자인 백인걸 문하에서 학문을 닦았는데 아홉 차례의 과거에 모두 장원으로 합격한 천재였다. 사망 전까지 20년 간 관직에 있으면서 '십만양병설' 등 개혁안을 주장했고 학문 연구와 후진 양성에 힘썼다. 사후 우리나라 18대 명현 가운데 한 명으로 문묘에 배향되어 있다.

2월 21일, 1677년

철학자 스피노자 사망

"내일 지구의 종말이 올지라도 오늘 한 그루 사과나무를 심겠다." 1677년 2월 21일, 긍정과 자유의 철학으로 '철학자들의 그리스도'라 불린 네덜란드의 철학자 스피노자가 45세로 사망했다. 암스테르담에서 유태인 상인의 아들로 태어난 그는 유태교단의 학교에서 가장 뛰어난 학생이었으나 데카르트의 '방법적 회의'를 받아들여 유태 교회에서 파문당하고 암살 위협까지 받았다. 하이델베르크 대학의 정교수 초청에도 응하지 않고 말년까지 연구와 집필에만 몰두했다.

2월 21일, 기원전 202년

항우, 해하 전투에서 유방에 패하다

기원전 202년 2월 21일, 진나라를 멸망시킨 영웅 초패왕 항우가 해하 전투에서 한나라 유방의 사면초가 작전에 몰려 대패하고 자결했다. 항우는 최후의 술자리에서 사랑하는 부인 우미인과의 이별(패왕별희)을 슬퍼하며 노래(해하가)를 부른다.

힘은 산을 뽑을 만하고 기운은
세상을 덮을 만한데

때가 불리하니 오추마도
나아가질 않는구나

추가 더 이상 내딛지
않으니 어쩔 것인가

우희야 우희야 너를
어찌한단 말이냐?

2월22일, 1987년

팝 아트 선구자 워홀 사망

1987년 2월 22일, 미국의 자본주의와 매스미디어를 엮어 독특한 상업 회화로 표현했던 앤디 워홀이 57세의 일기로 사망했다. 그는 하나의 작품으로 끝나는 일반 회화와 달리 같은 이미지를 여러 벌 찍어낼 수 있는 실크 스크린 판화 기법으로 마릴린 먼로나 엘비스 프레슬리 등의 대중스타 이미지와 수프 캔, 달러 기호 등을 이용해 미국 사회를 경박하게 상품화한 작품으로 할리우드 스타 못지않은 인기와 부를 누렸다.

2월 22일, 1836년

다산 정약용 별세

조선의 위대한 실학자요 개혁가인 다산 정약용이 1836년 2월 22일, 74세를 일기로 생을 마쳤다. 진주목사를 지낸 정재원의 넷째 아들로 태어난 정약용은 어릴 때부터 천재적 소질이 있었고 22세 초시 합격 후 성균관에 입학하면서 정조의 신임을 받았다. 수원성 축조 등 관직 생활 중 업적도 많았으나 정조 사후 천주교 믿음 등의 이유로 기나긴 유배 생활을 했다. 전남 강진의 18년 유배 생활 중 목민심서를 비롯한 500여 권의 방대한 저서를 남겼고 부국강병의 개혁적 실학사상을 수많은 제자들이 이어받았다.

2월 22일, 1630년

팝콘, 세상에 첫선을 보이다

1630년 2월 22일, 콰대기나 인디언이 사슴가죽가방에 넣은 팝콘을 처음 선보였다. 인디언들은 옥수수 알 속에 갇혀있던 조그만 악마가 열이 가해지면 펑 소리를 내며 뛰쳐나온다고 믿었다. 옥수수 알에 함유되어 있는 14%의 수분이 섭씨 205도가 되면 수증기로 변하면서 본래 부피의 35~40배가 되는 팝콘이 만들어진다. 약 100개중 1개꼴로 튀겨지지 않은 옥수수 알이 나오는데 이를 '노처녀(spinster)'라 한다.

2월 23일, 1997년

복제양 '돌리' 탄생 발표

세계 최초로 체세포 복제를 통해 포유류가 태어났다. 영국 에든버러 로스린 연구소의 아이언 윌머트 박사팀은 1997년 2월 23일, 6년생 암양의 DNA를 다른 양의 난자와 결합, 암수 성교나 수컷 정액 없이도 미수정란 핵을 체세포 핵으로 바꾸고 유전적으로 똑같은 양을 만들어내는 데 성공했다고 발표했다. 윌머트 박사는 세포핵을 갖게 된 이 수정란을 또 다른 암양 자궁에 이식, 첫 번째 양과 유전자가 똑같은 새끼 '돌리'가 태어났다고 밝혔다.

2월 23일, 1945년

미 해병대, 일본 이오지마 함락

1945년 2월 23일 제2차 세계대전 중 가장 악몽 같은 전투 끝에 미 해병대는 일본 도쿄 동남방 1000km 지점의 이오지마를 함락하여 이 섬의 최고 산정인 스리바치산 꼭대기에 성조기를 꽂았다. 일본군은 거의 90%가 사망했고 미군도 6800여 명이 전사해 미국 역사상 가장 처절하고 값비싼 대가를 치른 전투 중 하나로 기록된다. 퓰리처상을 받은 아래의 유명한 장면은 AP기자 로젠탈의 연출임이 밝혀졌다.

138

2월 23일, 1685년

작곡가 헨델 출생

1685년 2월 23일, '음악의 어머니'로 불리는 프리드리히 헨델이 독일 작센의 할레 마을에서 태어났다. 헨델은 웅장하고 경쾌한 오페라들로 큰 성공을 거두었고 종교음악으로 전환해 20여 곡의 오라토리오를 작곡했다. 그중 24일 만에 완성한 필생의 역작 '메시아'의 할렐루야 코러스는 영국 궁왕 조지 2세가 감동한 나머지 기립해 들은 이후 청중의 관습이 됐다.

2월 24일, 1848년

마르크스와 엥겔스, '공산당 선언' 발표

1848년 2월 24일, 인류역사상 가장 영향력 있는 문서 중 하나인 '공산당 선언'이 칼 마르크스와 프리드리히 엥겔스에 의하여 런던에서 발표됐다.

"하나의 유령이 유럽을 배회하고 있다. 공산주의라는 유령이…

자본주의는 인간의 존엄을 교환가치로 녹여 버렸고…

인간의 자유를 단 하나의 파렴치한 상거래의 자유로 대체했다…

공산주의 혁명으로 프롤레타리아가 잃을 것이라곤 쇠사슬 뿐이요 얻을 것은 전세계다"

2월 24일, 1955년

스티브 잡스 태어나다

1955년 2월 24일, 세계 최고의 IT 기업 애플을 설립하고 키운 스티브 잡스가 미국 캘리포니아주 샌프란시스코에서 태어났다. 입양아로 자란 잡스는 고교 졸업 후 대학을 자퇴하고 부모의 차고에서 최초의 개인용 컴퓨터인 애플을 만들었다. 경영 분쟁으로 애플사를 퇴사한 후 픽사를 인수해 디지털 애니메이션에서 큰 성공을 거둔 그는 애플로 복귀해 다시 CEO가 됐고 아이맥과 아이팟, 그리고 아이폰과 아이패드로 세계 최고의 기업을 일구어냈다. 2004년 췌장암 발병 후 7년 만에 CEO에서 물러나 56세의 나이로 세상을 떠났다.

2월 24일, 1260년

쿠빌라이 칸, 원나라를 세우다

1260년 2월 24일, 몽골 제국의 제5대 칸이자 칭기즈 칸의 손자인 쿠빌라이 칸이 제국의 국호를 원으로 칭하고 황제에 즉위했다. 그는 남송을 멸망시키고 중국을 통일했으며 대도(현재의 북경)을 도읍으로 정했다. 그는 티베트에서 라마교를 받아들였고 서양인을 우대하여 마르코 폴로 등이 입국하는 등 통일된 다민족 국가를 세우고자 애썼으며 넓은 영토를 차지한 대제국을 완성하여 원의 전성시대를 이루었다. 한때 그는 고려와 연합해 일본을 정복하려 했으나 두 차례 모두 태풍으로 실패하고 말았다.

2월 25일, 1836년

콜트 리볼버 권총 특허 획득

1836년 2월 25일, 미국 뉴저지 주의 작은 공장에서 혁신적인 권총 1정이 탄생했다. 새뮤얼 콜트가 고안한 '리볼버'(회전식 권총)다. 최초로 연발 사격이 가능한 권총으로 서부영화에서 무법자들이 쏘아대던 바로 그 권총이다. 콜트는 10대 때 선원으로 일하면서 증기선의 바퀴에 착안, 리볼버를 설계했다. 복잡한 장치가 없어 고장이 적고 쉽게 사용할 수 있는 장점으로 개발된 지 170년이 지난 요즘도 애용된다. 한국 경찰은 38구경 리볼버를 쓴다. 콜트는 고향 코네티컷주에 콜트 사를 세웠는데 서부개척, 남북전쟁으로 수요가 급증하면서 최대 총기회사로 컸다. 1960년대 M16소총을 만든 것도 이 회사다.

2월 25일, 1964년

알리, 세계 헤비급 챔피언 등극

1964년 2월 25일, 도전자 케시어스 클레이(무하마드 알리)가 챔피언 리스톤을 7회 TKO로 이겨 세계 헤비급 챔피언이 되었다. 전 챔피언 패터슨을 1라운드 KO로 이긴 리스톤이 지리라고 예상한 사람은 극소수였지만 리스톤은 '나비처럼 날아서 벌처럼 쏜다'고 떠벌렸던 22세의 신예 클레이의 희생물이 되고 말았다. 클레이는 헤비급 타이틀을 획득한 후 이슬람교로 개종해 이름도 '무하마드 알리'로 개명했다.

2월 26일, 1802년

'레 미제라블' 작가 위고 태어남

1802년 2월 26일 19세기 프랑스 문학을 대표하는 문호 빅토르 마리 위고가 브장송에서 출생했다. 위고는 나폴레옹 휘하의 장군이었던 아버지의 원하던 대로 법학을 공부했으나 시와 희곡을 써 유명해졌고 소설 '파리의 노트르담'으로 확고한 명성을 얻었다. 여배우 등 수많은 여자들과의 염문으로 감옥에 가기까지 한 그는 칩거한 채 써낸 대작 '레 미제라블'을 60세에 간행해 세계적 작가로 우뚝 섰다. '레 미제라블'은 30여 차례, '파리의 노트르담'은 10여 차례 영화화 됐다.

2월 26일, 2006년

안현수, 토리노올림픽 쇼트트랙 3관왕

2006년 2월 26일, 제20회 겨울올림픽이 열렸던 이탈리아 토리노에서 1000m와 1500m를 끈질긴 승부근성으로 우승한 안현수는 5000m 계주에서도 우승하여 '쇼트트랙 최고의 경기'상을 받았다. 대한민국과 캐나다는 45바퀴 동안 대접전을 벌였으나, 안현수는 마지막으로 추월을 하며 갑작스레 폭발적인 에너지로 번개같이 코너를 돌아 격차를 넓히고는 곧추선 자세로 결승점을 통과해 금메달 3관왕의 영예를 안았다. 미국의 안톤 오노는 "안현수는 이번 올림픽에서 믿기지 않을 정도였다. 이렇게까지 잘타는 걸 본 적이 없다."라고 말했다.

-2006년 2월 26일 토리노, 로이터통신 제인 바렛 기자

2월 27일, 1932년

배우 엘리자베스 테일러 태어남

역대 할리우드 여배우 중 미녀의 전형으로 최고의 찬사를 받은 엘리자베스 테일러가 1932년 2월 27일 런던에서 태어났다. 소녀 때 부터 미모가 남달랐던 테일러는 10세에 유니버셜 영화사에서 데뷔했다. 아역으로 이미 스타덤을 예고했던 그녀는 19세에 영화 '젊은이의 양지'에서 아름다움과 연기력을 인정받았고, '자이언트'로 성숙해졌으며 '버터필드 8'로 오스카를 거머쥔다. 7명의 남편과 8번의 결혼으로도 유명했던 그녀는 90년대 이후 긴 투병생활 끝에 2011년 79세로 세상을 떠났다.

2월 27일, 1873년

전설적 테너 카루소 출생

1873년 2월 27일 이탈리아의 전설적인 성악가 엔리코 카루소가 나폴리에서 태어났다. 열 살 때부터 공장에 나가야 할 만큼 빈민가에서 비참한 어린 시절을 보낸 카루소는 성당의 소년 성가대에서 노래하다 발탁돼 하층민의 삶을 노래하는 베리스모 오페라에서 두각을 나타냈다. 이후 스칼라와 메트로폴리탄에서 백지수표를 받을 정도로 절정의 인기를 구가했으나 무려 607차례의 공연에 출연하며 완벽한 무대를 위해 몸을 혹사하다 늑막염으로 겨우 48세에 숨을 거두었다. 20세기 성악의 끝이 루치아노 파바로티였다면 시작은 엔리코 카루소였다.

2월 28일, 1984년

마이클 잭슨, '팝의 황제' 등극

1984년 2월 28일, 미국 LA의 시라인 오라토리움에서 존덴버의 사회로 열린 제 26회 그래미 시상식에서 마이클 잭슨이 올해의 앨범과 올해의 레코드 등 무려 8개의 그래미 트로피를 거머쥐며 '팝의 황제'의 자리에 등극했다. 이것은 1년여 전인 1982년 12월 발매됐던 전설적인 앨범 'Thriller'가 미국 내에서만 2200만 장이라는 경이적인 판매고를 기록했고 빌보드 앨범차트에서 무려 37주간 1위라는 전무후무한 대기록을 작성했으며, 싱글차트 1위에 올랐던 'Billie Jean', 'Beat it'을 포함해 싱글로 커트된 7곡이 모두 Top 10에 진입하는 신기원을 이룬 후여서 예견된 일이었다.

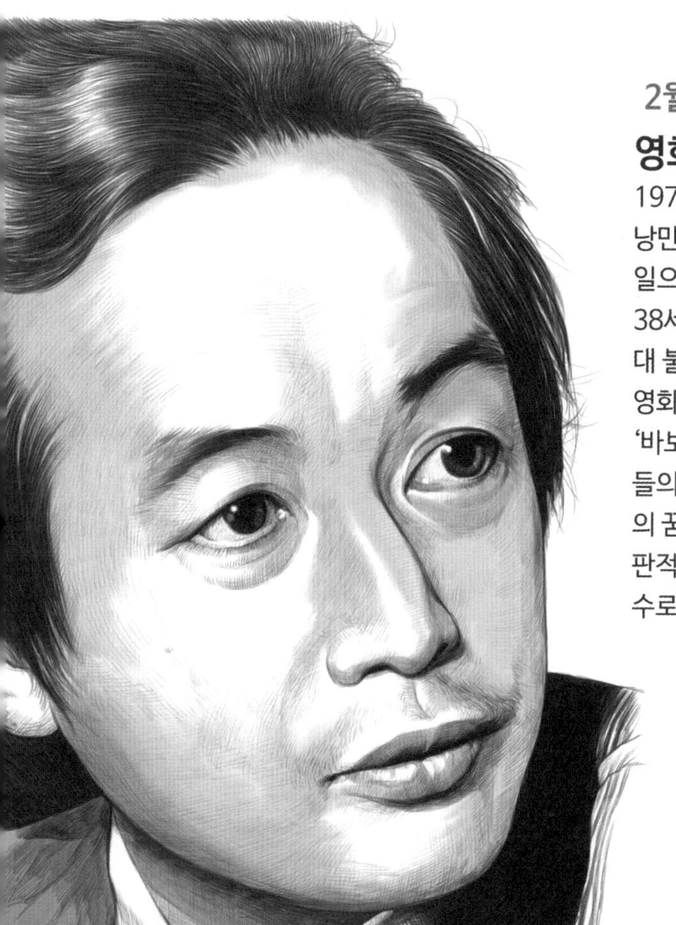

2월 28일, 1979년

영화감독 하길종 요절

1979년 2월 28일, 70년대 고뇌와 낭만의 청춘 영화로 큰 반향을 불러 일으킨 영화감독 하길종이 간암으로 38세의 젊은 나이에 요절했다. 서울대 불문과 졸업 후 도미하여 UCLA 영화과에서 석사학위를 받고 귀국 후 '바보들의 행진' '병태와 영자' '속 별들의 고향' 등의 영화에서 젊은이들의 꿈과 사랑, 고뇌와 좌절을 사회비판적 내용에 녹여내 청년 문화의 기수로 떠올랐다.

2월 29일, 1976년

현대차 '포니' 첫 출고

1976년 2월 29일, 최초의 국산 고유모델 승용차 '포니'가 현대자동차 울산공장에서 처음 출고됐다. 이탈리아 자동차 디자이너 쥬지아로가 설계하고 80마력에 배기량 1238cc의 미쓰비시 새턴 엔진을 얹었지만 현대차가 주도해서 개발한 최초의 국산차다. 이때 포니 가격은 227만 3270원으로 판매 첫해 1만 726대가 팔려 단숨에 국내 승용차 시장점유율 43.5%를 차지했다. 같은 해 7월 최초로 에콰도르에 수출되기도 한 포니 덕택에 우리나라는 세계에서 16번째, 아시아에서 2번째로 고유모델 차를 보유한 국가가 됐다.

1월
January

2월
February

3월
March

4월
April

5월
May

6월
June

3월 1일, 2001년

바미얀 석불 파괴

2001년 3월 1일, 아프가니스탄의 이슬람 근본주의 세력인 탈레반 정권 민병대가 다이너마이트를 이용하여 바미얀의 고대석불을 파괴했다. 고대 간다라 미술의 영향을 보여주는 바미얀의 석불은 약 1500년 전에 제작된 것으로 추정되며 높이 53m와 37m 2개로 이루어진 인류의 문화유산이었다. 이슬람권 국가들을 포함한 세계 여러 나라의 파괴 중단 요청에도 불구하고 탈레반 정권은 “거짓 우상 숭배를 막기 위해 모든 석상을 파괴하겠다”는 선언대로 바미얀 석불은 희미한 윤곽만을 남기고 파괴됐다.

3월 2일, 1906년

이토 히로부미 초대 조선통감 취임

1906년 3월 2일, 을사조약에 따라 조선에 설치된 통감부의 초대통감으로 이토 히로부미가 부임했다. 이토는 부임 다음 해 고종을 강제 퇴위시키고 대한제국의 군대를 해산하는 등 조선을 일본에 합병하려는 통감부의 음모를 차근차근 실행해 나갔다. 일본 메이지정부의 초대총리에 올랐던 이토는 일본인에게는 최고의 정치가로 존경받는 인물이었지만 우리 조선에게는 재앙 덩어리였다. 통감의 임무를 끝내고 일본의 추밀원 원장으로 복귀한 이토 히로부미는 1909년 10월 26일, 30세의 청년지사 안중근의 총탄에 절명하고 만다.

3월 2일, 1933년

영화 '킹콩', 뉴욕서 개봉

1933년 3월 2일, 거대한 고릴라가 뉴욕시를 덮쳐 도시를 파괴하고 엠파이어스테이트 빌딩에서 복엽기와 사투를 벌이는 영화 '킹콩'이 미국 뉴욕에서 개봉됐다. 신장이 18m에 이르는 괴수 '콩'은 인도양의 가상의 '해골섬'에 살고 있었는데 인간의 탐욕과 여배우 '앤'에 대한 애정 때문에 도시에서 헤매다 마천루 꼭대기에서 떨어져 최후를 맞게 된다. '킹콩'은 유난히 특색 있는 캐릭터와 인상적인 결말 때문에 많은 리메이크작과 아류작이 생겼다.

3월 2일, 2009년

조정래 소설 '태백산맥' 200쇄 돌파

2009년 3월 2일, 분단 문학의 대표적 장편 대하소설 '태백산맥'이 200쇄를 돌파하며 판매 부수도 700만 부를 넘어섰다. 여수·순천 사건에서 6·25전쟁이 끝날 때까지의 5년 간 좌우익의 대립과 계층 간 갈등을 형상화한 이 소설은 분단 상황에 놓인 각계각층의 인간 군상을 조명하여 민족의 수난사를 객관적으로 묘사하는 걸작이라 평해진다. 작가 조정래는 이 작품으로 인해 1994년 보수단체들로부터 국가보안법 위반 등으로 고발된 뒤, 11년 만에야 무혐의 결정을 받기도 했다.

3월 3일, 1996년

'연인'의 뒤라스 사망

살아생전 프랑스 작가 중 세계에서 가장 유명한 소설가로 꼽혔던 작가 마르그리트 뒤라스가 1996년 3월 3일 81세의 나이로 사망했다. 자신이 태어났던 베트남을 배경으로 14세 프랑스 소녀와 중국인 부호 아들의 육체적 애정을 다룬 소설 '연인'으로 프랑스 최고 권위의 공쿠르상을 수상했다.

…그는 그녀의 얼굴에 코를 대고 냄새를 맡는다. 그는 어린 소녀의 향기를 들이마신다. 두 눈을 감고 그녀의 숨, 그녀가 내쉬는 따뜻한 숨결을 들이마신다. 그녀의 육체는 점점 경계가 희미해지고, 그는 이제 아무것도 분간할 수 없게 된다. 이 육체는, 다른 몸들과 달리, 무한하다…

3월 3일, 1875년

오페라 '카르멘' 초연되다

1875년 3월 3일, 프랑스 작가 P.메리메의 소설 '카르멘'을 바탕으로 조르주 비제가 작곡한 4막의 오페라 '카르멘'이 파리의 오페라코미크 극장에서 초연됐다. 스페인의 세비야를 무대로 정열의 집시 여인 카르멘과 순진하고 고지식한 돈 호세 하사와의 비극적인 사랑을 그린 작품인데 초연 때 비평가들이 부도덕하고 표면적이라며 비난하여 실패작이라 여겨졌으나 오늘날엔 세계에서 가장 인기 있는 오페라 중의 하나로 손꼽힌다. 한국에서는 1950년 5월에 현제명의 지휘로 초연됐다.

3월 4일, 1975년

루스벨트 제32대 미국 대통령에 취임

1933년 3월 4일, 미국 대통령 직에 무려 3번이나 당선되어 12년간 백악관을 차지했던 프랭클린 루스벨트가 압도적인 표 차로 또다시 대통령에 취임했다. 그는 뉴딜 정책으로 대공황을 극복했고 제2차 세계 대전 때 연합군에 합류하여 승리를 이끌었다. 그는 39세에 소아마비에 걸려 63세로 숨질 때까지 24년간을 휠체어에 의지해 살았지만 불굴의 정신으로 장애를 극복하여 미국인이 가장 존경하는 지도자 중 한 사람이 되었다.

3월 4일, 1975년

찰리 채플린 기사 작위 받음

익살스러운 연기로 인간소외를 풍자한 찰리 채플린이 1975년 3월 4일, 엘리자베스 영국 여왕으로부터 기사작위를 받았다.

"세상은 내게 최상의 것과 최악의 것을 동시에 선사했다. 지금까지 살아오면서 좋지 않은 일을 많이 겪었지만 나는 행운과 불운이 떠다니는 구름처럼 종잡을 수 없는 것이라는 믿음을 갖고 있다. 이런 믿음 때문에 나는 아무리 나쁜 일이 일어나도 별로 놀라지 않았다. 오히려 좋은 일이 일어나면 놀라면서 한편으로는 기뻐했다."

3월 5일, 1953년

구소련 독재자 스탈린 사망

1953년 3월 5일, 구소련의 지도자 이오시프 스탈린이 뇌출혈로 사망했다. 구두 직공의 아들로 태어나 직업혁명가로 활동하면서 거듭된 체포와 유형에서 풀려나 레닌, 트로츠키와 함께 볼셰비키 혁명을 성공시켰다. '강철사나이'란 뜻의 이름대로 스탈린은 레닌 사망 후 라이벌인 트로츠키를 몰아내고 30년 동안 대숙청을 감행해 약 2000만 명의 사람들을 죽음으로 내몰았다. 그는 철권 독재로 소련을 최강국으로 만들었으나 사후 독재자로 격하됐고 스탈린 체제는 손쉽게 무너져 버렸다.

3월 5일, 1963년

훌라후프 상표권 등록하다

1963년 3월 5일, 미국의 아서 멜린이 훌라후프의 상표권을 등록했다. 훌라후프의 훌라는 하와이의 훌라춤을, 후프는 고리를 의미한다. 미국인 리처드 너와 아서 멜린은 호주에서 운동 기구로 쓰이던 대나무 고리를 본떠 1958년 플라스틱 고리를 만들었고 훌라후프라 이름지었다. 두 사람은 장난감 회사 '웸오'를 설립하고 훌라후프 1개당 1.98달러의 값을 매겨 미국 시장에 내놓은지 1년 만에 1억개를 팔았다. 엄청난 인기때문에 훌라후프 운송 차량이 털리기도 했는데 소련에서는 '미국문화의 공허함을 상징'한다는 이유로 판매가 금지되었고, 일본에서는 엉덩이를 흔들며 돌리는 모습이 볼썽사납다 해서 공공 장소에서는 돌리지 못했다.

3월 6일, 1986년

미국화가 오키프 사망

꽃과 사막의 화가 조지아 오키프가 1986년 3월 6일 99세의 나이로 세상을 떠났다. 남성화가 위주의 20세기 초 미국 미술계에서, 꽃그림을 그리던 시골의 미술교사 오키프는 뉴욕의 저명한 사진가이자 화상인 앨프리드 스티글리츠에게 발탁돼 유명해지기 시작했다. 스티글리츠와 연인관계로 발전하면서 오키프는 추문과 명성을 함께 얻었으나 뉴멕시코 산타페의 자연을 탐미적으로 화폭에 담아내 세계적인 화가의 자리에 올랐고 청교도적 자연의 삶을 살면서 수많은 작품을 남겼다.

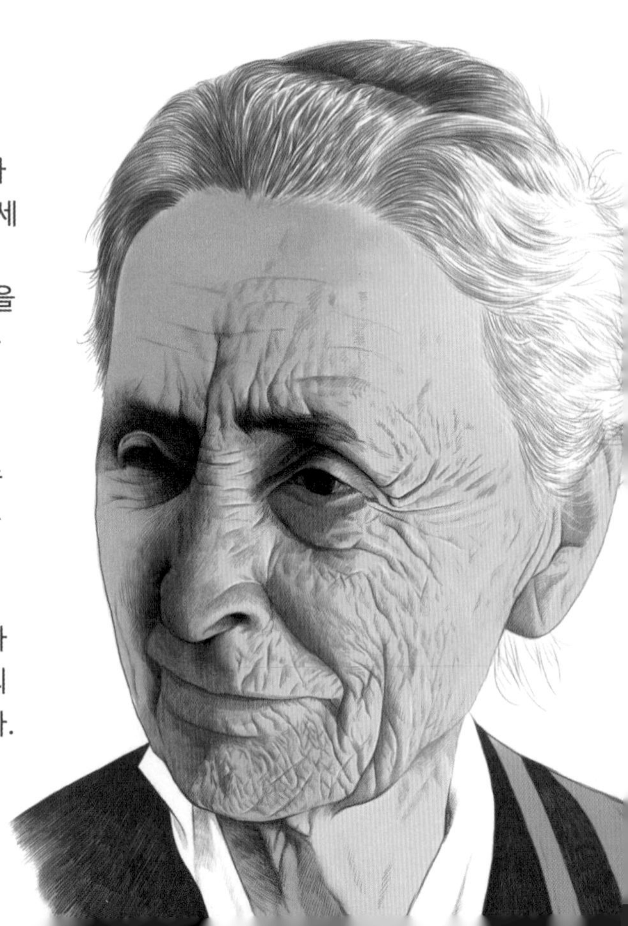

3월 6일, 1475년

거장 미켈란젤로 태어나다

시스티나 성당의 천장화와 다비드상 조각으로 유명한 예술의 거장 미켈란젤로 부오나로티가 1475년 3월 6일 이탈리아 카프레세에서 태어났다. 13세에 피렌체의 화가 기를란다요 공방에서 도제수업을 받았고 메디치 가문의 정원에 있던 조각 학교에서 공부했다. 레오나르도 다빈치·라파엘로 산치오와 함께 르네상스 최대의 예술가로 꼽히는 미켈란젤로는 조각가·화가·시인이자 건축가로서 89세의 나이에 세상을 뜰 때까지 손에서 끌과 망치를 놓지 않았다.

3월 6일, 1973년

미국 소설가 펄 벅 사망

소설 '대지'의 작가 펄 벅이 1973년 3월 6일 세상을 떠났다. 선교사 부모를 따라 중국의 상하이에서 학교를 다녀 난징에서 대학 교수가 됐다. 39세에 발표한 '대지'로 명성을 얻고 4년 만에 3부작으로 완성해 미국 여류 작가로서는 처음으로 노벨 문학상을 수상했다. 제2차 세계대전과 6·25전쟁 후 한국을 비롯한 아시아 국가들의 혼혈아를 위해 거액을 희사하는 등 미국의 양심 역할을 했다. 한국어 이름은 박진주다.

3월 7일, 1989년

청년 시인 기형도 요절

1989년 3월 7일, 시집 출간을 준비 중이던 시인 기형도가 종로의 한 극장 안에서 숨진 채 발견됐다. 사인은 뇌졸중, 만 29세의 젊은 나이였다. 사후에 유고 시집 '입 속의 검은 잎'이 발간됐다.

빈집

사랑을 잃고 나는 쓰네

잘 있거라, 짧았던 밤들아
창밖을 떠돌던 겨울 안개들아
아무것도 모르던 촛불들아, 잘 있거라
공포를 기다리던 흰 종이들아
망설임을 대신하던 눈물들아
잘 있거라, 더 이상 내 것이 아닌 열망들아

장님처럼 나 이제 더듬거리며 문을 잠그네
가엾은 내 사랑 빈 집에 갇혔네

3월 7일, 1999년

영화감독 스탠리 큐브릭 사망

영화 역사상 가장 혁신적인 영상을 만들어낸 거장 중 한 명인 미국의 영화감독 스탠리 큐브릭이 1999년 3월 7일 71세의 나이로, 런던의 자택에서 죽었다. 큐브릭의 영화 세계는 매우 극단적이고 난해하며 기술적 완벽성을 추구했는데 철학적 성찰이 담긴 SF영화로 차세대 영화인들에게 큰 영향을 끼쳤다. 대표적 작품은 '2001년 스페이스 오디세이' '시계태엽 오렌지' '샤이닝' '아이즈 와이드 샷' 등이 있다.

Stanley Kubrick
(1928~1999)

3월 8일, 2003년

시인 조병화 별세

2003년 3월 8일, 삶과 죽음과 고독한 인생을 평이한 시어로 노래한 계관시인 조병화가 별세했다.

소라

바다엔
소라
저만이 외롭답니다

허무한 희망에
몹시도 쓸쓸해지면
소라는 슬며시
물속이 그립답니다

해와 달이 지나갈수록
소라의 꿈도
바닷물에 굳어 간답니다

큰 바다 기슭엔
온종일
소라
저만이 외롭답니다.

3월 9일, 1796년

나폴레옹, 조세핀과 결혼

1796년 3월 9일, 27세의 청년 장교 나폴레옹 보나파르트가 두 딸을 둔 33세의 과부 조세핀과 결혼했다. 파리 사교계의 꽃이었던 조세핀의 후광을 노린 정략결혼이었다는 설도 있지만 결혼 전부터 보낸 수천 통의 연서는 나폴레옹의 열렬한 사랑을 보여준다. 나폴레옹은 황제가 된 후 아이를 낳지 못한다는 이유로 그녀와 이혼했지만 평생 조세핀에 대한 애정은 변함이 없었고 엘바 섬에 유배된 동안 조세핀이 감기에 걸려 사망하자 사흘 동안 식음을 전폐할 정도로 상심했다고 한다.

3월 9일, 1959년

바비 인형 탄생하다

1959년 3월 9일, 세계에서 가장 유명한 패션 인형인 '바비(Barbie)'가 미국 뉴욕의 장난감 박람회에서 소개되었다. 1945년 미국에서 장난감 회사 마텔을 창립한 루스와 엘리엇 부부는 딸 바바라가 종이로 숙녀 모습을 만들어 노는 것을 보고 바비 인형을 고안했으나 당시 업계 사람들은 모두 회의적인 반응을 보였다. 인형은 아기 모습이어야 한다는 고정관념을 깬 바비 인형은 29.2cm에 불과한 키지만 지금까지 10억 개가 넘게 팔렸고 지금 이 순간에도 매 초당 3개씩 팔리고 있다.

170

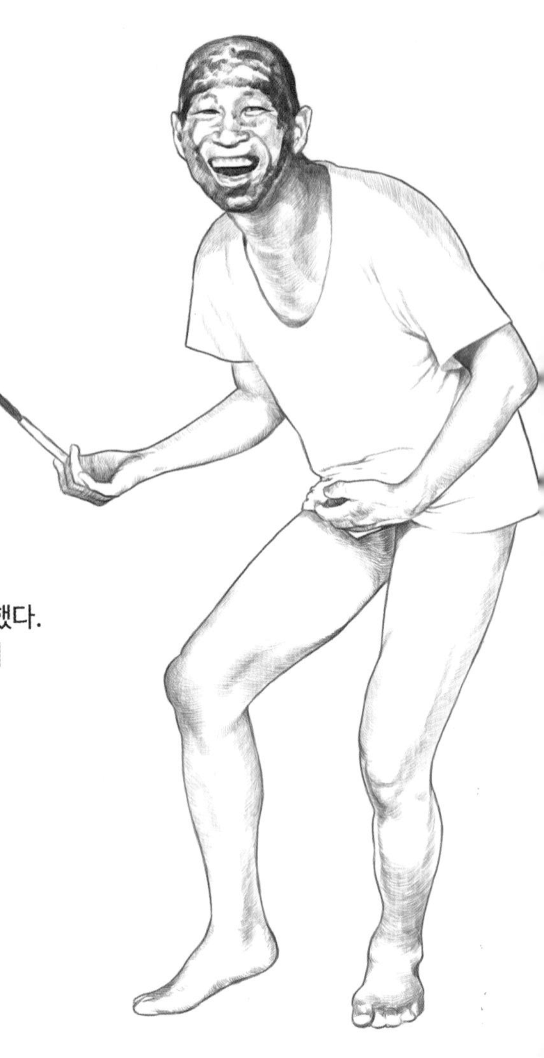

3월 9일, 2002년

중광 스님 입적

'걸레스님' '미치광이 중'을 자처하며 자신의 제사를 지내는 등 파격으로 생을 일관했던 스님 중광이 2002년 3월 9일 입적했다. 중광은 잇따른 기행으로 승적에서 파문됐지만 해외에서는 글과 그림으로 높은 예술적 평가를 받았다. 과도한 음주와 흡연으로 건강을 잃은 그는 '괜히 왔다 간다'는 주제로 말년에 열중한 달마도 전시회를 끝낸 후 이승을 떠났다.

3월 10일, 1945년

도쿄 대공습

제 2차 세계 대전이 막바지로 치닫던 1945년 3월 10일 새벽, 미군은 344기의 B-29슈퍼포트리스 폭격기를 이용해 약 100만 발에 달하는 대량의 소이탄을 도쿄 상공에서 투하했다. 3시간이 채 안 되는 이 공습으로 도쿄는 불바다가 되었고 약 15만 명이 목숨을 잃었으며 이 사상자 중에는 다수의 재일동포가 포함되어 있었다.

3월 10일, 1876년

벨, 최초의 전화통화 성공

1876년 3월 10일, 알렉산더 그레이엄 벨이 실험 중이던 전화기에 대고 다급하게 말했다. "왓슨군, 이리로 와주게. 자네가 필요해!" 세계 최초의 전화통화 실험을 준비하던 벨이 배터리용 황산 용액을 옷에 쏟는 바람에 엉겁결에 준비했던 통화의 내용이 아닌 엉뚱한 말을 외쳤던 것이다. 왓슨은 벨의 조수로 이날의 실험통화를 위해 2층 실험실에 대기 중인 상태였다. 그러나 벨은 이 전화기의 발명이 같은 날 특허청을 찾았던 라이벌 엘리샤 그레이의 발명을 도용한 것이라는 오랜 소송에 시달렸으며 아직도 진실은 명확히 드러나지 않고 있다.

3월 11일, 2010년

법정스님 열반에 들다

2010년 3월 11일, '무소유'의 승려 법정 스님이 성북동 길상사에서 지병인 폐암으로 세수 79세, 법랍 56세로 입적했다.

빈 마음, 그것을 무심이라고 한다.
빈 마음이 곧 우리들의 본마음이다.
무언가 채워져 있으면 본마음이 아니다.
텅 비우고 있어야 거기 울림이 있다.
울림이 있어야 삶이 신선하고 활기 있는 것이다.

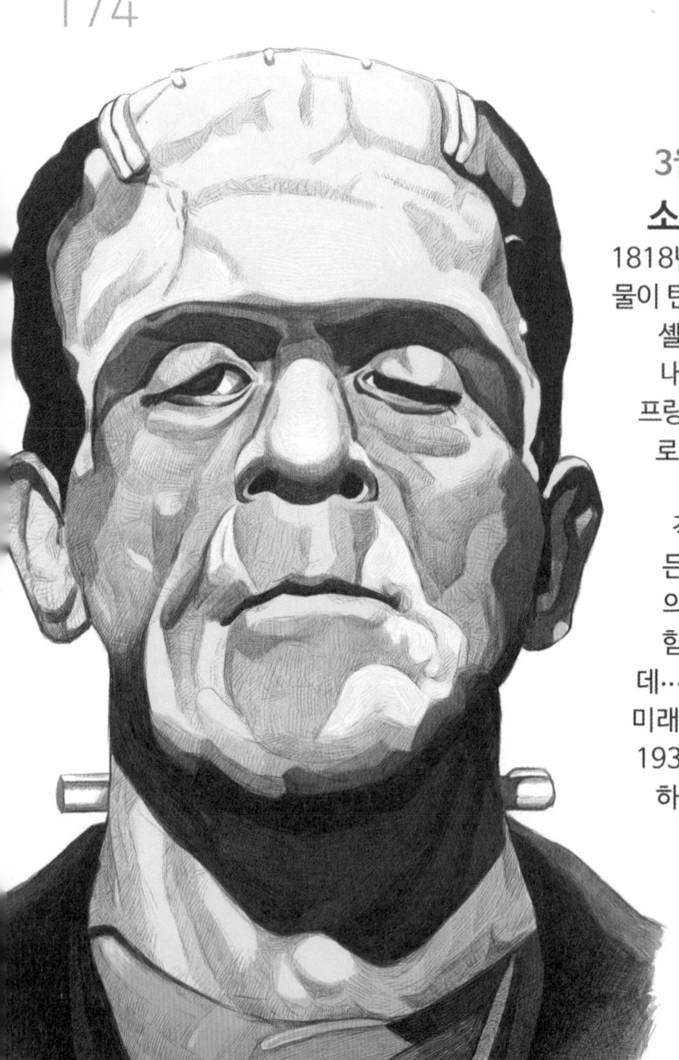

3월 11일, 1818년

소설 '프랑켄슈타인' 탄생

1818년 3월 11일, 대단히 자극적인 괴물이 탄생했다. 영국의 여류작가 M.W. 셸리가 괴기소설 '프랑켄슈타인'을 내놓은 것이다. 제네바의 물리학자 프랑켄슈타인 박사가 죽은 사람의 뼈로 2.44m의 인조인간을 만들어 생명을 불어넣는다. 이 괴물은 초인적인 힘을 발휘, 추악한 자신을 만든 창조주에 대한 증오심으로 박사의 동생과 신부를 살해하고 자신과 함께 살 여자를 만들라고 강요하는데……. 현대과학에 대한 피해의식과 미래에 대한 불안감을 그린 이 소설은 1931년 유니버설영화사에서 영화화하여 크게 히트한 이래 연작물로 제작되었고 괴물 역의 배우 보리스 카를로프를 유명하게 만들었다.

간디, 소금 행진을 시작하다

1930년 3월 12일 영국의 소금세 신설에 항의해 인도인 간디가 390km 떨어진 단디 해안을 향해 위대한 걸음을 내딛었다. 인도인의 소금 생산을 금지하고 영국산 소금 40kg당 1루피씩 세금을 부과하자 직접 소금을 만들기 위해 전통 염전을 향해 떠난 것이다. 24일 만인 4월 6일 새벽에 단디 해안에 도착한 간디는 주전자에 바닷물을 담아 끓여 한 줌의 소금을 얻었고 이 비폭력 무저항의 힘을 본받은 인도인의 마음은 하나로 뭉쳐져 인도 독립의 씨앗이 되었다.

3월 12일, 1890년

발레리노 니진스키 출생

'춤의 신'으로 불릴 만큼 유명했던 러시아의 무용가 이자 안무가인 바슬라프 니진스키가 1890년 3월 12일 태어났다. 17세에 상트페테르부르크의 황실발레학교를 졸업한 뒤 곧 능력을 인정받은 그는 세르게이 디아겔레프의 러시아 발레단에 들어가 파리에서 첫 공연을 가진 후 전설적인 도약과 뛰어난 연기로 세계 최고의 남성무용가라는 평가를 받았다. 그러나 그는 정신분열증으로 불과 29세라는 젊은 나이에 무용계에서 은퇴하고 말았다.

3월 13일, 1906년

미국 여성 참정권 이끈 수전 앤서니 사망

1906년 3월 13일 미국의 사회개혁가 수전 앤서니가 86세를 일기로 사망했다. 매사추세츠의 개방적인 퀘이커교도 집안에서 태어나 일찌감치 민권운동에 눈을 뜬 그녀는 미국여성애국동맹을 공동 설립해 노예제 폐지와 여성 참정권 운동을 이끌었다. 제18대 미국 대통령 선거일에 여성으로서 불법인 투표를 강행, 격분한 한 남성의 고발로 기소돼 100달러의 벌금형을 선고받았으나 이를 거부한 그녀는 각 도시를 돌며 “여성도 사람입니까?”라는 명연설로 큰 호응을 이끌어 냈다. 이러한 그녀의 노력은 사망 후 14년이 지난 1920년에야 결실을 맺어 여성 참정권을 인정하는 수정헌법 19조가 통과됐다.

3월 13일, 1986년

최은희-신상옥 부부 북한 탈출

1986년 3월 13일, 영화감독 신상옥씨와 배우 최은희씨 부부가 북한에 납치된 지 8년 만에 탈출했다. 78년 북한공작원에 의해 홍콩에서 차례로 납북됐던 부부는 영화광으로 알려진 김정일의 지시로 최고의 영화인으로 대우받으며 영화를 제작했다. 베를린영화제에 참석했던 최씨부부는 오스트리아 빈에서 북한공작원의 감시를 따돌리고 미국대사관으로 피해 서방으로 극적인 탈출에 성공한 것이다.

3월 14일, 1939년

스타인벡 '분노의 포도' 출간

1939년 3월 14일, 자연재해와 농업기계화로 농토를 잃은 농민들의 이주와 분노를 그린 존 스타인벡의 소설 '분노의 포도'가 출간됐다. 구약성서 중 '출애굽기'의 구성을 따온 이 로드소설은 사회주의적 시각을 드러내며 노동자와 농민의 처절하지만 힘찬 결말로 강렬한 엔딩을 보여주었다. 이 걸작은 자본주의 사회의 결함과 모순을 고발해 미국 기득권자들이 금서로 지정했지만 출간되자마자 커다란 반향을 일으키며 베스트셀러가 됐고 40년 퓰리처상을 수상했다.

3월 15일, 221년

유비, 촉한의 황제에 즉위

221년 3월 15일, 짚신과 돗자리를 팔아 근근이 생계를 잇던 유비 현덕이 중국 삼국시대 촉한의 초대 황제의 자리에 올랐다. 전한 경황제의 아들인 중산정왕 유승의 후손을 자처한 유비는 삼국지의 숱한 군웅들과 달리 어려운 환경에서 자랐으나 관우, 장비와 결의형제하고 삼고초려로 제갈량을 얻어 당대 중원의 패자였던 위황제 조조와 끝까지 맞서 제국 촉한을 건국한 것이다.

3월 15일, 기원전 44년

율리우스 카이사르 암살당하다

기원전 44년 3월 15일, 원로원 회의에 참석하러 가던 로마 공화정 독재관 율리우스 카이사르가 롱기누스와 부르투스를 비롯한 60명의 귀족들에게 둘러싸여 살해당했다. 이때 나이 쉰여섯. 갈리아를 정벌하여 군을 장악하고 민심을 얻어 인기가 치솟은 카이사르가 공화정을 타도하고 독재자가 되리라고 우려한 공화주의자들의 음모가 성공했던 것이다. 그러나 카이사르는 암살당하기 전에 유언장에 이미 양자 옥타비아누스를 후계자로 정해놓았으며 이 양자는 후에 로마 초대 황제 아우구스투스가 된다.

3월 16일, 1926년

고다드, 세계 최초 3단식 로켓 발사

1926년 3월 16일, 미국 로켓의 선구자 로버트 고다드 교수가 세계 최초로 액체 연료를 사용하는 현대적 개념의 로켓을 쏘아 올렸다. 3m 길이에 3단식으로 제작된 로켓은 비행시간 2.5초, 비행거리 56m, 최고시속 90km를 기록했다. 고다드는 1935년까지 로켓의 속도를 시속 880km로 비행할 수 있을 정도로 발전시켰으나 생전에 제대로 업적을 인정받지 못하다가 사후에야 '로켓의 아버지'로 불리게 됐다.

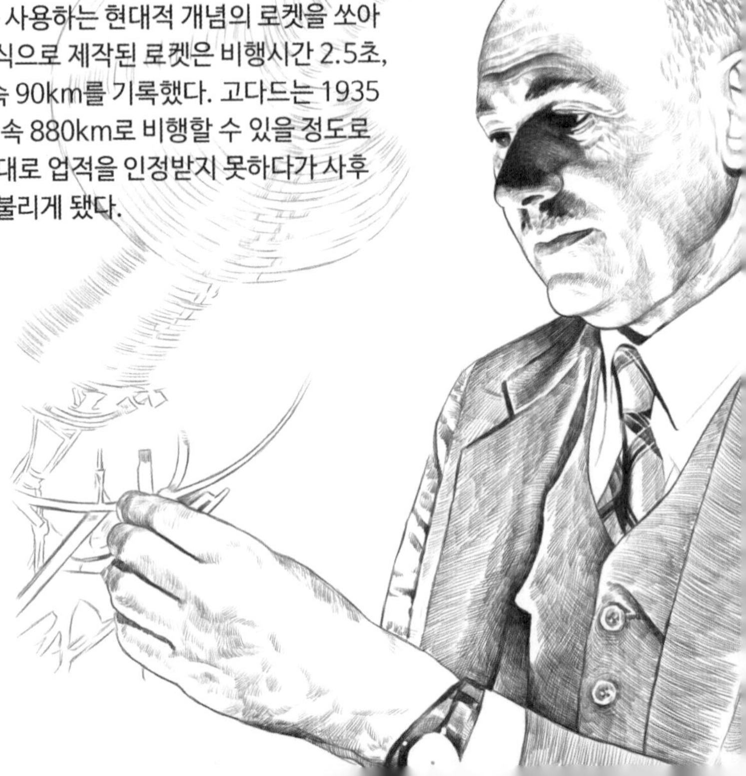

3월 16일, 1971년

사이먼&가펑클 그래미상 5관왕

1971년 3월 16일, '험한 세상에 다리 되어'라는 곡으로 빌보드 차트 10주 연속 1위를 차지한 남성 듀오 사이먼&가펑클이 최고의 앨범상 등 그래미 5개 부문을 휩쓸었다. 1941년 동갑내기인 폴 사이먼과 아트 가펑클은 같은 고교 출신으로 듀오를 결성했으나 별 주목을 끌지 못하던 중 1967년 개봉한 영화 '졸업'에서 '사운드 오브 사일런스' '미시즈 로빈슨' 등 곳곳에 이들의 노래가 삽입되어 폭발적인 인기를 끌게 됐다. 1981년 이들의 뉴욕 센트럴파크 공연에서는 50만 명이 모여 두 사람의 노래에 귀를 기울였다.

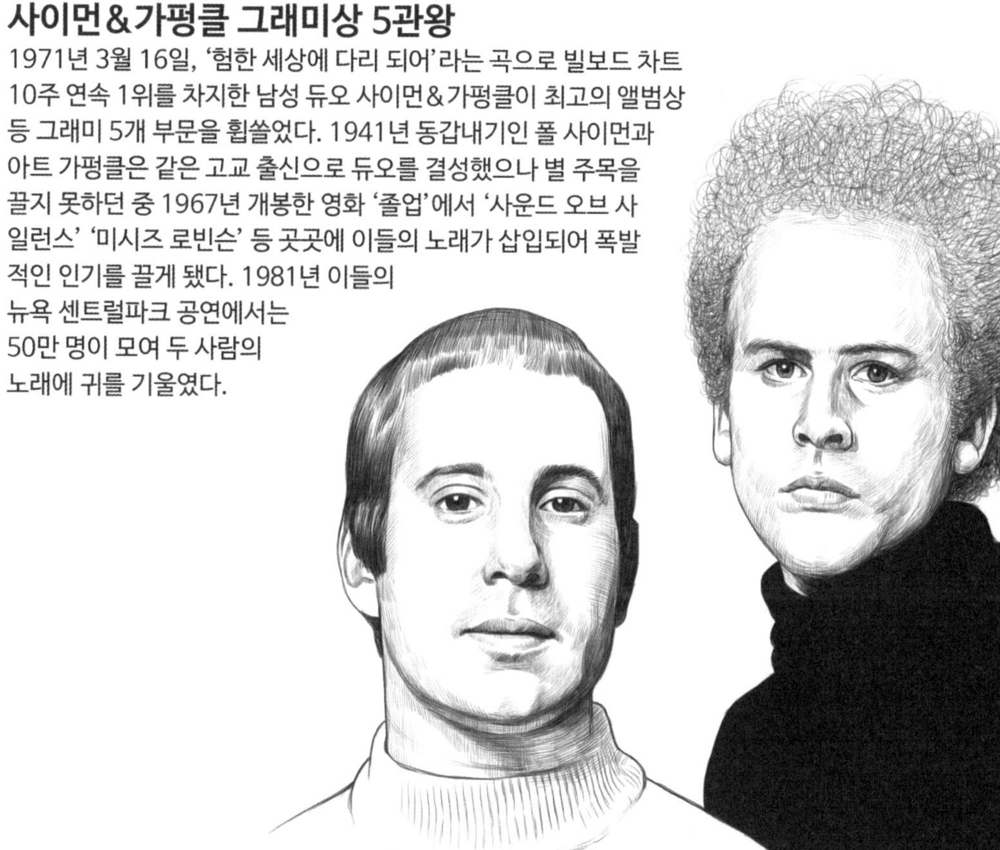

3월 17일, 180년

'명상록'의 황제 마르쿠스 아우렐리우스 사망

180년 3월 17일 로마제국의 제16대 황제이며 5현제의 마지막 황제 마르쿠스 아우렐리우스가 59세의 나이로 사망했다. 어릴 적부터 스토아 철학에 심취했던 마르쿠스는 황제의 양자로 입양돼 황제의 자리까지 오르지만 게르만족의 침입으로 어려운 시기에 로마를 지키기 위해 생애를 바쳤다. 도나우 강변의 진중에서 집필한 '명상록'은 태어나고 죽는 자연의 법칙을 신의 섭리라 믿고 주어진 운명을 감수하며 죽음을 의연히 맞을 것을 기술하고 있다.

3월 17일, 1969년

'별이 빛나는 밤에' 탄생

1969년 3월 17일, MBC 표준FM의 라디오 프로그램 '별이 빛나는 밤에', 줄여서 '별밤'이 시작됐다. 원래는 명사들과의 대담 프로그램으로 시작했으나, 음악 감상실의 인기DJ 이종환이 진행을 맡은 후로 심야 음악 프로그램으로 40년이 넘게 방송되고 있다. 거쳐 간 진행자로는 차인태, 박원웅, 조영남, 고영수, 이필원, 김기덕, 이수만, 서세원, 이문세, 이휘재, 옥주현, 박정아 등이 있는데 이들 중 가수 이문세는 1985년부터 1996년까지 진행을 맡아, 밤의 교육부 장관이라 불릴 정도로 큰 영향력을 행사했다.

3월 18일, 1961년

소련 레오노프 우주 유영

1961년 소련 공군의 유리 가가린이 우주선을 타고 최초로 대기권 밖에서 지구를 보며 감탄한지 4년 후인 1965년 3월 18일, 소련의 우주 비행사 알렉세이 레오노프가 궤도비행 중이던 우주선을 떠나 우주공간에서 12분간 유영해 세계 최초의 우주 유영 인물이 됐다. 그는 4.6m 길이의 밧줄로 자신을 우주선에 연결했으며 강력한 태양열로부터 보호받기 위해 특수 장비의 우주복을 입고 있었다. 레오노프는 이 12분간의 우주 유영을 위해 18개월간의 혹독한 무중력 훈련을 받았었다. 한편 미국은 가가린과 레오노프의 성공때문에 1969년 아폴로 11호가 달 착륙에 성공할 때까지 열등감에 시달릴 수밖에 없었다.

3월 18일, 37년

로마의 폭군 칼리굴라 즉위

기원후 37년 3월 18일 로마의 제3대 황제 칼리굴라가 25세의 나이에 즉위했다. 즉위 초기 시민들에게 식량을 배포하는 등 선정을 베풀었던 그는 즉위한 지 7개월 되던 때 지독한 열병을 앓은 후 후유증으로 정신적 강박관념에 시달렸다. 이후 패악, 패륜의 행위에 몰두해 무고한 사람들을 짐승 밥으로 내던지고 근친상간을 일삼았고, 스스로 신을 자처하며 국고를 거덜 냈다. 결국 재위 4년을 채 못 채우고 근위대장에 의해 살해됐다.

3월 19일, 1882년

가우디, 사그라다 건설 시작

1882년 3월 19일, 스페인의 천재 건축가 안토니오 가우디가 바르셀로나에서 사그라다 파밀리아 라는 이름의 성당 공사를 시작했다. 그는 40년 이상 이 성당의 건설을 책임졌으며, 죽기 전 15년 내내 이 일에만 전념했다. 그러나 안타깝게도 1926년 가우디는 트럭에 치어 죽었고 착공 후 130년이 넘은 지금까지도 사그라다 성당은 여전히 미완성인 상태다. 완공 예정은 2026년이다.

3월 19일, 2008년

SF작가 아서 클라크 사망

2008년 3월 19일, H.G.웰스 이후 영국이 낳은 가장 뛰어난 SF(과학소설)작가로 평가되는 아서 C. 클라크가 심부전으로 자택에서 사망했다. 향년 90세. 아이작 아시모프, 로버트 하인라인과 함께 영미 SF문학계의 3대 거장으로 꼽히는 그는 평생 100편이 넘는 작품을 발표했다. 그의 소설에는 과학기술의 미래에 대한 낙천적인 태도와 인류가 지닌 지성의 진화에 대한 확고한 신념이 녹아있다. 대표작은 '스페이스 오디세이' '유년기의 끝' '라마와의 랑데부' 등.

3월 20일, 1956년

시인 박인환 사망

훤칠한 키와 수려한 용모로 '명동의 백작' 이라 불리던 시인 박인환이 1956년 3월 20일, 30세의 나이에 심장마비로 요절했다. 시인 이상을 기리며 사흘간 쉬지 않고 마신 술 때문이었다. 문우들은 그의 무덤에 시인이 평소 좋아하던 술 조니워커와 카멜 담배를 함께 묻었다.

세월이 가면

지금 그 사람 이름은 잊었지만
그 눈동자 입술은
내 가슴에 있네

바람이 불고
비가 올 때도
나는 저 유리창 밖
가로등 그늘의 밤을 잊지 못하지

..........(후략)

3월 20일, 1995년

아사하라 쇼코, 도쿄 독가스 테러

1995년 3월 20일, 출근 시간의 도쿄 18개 지하철역 구내에서 인체에 치명적인 사린 독가스가 살포돼 12명이 숨지고 5500여 명이 중독현상으로 쓰러졌다. 사린은 제2차 세계대전 당시 나치 독일이 개발한 무색무취의 신경가스로 사상 최강의 독가스로 불린다. 사건은 종말론을 주장해온 신흥 종교단체인 옴 진리교 신도들의 소행으로 밝혀져 교주 아사하라 쇼코를 비롯한 핵심 주모자 13명은 사형이 확정됐고 5명은 무기징역형을 받았다.

3월 21일, 1994년

스필버그 감독 아카데미상 첫 수상

1994년 3월 21일 열린 제66회 아카데미 시상식에서 스티븐 스필버그 감독이 영화 '쉰들러 리스트'로 최우수 작품상과 감독상 등 7개 부문을 휩쓸었다. 스필버그로서는 처음 수상이다. 75년 '블록버스터'란 단어를 탄생시킨 영화 '조스' 이후 'ET' '컬러 퍼플' '쥬라기 공원' 등 숱한 화제작을 연출한 그였으나 SF나 판타지 등 어린이용 영화를 만드는 감독이라는 시각에 묶여 있다가, 나치 독일 치하의 아우슈비츠 수용소에서 유대인 1100여 명을 구해낸 기업인 오스카 쉰들러의 실화를 바탕으로 한 '쉰들러 리스트'로 비로소 오스카상과 인연을 맺은 것이다.

3월 21일, 1685년

작곡가 바흐 출생

1685년 3월 21일 프리드리히 헨델과 함께 바로크 시대를 대표하는 독일 작곡가 요한 세바스찬 바흐가 태어났다. 50명 이상의 음악가를 낳은 명문 음악가 집안 출신의 바흐는 자신의 독실한 프로테스탄트 신앙을 음악으로 표현하는 데 생애를 바쳤다. 18세 때부터 오르가니스트로 명성을 떨친 그는 200여 곡의 성가곡을 비롯한 종교 음악과 수많은 기악곡을 남겨 '음악의 아버지'로 일컬어진다.

3월 22일, 1832년

천재 괴테 세상을 뜨다

1832년 3월 22일, 인간의 한계를 넘어 신의 예지에 가까이 갔다는 초인 괴테가 바이마르에서 숨져 살아생전 절친한 우정을 나눴던 실러 옆에 묻혔다. 문학사에 길이 남을 시인이었음은 물론이고 화가에다 모차르트의 오페라를 280번이나 공연한 무대 연출가였으며 바이마르 총리까지 역임한 정치가였다. 그는 뭇 여성들과의 사랑과 이별을 문학으로 승화시킨 영원한 낭만주의자였다. 30여 년간 함께 살았던 부인이 숨지고 나자 괴테는 71세의 나이로 16세의 울리케 폰 레베초를 만나 마지막 사랑을 불태우며 <마리엔바트 비가>를 남겼다.

3월 22일, 2009년

화가 김점선 별세

암 투병 중에도 그림과 저술 활동에 더욱 몰입했던 화가 김점선이 2009년 3월 22일 별세했다. 화가는 꽃, 오리, 말 등을 소재로 단순하고 우화적인 작품을 창작했는데 극도의 빈곤 속에서도 개인전만 60차례 열 정도로 열정적 예술 활동을 펼쳤다. 그는 그림뿐만 아니라 에세이와 동화의 작가로도 활동했고 방송진행자로서 각계 문화인들과 교류를 활발히 나누었다. 87년과 88년 평론가협회가 선정한 '올해의 최우수 예술가'에 올랐다.

196

3월 23일, 1992년

'서태지와 아이들 1집' 발표

1992년 3월 23일, 댄스 그룹 '서태지와 아이들'의 첫 음반이 발매됐다. 한국 대중음악의 산업적, 음악적 전환점이라 평가되는 앨범의 등장이었다. 대표곡 '난 알아요'는 당시 가요 순위 프로그램에서 17주 연속 1위를 차지했고 앨범 수록곡 전체가 50위 안에 포함되는 진기록을 세웠다. 빠른 음악, 격렬하면서도 유연한 춤동작, 의미불명의 가사에 젊은 세대들은 열광했고 무대의상까지 '서태지 패션'으로 유행되며 서태지와 아이들은 스타 산업의 선두 주자로 떠올랐다. 1997년 '20세기 한국의 역대 최고 히트상품'을 발표한 삼성경제연구소는 서태지와 아이들의 음반을 1위에 올렸다.

3월 23일, 1842년

프랑스 작가 스탕달 사망

"썼노라, 사랑했노라, 살았노라" 발자크와 함께 19세기 프랑스 소설의 2대 거장으로 평가되는 소설가 스탕달이 1842년 3월 23일 사망했다. 17세에 나폴레옹 원정군을 따라 알프스를 넘었던 그는 나폴레옹의 몰락을 계기로 동경하던 이탈리아로 건너가 밀라노에서 머물며 글을 발표했다. 비천한 출신이지만 야망에 불타는 청년 줄리앙 소렐을 주인공으로 사랑과 권력의 위험한 줄타기를 그린 걸작 '적과 흑', 그리고 전제정치를 분석한 정치소설 '파르마의 수도원'이 대표작이다.

198

3월 24일, 1978년

시인 박목월 타계

1978년 3월 24일, 한국인의 서정과 향토성 짙은 자연을 노래한 청록파 시인 박목월이 세상을 떠났다. 향년 62세.

나그네

강나루 건너서
밀밭 길을

구름에 달 가듯이
가는 나그네

길은 외줄기
남도 삼백리

술 익는 마을마다
타는 저녁놀

구름에 달 가듯이
가는 나그네

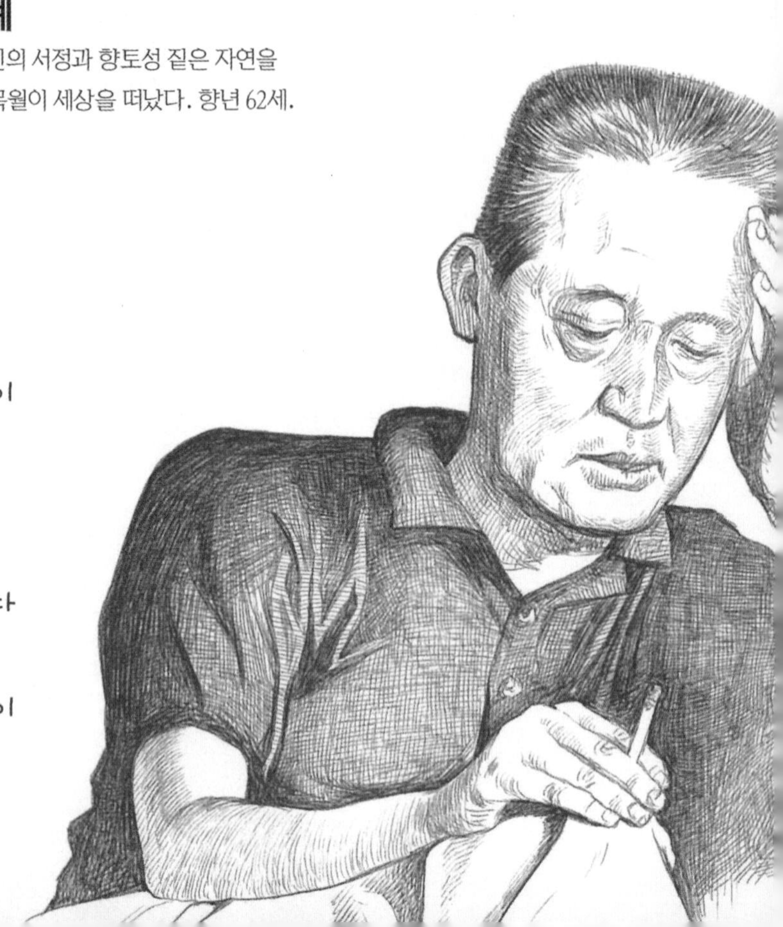

3월 24일, 1882년

세균학자 코흐, 결핵균 발견

1882년 3월 24일 독일의 세균학자 로베르트 코흐가 베를린의 생리학회에서 결핵균의 분리·배양에 성공했다고 발표했다. 그는 콜레라균과 탄저병균 등도 발견해 각종 전염병에는 각기 특정한 병원균이 있으며 그 형태를 서로 식별할 수 있다고 주장했다. 코흐는 아프리카 재귀열과 체체파리로 매개되는 수면병을 연구하고 이의 치료법도 밝혀 미생물학의 발달에 크게 기여했다. 1905년 결핵에 관한 연구로 노벨생리·의학상을 수상했다.

3월 25일, 1985년

영화 '아마데우스' 아카데미상 수상

1985년 3월 25일, 십년 전인 1975년에 '뻐꾸기 둥지 위로 날아간 새'로 이미 아카데미 작품상을 수상한 바 있는 체코 태생의 밀로스 포먼 감독의 영화 '아마데우스'가 아카데미 작품상을 비롯 8개 부문을 석권했다. 평범한 재능의 작곡가 살리에리가 방탕한 천재 모차르트에 대한 질투와 증오로 그를 죽음으로 내모는 과정을 그린 이 영화의 원작자는 심리극 '에쿠우스'로 유명한 피터 쉐퍼다. 살리에리 역으로 주연상을 거머쥔 배우는 F. 머레이 에이브러햄, 모차르트는 톰 헐스가 맡았다.

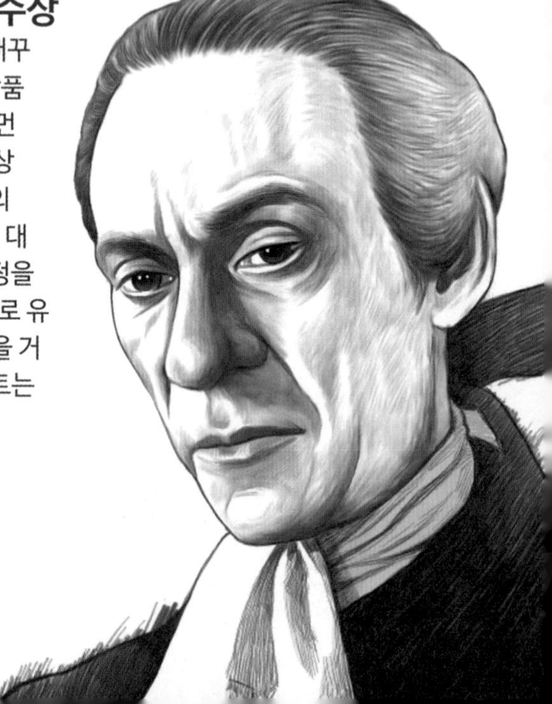

3월 25일, 1867년

지휘자 토스카니니 출생

타협을 모르는 완벽주의자 아르투로 토스카니니가 1867년 3월 25일 이탈리아 파르마에서 태어났다. 파르마 음악원에서 첼로와 작곡을 공부한 그는 19세에 첼로 연주자로 참가한 오페라 '아이다'에서 대리로 지휘해 대성공을 거두며 데뷔했다. 그후 이탈리아 각지에서 오페라를 지휘하며 명성을 떨친 토스카니니는 원보에 충실한 엄격한 지휘로 청중을 압도하는 강렬한 지휘를 하며 뉴욕 필하모니와 NBC 방송국 관현악단을 정력적으로 이끌어 20세기 전반을 대표하는 지휘자로 높이 평가된다.

3월 26일, 1827년

작곡가 베토벤 사망

1827년 3월 26일, 귀가 완전히 멀어버린 '음악의 성인' 루트비히 판 베토벤이 오스트리아 빈에서 세상을 떠났다. 궁정음악가인 아버지의 야심에 따라 제2의 모차르트로 키워진 그는 청소년기에 모차르트와 하이든을 만나 음악적 인정을 받았고 피아노 소나타와 현악4중주곡 등으로 빠르게 명성을 얻었다. 그러나 20대 중반이후 청력을 잃어가던 그는 기적적인 집중력으로 '영웅' '운명' '전원'등 주옥같은 교향곡들을 작곡했지만 기악과 성악을 결합한 교향곡의 정점 '합창교향곡'을 끝으로 57년의 생을 마감했다.

안중근 의사 순국 3월 26일, 1910년

1910년 3월 26일, 독립운동가 안중근 의사가 하얼빈의 뤼순 감옥에서 순국했다. 동지 11명과 함께 죽음을 각오하고 구국투쟁을 벌일 것을 손가락을 끊어 맹세한 안중근은 1909년 10월 26일, 일본인으로 가장해 하얼빈역에 잠입하여 역전에서 러시아군의 군례를 받던 이토 히로부미를 사살했다. 현장에서 러시아 경찰에게 체포된 그는 곧 일본 관헌에게 넘겨져 뤼순의 일본 감옥에 수감됐고 이듬해 재판에서 사형이 선고됐다. "대한독립의 소리가 천국에서 들려오면 나는 춤추며 노래를 부를 것이다"라는 유언을 남겼다. 1879년 황해도 해주 생으로, 본관은 순흥이며 아명은 안응칠이다.

3월 26일, 1983년

장정구 세계챔피언 등극

1983년 3월 26일, '짱구'가 별명인 장정구가 파나마의 사파타를 3회 KO로 물리치고 WBC 라이트 플라이급 챔피언에 올랐다. 이후 15차례나 방어전을 마치고 챔피언 타이틀을 반납할 때까지 5년 7개월의 최장수 챔프 기록을 달성한 그는 80년대 세계 최우수 복서 10인, 20세기 위대한 복서 25인 중 한 명으로 선정되는 영광을 누렸다.

3월 27일, 1947년

락희화학공업 설립

1947년 3월 27일 연암 구인회 회장이 LG그룹의 효시인 락희화학공업을 부산에서 설립하고 럭키크림을 개발·생산하기 시작했다.

"보래이. 가령 백 개 가운데 한 개만 불량품이 섞여있다면 다른 아흔 아홉 개도 모두 불량품이나 마찬가진기라. 아무거나 많이 팔면 장땡이 아니라 한 통을 팔더라도 좋은 물건 팔아서 신용 쌓는 일이 더 중요하다는 것을 느그들은 와 모르나."

3월 27일, 1932년

‘유인원 타잔’ 개봉

올림픽 수영 금메달리스트 출신의 배우 자니 와이즈뮬러가 6대 타잔으로 출연한 영화 ‘유인원 타잔(Tarzan the Ape Man)’이 1932년 3월 27일 뉴욕에서 개봉됐다. 와이즈뮬러는 자유형의 세계기록을 67번이나 갱신하고, 올림픽에도 2회 출전해 5개의 금메달을 딴 최고의 수영선수인데 이 영화를 시작으로 총 12편의 타잔 영화에 출연해 스타덤에 올랐다. ‘타잔’은 원숭이들 언어로 ‘하얀 피부’를 뜻한다고 한다.

3월 28일, 1985년

화가 샤갈 영면하다

1985년 3월 28일, 러시아 유대인 출신의 프랑스 화가 마르크 샤갈이 98세로 화려했던 생을 접었다. 23세에 파리에 유학 온 샤갈은 입체파와 야수파의 영향을 받아 환상적이고 화려한 색채로 동물과 연인을 그렸다. 소박한 동화의 세계나 고향의 생활, 하늘을 나는 연인을 몽환적이고 신비하게 풀어놓은 그림은 다른 어떤 화가에게서도 볼 수 없는 샤갈만의 세계다. 그는 유화뿐만 아니라 판화·벽화·스테인드글라스 등 다양한 작업으로 20세기 최고 화가 중 한사람으로 손꼽힌다.

3월 28일, 1868년

러시아 소설가 고리키 태어남

1868년 3월 28일 러시아 사회주의 리얼리즘을 창시한 소설가 막심 고리키가 볼가강 연안의 니즈니 노브고로드에서 태어났다. 그는 24세에 '쓰라림'이라는 뜻의 필명 고리키로 처음 소설을 발표했다. 고리키는 러시아 혁명에 적극 가담해 체포됐으나 국내외의 거센 항의로 석방됐다. 이탈리아 카프리 섬에 체재할 때 발표한 '어머니'는 사회주의 리얼리즘의 원형으로 고리키를 러시아 문학계에서 최고의 지위에 올려놓았다.

3월 29일, 1988년

미국 맥도날드, 한국 진출

1988년 3월 29일, 서울 압구정동에 맥도날드 1호점이 문을 열었다. 그해 19억 원에 불과하던 매출은 2000년에 2300억 원으로 늘어났다. 십 수 년 만에 그 까다롭다는 한국인의 입맛을 점령한 것이다. 그들의 성공비결은 세계 어느 곳에서나 맛이 똑같다는 것인데 메뉴의 단순화와 공정의 표준화로 인해 가능한 일이었다. 그러나 맥도날드로 대표되는 패스트푸드가 영양학적으로 문제가 있다는 시비는 여전히 계속되고 있다.

3월 29일, 1974년

진시황릉 발견

1974년 3월 29일, 중국 서안 외곽의 시골 마을에서 우물을 파려던 농부가 흙으로 빚어진 인형을 발견해 신고했다. 발굴된 6000여 명의 흙인형 '병마용'은 바로 진시황릉을 지키던 병사였다. 중원 천하를 통일, 진나라를 세운 시황제는 370만 명의 인력을 동원해 장장 37년의 강제 노역 끝에 이 무덤을 완성했다. 병마용은 하나하나가 각각 다른 용모와 자세를 취해 모두 훌륭한 예술품으로 평가되며 황릉은 87년 유네스코 세계문화유산으로 지정되었다.

3월 30일, 1853년

화가 반 고흐 출생

강렬한 색채와 격렬한 붓 터치로 자신만의 화풍을 펼쳤던 화가 빈센트 반 고흐가 1853년 3월 30일 네덜란드 준데르트에서 태어났다. 어린 시절부터 남달리 예민했던 그는 서점 점원과 미술품 판매상을 하다 뒤늦게 화가가 되었는데 파리에 유학하면서 인상파의 영향을 받았다. 동료 화가나 아버지와 불화하여 프랑스 남부 아를로 이주해 많은 작품을 남겼다. 친구 고갱과의 우정이 깨진 후 정신병원을 드나들며 발작을 일으켰고 37세에 끝내 권총으로 스스로 목숨을 끊었다.

vincent van gogh(18세)

3월 30일, 1758년

'지우개 달린 연필' 특허

1758년 3월 30일, 미국의 가난한 화가 지망생 하이만 리프먼이 연필과 지우개를 결합해 특허를 받았다. 건망증 탓에 지우개를 잃어버리곤 하던 리프먼이 연필 뒤에 지우개를 꽂아 쓰는 모습을 본 친구가 권해 발명 특허를 얻어낸 것이다. 연필에 관한 한 독보적인 우위를 점하고 있던 독일의 파버카스텔사는 이 고무지우개를 외면했고 '지우개 달린 연필'은 유럽에서는 채택되지 않았다. 그러나 미국에서는 이 연필이 날개 돋친 듯 팔려 발명가 하이만과 그의 발명을 사들인 리버칩 연필회사는 엄청난 돈을 벌어들였다.

3월 31일, 1596년

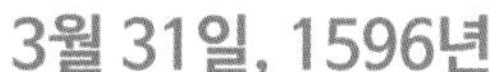

철학자 데카르트 태어남

1596년 3월 31일 근대철학의 아버지로 불리는 프랑스의 철학자이자 수학자인 르네 데카르트가 소도시 라에에서 부유한 귀족 가문의 아들로 태어났다. 그는 수학자로서 기하학에 대수적 해법을 도입한 해석기하학을 창시했고 철학에서는 주요저서인 '방법서설'에서 '나는 생각한다, 고로 존재한다'는 이성중심의 합리론으로 중세 신학을 극복해 스피노자와 라이프니츠에 이르는 근대 합리주의를 탄생시켰다.

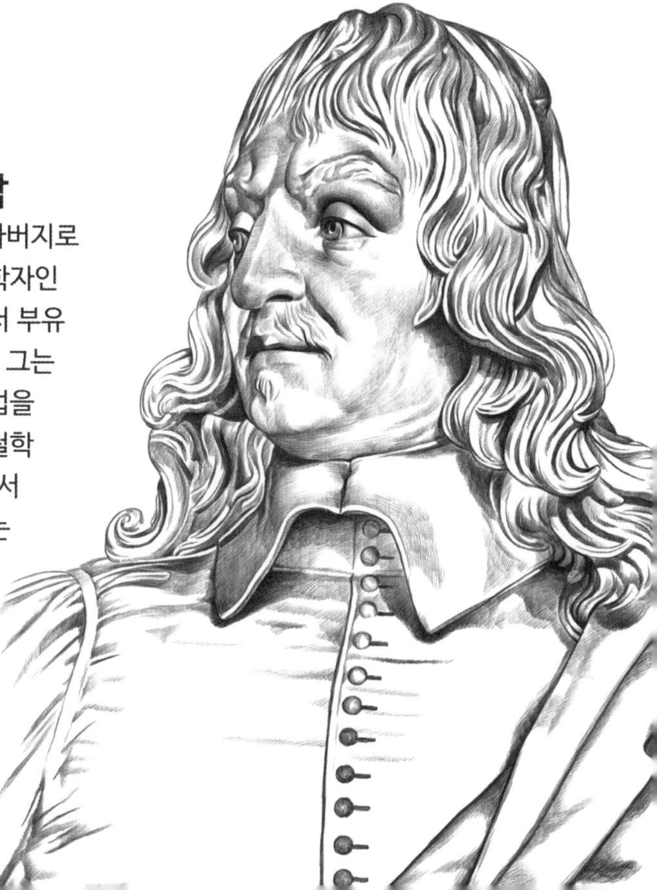

3월 31일, 1889년

에펠 탑 준공

1889년 3월 31일, 프랑스 파리의 상징인 에펠 탑이 준공됐다. 프랑스 혁명 100주년 기념 만국 박람회의 기념물 설계안 공모에 채택된 에펠의 300m 철 구조물 아이디어는 경이와 회의를 불러일으켰는데 준공 후에도 혐오스런 느낌이라는 비판도 많았지만 120년이 지난 오늘날 까지 파리의 명물로 사랑받고 있다. 에펠 탑은 로마의 성 베드로 대성당의 돔이나 이집트 기자의 피라미드보다 2배나 높아서 1930년 뉴욕의 크라이슬러 빌딩이 완공될 때까지 세계에서 가장 높은 건축물이었다.

1월
January

2월
February

3월
March

4월
April

5월
May

6월
June

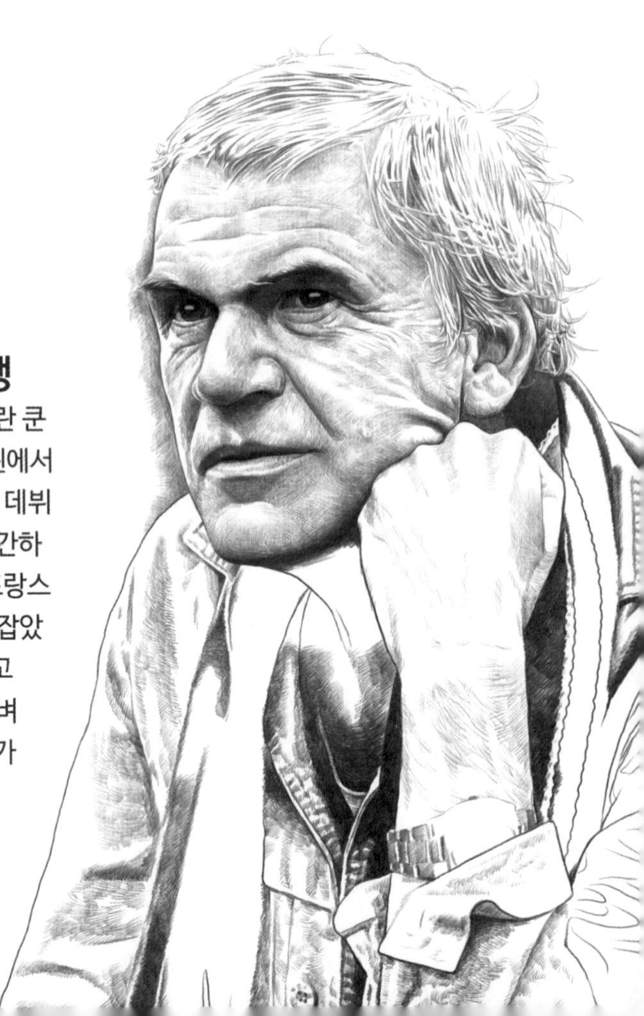

4월 1일, 1929년

소설가 밀란 쿤데라 출생

1929년 4월 1일 체코의 작가 밀란 쿤데라가 모라비아의 지방도시 브륀에서 태어났다. 그는 18세에 시인으로 데뷔했고 34세엔 첫 소설 '농담'을 출간하면서 전 유럽에 이름을 알린다. 프랑스의 초청으로 렌 대학에서 교편을 잡았던 쿤데라는 프랑스로 망명을 했고 1984년 '참을 수 없는 존재의 가벼움'으로 세계적인 베스트셀러 작가가 됐다.

4월 2일, 2005년

교황 요한 바오로 2세 서거

2005년 4월 2일, 봉직 26년 동안 11억 가톨릭 신도는 물론, 전 인류에게 사랑의 메시지를 전했던 교황 요한 바오로 2세가 신의 품에 영원히 안겼다. 향년 84세. 1920년 폴란드 에서 태어난 그는 한때 재능 있는 배우이기도 했으나 신학에 몰두하여 1978년 58세의 나이에 교황으로 임명됐다. 이탈리아 사람이 아닌 사제가 교황에 임명된 것은 455년 로마 교황청 역사상 처음이었다. 역대 어느 교황보다 활발한 해외 선교활동을 했던 그는 20세기 냉전시대에 세계의 평화와 민주화를 위해 노력하여 '평화의 사도'라는 칭송을 받았다. 임종 직전 교황은 "나는 행복합니다. 그대들도 행복하세요"라는 말을 전하며 눈을 감았다.

4월 2일, 742년

프랑크왕국 샤를마뉴대제 출생

서유럽을 통일하고 황제에 즉위한 카롤링거 왕조의 군주 샤를마뉴가 742년 4월 2일 태어났다. 독일에서는 카를 대제, 영어식으로 찰스 대제라고도 한다. 그는 평생 전쟁터를 헤치며 서유럽을 정복해 프랑크왕국의 영토를 두 배로 늘렸고 800년에 교황 레오 3세에 의해 서로마황제의 관을 받았다. 47년간의 통치로 유럽 문화를 부흥시키며 카롤링거 르네상스 시대를 이룩해 '유럽의 아버지'로 불린다.

4월 3일, 1991년

소설가 그레이엄 그린 타계

1991년 4월 3일, 항상 쫓기는 자의 불안과 공포를 묘사하여 악의 세계를 보여줌으로써 오히려 신의 사랑을 증명하려 한, 추리 기법의 소설가 그레이엄 그린이 스위스 제네바에서 86세로 사망했다. '권력과 영광' '제3의 사나이' '조용한 미국인' 등 호평 받은 소설 중 많은 작품이 영화로 만들어져 성공을 거두었으나 번번이 노벨문학상 후보에 올랐다 탈락해 '영원한 후보'라는 별명이 붙기도 했다. 그는 스릴러의 대가이면서도 인간 실존과 신의 관계를 깊이 고찰한 신앙인이었다.

4월 3일, 1924년

반항아 말론 브란도 태어남

1924년 4월 3일 미국 네브래스카주 오마하에서 할리우드의 반항아 말론 브란도가 태어났다. 육군사관학교에서 퇴학당한 그는 19세에 연극배우로 데뷔했고 영화 '욕망이라는 이름의 전차'로 유명해졌다. '워터프론트'로 아카데미 남우주연상을 받은 후 20년 가까이 지나 영화 '대부'의 돈 콜레오네 역으로 두 번째 주연상에 지명됐으나 미국의 인디언 차별정책에 항의해 시상식에 불참했다. 이후 '지옥의 묵시록'의 커츠 대령 역 등으로 일관되게 반역자의 이미지를 보여준 브란도는 2004년 80세를 일기로 사망했다.

4월 4일, 1968년

마틴 루터 킹 목사 피살

1968년 4월 4일, 미국 흑인인권운동의 지도자 마틴 루터 킹 목사가 흑인 청소 원 파업 지원차 방문했던 테네시주 멤 피스의 한 모텔에서 갑자기 발사된 총 탄에 저격당했다. 39세의 킹 목사는 한 시간 뒤 절명했다. 극우파 백인인 암살자 제임스 얼 레이는 99년 형을 선고받고 복역하던 중 98년에 죽었다. '나에겐 꿈이 있습니다.'라는 제목의 유명한 연설에서 인종차별의 종식과 정의의 실현을 위한 비폭력운동을 선언했던 킹 목사는 64년 노벨평화상을 수상했다.

4월 5일, 1951년

미국 로젠버그 부부, 간첩죄로 사형선고

1951년 4월 5일, 미국의 핵폭탄 기밀을 소련에 빼돌린 혐의로 줄리어스 로젠버그와 그의 부인 에셀 로젠버그에게 사형이 선고됐다. 로젠버그는 한때 공산주의자였던 전력 탓에 미군 통신대에서 실직한 전기기사였는데 미국 핵무기 개발의 산실인 로스앨러모스에서 일하던 처남 그린글래스에게서 핵 기밀을 넘겨받아 뉴욕 주재 소련 부영사에게 전달했다는 것이다. 이들 부부는 끝까지 무죄를 주장했고 증거가 부족한 상태에서 정치적 조작에 의한 희생양이 라는 세계적 여론에도 불구하고, 한국전쟁으로 공산주의에 치를 떨던 미국 내 분위기 때문에 1953년 6월 두 사람은 전기의자에서 사형이 집행됐다. 이 사건은 드레퓌스 사건 이후 서방세계를 가장 들끓게 한 사건이었지만 아직도 의혹과 논란에 싸여있다.

4월 5일, 2008년

명우 찰턴 헤스턴 사망

영화 '벤허' '십계' 등으로 1950~60년대 최고 배우로 손꼽혔던 미국의 배우 찰턴 헤스턴이 2008년 4월 5일, 로스앤젤레스의 자택에서 타계했다. 향년 84세. 통신사는 "영화의 전설이 숨졌다."고 보도했다. 그는 할리우드가 종교적이며 역사적인 과거로 스크린을 채우던 시절의 이상적인 배우로, 성서를 바탕으로 한 스펙터클한 작품과 SF영화의 고전 '혹성탈출'에도 출연했다. 생애 최고의 출연작 '벤허'는 59년 아카데미에서 남우주연상을 비롯한 11개 상을 휩쓸며 명작의 반열에 올랐다.

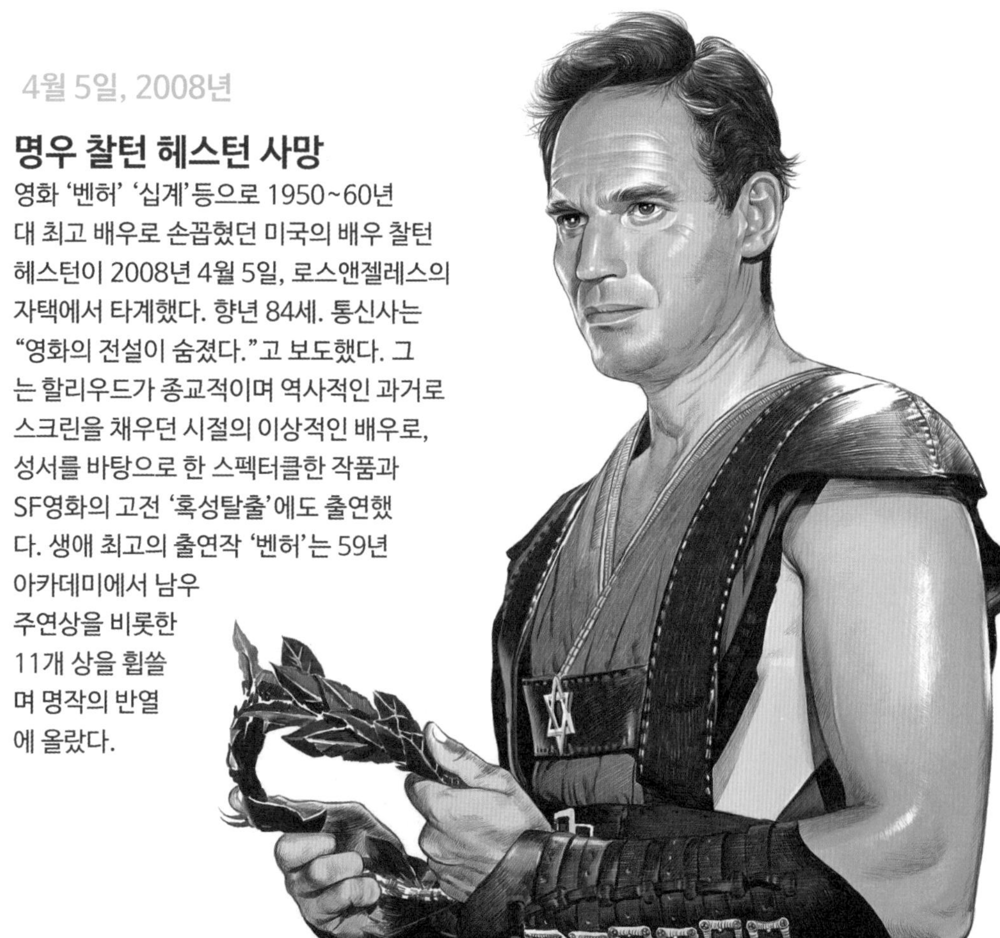

4월 6일, 1936년

시인 신경림

1936년 4월 6일 태어나다.

罷場(파장)

못난 놈들은 서로 얼굴만 봐도 흥겹다
이발소 앞에 서서 참외를 깎고
목로에 앉아 막걸리를 들이켜면
모두들 한결같이 친구 같은 얼굴들
호남의 가뭄 얘기 조합빚 얘기
약장수 기타소리에 발장단을 치다 보면
왜 이렇게 자꾸만 서울이 그리워지나
어디를 들어가 섰다라도 벌일까
주머니를 털어 색싯집에라도 갈까
학교 마당에들 모여 소주에 오징어를 찢다
어느새 긴 여름해도 저물어
고무신 한 켤레 또는 조기 한 마리 들고
달이 환한 마찻길을 절뚝이는 파장

4월 6일, 1943년

생텍쥐페리의 '어린 왕자' 출간

1943년 4월 6일, 미국 뉴욕에서 앙트완 드 생텍쥐페리의 소설 '어린 왕자'가 출간되었다. 마치 한 편의 동화처럼 소박하고 아름다운 이 글은 또한 우의적 함축과 예지로 가득 차 있기도 하다. 전 세계 160여 개국에서 번역돼 1억 부 이상 판매됐고 우리나라를 비롯한 세계 각 국에서 이 시간에도 계속 번역되어 팔리고 있다.

별들이 아름다운 건
눈에 보이지 않는 꽃 한 송이 때문이고,
사막이 아름다운 건
그곳 어딘가에 우물을 감추고 있기
때문이야.

4월 7일, 1969년

시인 신동엽 사망

시대를 고민하며, 아프게 살았던 시인 신동엽이 1969년 4월 7일 사망했다. 농촌의 서정이 짙게 밴 민요적 분위기로, 민중과 민족의 삶을 노래하여, 시인 김수영과 함께 1960년대 참여문학의 대표주자로 꼽혔다.

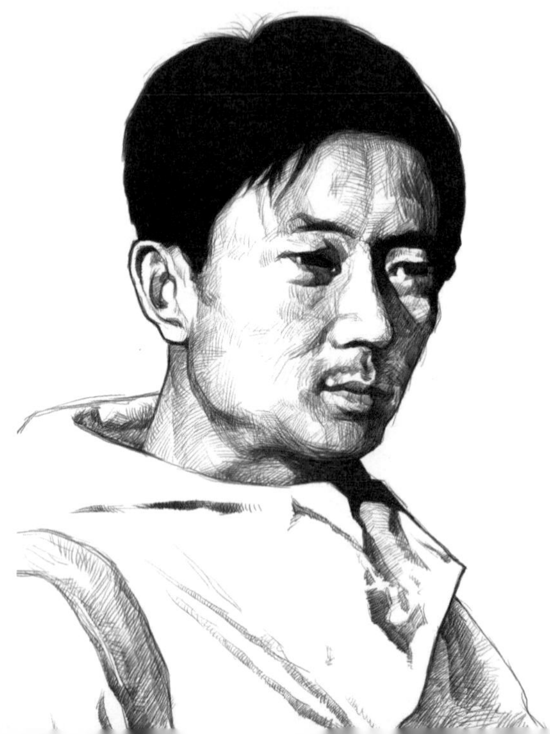

껍데기는 가라.
4월도 알맹이만 남고
껍데기는 가라.

껍데기는 가라.
동학년 곰나루의, 그 아우성만 살고
껍데기는 가라.

그리하여 다시
껍데기는 가라.
이곳에선, 두 가슴과 그 곳까지 내논
아사달 아사녀가
중립의 초례청 앞에 서서
부끄럼 빛내며
맞절할지니

껍데기는 가라.
한라에서 백두까지
향그러운 흙가슴만 남고
그, 모오든 쇠붙이는 가라.

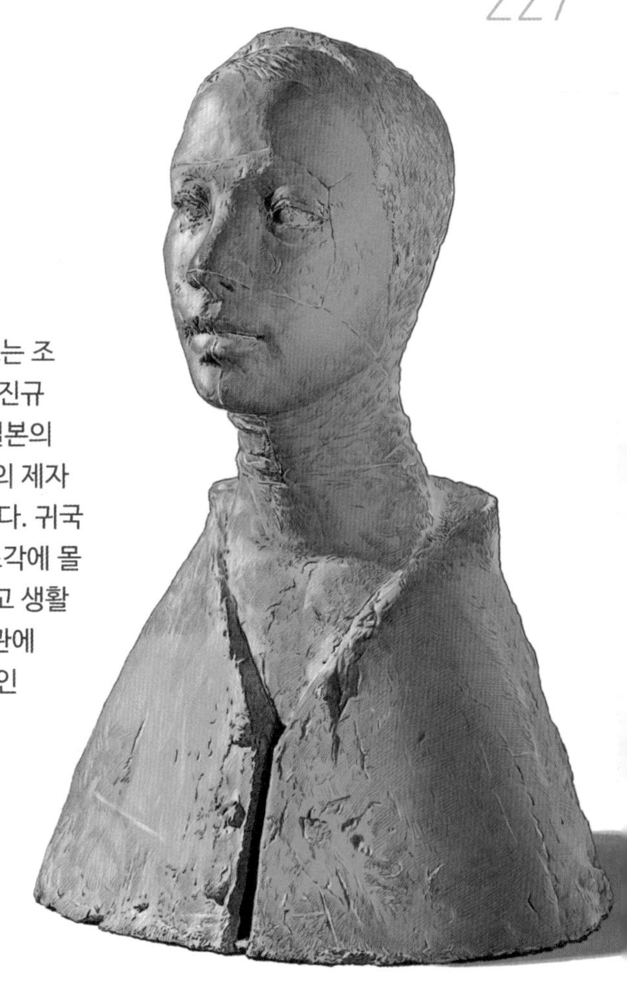

4월 7일, 1922년

조각가 권진규 태어남

1922년 4월 7일 점토를 구워 만드는 조각인 테라코타로 유명한 조각가 권진규가 함경남도 함흥에서 태어났다. 일본의 무사시노 미대에서 앙투안 부르델의 제자인 시미즈 다카시에게 조각을 배웠다. 귀국 후 외부와 격리된 채 영적인 구상조각에 몰두했으나 천재성을 인정받지 못하고 생활고에 시달렸다. 73년 고려대 박물관에 작품을 기증한 후 51세의 나이에 '인생은 공(空), 파멸'이라는 유서를 남기고 스스로 세상을 버렸다.

4월 8일, 1963년

루이 암스트롱 내한공연

1963년 4월 8일 재즈의 선구자 루이 암스트롱이 서울의 워커힐 개관을 기념해 2주간의 내한공연을 시작했다. 악보 없이 즉흥적으로 흥얼거리는 스캣 창법과 즉흥 연주 등을 확립한 그는 60을 넘긴 나이에도 빌보드차트 1위에 오를 정도로 재즈계의 거성이었다. 이 공연에 15세의 소녀가수 윤복희가 게스트로 초대돼 암스트롱의 어깨에 목말을 타고 함께 노래를 불렀고 미국으로 초청을 받는 등 화제가 됐다.

4월 8일, 1973년

거장 피카소 영면하다

1973년 4월 8일, 현대미술의 거장 파블로 피카소가 91세의 나이로 사망했다. 스페인 말라가에서 태어나 일찌감치 천재화가로 이름을 날렸던 청년 피카소는 프랑스의 파리에서 '청색 시대'와 '장밋빛 시대'를 거치며 본격적인 작품 세계를 열어 나갔다. 1907년에 그린 '아비뇽의 아가씨들'로 충격적인 큐비즘의 시대를 열었던 그는 돈과 여자와 명성을 한껏 누리며 살았다. 그는 삶을 긍정했고 한 순간도 쉬지 않고 정력적으로 작업해 고대와 르네상스와 근대의 지평을 함께 그림 속에 담은 위대한 거인이었다.

4월 9일, 1865년

미국 남북전쟁 끝나다

1865년 4월 9일, 미국 남부동맹 총사령관 로버트 리 장군이 북부군 총사령관 그랜트 장군에게 항복 문서를 전달한 후 자신의 말을 타고 떠났다. 드디어 4년간의 남북전쟁이 끝나 북군의 환호성이 터졌다. 리장군은 비록 패장이었으나 높은 명성으로 워싱턴대학 총장을 맡아 교육에 헌신했다.

Robert Lee
(1807~1870)

4월 9일, 1973년

여자 탁구, 사상 최초 우승

1973년 4월 9일, 제 32회 세계탁구선수권 대회가 열린 유고슬라비아의 사라예보에서 한국 여자 대표팀은 건국 이후 첫 번째 구기종목 우승을 이룩했다. 19세의 소녀 이에리사와 두 살 위의 정현숙은 나이답지 않은 침착함과 강한 파워 드라이브로 세계 최강 중국을 꺾고 결승전에서 일본을 물리쳐 감격의 코르비용 컵을 안았다. 가난과의 힘겨운 싸움을 벌이던 국민들은 잠시 시름을 잊고, 개선한 대한의 딸들을 열렬히 환영했다.

4월 10일, 1970년

폴 매카트니 탈퇴, 비틀스 해체

1970년 4월 10일, 폴 매카트니가 솔로 앨범 발매와 함께 탈퇴를 선언하면서 비틀스가 해체됐다. 그 후 한 달이 지나 마지막 앨범 '렛 잇 비'가 발매됐는데 그들의 해체에 충격을 받은 팬들 중 6명이 비관 자살했다. 10년 후인 80년 12월 존 레넌이 그의 팬이던 마크 채프먼의 총에 맞아 사망하면서 비틀스는 전설로 남게 됐고 조지 해리슨마저 2001년 폐암으로 세상을 떠났다.

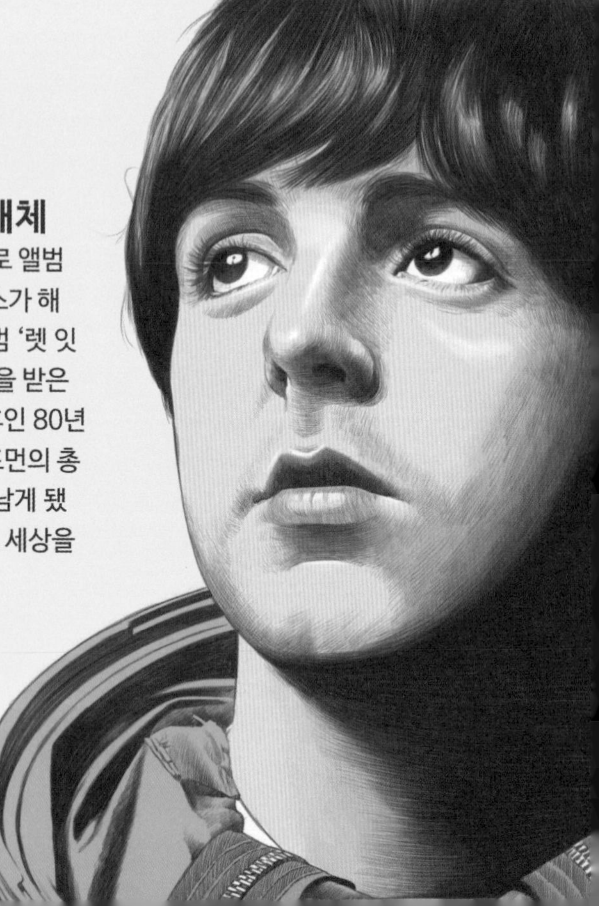

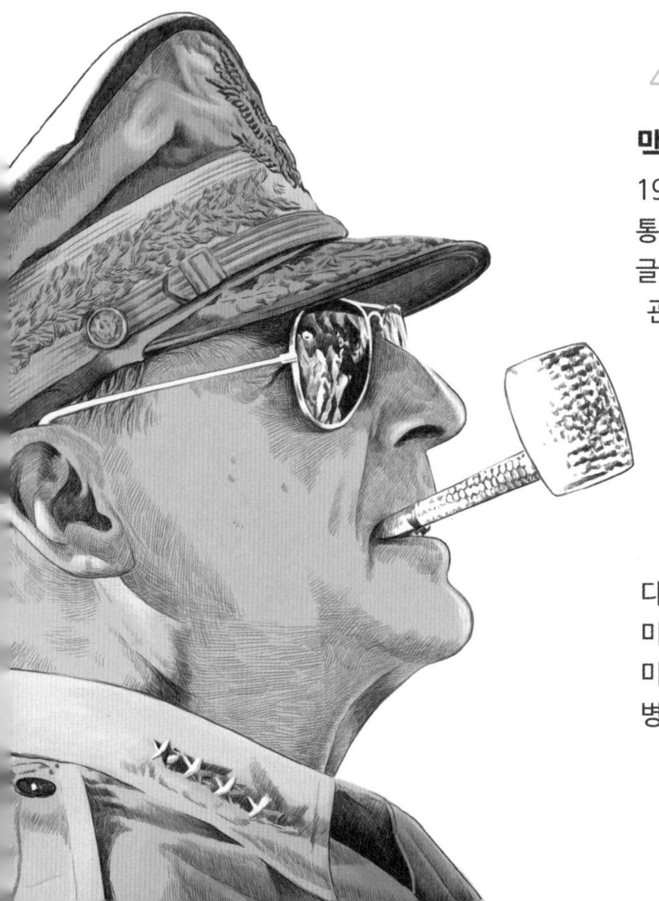

4월 11일, 1951년

맥아더 UN총사령관 해임

1951년 4월 11일, 트루먼 미국 대통령이 백악관 기자회견을 통해 더글러스 맥아더 장군을 UN군 총사령관에서 해임하고 후임에 리지웨이 중장을 임명한다고 발표했다. 한국전쟁에서 공산세력을 몰아내기 위해 만주지역에 핵 공격을 하고 일본군을 참전시 켜야 한다는 등의 주장이 트루먼의 격노를 샀기 때문이었다. 제2차 세계대전이 일어나기 전 미국을 떠났던 맥아더가 귀국하자 미국민들은 열렬히 환영했지만 노병은 군에서 사라질 수밖에 없었다.

234

4월 12일, 1961년

유리 가가린, 최초 우주비행 성공

1961년 4월 12일, 소련의 우주비행사 유리 가가린이 인류최초의 우주여행을 성공하고 지구로 돌아왔다. 가가린은 4.75톤 무게의 소련 우주선 보스토크 1호를 타고 지구를 한 바퀴 돌고, 1시간 48분 동안 우주에 머물다 낙하산으로 귀환했는데 소련은 미.소 간 우주 탐사 대결에서 스푸트니크 인공위성의 성공에 이은 또 다른 승리라고 의기양양 환호했다. 가가린은 중위에서 소령으로 두 단계나 건너뛰었고, 레닌 훈장까지 받아 소련의 영웅으로 떠올랐는데 그가 어린시절을 보냈던 그자츠크는 이름을 아예 가가린으로 바꾸었다.

4월 12일, 2003년

마이클 조던 등번호 영구결번

2003년 4월 12일, 미국프로농구(NBA) 구단 마이애미가 불세출의 농구스타 마이클 조던의 등번호 23번에 대해 영구결번을 결정했다. 조던은 이미 1994년 친정팀이라 할 시카고 불스에서 23번을 영구결번으로 지정받은 바 있다. "신이 조던으로 가장하고 나타났다"라는 말을 들을 만큼 타의 추종을 불허했던 '농구 황제' 마이클 조던은 은퇴와 복귀, 그리고 정상 재탈환이라는 극적인 위업으로 NBA와 스포츠 용품업체 나이키를 전 세계적인 아이콘으로 만들었다.

4월 13일, 1997년

타이거 우즈, 마스터스 골프대회 최연소 우승

1997년 4월 13, 미국의 골프천재 타이거 우즈가 마스터스 골프대회에서 우승했다. 세계 메이저 골프대회에서의 첫 승이었다. 18언더파라는 엄청난 스코어에 2위와 12타 차의 압도적인 차이로 세계 골프역사에 새 장을 열어젖힌 것이다. 사상최초의 흑인챔피언, 사상 최고스코어, 사상 최연소 챔피언(21세), 사상 최다 점수차 우승, 사상 최장타… 아버지의 엄격한 지도로 일찌감치 '골프 신동'으로 불렸던 우즈는 3살 때 TV쇼에서 정규코스 9홀을 48타로 끝내 시청자들을 기절초풍하게 했다. 2009년 11월 성추문에 휘말려 무기한 골프 중단을 선언했다가 반년이 채 지나지 않아 PGA마스터스 대회를 통해 본격적인 복귀를 선언했다.

4월 13일, 1743년

미국 제3대 대통령 제퍼슨 출생

미국 독립 선언서를 기초자인 대통령 토머스 제퍼슨이 1743년 4월 13일 태어났다. 유럽의 계몽사상을 자신의 평생 정치 철학으로 삼은 그는 폭넓은 지식과 교양, 재능으로 벤저민 프랭클린과 더불어 18세기 미국 최대의 르네상스 맨으로 평가된다. 그는 현재까지도 역대 미국 대통령 중 가장 훌륭한 대통령 중 하나로 인정받지만, '사람 밑에 사람 없고 사람 위에 사람 없다'는 평소의 신념에도 불구하고 200여 명의 노예를 소유했고 흑인과 아메리카 원주민을 부정했다.

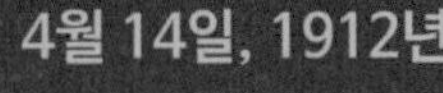

4월 14일, 1912년

타이타닉 호 침몰

1912년 4월 14일, 세계 최대의 호화여객선 타이타닉 호가 첫 출항에서 침몰했다. 영국 사우샘프턴을 출항한지 4일 째, 타이타닉호는 22노트의 빠른 속도로 북대서양 유빙을 헤치며 미국 뉴욕을 향해 항진하고 있었다. 4만 6329톤에 배 길이만 272미터, 곧추세우면 지상의 어느 빌딩보다도 높았고 시설도 초일류 호텔 급으로 꾸며 '떠있는 궁전'으로 불렸다. 여느 때처럼 안개가 심했던 14일 밤 11시 45분쯤, 대부분의 승객이 잠자리에 들었을 때 북대서양에 떠다니던 거대한 빙산이 오른 쪽 뱃전을 들이박았고 3시간 만에 3950미터의 해저 속으로 가라앉았다. SOS를 수신한 인근 여객선이 현장에 도착했을때는 새벽 4시, 부랴부랴 771명을 구조했지만 1513명은 이미 이 세상 사람이 아니었다.

4월 15일, 1980년

실존주의자 사르트르 타계

1980년 4월 15일, 프랑스 실존주의 철학자 장 폴 사르트르가 세상을 떠났다. 그는 철학자이자 문학가요, 정치사상가 였지만 그보다 먼저 실천적 지식인이었다. 1964년에 노벨문학상 수상자로 결정되었으나 '부르주아들의 상'이라며 수상을 거부했고, 학창시절부터 연인이었던 시몬 드 보부아르와의 동반자적 계약 결혼 역시 '부르주아 결혼'에 대한 저항의 결과였다. 두 사람은 현재 파리 몽파르나스 묘지에 나란히 묻혀있다.

4월 16일, 1972년

작가 가와바타 야스나리 자살

1972년 4월 16일 일본의 소설가 가와바타 야스노리가 유서도 남기지 않은 채 가스관을 입에 물고 자살했다. 가와바타는 유년기에 부모와 누이, 할머니를 잃었고 할아버지 슬하에서 자랐지만 할아버지마저 열다섯 살 때 잃었다. 그 탓에 그의 소설에선 자주 우수에 젖은 서정성과 미화된 죽음이 묻어 나온다. 1926년 반 자전적인 소설 '이즈의 무희'로 문단에 나온 가와바타는 소설 '설국'으로 1968년 일본인 최초로 노벨문학상을 수상했다.

4월 16일, 1889년

영화배우 겸 감독 채플린 출생

콧수염으로 유명한 영화배우 겸 감독인 찰리 채플린이 역시 콧수염이 인상적인 아돌프 히틀러보다 4일 앞선 1889년 4월 16일 태어났다. '황금광시대' '모던 타임스' '위대한 독재자' 등 무성영화와 유성영화를 넘나 들며 위대한 영화를 만들어냈던 그는 현대 사회의 소외, 부자와 빈자의 대립, 불안정한 방랑자의 모습으로 1970년대 미국의 히피문화와 부조리 연극, 그리고 개그 탄생의 기원이 됐다. 75년 엘리자베스 여왕으로부터 기사 작위를 받았다.

4월 17일, 1937년

천재 작가 이상 요절

1937년 4월 17일, 일본 도쿄 제국대 부속병원에서 폐결핵이 악화된 시인 이상이 27세의 나이로 요절했다. 일제강점기의 문인으로 폐병의 절망을 안고 기생과 동거하며 난해한 초현실주의 시 '오감도'와 소설 '날개'를 써내 천재적 면모를 보였다. 그러나 다방과 카페 경영에 실패하고 절망 끝에 건너간 도쿄에서 "멜론이 먹고 싶다"는 마지막 말을 남긴 채 생을 접고 말았다.

4월 18일, 1956년

여배우, 왕비가 되다

1956년 4월 18일, 인기 절정의 할리우드 영화배우 그레이스 켈리가 모나코 왕자 레니에 3세와 결혼해 왕비가 되었다. 게리 쿠퍼, 클라크 게이블, 프랭크 시내트라 등 당대 최고 배우들의 구애를 뿌리친 그녀는 세계의 주목을 받으며 왕가의 면사포를 썼고 스크린에서 은퇴했다. 왕비의 신분으로 유럽의 작은 나라 모나코를 온 세상에 알리는 문화후원자로 활약한 그녀는 82년 불의의 자동차 사고로 생을 마감했고 그녀를 잃은 레니에 국왕은 평생 홀로 살다 2005년 그녀 곁에 묻혔다.

4월 18일, 1955년

아인슈타인 사망하다

20세기 천재물리학자 알버트 아인슈타인이 1955년 4월 18일, 76세를 일기로 숨졌다. 독일 울름의 유태인 가문에서 태어난 그는 스위스 취리히 이공대를 나와 스위스 특허국에서 근무하던 1905년 '특수 상대성 이론'을 발표해 당시까지 지배적 과학론인 뉴턴 역학을 뒤흔들고 종래의 시공간 개념을 근본적으로 변혁시켰다. 특히 질량과 에너지의 등가성 발견은 원자폭탄 제조를 예고했는데 2차 대전 후 미·소의 원폭 경쟁이 가속화되자 아인슈타인은 인류멸망의 위기를 경고하고 개발 중단을 호소했다.

4월 19일, 1960년

4.19 혁명 발발

1960년 4월 19일, 민중에 의한 혁명의 불길이 타올랐다. 3·15 부정선거로 재집권을 꾀한 이승만 자유당 정권의 만행에 분노한 대구와 마산의 학생, 시민들이 규탄 시위를 벌이던 중 행방불명됐던 마산상고 김주열의 시신이 머리에 최루탄이 박힌 채 바다에 떠올랐고 국민들의 분노는 부정선거를 시정하라는 전국적 시위로 이어졌으며 결국 대학교수들의 시국선언과 대통령 하야로 이어졌다.

246

4월 19일, 2011년

박지성, 축구를 변화시킨 50인 선정

2011년 4월 19일, 맨체스터 유나이티드의 박지성이 미국 스포츠 웹진 블리처리포트 선정 세계 축구를 변화시킨 50인에 포함됐다. 블리처리포트는 박지성에 대해 아시아 역사상 가장 유명한 축구 선수라며 '소리없는 영웅'이라 불릴 정도라 평가했다. 박지성은 펠레, 요한 크루이프, 프란츠 베켄바워 등과 나란히 이름을 올리며 세계적 스타임을 다시 입증했다. 북한 축구대표팀의 정대세도 50인에 선정됐다.

퀴리 부부, 라듐 분리에 성공

1902년 4월 20일, 마리 퀴리와 피에르 퀴리는 1톤의 피치블랜드에서 순수한 염화라듐 0.1그램을 분리하는데 성공했다. 이들 부부의 실험실은 지붕이 새는 흙바닥 헛간으로, 노벨상을 받은 실험실 중 가장 열악했지만 또한 가장 영웅적이고 과학적인 열정이 쏟아 부어진 장소였다. 마리와 피에르는 수많은 의심을 뒤엎고 라듐이 실제 새 원소임을 입증했다. 라듐을 분리하는 동안 부부는 때때로 한밤중에 그들이 발견한 라듐이 푸르스름한 빛을 내는 것을 관찰하러 헛간으로 내려가곤 했다. 나중에 그 힘들었던 시절에 대하여 마리는 이렇게 증언했다. "우리 인생에서 가장 아름답고 행복했던 날들을 보낸 것은 열정적으로 일에 헌신했던 이 비참하고 오래된 헛간에서 였다. 나는 종종 하루종일을 거의 나만한 키의 쇠막대로 끓는 물질을 휘저으며 보냈다.
저녁이 되면 나는 녹초가 되곤 했다."

4월 20일, 1862년

파스퇴르, 저온 살균법 성공

1862년 4월 20일, 프랑스의 화학자 이자 미생물학자인 루이 파스퇴르와 그의 동료 베르나르는 액체 속의 병원균과 부패균을 부분적으로 살균하기 위해 100℃이하의 온도로 가열하는 저온 살균법을 처음 실시해 성공했고 이를 파스퇴라이제이션이라 명명했다. 이 발견으로 주류의 장기 보존과 우유 등의 기본 식품을 부패 없이 장거리 운송할 수 있게 됐고 인류의 식생활은 크게 개선되었다.

4월 21일, BC 753년

로물루스와 레무스, 로마를 건국

"큰 바구니에 담긴 쌍동이 아이가 티베르강을 따라 떠내려 오고 있는 것을 늑대가 발견해 젖을 먹여 키웠다. 성인이 된 이들은 스스로 형은 '로물루스', 동생은 '레무스'라고 이름 지었다. 그리고 숙부의 흉계로 자기들이 버려졌음을 알게 되어 그에게 복수를 하고 둘이 힘을 합쳐 도시를 하나 건설하였다. 둘은 서로 왕이 되려고 싸우다가 형이 동생을 죽이고 자기의 이름을 따서 도시 이름을 '로마'라 명했다. 그 뒤 양심의 가책을 느낀 형은 동생이 죽은 4월 21일을 로마시의 탄생일로 정했다."

-로마의 전설

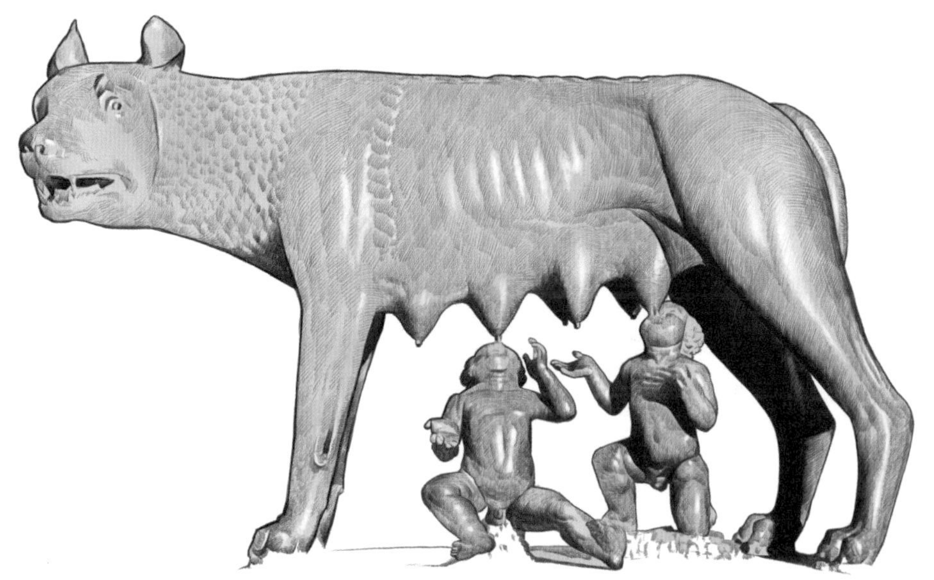

4월 22일, 1983년

'아기공룡 둘리' 탄생

1983년 4월 22일, 만화잡지 '보물섬'에서 '아기공룡 둘리'가 태어났다. 작가는 김수정씨. 둘리는 빙하기 때 얼음 속에 갇혀 있다가 어느 날 서울로 오게 된 초록색 아기공룡이다. 항상 혀를 반쯤 내민 어리숙한 말썽꾸러기지만 돌발 상황에선 외계인에게서 전수받은 초능력을 사용하기도 한다. 둘리는 작가가 80년대 군사정부 시절의 심의를 피하기 위해 궁여지책으로 인간대신 탄생한 동물 캐릭터다. 둘리와 더불어 고길동, 희동이, 도우너, 또치, 마이콜 등 다양한 캐릭터들이 암울했던 시절을 위로했다. 둘리는 국산 캐릭터 산업의 원조이자 수많은 창작 캐릭터들의 기폭제가 됐다.

4월 23일, 1616년

'돈키호테' 세르반테스 사망

1616년 4월 23일, 인류 문학사상 불후의 명작으로 손꼽히는 '돈키호테'의 저자 세르반테스가 스페인에서 죽었다. '돈키호테'는 2002년 노벨연구소가 세계 유명작가 100명에게 세계에서 가장 훌륭한 문학작품을 의뢰한 결과 압도적 1위에 오른 작품이다.

감히 이룰 수 없는 꿈을 꾸고,
감히 이루어질 수 없는 사랑을 하고,
감히 견딜 수 없는 고통을 견디며,
감히 용감한 자도 가지못한 곳을 가며,
감히 닿지 못할 저 밤하늘의 별에 이른다는 것.

이것이 나의 순례이며
저 별을 따라가는 것이 나의 길이라오.
아무리 희망이 없을 지라도,
또한 아무리 멀리 있을 지라도…….

4월 23일, 1954년

행크 애런, 메이저리그 첫 홈런

1954년 4월 23일, 밀워키 브레이브스 소속의 행크 애런이 세인트루이스 카디널스를 상대로 자신의 메이저리그 첫 홈런을 쳤다. 20세의 흑인 청년 애런은 20년 후 전설의 백인 홈런왕 베이브 루스의 통산 홈런 기록인 714개를 깨고 총 755개의 홈런을 쳐내게 된다. 713번째 홈런을 친 후, 백인 영웅 베이브 루스의 기록이 깨지는 걸 두려워한 인종차별주의자들이 보낸 온갖 협박편지는 오히려 그의 투지를 불태우게했다. 2007년 배리 본즈가 홈런 기록을 경신했지만 미국의 야구팬에게 홈런왕은 여전히 행크 애런으로 기억돼 있다.

4월 24일, BC 1184년

트로이 함락

BC 1184년 오늘, 트로이가 고대 그리스 연합군에게 함락됐다. 트로이의 왕자 파리스에게 납치된 스파르타의 왕비 헬레나를 되찾기 위해 시작된 전쟁이 10년 동안 계속되었으나 결판이 나지 않자 그리스의 오디세우스가 거대한 목마를 남기고 철수하는 위장 계책을 펼쳐 마침내 왕을 죽이고 도시를 불태워 트로이를 멸망시켰다. 호머의 영웅 서사시로 전해진 신화로 취급되다가 1871년 독일의 고고학자 하인리히 슐리만이 트로이의 발굴에 성공해 역사적 사실로 확인되었다.

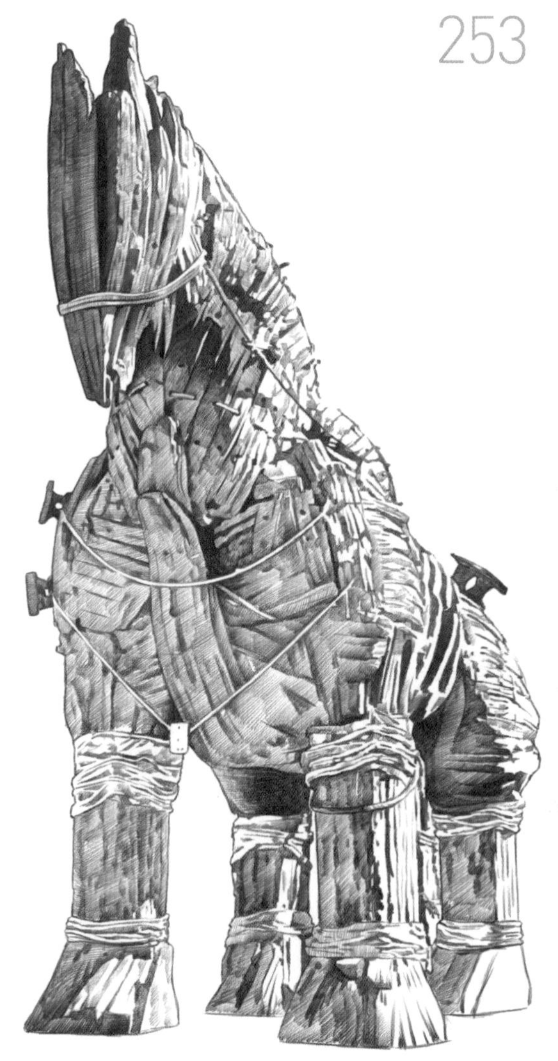

4월 25일, 2005년

만화가 고우영 화백 별세

2005년 4월 25일, 한국 성인만화의 큰 별 고우영 화백이 지병으로 별세했다. 향년 67세. 만주에서 태어나 광복 후 평양에서 살다 가족을 따라 월남한 그는 '추동성' 이란 필명으로 아동만화를 창작했는데 1972년 일간스포츠에 성인만화 '임꺽정' 을 연재해 큰 반향을 불러일으키면서 한국 성인만화의 새 장을 열었다. 이후 '삼국지' '일지매' '수호지' 등을 잇따라 히트시키며 70~80년대의 암울한 시기를 유머러스한 필체로 위로해 준 고화백은 대한민국문화예술상과 민족문학작가회 문예인 우정상을 수상했다.

4월 25일, 1939년

박쥐인간 '배트맨' 탄생

1939년 4월 25일, 어둠의 도시 고담에서 악의 무리를 응징하는 슈퍼 히어로 '배트맨'이 태어났다. 박쥐를 본뜬 전신 슈트와 망토, 첨단 무기로 무장한 배트맨은, 슈퍼맨으로 재미를 본 출판사 DC코믹스에서 밥 케인의 그림과 빌 핑거의 스토리로 창조됐다. 배트맨은 다른 초현실적 영웅들과 달리 초능력이 아닌 지성과 재산, 과학 기술로 악당들에게 맞서는 인간적인 영웅으로 89년 팀 버튼 감독이 영화로 제작한 이후 많은 시리즈 영화들로 인기를 끌고 있다.

4월 26일, 1960년

이승만 대통령 하야 성명 발표

1960년 4월 26일, 3·15부정선거로 4대 대통령에 당선된 이승만 대통령이 4·19 혁명과 함께 폭발한 국민들의 분노와 지탄에 항복해 결국 하야 성명을 발표했다. "국민이 원한다면 대통령직을 사임하고 선거를 다시 하겠으며 내각책임제 개헌을 하겠다"는 것이 그 내용이다. 이로써 1948년 건국 이래 12년 동안 장기 집권한 그는 다음날 대통령 사직서를 국회에 제출했고 사흘 후 극비리에 하와이로 떠났다.

4월 26일, 1994년

극진 가라테 최영의 타계

1994년 4월 26일, 극진 가라테의 창시자 최영의가 71세를 일기로 타계했다. 전북 김제 태생의 최영의는 불과 16세에 나가사키로 도일해 가라테를 배웠다. 45년 일본의 패망 후, 전설적인 무사 미야모토 무사시를 본받아 입산수도하여 극진 가라테를 창시했고 48년 전일본선수권 대회를 제패했다. 이후 일본뿐만 아니라 세계를 주유하며 실전 무도를 교육, 전파시켰다. '최배달'이라는 이름으로 더욱 익숙한 그의 극진 가라테는 세계 120여 나라에서 1400만 명이 수련하고 있다.

4월 27일, 2004년

아웅산 수치 광주인권상 수상 선정

2004년 4월 27일, 미얀마 민주화운동 지도자 아웅산 수치가 제5회 광주인권상 수상자로 결정됐다. 인도의 마하트마 간디와 미국의 마틴 루서 킹의 비폭력운동에 영감을 받은 그녀는 가장 폭압적인 정권에 비폭력으로 대항해 국민적 지지를 모았고 1991년 노벨평화상을 수상했다. 20년 가까운 가택연금 상황에도 군부독재에 결연히 맞서 온 수치여사는 2015년 대선에서 미얀마 국민들에게 큰 희망의 약속이 됐다.

4월 27일, 1968년

광화문 네거리에 이순신 장군 동상 제막

1968년 4월 27일, 서울 세종로 광화문 네거리에 충무공 이순신 장군 동상이 제막됐다. 구리로 만든 충무공 동상은 서울대 미대 학장을 지낸 고 김세중씨가 13개월에 걸쳐 만든 작품으로, 좌대 높이 12m, 동상 높이가 9m에 달했다. 30평 화강석 좌대에 세워진 동상의 전면 양쪽엔 청동주물의 독전 북이, 좌대 하층 부분엔 청동주물의 길이 3m 되는 거북선이 놓였고 좌대 뒷면에는 노산 이은상씨의 명문이 새겨졌다. 당초 세종로에 세워지는 동상이니 만큼 세종대왕을 세우자는 의견도 있었지만 일제가 훼손한 조선왕조의 정신을 되살리는 데는 이순신 장군이 최고라는 의견이 최종적으로 받아들여져 충무공 동상이 세우게 됐다. 현재는 광화문 쪽 210m맞은 편으로 세종대왕 동상이 세워졌다.

4월 28일, 1686년

뉴턴 '프린키피아' 출판

1686년 4월 28일, 영국의 천재 물리학자 아이작 뉴턴이 자신의 역학 및 우주론에 관한 연구를 집대성한 책 '자연철학의 수학적 원리', 일명 '프린키피아'를 내놓았다. 20세 때 떨어지는 사과에서 얻은 단서에서 출발, 20여 년의 세월이 지나서야 완성한 '만유인력의 법칙'은 고전 역학의 세계를 논리적으로 체계화한 결정적인 법칙이었다. 자연은 일정한 법칙에 따라 운동하는 복잡하고 거대한 기계라고 갈파한 그의 역학적 자연관은 200년이 더 지나 양자역학이 등장하기 전까지 확고부동한 지위를 고수했다.

"나는 해변에서 예쁜 조약돌과 조개껍질을 발견하고 즐거워하는 어린 아이와 같다. 그러나 진리의 대양은 모조리 미발견인 채로 내앞에 누워있다."

4월 29일, 1932년

윤봉길 의사 폭탄 투척

1932년 4월 29일, 상하이 훙커우 공원에서 대한민국의 독립운동가이자 교육자.시인인 윤봉길 의사가 일왕의 생일연 기념행사장에 폭탄을 투척했다. 물통과 도시락으로 위장한 폭탄 중 물통 폭탄을 투척해 상하이 파견군 총사령관 등 요인들 여럿을 사상케 했다. 윤의사의 쾌거에 세계가 놀랐고 중국의 장개석 총통은 "중국의 백만 대군이 못한 일을 일개 조선청년이 해냈다"고 감탄하며 대한민국 임시정부에 전폭적인 지원을 약속했다. 윤의사는 그해 12월 19일, 25세의 나이로 총살돼 순국했다.

4월 30일, 1945년

독재자 히틀러 음독자살

1945년 4월 30일, 제2차세계대전을 일으켰던 독일의 독재자 아돌프 히틀러가 자살했다. 나치당의 강력한 세력으로 부상한 히틀러는 1934년 대통령 파울 폰 힌덴부르크가 죽자 총통 겸 총서기로 취임해 실업자 감소, 사회보장 정책, 각종 구습 폐지 등의 혁신 정책을 실시했고 성공적인 외교 정책으로 인기가 절정에 달했다. 군부까지 장악한 히틀러는 1939년 9월 폴란드를 침공함으로써 제2차세계대전을 일으켰다. 히틀러는 이탈리아의 베니토 무솔리니와 친밀한 관계를 유지했으나, 이탈리아는 전쟁에서 패배를 거듭했고 소련과의 전쟁에서도 독일군 22만 명이 전사하거나 포로가 되는 등 실패로 끝났다. 결국 전쟁에서 패배한 히틀러는 베를린 총통 관저 지하실에서 부인 에바 브라운과 함께 음독자살했다.

5월 1일, 1873년

영국 탐험가 리빙스턴 사망

1873년 5월 1일, 미지의 대륙 아프리카를 선구적으로 탐험한 데이비드 리빙스턴이 북로디지아 방웨울루 호수 근처에서 말라리아와 이질로 사망했다. 스코틀랜드의 노동자 가정에서 태어난 그는 방적공장에서 일하면서 독학했고 대학에서 의학과 신학을 공부해 아프리카에 의료전도사로 건너갔다. 빅토리아 폭포와 잠베지 강 등을 발견했던 그는 노예사냥 실태를 폭로해 노예무역 금지에 이바지하기도 했으나 아프리카를 유럽의 식민지로 전락시키는 첨병 역할을 했다는 비판도 있다.

5월 2일, 1994년

넬슨 만델라, 대통령 당선

남아프리카공화국의 흑인 변호사 넬슨 만델라는 1944년 이래 인종격리정책인 아파르트헤이트에 대항해 흑인해방운동의 지도자로 활동했다. 잔혹한 차별 탓에 무저항주의에서 무장투쟁으로 노선을 바꿔 활동하던 중 체포돼 종신형을 선고받고 약 27년간 죄수번호 46664로 감옥생활을 했다. 93년 백인정치가 데 클레르크와 공동으로 노벨평화상을 수상한 만델라는 94년 5월 2일 남아프리카 최초의 민주 선거에서 최초의 유색인 대통령으로 당선되어 99년까지 재임했다.

5월 3일, 1979년

대처, 영국 최초 여성 총리 당선

1979년 5월 3일, '철의 여인' 마거릿 대처가 이끄는 보수당이 5년 만에 정권을 탈환하면서 영국 최초의 여성 수상이 탄생했다. 그녀는 신자유주의에 기반을 둔 과감한 시장주의 경제를 도입하여 고질적인 영국병을 치유하려고 하였다. 장기간의 석탄 노동자 파업을 진압하고 주요 국영 기업을 민영화했으며 사회 복지 혜택을 감축하였다. 정치적으로는 철저한 반공주의 정책을 폈고 EU 가입에 적대적 이었으며, 아르헨티나와의 포클랜드 전쟁을 승리로 이끌었다. 이후 영국이 안정을 찾아가자 대처는 두 번이나 더 총리에 당선되며 11년간 영국을 재정비했다. 그러나 그녀는 빈부 및 지역 격차, 제조업의 붕괴를 초래했고 영국의 경제 문제를 근본부터 치유하지 못했다는 반대자들의 비판도 있다.

5월 4일, 전차 개통

국내 최초로 전차가 개통되다

1899년 5월 4일 오후 3시, 국내 최초로 동대문-흥화문 간 전차가 개통식을 가졌다. 전 해인 1898년 전차 운행을 위해 조선 최초의 전기 회사인 한성전기회사가 설립되었는데 바로 고종 황제가 출자한 황실기업이었다. 장안 한복판으로 시속 8km로 달리는 전차는 40인승 두 칸으로 연결되어 밖을 볼 수 있게 유리창을 달았고 내부는 방과 마루로 구성됐다. 오전 8시부터 오후 6시까지 정거장이 따로 없이 승객이 손을 들면 전차를 세워 타고 내릴 수 있었다. 하지만 대중교통의 혁명을 몰고 온 이 전차는 개통 후 한달이 채 지나지 않은 5월 26일, 파고다 공원 앞을 지나다가 다섯 살 난 아이를 치어 죽였고 흥분한 군중들이 차를 부수고 불태워 버린 사건도 있었다.

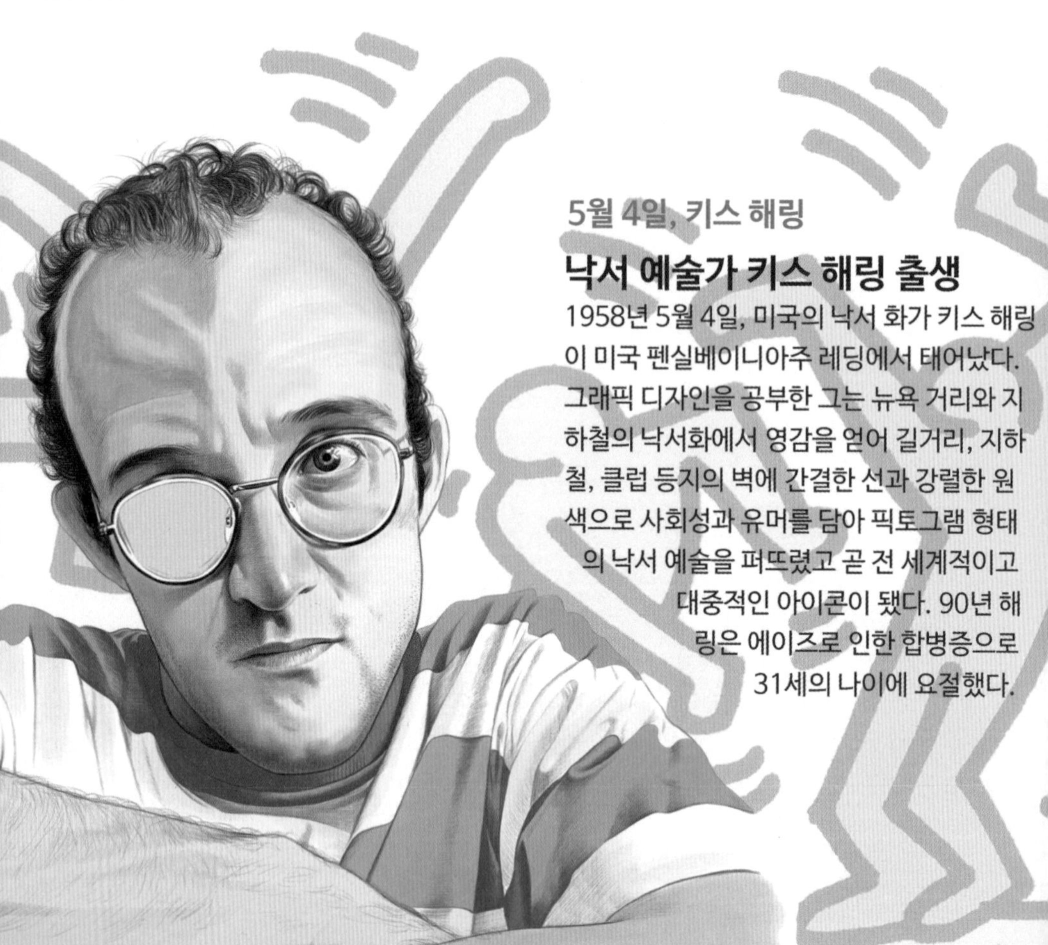

5월 4일, 키스 해링

낙서 예술가 키스 해링 출생

1958년 5월 4일, 미국의 낙서 화가 키스 해링이 미국 펜실베이니아주 레딩에서 태어났다. 그래픽 디자인을 공부한 그는 뉴욕 거리와 지하철의 낙서화에서 영감을 얻어 길거리, 지하철, 클럽 등지의 벽에 간결한 선과 강렬한 원색으로 사회성과 유머를 담아 픽토그램 형태의 낙서 예술을 퍼뜨렸고 곧 전 세계적이고 대중적인 아이콘이 됐다. 90년 해링은 에이즈로 인한 합병증으로 31세의 나이에 요절했다.

5월 5일, 2004년

엄홍길 히말라야 15좌 등정

2004년 5월 5일, 산악인 엄홍길이 해발 8505m인 얄룽캉 등반에 성공, 세계 최초로 히말라야 8000m급 15좌 완등의 쾌거를 이룩했다. 엄홍길은 이날 오전 6시30분쯤 7800m 지점을 출발해 12시간의 산행 끝에 정상에 섰다. 얄룽캉은 히말라야 14좌 중 하나인 캉첸중가의 서쪽 위성봉이다. 그는 이듬해 8400m의 로체샤르도 등정해 다시 세계 최초로 16좌 완등에 성공했다.

5월 6일, 1856년

정신분석학자 프로이트 출생

오스트리아의 정신과 의사이자 정신분석학의 창시자 지그문트 프로이트가 1856년 5월 6일 체코의 유대인 가정에서 태어났다. 유년 시절 오스트리아 빈으로 이주해 빈 대학에서 의학을 공부한 그는 파리에서 최면요법을 연구하고 돌아와 정신과 개인병원을 개업했다. 그는 신경증 증상들이 성적 욕망과 방어사이의 갈등이라는 주장을 했고 대표적 저서 '꿈의 해석'에서 무의식의 세계인 꿈의 분석과 인간 활동의 근본 에너지를 성욕과 본능에 근거해 설명함으로써 지지와 저항의 극단적인 격론을 불러 일으켰다.

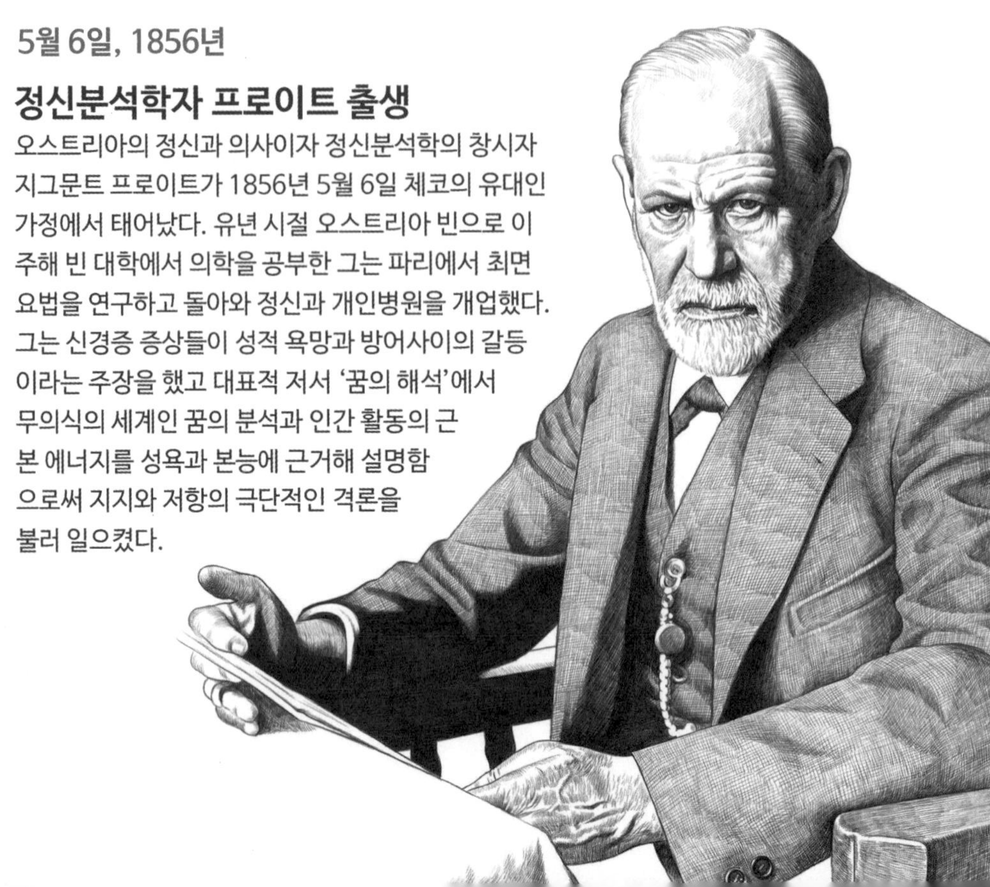

5월 6일, 1965년

화가 박수근 영면

1965년 5월 6일 화강암처럼 거친 질감으로 따뜻한 한국인의 서정을 표현한 화가 박수근이 간경화와 응혈증으로 생을 마쳤다. 향년 51세. 초등학교 시절 이미 밀레와 같은 화가가 되기를 꿈꾸었던 그는 독학으로 그림을 공부해 18세에 조선미술전람회에 입선했다. 6.25동란을 겪으면서 미8군 PX에서 초상화를 그려 생계를 잇기도 했던 그는 가난한 서민의 아낙네와 아니들 모습, 골목 풍경과 나목 등을 두껍게 쌓아올린 색면의 거친 질감으로 표현해 서구화풍을 벗어난 자신 만의 조형언어를 만들어냈다. 평생을 가난하게 살다 간 그는 사후 한국 미술을 대표하는 화가로 많은 이들의 사랑을 받고 있다.

5월 6일, 1937년

독일 호화 비행선 '힌덴부르크' 폭발

1937년 5월 6일 , 프랑크푸르트를 떠난 독일 비행선 '힌덴부르크호'가 미국 뉴욕 상공에서 착륙 준비를 하던 중 폭발음과 함께 수소가스주머니가 파열됐다.

삽시간에 번진 불로 뒤쪽이 내려앉아 11명이 떨어지고 곧 몸체도 요란한 소리와 함께 지상으로 추락했다. 최초의 폭발로부터 불과 32초 밖에 걸리지 않은 짧은 시간이었다. 36명이 숨졌고 61명은 기적적으로 살아났다. '힌덴부르크호' 폭발과 함께 대형 비행선 시대도 막을 내렸다.

5월 7일, 기원전 428년

철학자 플라톤 출생

기원전 428년 5월 7일, 고대 그리스의 철학자 플라톤이 태어났다. 그는 소크라테스의 제자이자 아리스토텔레스의 스승으로 알려져 있다. 그는 이데아 설을 제창하여 감각적이고 물질적인 현 세계의 현상은 본질적이고 영원한 이데아의 그림자에 불과하며 불멸의 영혼 세계인 이데아를 상기하는 것에서 진정한 인식이 얻어진다고 했다. 철학자가 국가를 통치하는 플라톤의 이상적 관념론은 아직도 깊고 강력하게 현대인의 마음속에 힘을 발휘하고 있다.

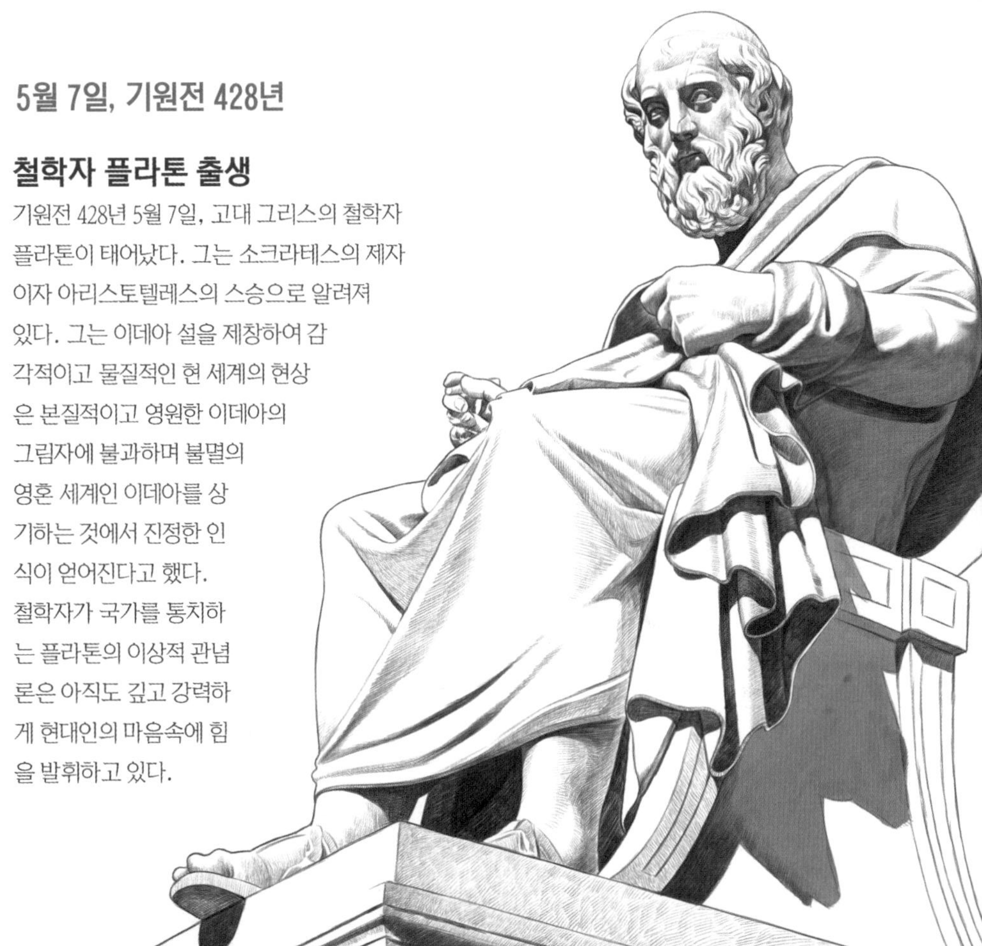

5월 7일, 1824년

베토벤 '합창 교향곡' 지휘

1824년 5월 7일, 오스트리아 빈에서 루드비히 반 베토벤이 작곡한 '합창 교향곡'이 초연됐다. '합창 교향곡'은 환희와 인류애의 메시지를 담고 있는 베토벤의 마지막 교향곡으로서 서양 고전 음악 중 최고의 작품으로 평가받고 있다. 그러나 이 당시 이미 베토벤은 청력을 잃어 귀가 전혀 들리지 않는 상태였다. 연주가 끝난 뒤, 모든 관객이 기립하여 우레와 같은 갈채를 보냈으나 베토벤은 박수 소리를 들을 수 없었다. 유네스코는 2002년에 이곡을 악보로는 최초로 세계문화 유산으로 지정했다.

5월 8일, 1828년

세계적십자 창시자 뒤낭 탄생

1828년 5월 8일, 세계적십자 창시자 앙리 뒤낭이 스위스 제네바에서 태어났다. 본래 사업가였던 뒤낭은 28세 때 이탈리아 북부 솔페리노 전쟁터에 널린 4만 명의 비참한 사상자를 목격한 후 국제적 인도단체를 꿈꾸게 됐고 1863년 세계적십자를 창설, 적십자운동이 시작됐다. 뒤낭은 이 공로로 1901년 제1회 노벨평화상을 받았고 세계적십자는 이후 세 차례나 노벨평화상을 수상했다. 그의 생일인 오늘을 적십자의 날로 정하여 기념하고 있다.

5월 9일, 1986년

셰르파 노르가이 사망

에드먼드 힐러리와 함께 세계 최초로 에베레스트에 오른 셰르파 텐징 노르가이가 1986년 5월 9일 뇌출혈로 세상을 떠났다. 향년 71세. 티베트에서 태어나 네팔에서 자란 텐징은 셰르파로 경험을 쌓아 1953년 5월 29일, 8848m의 세계최고봉 에베레스트 정상 아래에 도착했으나 30분을 기다려 힐러리가 먼저 정상을 밟도록 도왔다. 텐징은 세계적 스타가 됐고 네팔의 자존심을 세운 영웅으로 대접받았다.

5월 9일, 2009년

수필가 장영희 교수 별세

2009년 5월 9일, 영문학 작품의 번역과 대중적 수필로 필명이 높았던 장영희 서강대 교수가 지병인 암으로 별세했다. 향년 57세. 영문학 권위자였던 고 장왕록 박사의 딸인 그는 생후 1년 만에 소아마비로 1급 장애인이 됐으나 불굴의 의지로 서강대에서 영문학을 전공하고 미국 뉴욕주립대에서 박사학위를 받았다. 귀국 후 서강대 강단에서의 강의와 수필 등으로 왕성한 활동을 하던 중 암이 발병하여 투병해왔던 그는 '살아온 기적 살아갈 기적'을 유작으로 남겼다.

5월 10일, 1508년

미켈란젤로, 시스티나 성당 천장벽화 작업 시작

1508년 5월 10일, 미켈란젤로 부오나로티가 교황 율리우스 2세와 계약을 체결하고 시스티나 성당의 천장벽화 작업을 시작했다. 키 155cm에 불과한 르네상스 시대의 위대한 거인 미켈란젤로는 이후 4년 6개월 동안 500m^{2}가 넘는 면적에 300명 이상의 인물들을 그리는 프레스코 작업을 오로지 혼자서 해낸다. 1512년 10월 31일 시스티나 성당이 교황의 미사 후 일반에게 공개되었을 때 사람들은 너무도 경탄하여 말을 잊은 채 입을 다물지 못했지만 고통스럽고 오랜 작업으로 인해 미켈란젤로의 목은 비뚤어져 버리고 말았다.

5월 10일, 1999년

작가 쉘 실버스타인 사망

1999년 5월 10일, 동화 '아낌없이 주는 나무'의 작가 쉘 실버스타인이 미국 플로리다의 자택에서 심장마비로 67세에 사망했다. 시카고 태생의 그는 작가이자 일러스트레이터, 시인, 음악가로 폭넓은 예술생활을 했다. 50년 6·25전쟁에도 참전한 그는 성인잡지 '플레이보이'에 글과 만화를 기고하면서 작가생활을 시작했는데 어린이뿐만 아니라 어른들에게도 감동을 주는 이야기책으로 유명하다. 우화 작품집 '다락방의 불빛'은 미국 학교도서관 신문 선정 최우수 작품으로 꼽혔다.

Shel
Silverstein

5월 11일, 1904년

화가 살바도르 달리 태어나다

1904년 5월11일, 기벽과 천재성으로 유명한 초현실주의 화가 살바도르 달리가 스페인 카탈루냐의 소도시에서 태어났다. 어릴 때부터 안하무인이었던 그는 미술학교에서 퇴학당한 후 파리로 건너가 에른스트, 마그리트, 부르통 등 초현실주의 그룹과 조우했고 흐늘거리는 시계 이미지로 유명한 '기억의 연속성' 등 환영과 암시가 가득한 그림으로 세계적인 화가가 됐다. 20세기 가장 독창적인 화가로 꼽히는 달리는 살아서 최고의 영화를 누린 후 85세를 일기로 세상을 떠났다.

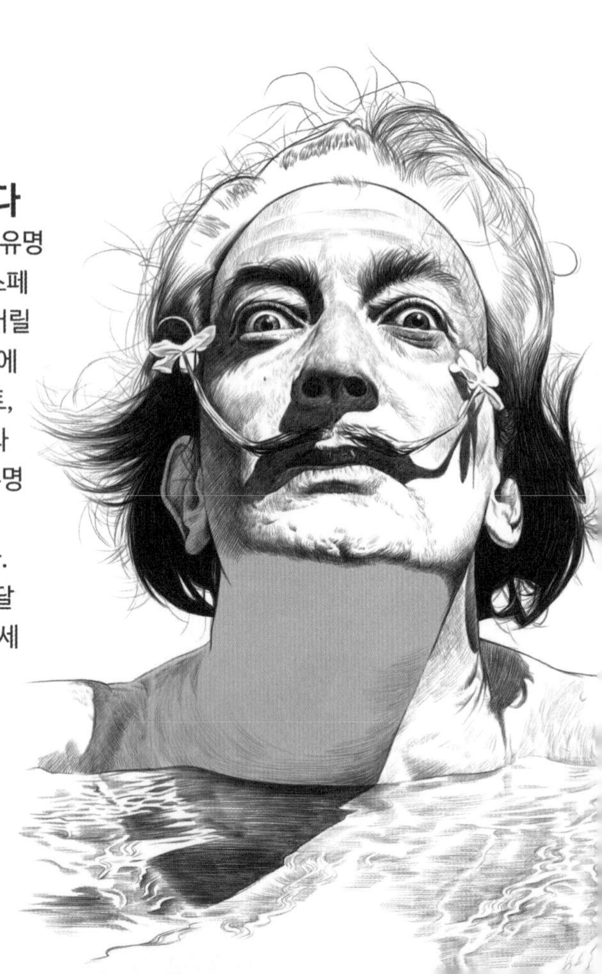

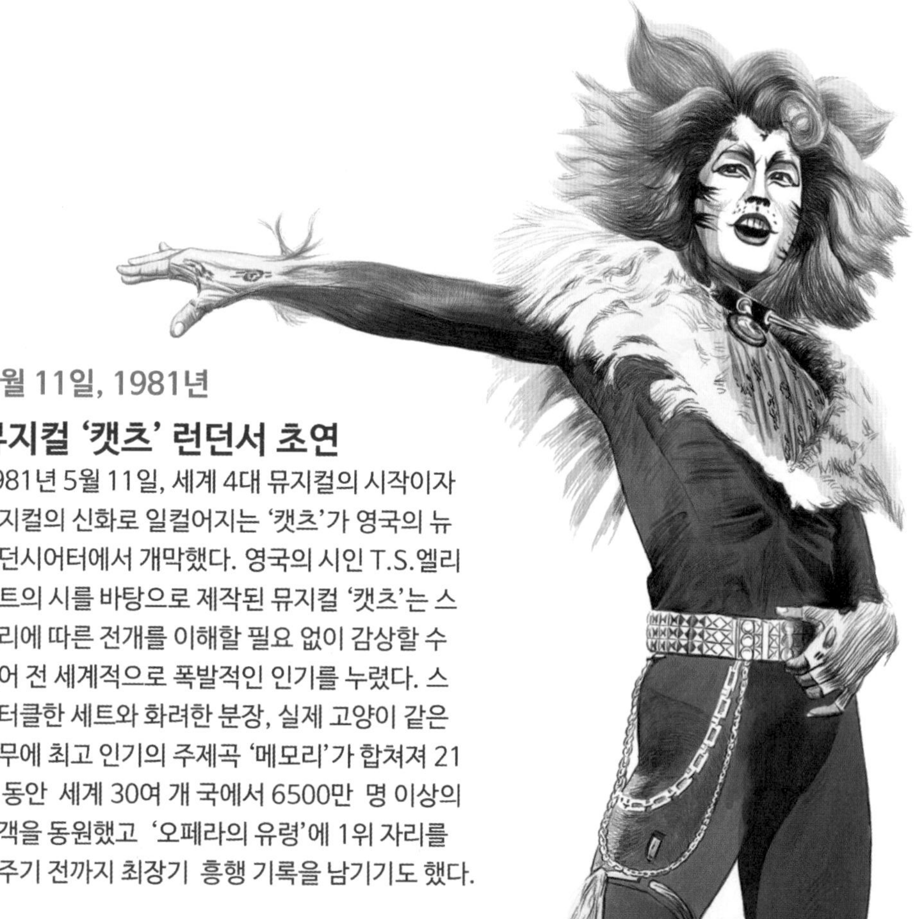

5월 11일, 1981년

뮤지컬 '캣츠' 런던서 초연

1981년 5월 11일, 세계 4대 뮤지컬의 시작이자 뮤지컬의 신화로 일컬어지는 '캣츠'가 영국의 뉴 런던시어터에서 개막했다. 영국의 시인 T.S.엘리어트의 시를 바탕으로 제작된 뮤지컬 '캣츠'는 스토리에 따른 전개를 이해할 필요 없이 감상할 수 있어 전 세계적으로 폭발적인 인기를 누렸다. 스펙터클한 세트와 화려한 분장, 실제 고양이 같은 안무에 최고 인기의 주제곡 '메모리'가 합쳐져 21년 동안 세계 30여 개 국에서 6500만 명 이상의 관객을 동원했고 '오페라의 유령'에 1위 자리를 내주기 전까지 최장기 흥행 기록을 남기기도 했다.

5월 12일, 1871년

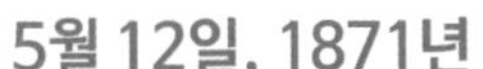

비스마르크, 독일제국 총리 취임

1871년 5월 12일, 보수주의자 이자 반 혁명파였던 프로이센 총리 비스마르크가 강경파로 선회하며 오스트리아와 프랑스와의 전쟁을 승리로 이끌어 프로이센 중심의 독일통일을 이룩하여 독일제국의 초대 총리로 취임했다. 그는 일찍이 프로이센 총리 시절에 “현재 문제는 언론이나 다수결이 아니라 철과 피에 의해 결정 된다” 는 정책을 밀어붙여 ‘철혈 재상’이라 불렸다. 그러나 비스마르크가 통일 과정에서 ‘철혈적’ 모습을 보인 것은 사실이지만 통일 이후 그는 평화적, 보수적 정책으로 전환해 젊은 황제 빌헬름 2세와의 대립으로 사임하는 1890년 까지 유럽을 좌지우지 했다.

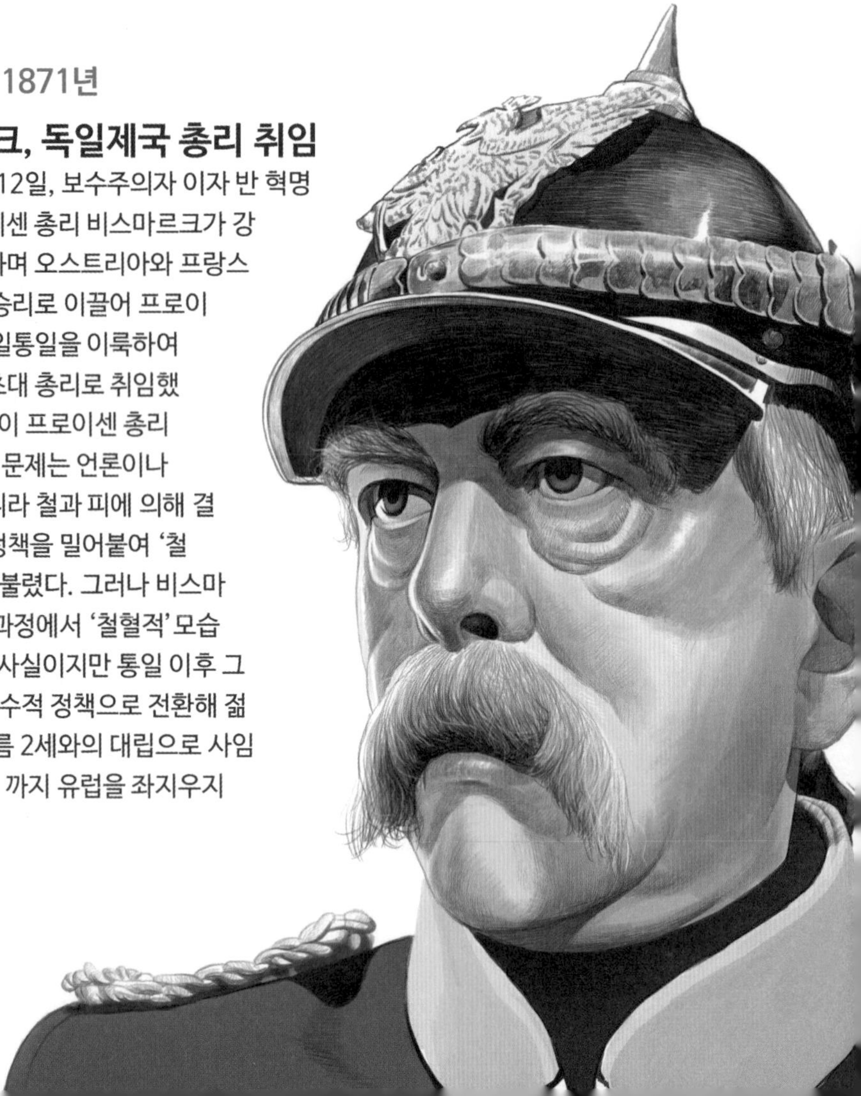

5월 13일, 1940년

처칠, 영국 총리 취임

"나에게는 피와 수고와 땀 이외에 내놓을 것이 아무것도 없습니다."

1940년 5월 13일, 윈스턴 처칠이 체임벌린의 후임으로 영국 총리에 취임했다. 처칠은 팔삭둥이 조산아로 태어나 초등학교 때는 교사로부터 제일 멍청한 소년이라는 말을 듣고, 중학교 때는 영어에서 낙제 점수를 받아 3년이나 유급했다. 결국 캠브리지나 옥스퍼드에는 입학할 수 없어 육군사관학교에 입학했지만 그는 국왕 아래 영국 최고의 자리에 올랐다. 처칠은 훗날 명문 옥스퍼드 대학의 졸업식 축사를 "포기하지 말라! 절대로, 절대로, 절대로 포기하지 말라!"라고 두 마디로 끝냈다.

5월 14일, 2004년

노무현 대통령 탄핵 기각

2004년 5월 14일, 노무현 전 대통령에 대한 탄핵 심판이 기각됐다. 헌정사상 초유의 대통령 탄핵심판을 받았던 노 전 대통령은 직무 정지 63일 만에 다시 대통령 업무에 복귀하였다. 탄핵 심판 중 전국에서는 탄핵에 반대하는 시민들이 모여 촛불시위를 벌였다. 노 전 대통령의 지지율은 60%대까지 치솟았고 4월 중 치러진 총선에선 탄핵 역풍을 업은 열린우리당이 과반의 석인 154석을 얻으며 승리했다.

5월 14일, 1948년

이스라엘 건국 선언

'이스라엘 땅은 유대인의 탄생지다. 여기서 최초로 국가를 만들었고 책중의 책(성경)을 세계에 전했다. 우리는 이곳에 이스라엘 이라는 유대인 국가의 설립을 선언한다.' 1948년 5월 14일, 텔아비브 미술관에서 유대 국가 건국 위원회 의장 벤구리온이 이스라엘 건국을 선언했다. 제1차 세계대전 때 영국을 도운 보답으로 유대인 국가 건설을 약속받은 '밸푸어 선언'이 시오니즘에 결정적으로 힘을 보태 준 덕분이었다. 이로써 2000년에 걸친 유대인의 유랑은 끝이 났지만 졸지에 삶의 터전에서 쫓겨난 팔레스타인 주민들은 이날이 '재앙의 날'이 되어 새로운 난민이 되었고 현재까지 폭력과 보복은 끊이질 않아 이 지역은 세계의 화약고로 변해버렸다.

5월 15일, 1940년

듀폰사 나일론 스타킹 최초 판매

1940년 5월 15일 아침, '실크보다 질기고 면보다 가벼우며 신축성이 뛰어난' 나일론 스타킹이 미국 전역의 백화점에서 판매되기 시작했다. 나일론 스타킹은 기존 실크 스타킹보다 2배나 비싼 1.15~1.35달러에 판매됐지만 첫날에만 500만 켤레가 팔려나갔다. 그러나 최초의 인조섬유 나일론을 개발한 월리스 흄 캐러더스 박사는 이미 3년 전에 필라델피아의 한 호텔에서 의문의 자살을 하고 말아 이러한 성공을 볼 수 없었다.

5월 15일, 1902년

시인 정지용 태어남

1902년 5월 15일, 한국 근대 시사에서 섬세하고 자유로운 언어로 새로운 시적 경지를 연 시인으로 평가받는 정지용 시인이 태어났다.

호수

얼굴하나야
손바닥 둘로
폭 가리지만

보고픈 마음
호수만 하니
눈감을 밖에

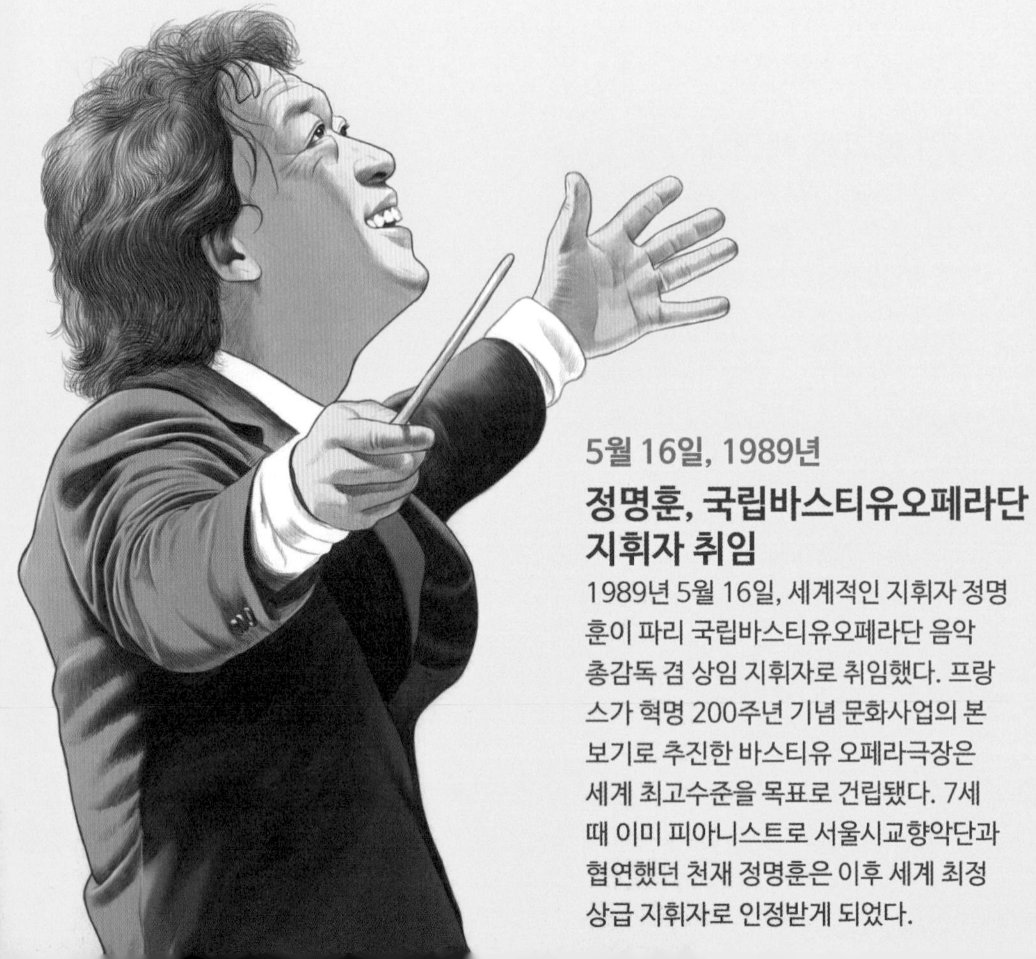

5월 16일, 1989년

정명훈, 국립바스티유오페라단 지휘자 취임

1989년 5월 16일, 세계적인 지휘자 정명훈이 파리 국립바스티유오페라단 음악 총감독 겸 상임 지휘자로 취임했다. 프랑스가 혁명 200주년 기념 문화사업의 본보기로 추진한 바스티유 오페라극장은 세계 최고수준을 목표로 건립됐다. 7세 때 이미 피아니스트로 서울시교향악단과 협연했던 천재 정명훈은 이후 세계 최정상급 지휘자로 인정받게 되었다.

5월 17일, 2007년

동화 작가 권정생씨 타계

2007년 5월 17일, 동화 '강아지똥'과 '몽실언니'를 쓴 아동문학가 권정생씨가 71세를 일기로 별세했다. 기독교적 사랑과 희생을 바탕으로 하찮고 버림받은 것들에 대한 사랑을 아름답게 글로 옮긴 권 씨는 베스트셀러 작가가 된 이후에도 안동 시골의 오두막집에서 무소유의 삶을 살았다. 그는 인세를 모은 돈으로 북한과 세계의 굶주린 아이들을 위해 써달라는 유서를 남기고 세상을 떠났다.

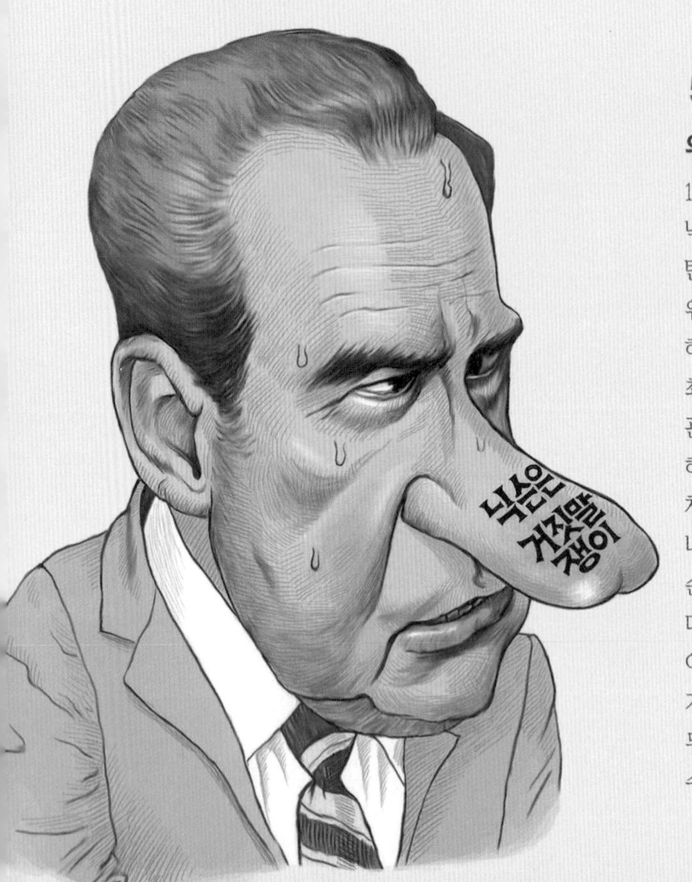

5월 17일, 1973년

워터게이트 사건 청문회 개시

1973년 5월 17일, 미국의 대통령 리처드 닉슨의 재선을 위한 비밀공작반이 워싱턴 워터게이트 빌딩에 있는 민주당 전국위원회 본부에 침입해 도청장치를 설치하려다 발각된 사건에 대한 청문회가 개최됐다. 닉슨은 도청사건과 백악관과의 관계를 부인했으나 닉슨 정권의 선거 방해, 정치헌금의 부정, 수뢰, 탈세 등이 점차 드러났고 대통령 자신도 무마 공작에 나섰던 사실이 폭로되어 결국 이듬해 닉슨은 대통령 직을 사임했다. 임기 도중 대통령이 사임한 것은 역사상 최초의 일이었으며, 미국 역사에 커다란 오점으로 기록됐지만 의회와 최고재판소가 그 직무를 완수함으로써 민주주의의 전통이 수호되었다는 점에서 큰 의의를 남겼다.

5월 18일, 1883년

바우하우스 창립자 그로피우스 출생

1883년 5월 18일, 모더니즘을 대표하는 독일의 건축가이자 디자인 교육가인 발터 그로피우스가 베를린에서 태어났다. 산업디자인과 공예, 그리고 건축의 교육을 망라하는 학교인 바우하우스를 직접 건축하고 초대 교장을 역임했다. 나치의 압박을 피해 미국으로 건너간 그는 하버드대학 건축대학원 교수로 많은 건축가를 길러내 미국 근대 건축의 육성에 이바지했다.

5월 18일, 1897년

소설 '드라큘라' 출판

1897년 5월 18일, 고딕 호러 소설의 고전으로 오늘날까지도 꾸준히 인기를 얻고 있는 '드라큘라'가 출판됐다. 저자 브램 스토커는 아일랜드의 소설가인데 '드라큘라'는 루마니아 트란실바니아 지방의 공작 블라드 3세의 행적을 모티프로 하여 탄생한 작품이다.

…드라큘라 백작의 런던 저택 매입과 관련한 법적 문제를 처리하기 위해 트란실바니아로 찾아간 주인공 조너선은 백작의 성에서 그의 끔찍한 실체를 목격한다. 곧이어 영국에서는 기이한 사건들이 잇따라 발생하고, 그 모든 것의 배후에 드라큘라의 사악한 목적이 깔려있다는 것이 밝혀지면서 반 헬싱 박사 등과 함께 드라큘라에 맞서기위한 치열한 전투가 시작된다…

5월 18일, 1980년

세인트헬렌스 산 화산 폭발

1980년 5월 18일 오전 8시 32분, 미국 태평양 연안의 워싱턴 주에 있는 세인트헬렌스 산에서 123년 만에 대규모 화산이 폭발해 산 정상이 송두리째 날아가 버렸다. 2차 세계대전 당시 히로시마에 투하됐던 원자폭탄 2만7000개 분량 상당의 폭발이 9시간 이상 계속되어, 폭발음이 300km 떨어진 캐나다 밴쿠버에서도 들릴 정도였고 과학자를 포함한 57명의 사람이 목숨을 잃었다.

5월 19일, 1957년

제1회 미스코리아 선발대회 개최

1957년 5월 19일, 서울 명동시립극장에서 제1회 미스코리아 선발대회가 열렸다. 응모 자격은 만 18세 이상 28세까지의 한국 여성으로서 지·덕·체의 모든 면에 진선미를 겸비한 사람, 직업 유무는 불문이나 흥행단체 또는 접객업소에 종사한 일이 없는 미혼여성으로 했다. 이 날 결선에 오른 7명의 후보가운데 23세 서울출신의 박현옥 양이 미스코리아 진으로 당선돼 상금 30만 환과 양단저고리, 양복지, 은수저 등의 부상을 받았다.

5월 19일, 1910년

헬리혜성 76년 만에 재출현

1910년 5월 19일, 꼬리 길이가 1억 2000만km나 되는 핼리혜성이 지구 하늘에 다시 찾아왔다. 영국의 천문학자 에드먼드 핼리가 예언한 이후 세 번째의 방문이었지만 사람들은 공포에 휩싸였다. 재앙과 괴변의 조짐으로 알려진 혜성이긴 했지만 이때는 지구가 시안 화합물이 포함된 혜성 꼬리에 진입했기 때문에 더욱 종말론이 기승을 부린 탓이었다. 약삭빠른 장사꾼들은 '혜성 액땜 알약'과 '방독 마스크'를 팔았다. 급기야 공황상태에 빠져 자살하는 사람까지 생겼지만 끝내 지구엔 별 탈(?)이 없었다.

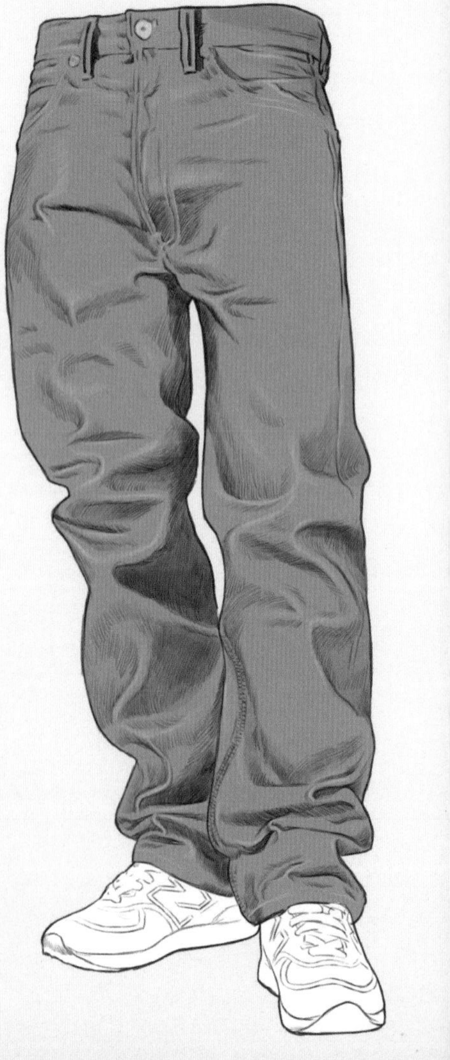

296

5월 20일, 1873년

리바이 스트라우스 청바지 특허

1873년 5월 20일, 미국인 리바이 스트라우스가 자신이 발명한 청바지의 특허를 받았다. 샌프란시스코 금광에서 금을 캐던 광부들의 바지가 쉽게 헤진다는데 착안한 리바이는 질긴 천막용 천으로 바지를 만들었고 광부와 카우보이들이 즐겨 입으면서 히트를 쳤다. 청바지 제조업체 리바이스(Levi's)는 청바지의 발명자 리바이 스트라우스가 설립한 회사다.

5월 20일, 1932년

에어하트, 여성 최초 대서양 무착륙 단독비행

미국의 조종사 찰스 린드버그가 세계 최초로 대서양을 횡단한 지 정확히 5년 후인 1932년 5월 20일, 여성 조종사 아멜리아 에어하트가 대서양을 무착륙으로 단독 비행했다. 미국에서 출발한 후 거친 폭풍우 속에서 난기류에 휘말려 곤두박질치고 고도계와 엔진 고장 등 어려움을 겪었지만 15시간 만에 북아일랜드에 무사히 착륙한 그녀는 '하늘의 퍼스트레이디'라는 별명을 얻었다. 그 후 미국 대륙 왕복횡단, 태평양 횡단 비행 등 당대 최고의 여성 비행사로 이름을 날린 그녀는 다시 도전한 세계일주 비행중 남태평양 상공에서 비행기와 함께 전설처럼 사라져 종적을 알 수 없다.

5월 21일, 1921년

핵물리학자 사하로프 출생

구소련에서 '수소폭탄의 아버지'라 불린 안드레이 사하로프가 1921년 5월 21일 모스크바에서 태어났다. 그는 대학을 졸업한 지 3년 만인 24세 때 수소폭탄 제조의 이론적 문제 해명에 성공해 스탈린상과 레닌훈장 등을 수상했다. 그러나 그는 핵실험에 반대하고 스탈린 독재를 비판해 명예를 박탈당하고 국내 추방돼 러시아 반체제 지식인의 대표적 존재가 됐다. 1975년 노벨평화상을 수상했다.

5월 22일, 1990년

빌 게이츠 윈도 3.0 출시

1990년 5월 22일, 하버드대를 중퇴한 빌 게이츠가 폴 앨런과 함께 공동 창업한 마이크로소프트 컴퓨터가 GUI(Graphic User Interface) 방식의 윈도를 운영체제로 한 세 번째 버전인 윈도 3.0을 발매했다. 프로그램관리자와 아이콘의 역할이 강화됐고 파일관리자를 새로 선보인 윈도 3.0은 이후 윈도용 프로그램이 대거 등장하면서 애플을 따돌리고 PC 운영체제 시장의 확고한 강자가 됐다. MS-DOS를 내놓은 지 9년 만에 마이크로소프트는 IT업계의 대제국으로 올라선다.

5월 23일, 1934년

보니와 클라이드 사살

1934년 5월 23일, 미국 남부에서 1년 9개월 동안 강도 행각을 벌여온 클라이드 배로와 그의 애인 보니 파커가 루이지애나 주의 고속도로를 질주하던 중 잠복해있던 경찰들이 무차별로 쏜 87발의 기관총 세례를 받고 즉사했다. 대공황기에 삶에 대한 희망을 상실한 채 시골 상점과 은행을 털고 사람을 살해했던 2인조 강도의 불행한 여정은 1967년 아서 펜 감독이 영화 '우리에게 내일은 없다'에서 충격적으로 되살려내 열광적인 찬사를 받았다.

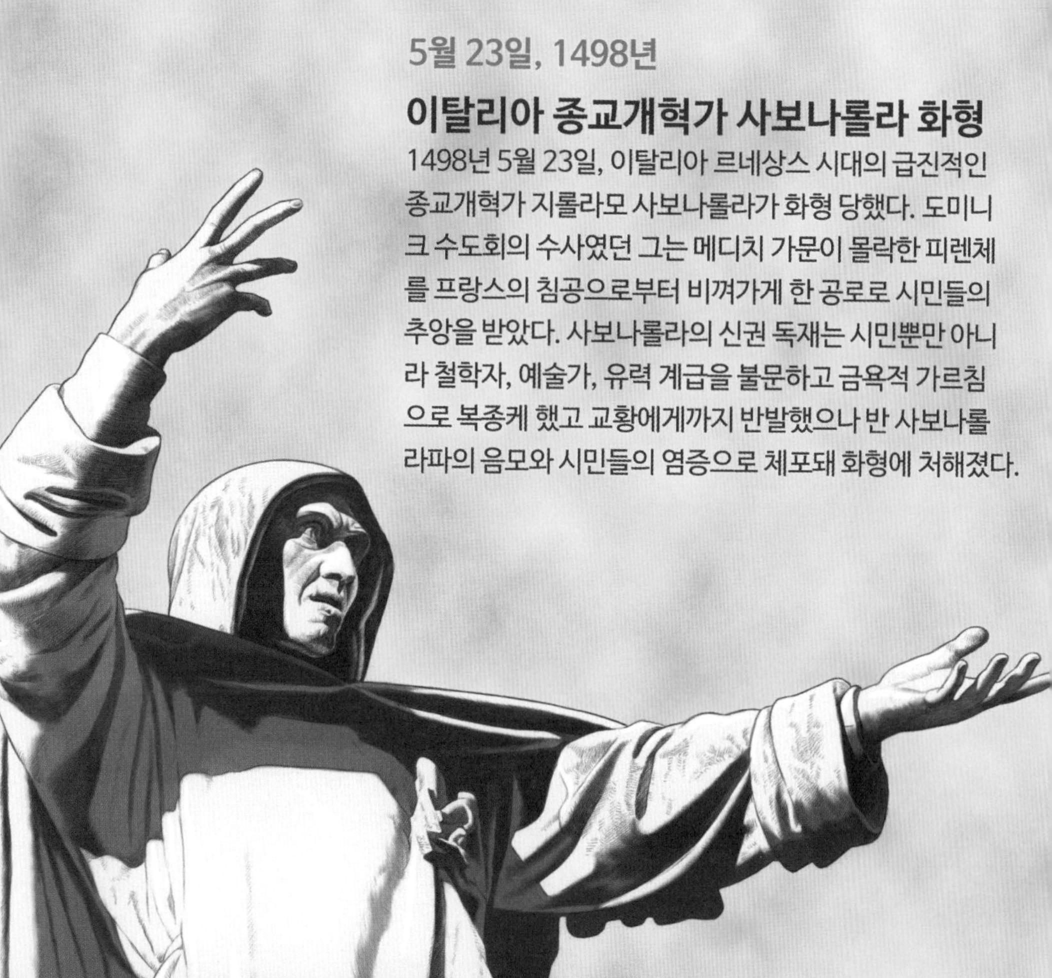

5월 23일, 1498년

이탈리아 종교개혁가 사보나롤라 화형

1498년 5월 23일, 이탈리아 르네상스 시대의 급진적인 종교개혁가 지롤라모 사보나롤라가 화형 당했다. 도미니크 수도회의 수사였던 그는 메디치 가문이 몰락한 피렌체를 프랑스의 침공으로부터 비껴가게 한 공로로 시민들의 추앙을 받았다. 사보나롤라의 신권 독재는 시민뿐만 아니라 철학자, 예술가, 유력 계급을 불문하고 금욕적 가르침으로 복종케 했고 교황에게까지 반발했으나 반 사보나롤라파의 음모와 시민들의 염증으로 체포돼 화형에 처해졌다.

5월 24일, 1940년

시코르스키, 최초 헬기 시험비행

1940년 5월 24일, 러시아 태생의 미국 항공 엔지니어 이고르 시코르스키가 현대 헬기의 모체가 되는 단일 로터(회전날개) 형태인 V-300의 시험비행에 성공했다. 그는 2년 후 이를 보완해 세계 최초의 대량 생산 헬기인 시코르스키 R-4를 제작해 제2차 세계대전 때 많은 활약을 했다.

5월 24일, 1954년

종군 사진가 로버트 카파 사망

1954년 5월 24일, 전설적인 종군 사진기자 로버트 카파가 베트남전 취재도중 지뢰를 밟고 폭사했다. 히틀러를 피해 파리에서 저널리즘 사진을 찍던 카파는 1938년 스페인 내전에 종군, 한 병사가 총탄에 맞고 쓰러지는 순간을 촬영한 '병사의 죽음'이 라이프지 표지에 실리면서 이름이 크게 알려졌다. 그 후 중일전쟁, 북아프리카 전선, 노르망디 상륙작전 등 전쟁이 있는 곳에 카파가 있었다. 노르망디 상륙작전 때는 피사체가 흔들린 상태의 상륙하는 병사 사진이 오히려 작전 당시의 긴박감을 잘 전해준다는 평을 들으며 큰 반향을 일으켰다.

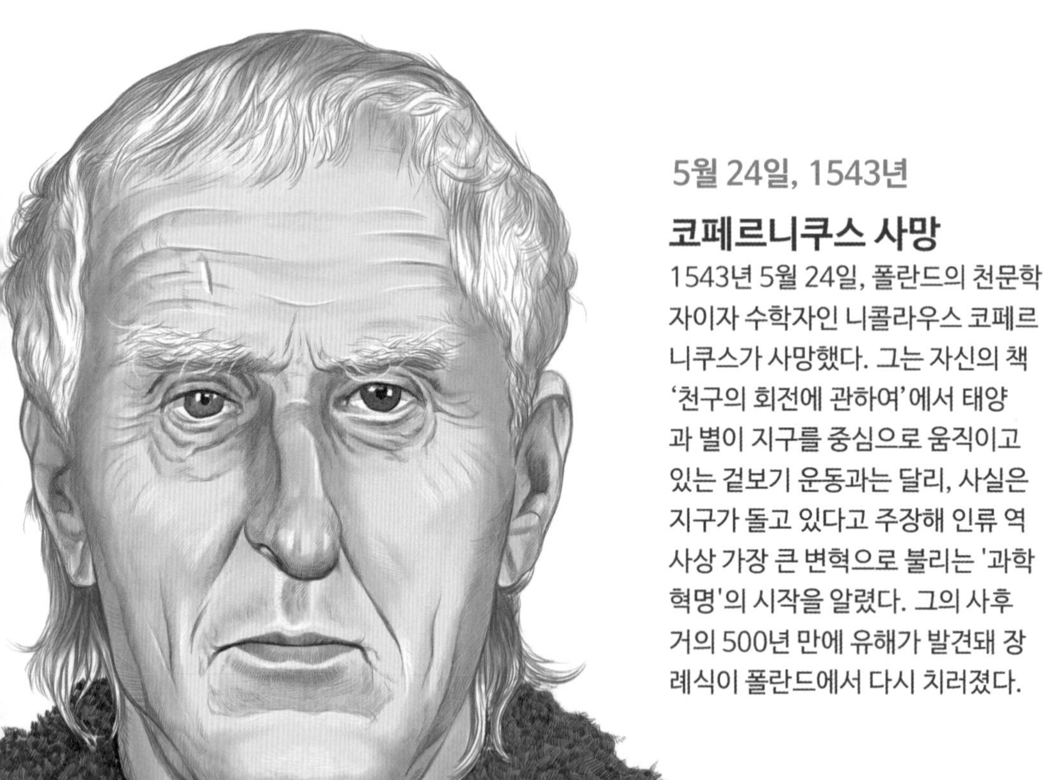

5월 24일, 1543년

코페르니쿠스 사망

1543년 5월 24일, 폴란드의 천문학자이자 수학자인 니콜라우스 코페르니쿠스가 사망했다. 그는 자신의 책 '천구의 회전에 관하여'에서 태양과 별이 지구를 중심으로 움직이고 있는 겉보기 운동과는 달리, 사실은 지구가 돌고 있다고 주장해 인류 역사상 가장 큰 변혁으로 불리는 '과학혁명'의 시작을 알렸다. 그의 사후 거의 500년 만에 유해가 발견돼 장례식이 폴란드에서 다시 치러졌다.

5월 25일, 1912년

조선 마지막 황녀 덕혜옹주 출생

1912년 5월 25일, 조선 제26대 왕 고종과 궁녀인 복녕당 양귀인 사이에서 조선의 마지막 황녀 덕혜옹주가 태어났다. 고종에게서 난 딸들은 모두 어려서 사망했기 때문에 덕혜옹주가 외동딸이었다. 그녀는 일제의 강요로 일본으로 건너가 쓰시마섬 도주의 후예인 다케유키와 결혼해 딸을 낳았으나 정신분열증이 심해져 이혼했고 정신병원에서 지냈다. 귀국 후에도 실어증과 지병으로 고생하다 89년 낙선재에서 76세를 일기로 세상을 떠났다.

5월 25일, 1935년

베이브 루스, 714호 홈런 기록

1935년 5월 25일, 피츠버그의 포브스 구장에서 보스턴 브레이브스의 선수 겸 부단장 베이브 루스가 3개의 홈런을 때렸다. 41세의 노장 루스는 특히 마지막 3번째에 당시까지 메이저리그 사상 가장 큰 183m의 장외 홈런으로 선수 생활을 마감하고 1주일 후 은퇴했다. 714개의 홈런 기록은 39년 후인 1974년이 돼서야 행크 애런이 깰 수 있었다.

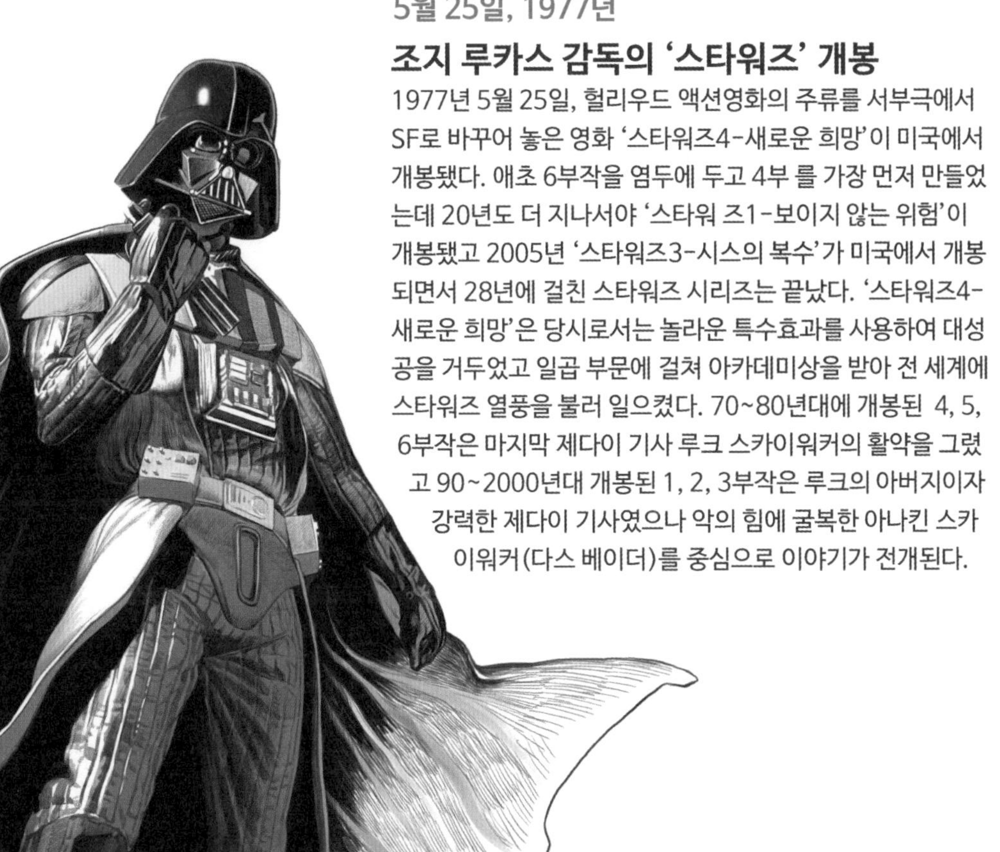

5월 25일, 1977년

조지 루카스 감독의 '스타워즈' 개봉

1977년 5월 25일, 헐리우드 액션영화의 주류를 서부극에서 SF로 바꾸어 놓은 영화 '스타워즈4-새로운 희망'이 미국에서 개봉됐다. 애초 6부작을 염두에 두고 4부 를 가장 먼저 만들었는데 20년도 더 지나서야 '스타워 즈1-보이지 않는 위험'이 개봉됐고 2005년 '스타워즈3-시스의 복수'가 미국에서 개봉되면서 28년에 걸친 스타워즈 시리즈는 끝났다. '스타워즈4-새로운 희망'은 당시로서는 놀라운 특수효과를 사용하여 대성공을 거두었고 일곱 부문에 걸쳐 아카데미상을 받아 전 세계에 스타워즈 열풍을 불러 일으켰다. 70~80년대에 개봉된 4, 5, 6부작은 마지막 제다이 기사 루크 스카이워커의 활약을 그렸고 90~2000년대 개봉된 1, 2, 3부작은 루크의 아버지이자 강력한 제다이 기사였으나 악의 힘에 굴복한 아나킨 스카이워커(다스 베이더)를 중심으로 이야기가 전개된다.

5월 26일, 1877년

'맨발의 이사도라' 출생

"어머니 자궁 속에서부터 나는 춤추었다. 나를 임신했을 때 어머니가 먹은 유일한 음식은 귤과 샴페인이고 그것은 바로 아프로디테의 음식이니까." 1877년 5월 26일, 미국 샌프란시스코에서 현대무용의 개척자 이사도라 덩컨이 태어났다. 삼류무용수로 살다 22세 때 가축수송선을 타고 유럽으로 건너간 그녀는 거의 옷도 걸치지 않은 채 맨발로 춤을 춰 전통 발레에만 익숙했던 유럽에 충격을 던졌다. "내 춤의 스승은 니체"라고 말하며 인간의 영혼을 가장 자유롭게 표현하는 예술로서의 춤을 확립했던 덩컨은 예술과 사랑만을 삶의 전부로 삼았지만 아이들과 연인은 모두 그녀를 저버렸고 그녀는 1927년 친구의 스포츠카 바퀴에 스카프 끝자락이 말려들어가 숨지고 말았다.

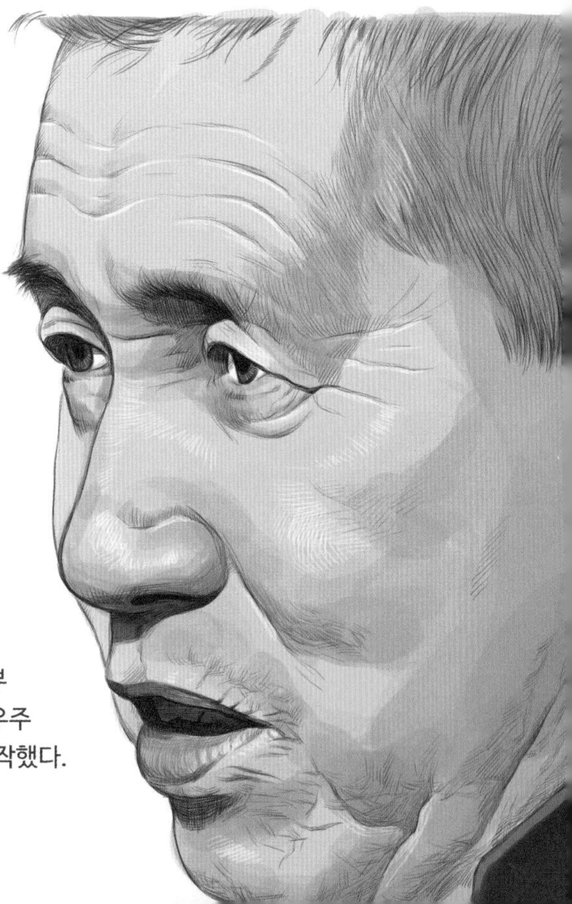

5월 26일, 2002년

임권택 감독, 칸 영화제 감독상

2002년 5월 26일, 한국의 영화감독 임권택이 제55회 칸 영화제에서 영화 '취화선'으로 미국의 폴 토머스 앤더슨 감독과 공동으로 감독상을 수상했다. 갓 20세 되던 해 밥을 굶지 않으려고 충무로에 뛰어든 중졸 출신의 임권택 역할은 소품 조수와 식사 심부름꾼이었다. 그는 1962년 감독으로 데뷔해, 1981년 '만다라'로 베를린영화제 경쟁부문에 진출했고 '씨받이'로 베니스영화제 여우주연상을 획득해 국제영화제에서 주목받기 시작했다.

5월 27일, 1964년

인도 초대 총리 네루 사망

1964년 5월 27일, 인도의 독립운동가 이자 독립 후 초대 총리를 지낸 자와할랄 네루가 75세를 일기로 사망했다. 그는 1차 세계대전 때 인도의 독립을 약속받고 영국을 도왔지만 전쟁 후 약속을 어긴 영국을 상대로 독립 운동을 전개하여 9년간 9차례 감옥생활을 했다. 그는 감옥 생활 중 홀로 된 외동딸 인디라 간디에게 3년 동안 196회의 세계사 이야기를 편지로 보냈는데 이 편지를 엮은 책이 네루의 대표적 저서 '세계사 편력'이다. 딸 인디라 간디는 후에 인도 최초의 여성 총리에 오른다.

5월 27일, 1564년

종교개혁가 장 칼뱅 사망

프랑스의 종교개혁가 장 칼뱅이 1564년 5월 27일, 스위스 제네바에서 55세의 일기로 사망했다. 20대의 젊은 시절에 법학에서 신학으로 전향한 그는 에라스무스와 루터를 인용한 이단적 강연의 초고를 썼다는 이유로 박해와 도피의 나날을 보내다가 제네바로 초빙돼 본격적인 프로테스탄트의 이념을 전파하기 시작했다. 프로테스탄트는 '(가톨릭에) 반대하는 파'라는 의미다. 그는 가톨릭교회의 미사를 폐지하고 예배를 설교 중심으로 바꾸었다. 칼뱅의 사상은 엄격한 금욕생활, 인간의 구원은 신이 미리 정해놓았다는 예정설, 근면 성실과 건전한 이윤 추구를 주장하는 세 가지로 요약된다.

5월 28일, 1964년

팔레스타인 해방기구(PLO) 창설

1948년 5월, 2000년을 국토없이 유랑하던 유대인들이 이스라엘을 건국하자 기존의 거주지에서 쫓겨난 200여만 명의 팔레스타인 난민들은 대이스라엘 무장투쟁을 전개했다. 그러나 범 아랍계의 연합에도 불구하고 정규전에서 이스라엘에게 패배한 그들은 1964년 5월 28일, 게릴라 조직을 정비하여 팔레스타인 해방기구(PLO)를 창설했다. 지도자 야세르 아라파트가 PLO의 새 의장으로 선출됐고 1970년대에 각종 비행기 납치와 서방국가들에 대해 무차별 테러를 자행했다. 하지만 1988년 독립 국가를 선포하면서 대통령으로 추대된 아라파트는 내부 강경파의 반대에도 불구하고 미국이 주도하는 중동평화협상에 참여했고, 이스라엘과 가자, 예리코시의 자치 협정안에 서명했다.

5월 29일, 1942년

빙 크로스비 '화이트 크리스마스' 녹음

1942년 5월 29일, 편안하고 밝은 분위기의 가수 겸 배우 빙 크로스비가 데카 레코드에서 '화이트 크리스마스'를 녹음했다. 그의 대표곡인 이 곡이 담긴 음반은 세계적으로 1억장 이상이 팔린 초대박 상품으로 빙을 스타덤에 올려놓았다. 법학을 공부했지만 연예계를 지망한 빙 크로스비는 미국 대중음악계에서 냇 킹 콜과 함께 솜사탕 발라드의 달인으로 통한다. 77년 "그는 노래를 좀 할 줄 아는 보통 남자였다."라는 묘비명을 스스로 새기고 세상을 떠났다.

5월 29일, 1912년

마라톤 선수 손기정 태어남

베를린올림픽 마라톤 금메달리스트 손기정이 1912년 5월 29일 평안북도 신의주에서 태어났다. 16세 때 중국 단둥의 회사에 취직해 신의주~압록강철교~단둥에 이르는 20여리 길을 매일 달려서 출퇴근했던 손기정은 전일본 마라톤대회에서 우승했고 1936년 제11회 베를린올림픽대회에 참가해 2시간 29분 19초의 세계신기록으로 우승했다. 그와 함께 뛰어 동메달을 딴 남승룡과 함께 시상대에 오른 손기정은 침울한 얼굴로 고개를 숙인 채 손에 든 월계수나무로 입고 있던 옷에 새겨진 일장기를 가렸다.

5월 30일, 1640년

화가 루벤스 사망

1640년 5월 30일, 팔의 통풍이 심장까지 번진 플랑드르의 화가 파울 루벤스가 안트웨르펜에서 향년 63세로 숨졌다. 20대에 이탈리아에서 8년간 유학한 그는 네덜란드와 벨기에 북부지역을 가리키는 플랑드르의 궁정화가가 됐고 많은 제자를 거느리면서 화려하고 장대한 예술을 펼쳤다. 외교관으로도 활약하며 전 유럽에 명성을 떨친 루벤스는 바로크 회화를 집대성한 화가로서, 보기 드물게 부와 명성을 누렸다.

5월 30일, 1431년

프랑스의 성처녀 잔 다르크 화형

1431년 5월 30일, 프랑스를 구한 처녀 잔 다르크가 열아홉의 나이로 종교재판에 회부돼 마녀의 누명을 쓰고 화형당했다. 당시 프랑스 국왕 샤를6세가 죽으면 영국왕이 왕위를 계승하게 되는 위기 상황에서 신의 계시를 받은 잔 다르크는 영국군을 격파하고 프랑스에게 불리하던 백년전쟁의 전세를 결정적으로 역전시켰고 프랑스는 왕국을 지킬 수 있었다. 그녀를 죽음으로 이끈 종교재판은 영국의 보복과 프랑스의 방관 아래 치러진 한바탕의 정치적 쇼였다.

5월 31일, 2002년

2002 한일 월드컵 개막

2002년 5월 31일, 전 국민이 한마음으로 뭉쳐 열광했고 세계를 탄식하게 만들었던 2002 한일 월드컵이 역사적인 막을 올렸다. 17회를 맞은 월드컵은 사상 최초로 동양에서 열렸고 2개국이 공동개최하는 첫 대회였다. 이날 치러진 개막전에서 FIFA랭킹 1위인 프랑스가 42위 세네갈에 1대0으로 침몰되는 이변으로 파란의 장정이 시작됐다. 한국은 4강에 진출해 온 국민이 열광의 도가니에 빠졌고 응원단 '붉은 악마'의 물결은 세계의 주목과 갈채를 끌어냈다.

5월 31일, 1930년

클린트 이스트우드 출생

대공황의 그림자가 무겁게 드리우던 1930년 5월 31일, 미국 샌프란시스코에서 카리스마 넘치는 배우 클린트 이스트우드가 태어났다. 젊은 시절 이탈리아식 서부극인 스파게티 웨스턴의 총잡이와 매그넘 권총으로 악을 폭력으로 응징하는 더티 해리 캐릭터로 강렬한 이미지를 보여준 이스트우드는 미스테리 영화 '어둠 속에 벨이 울릴 때'로 감독의 길을 걷는다. 이후 그는 '용서받지 못한 자' '밀리언 달러 베이비' '그랜 토리노' 등을 연출하며 묵직한 주제의식과 삶의 성찰을 드러내는 영화로 할리우드의 살아있는 전설이 되고 있다.

1월
January

2월
February

3월
March

4월
April

5월
May

6월
June

6월 1일, 1958년

프랑스, 드골내각 성립

1958년 6월 1일, 1차와 2차 세계대전에 참전하여 혁혁한 공훈을 세운 샤를 드골이 내각을 결성하고 총리가 되어 프랑스 정권을 장악했다. 2차 세계대전의 종결 후 프랑스공화국 임시정부의 총리직에서 물러나 정계에서 은퇴한지 5년 만에 총리에 재선된 것이다. 그는 이듬해 국민투표로 프랑스 대통령에 오른다. 최근 프랑스 여론조사에서 '사상 최고의 영향력을 가진 역대 프랑스 정치가'에 드골 총리가 압도적 1위를 차지했다.

6월 1일, 1903년

우리나라 최초 팔미도 등대 점등

1903년 6월 1일, 한국 최초의 근대식 등대인 인천 팔미도 등대가 90촉광의 석유등을 밝혔다. 높이는 7.9m, 지름이 약 2m인 등대는 해발고도 71m의 팔미도 꼭대기에 세워져 10km 밖에서도 알아볼 수 있었다고 한다. 6·25전쟁 때는 인천상륙작전의 길잡이 역할을 한 팔미도 등대는 54년 자가발전 시설을 갖추고 백열등으로 불을 밝혔고 92년에는 태양광 발전 장치를 설치했다. 2003년 한국 등대 설치 100주년을 기념해 해양문화유산으로 지정돼 100년 동안 불을 밝혀 온 팔미도 등대는 영구 보존하게 되었다.

6월 1일, 1968년

기적의 여인 헬렌 켈러 사망

1968년 6월 1일, 보지도 듣지도 못했던 장애를 극복하고 장애자와 소외자 들의 권익 향상에 앞장섰던, 미국의 작가 겸 사회사업가 헬렌 켈러가 사망했다. 생후 19개월에 뇌막염으로 시각과 청각을 잃은 채 살던 헬렌 켈러는 7세 때 가정교사 앤 설리번을 만나 가르침을 받기 시작했다. 손바닥에 사물의 철자를 써 연상시키는 방식의 교육은 헬렌 켈러의 대학생활까지 줄곧 이어져 덕분에 헬렌은 레드클리프 대학에서 최초로 학사학위를 받은 시청각 장애인이 되었다. 그녀는 독일어를 비롯해 5개국의 언어를 구사했다고 한다. 앤 설리번의 인내와 사랑으로 장애를 극복한 헬렌은 진보적 사회운동을 실천하는 사회주의 지식인이 되어 자본주의와 인종차별 등 미국의 정책을 신랄하게 비판했다. 헬렌의 유해는 영원한 동반자였던 앤 설리번의 곁에 묻혔다.

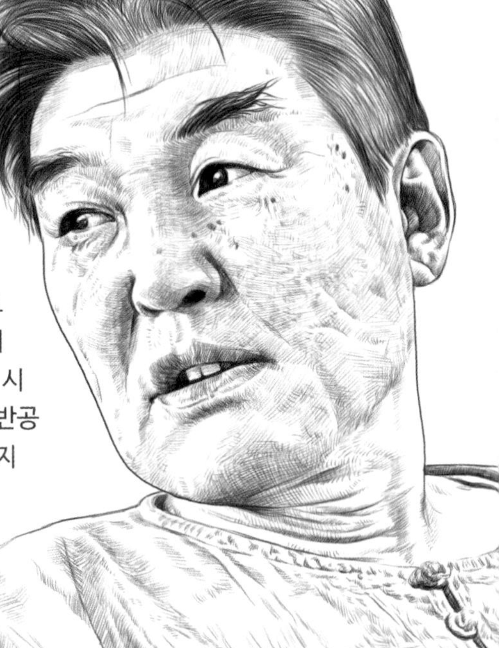

6월 2일, 1970년

시 '오적'으로 시인 김지하 구속

…서울이라 장안 한복판에 다섯 도둑이 모여 살았겄다. 재벌, 국회의원, 고급공무원, 장성, 장차관이라 이름하는…

이 시에 등장하는 다섯 도둑은 모두 개 견 변을 두고 있다. 1970년 6월 2일, 이미 한 달 전에 '사상계'에 발표했던 담시 '오적'이 신민당 기관지에 전재됐고 시인 김지하가 구속되고 사상계는 폐간됐다. 죄목은 반공법 위반. 그러나 세계적인 구명운동이 이어졌고 김지하는 3개월 만에 보석으로 풀려나면서 후일 회고하듯이 "우리의 승리"로 마무리 됐다.

6월 2일, 1941년

영원한 4번 루 게릭 사망

1941년 6월 2일, 미국 메이저리그 야구 뉴욕 양키스의 루 게릭이 37세로 사망했다. 루는 보스턴 레드삭스에서 이적해 온 베이브 루스와 함께 '살인 타선'을 이루었고 14년 동안 2130경기 연속출장 기록을 세워 '철마'란 별명을 얻을 정도로 정교하고 힘 있는 타격을 보여준 강타자였다. 그러나 그는 35세에 근육이 점점 힘을 잃어가는 근위축성 측색 경화증으로 은퇴하여 불과 2년 후 사망한다. 훗날 이 병은 그의 이름을 따서 '루 게릭'병이라는 별칭이 붙었다. 양키스 구단은 그의 등번호 4번을 영구 결번으로 지정했다.

6월 3일, 2001년

배우 앤서니 퀸 사망

2001년 6월 3일 150편이 넘는 영화에서 거친 남성적 캐릭터로 선 굵은 연기를 보인 배우 앤서니 퀸이 유명을 달리했다. 멕시코에서 태어나 미국으로 이주해 10세 때부터 소년 가장으로 온갖 밑바닥 직업을 전전했던 그는 엘리아 카잔 감독의 눈에 띄어 '혁명아 사파타'에 출연, 아카데미 조연상을 수상하며 주목을 끌기 시작했다. 영화 '길'의 차력사 잠파노와 '희랍인 조르바'의 자유로운 영혼 조르바 역할은 그가 아니면 상상할 수 없는 배역이다. 노년에 회화와 조각 등 미술에 몰두하여 작품성을 인정받았던 그에게 1987년 아카데미상은 평생 공로상인 세실 B. 데밀 상을 헌정했다.

6월 3일, 1924년

소설가 프란츠 카프카 사망

1924년 6월 3일 체코 출신의 소설가 프란츠 카프카가 빈 교외의 킬링 요양원에서 폐결핵으로 사망했다. 이때 나이 41세. 프라하의 유태인 가정에서 태어난 그는 프라하 대학에서 법학을 공부했지만 문학에 대한 열정을 감출 수 없었다. 그의 작품은 독일어 산문 문학 중 가장 명료하고 아름다운 것으로 평가받고 있다. 인간의 부조리와 인간존재의 불안 등을 날카롭게 통찰해 현대 인간의 실존적 체험을 극한에 가깝게 표현한 그의 작품들은 사르트르와 카뮈에 의해 실존주의 문학의 선구자로 높이 평가받았다. 소련공산당은 '절망과 불안을 조장하는 부르주아 퇴폐 반동 작가'라는 이유를 들어 그의 작품을 오랫동안 금기시했으나 1964년 해금됐다. 그의 작품으로는 장편소설 '성', 중편 '변신', 미완성 장편 '심판' 등이 있다.

6월 4일, 2002년

한국, 월드컵 출전 48년 만에 첫 승

1954년 스위스에서 월드컵 본선에 오른 이래 4무 10패의 치욕적인 성적을 냈던 한국 축구 대표팀이 2002년 6월 4일 드디어 1승을 거두었다. 이날 한국은 부산에서 벌어진 2002한일월드컵 축구대회 D조 첫 경기에서 유럽의 강호 폴란드를 시종 압도한 끝에 황선홍과 유상철의 골로 2대 0 쾌승을 거머쥐었다. 전반 26분 경 이을용이 왼쪽에서 강하게 밀어준 볼에 황선홍이 가볍게 갖다 댄 왼발 슛이 폴란드 골대를 갈랐고, 다시 후반 8분 유상철이 아크 정면에서 통렬한 오른발 중거리 슛을 날려 두 번째로 골대를 흔들면서 부산 주경기장은 열광의 도가니에 빠졌다. 이후 한국은 승승장구를 거듭하며 월드컵 4강 진출의 기쁨을 맛보았다.

6월 4일, 1906년

선비 최익현 의병을 일으키다

1906년 6월 4일 74세의 노유 면암 최익현이 전북 태인의 무성서원에서 항일의병을 일으켰다. 최익현은 호조참판에서 물러난 뒤 병자수호조약을 결사반대해 도끼를 지니고 상소를 올려 흑산도에 유배됐고 을미사변 후 항일운동을 전개하여 을사 5적의 처단을 주장한 바 있었다. 선생은 8백여 명으로 불어난 의병대와 함께 정읍, 순창으로 밀고 나갔으나 의병을 해산하라는 고종의 칙지에 남원에서 통분의 해산을 한 후 대마도에 감금됐고 이듬해 1월 1일 단식 끝에 순국했다.

6월 4일, 1798년

카사노바 사망

1798년 6월 4일 베니스 출신의 쾌락주의자 조반니 자코모 카사노바가 체코의 둑스성에서 73세로 숨졌다. 죽기 전 탈고한 자서전은 노골적인 애정 묘사로 생전에 출간되지 못했다. 18세에 법학박사가 됐고 40여 권의 저서를 남길 정도로 박식했던 카사노바. 전 유럽을 돌아다니며 100명이 넘는 여성과 위험한 유희를 벌였던 그는 자서전 서문에서 "나는 느낀다. 고로 존재한다"는 여성관을 피력했다.

6월 5일, 1910년

작가 오 헨리 사망

따뜻한 유머와 깊은 페이소스, 그리고 의외의 결말로 독자의 의표를 찔렀던 '마지막 잎새'의 작가 오 헨리가 1910년 6월 5일 뉴욕에서 간경화증으로 48세의 나이에 세상을 떠났다. 어려서 양친을 잃어 학교교육을 제대로 받지 못한 채 갖가지 직업을 경험한 그는 주간지와 지방신문에서 문필생활을 시작했으나 공금횡령 혐의로 남미로 도망갔다가 아내의 중환 소식에 돌아와 감옥에 갔다. 감옥 생활 중에 단편소설을 쓰기 시작해 석방 후 10년 간 300편 가까운 작품을 발표해 최고의 인기작가가 됐다.

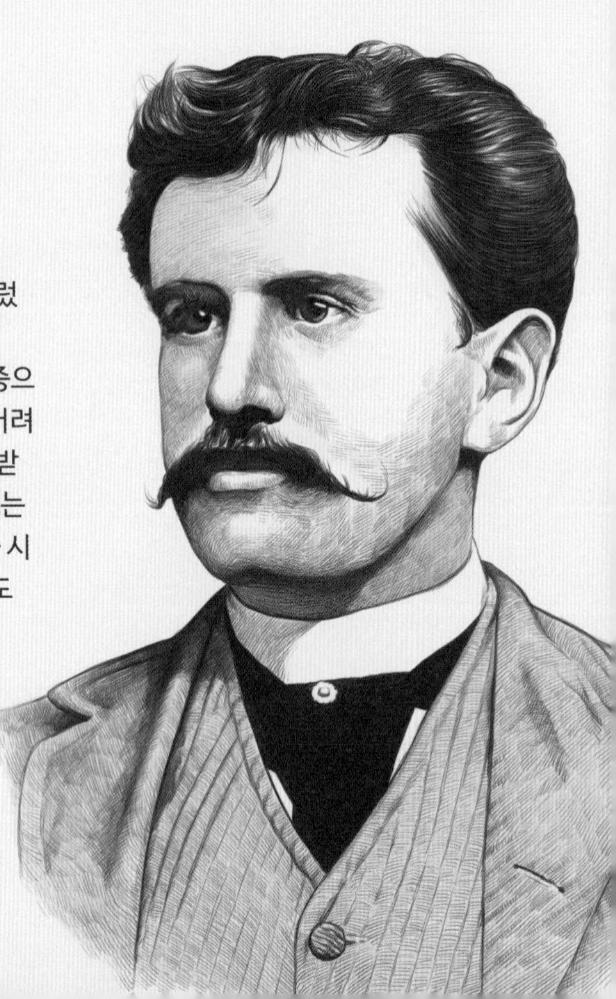

6월 5일, 1978년

조세희 '난쏘공' 출간

1978년 6월 5일, 작가 조세희가 등단 10년 만에 쓰기 시작한 연작 소설 '난장이가 쏘아올린 작은 공'이 단행본으로 출간됐다. 서울특별시 낙원구 행복동 무허가 주택에 사는 난쟁이 일가의 파멸을 서정적, 상징적으로 묘사한 이 소설은 80년대 노동운동의 텍스트가 됐다. 산업개발이 모든 가치에 우선했던 한국 사회의 통렬한 고해 문학인 '난쏘공'은 2005년 200쇄를 돌파했지만 저자는 그때나 지금이나 인간소외적 상황은 변함이 없어 보인다고 증언한다.

6월 6일, 1965년

'7년만의 외출' 개봉

1965년 6월 6일 뉴욕에서 마릴린 몬로 주연의 영화 '7년만의 외출'이 개봉됐다. 이 영화의 감독 빌리 와일러는 몬로의 매력을 '육체의 충격'이라고 표현했다.

지하철 통풍구에서 회오리쳐 올라오는 바람에 들추어져 날렸던 몬로의 흰 드레스는 2011년 460만 달러에 팔렸다.

6월 7일, 1895년

마르코니, 무선통신 성공

1895년 6월 7일, 이탈리아의 아마추어 발명가 굴리엘모 마르코니가 집에서 3.2km 떨어진 곳에 전선도 없이 전파신호를 전송하는데 성공했다. 그로부터 불과 5년 뒤에 27세의 마르코니는 대서양을 가로질러 영국에서 캐나다까지 무선으로 문자를 보내게 된다. 당시 과학자들은 지구는 둥글고 전파는 직진하기 때문에 무선통신은 불가능하다고 생각했지만 둥근 대기 상층부에 전파를 반사시켜 주는 전리층이 있어 전파가 전달될 수 있었던 것이다. 마르코니는 무선통신의 발명으로 1909년 노벨 물리학상을 탔지만 전리층은 그의 실험 후 20년이 지나서야 발견됐으니 그는 '자신의 업적에 대해 이론적으로 가장 적게 이해하고 성공한 발명가'로 역사에 남았다. 오늘날 우리는 휴대전화와 무선인터넷, GPS 등 숱한 무선통신에 둘러싸여 있다.

6월 7일, 1954년

비운의 컴퓨터 천재 튜링 자살

1954년 6월 7일, 현대식 컴퓨터의 알고리즘을 창안하고 최초의 연산컴퓨터 '콜로서스'를 만든 영국의 수학자겸 암호 해독가인 앨런 튜링이 청산가리를 주사한 사과를 먹고 자살했다. 당시 범죄로 인식되던 동성애자로 체포되어 1년 동안 화학적 거세를 받던 중이었다. 튜링의 컴퓨터 콜로서스는 흔히 세계 최초의 컴퓨터라 불리는 에니악보다 2년이나 앞선 것이었으나 영국 정부의 우유부단함 때문에 잊혀졌다. 타임지는 튜링을 '20세기 가장 위대한 과학자' 중 한 사람으로 선정했다.

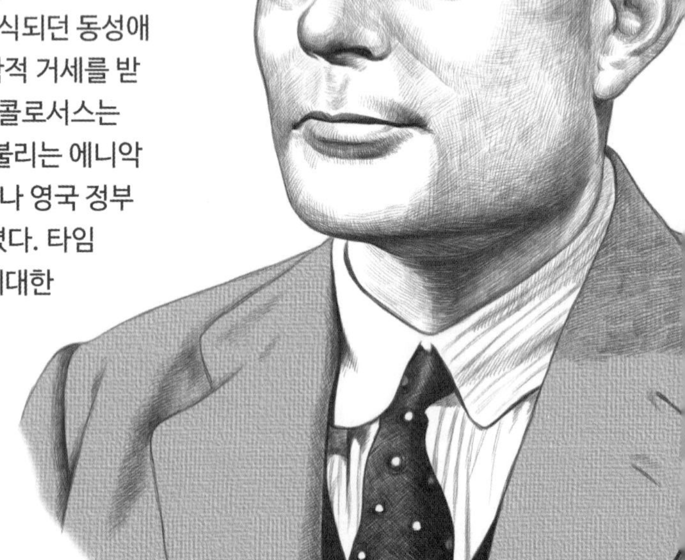

6월 8일, 632년

이슬람교 창시자 무함마드 사망

632년 6월 8일 고대 아라비아의 예언자이자 이슬람교의 창시자 무함마드가 숨을 거두었다. 이슬람 신앙을 포교하기 위해 아라비아 반도 대부분을 무력으로 통일한 뒤였다. 일찍이 부모를 잃고 조부와 삼촌의 손에 키워진 무함마드는 목동 일을 하다 고용주이던 15세 연상의 부유한 과부 하디자와 결혼해 풍족한 생활을 누리게 된다. 그러나 계속된 아들의 죽음에 고민과 사색에 잠겨 진리를 찾던 중 히라 산 동굴에서 유일신 알라의 계시를 받고 알라의 사자가 됐다. 아내를 최초의 무슬림으로 만든 그는 갖은 역경을 뚫고 이슬람교를 완성시켰다.

6월 8일, 1689년

송시열 사약을 받다

1689년 6월 8일, 조선 후기의 정치가 ·사상가이자 노론의 영수인 우암 송시열이 숙종이 내린 사약을 마시고 사망했다. 조광조와 함께 조선을 대표하는 유학자인 송시열은 주자와 율곡의 학통을 계승했고 효종의 북벌계획의 후원자였다. 그러나 효종의 갑작스러운 죽음 후 제자 윤증과의 불화와 예송논쟁 등으로 유배와 복귀를 거듭하다가 83세의 나이에 정읍에서 사약 두 사발을 마시고 죽는다. 그는 송자대전 등 방대한 저술을 남겼고 전국 23개 서원에 제향됐다.

6월 8일, 1949년

오웰 '1984년' 출간

1949년 6월 8일 영국의 소설가 조지 오웰의 장편소설 '1984년'이 런던에서 출간됐다. 극단적 전체주의 사회의 독재자 '빅 브라더'가 온갖 정보기술을 동원해 국민의 사생활을 감시하고 사회를 통제하는 디스토피아의 세계를 그리고 있다. 공산주의 와 나치즘의 제도에서 소재를 인용한 이 작품은 때마침 냉전의 분위기를 타고서 출판 후 1년 사이에 영국과 미국에서만 약 40만 부가 팔렸으며, 세계 각국에서 번역 출간되었다. 마치 예언이라도 한 것처럼 현대 사회의 발전과정과 그 속성을 꿰뚫고 있었으며 한 발짝 앞서 시대와 함께 숨 쉬는 현대의 고전으로 평가받고 있다.

6월 9일, 2007년

‘양신’ 양준혁, 프로야구 첫 2000안타

2007년 6월 9일 프로야구 삼성 라이온스의 타자 양준혁이 9회 초 마지막 공격 기회에서 두산의 이승학 투수를 상대로 초구를 공략, 중견수 왼쪽 앞에 떨어지는 클린 히트를 터뜨려 통산 2000개의 안타를 기록했다. 특유의 만세타법으로 신인왕, 타격왕, 최다 홈런 등 ‘기록의 사나이’라는 명성을 떨친 양준혁은 2010년 9월 은퇴 경기를 치르며 선수 생활을 마감했고 그의 등번호 10번은 삼성 라이온즈에서 2번째로 영구 결번이 됐다.

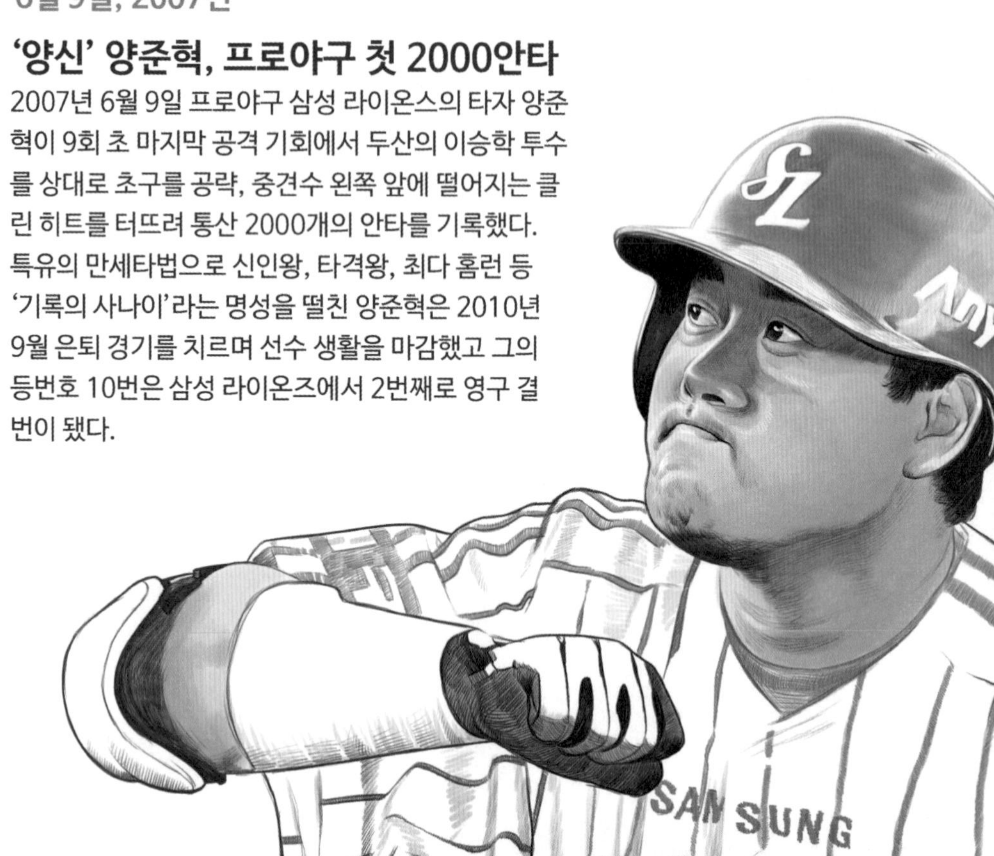

6월 9일, 1987년

이한열 열사 쓰러지다

1987년 6월 9일 연세대에서 열린 '6.10대회 출정을 위한 연세인 결의대회' 후 시위 과정에서 이 학교 학생 이한열 열사가 전투경찰이 쏜 최루탄에 뒷머리를 맞고 쓰러졌다. 이 후 이한열 열사는 한 달여 동안 죽음과 싸우다 7월 5일 스물두 살의 나이에 사망했다. 7월 9일 치러진 '고 이한열 열사 민주국민장'은 연세대 본관에서 서울시청을 거쳐 광주 5.18묘역까지 이어졌다. 이한열 사건은 박종철 고문치사사건의 진상이 밝혀진 지 얼마 안 있어 발생한 일이어서 파장이 매우 컸다. 국민들의 항쟁은 걷잡을 수 없이 번져 전국 33개 도시에서 하루 100만여 명이 시위를 벌이는 등 이른바 '6월 항쟁'의 불길이 거세게 일었다. 정부는 시국을 수습하기 위해 결국 6·29 선언을 통해 대통령 직선제 개헌을 발표한다.

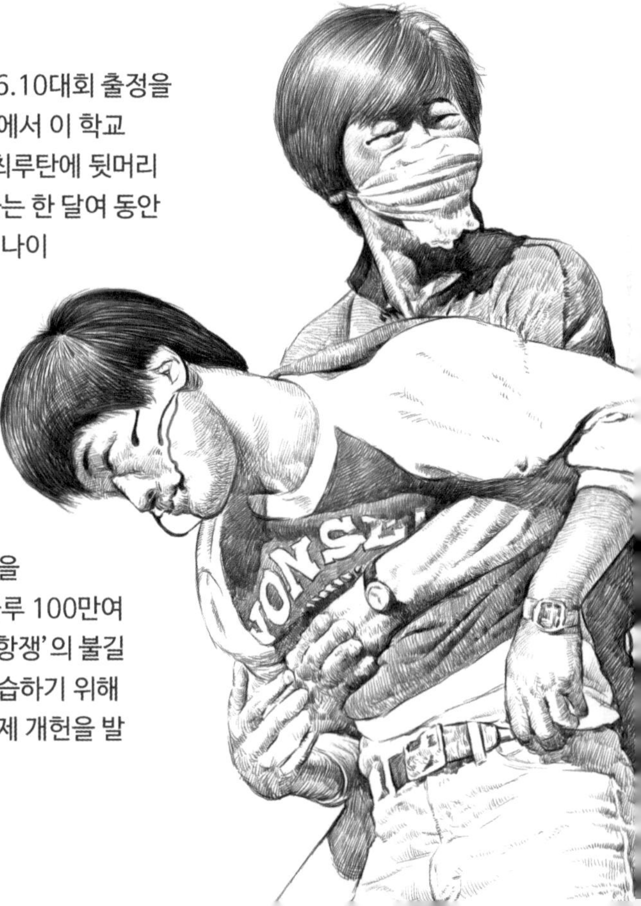

6월 10일, 기원전 323년

알렉산드로스 대왕 사망

"내가 죽거든 손을 무덤 밖으로 나오게 묻어서 세계를 정복했던 알렉산더의 손도 결국 떠날 때에는 빈손이라는 것을 보여주도록 하시오"

기원전 323년 6월 10일, 역사상 유례없는 대제국을 건설한 마케도니아의 알렉산드로스 대왕이 원정지 바빌론에서 사망했다. 끊임없는 정신적·육체적 과로, 국사에 대한 엄청난 중압감, 장기간의 행군과 심각한 부상 등으로 원기가 소진되어 걸린 열병이 원인이었다. 이때 나이 불과 33세. 약관 20세의 나이로 동방 정복에 나선 이후 단 한 번도 전투에서 패하지 않은 그가 갖는 역사적 의의는 만민의 평등과 협조에 바탕을 둔 세계국가 이념이다.

6월 11일, 1898년

중국 변법자강운동 개혁안 채택

1898년 6월 11일 청일전쟁의 패배 후 망국의 위기를 절감한 캉유웨이, 량치차오 등 청나라의 젊은 지식인들은 선진 무기와 기술만을 도입하려는 양무운동의 한계를 깨닫고 제도, 정치, 교육 전반을 급진적으로 혁신하려는 개혁을 황제의 후원 하에 실시했다. 그러나 서태후의 집권으로 이 개혁은 좌절되고 캉유웨이 등은 망명했으니 민중 기반이 없는 관료주의적 혁명의 한계를 보여준 안타까운 사례였다.

캉유웨이
(1858~1927)

6월 11일, 1979년

존 웨인, 영원한 서부로 떠나다

1979년 6월 11일 미국 서부극 영화의 영웅 존 웨인이 10여 년간 암 투병 끝에 72세의 나이로 사망했다. 190cm가 넘는 장신으로 고교시절 미식축구 스타이기도 했던 그는 20세기 폭스사에서 소품 담당자로 일하다가 거장 존 포드 감독을 만나면서 훗날 대스타로 도약하는 계기를 마련했다. 10년간 수십 편의 2류 서부영화에 출연했던 웨인을 존 포드 감독이 걸작 〈역마차〉의 링고 키드 역으로 발탁하여 단번에 스타의 자리로 도약했다. 무뚝뚝하면서도 강인한 미국적인 남성상과 고독한 영웅의 이미지로 일세를 풍미한 웨인은 스크린 밖에서도 강경 보수주의자로 유명했다. 1970년 〈진정한 용기〉로 아카데미 남우주연상을 받았던 웨인은 40년간 250여 편의 영화에 출연해 미국식 정의와 민주주의를 수호하고서 스크린을 떠나갔다.

6월 12일, 1965년

롤링 스톤스, 빌보드 100 진입

1965년 6월 12일 영국 출신 록밴드 롤링 스톤스의 노래 'Satisfaction'이 미국 빌보드 차트 100위권에 처음 진입했다. 이후 14주간 차트에 머물며 4주 연속 1위를 차지한 이 노래 덕분에 롤링 스톤스는 슈퍼스타가 된다. 불만에 찬 듯한 눈매에 커다란 입으로 내뱉듯이 노래하는 믹 재거와 동물적 리듬으로 기타를 연주하는 키스 리처드는 비틀스의 존 레논과 폴 매카트니에 버금가는 콤비로 최고의 인기를 누린다.

6월 12일, 1991년

러시아 최초 대통령 탄생

1991년 6월 12일 러시아 연방공화국의 첫 직선대통령선거가 실시돼 보리스 옐친 최고회의 의장이 득표율 57%로 당선됐다. 불과 6년 전인 1985년 중앙정치무대에 등장했던 옐친은 급진개혁정책만이 정체된 러시아에 활력을 불어넣고 경제적 어려움을 극복할 수 있다고 주장하며 미하일 고르바초프의 온건개혁정책을 비판했다. 그는 당선 후 2달 만에 일어난 보수파 공산주의자들의 쿠데타를 물리쳤고 소비에트 연방의 해체와 독립국가연합의 결성을 선언했다.

6월 13일, 1966년

‘미란다 원칙’ 고지 의무화 판결

1966년 6월 13일 18세 소녀를 납치해 강간한 혐의로 경찰에 연행돼 30년 형을 선고받았던 23세의 멕시코계 청년 어네스토 미란다가 미국 연방대법원에서 무죄판결을 받았다. 경찰로부터 묵비권과 변호사의 도움을 받을 권리를 사전에 듣지 못했다는 이유였다. 우리나라 경우 미국과 차이는 있으나 근본정신은 같은 미란다 원칙이 1997년 1월에 도입됐다.

6월 13일, 1865년

시인 예이츠 태어나다

아일랜드의 문예부흥을 이끈 시인 겸 극작가 윌리엄 예이츠가 1865년 6월 13일 더블린에서 태어났다. 1923년 노벨문학상 수상.

하늘의 천

내게 금빛과 은빛으로 짠 하늘의 천이 있다면
어둠과 빛과 어스름으로 수놓은
파랗고 희뿌옇고 검은 천이 있다면
그 천을 그대 발밑에 깔아드리련만
나는 가난해서 가진 것이 꿈뿐이라
내 꿈을 그대 발밑에 깔아놓았으니
사뿐히 밟으소서, 그대 밟는 것 내 꿈이오니.

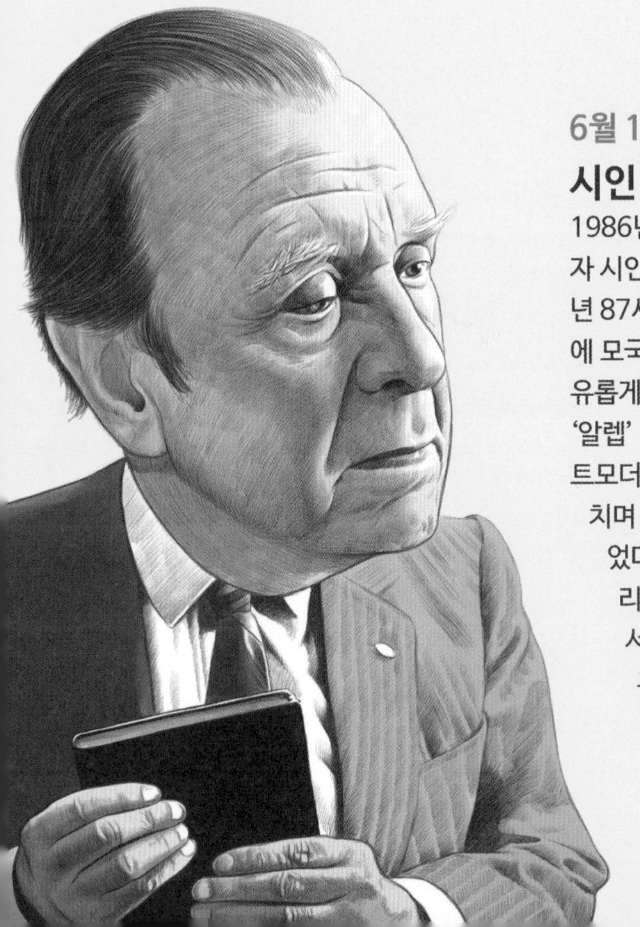

6월 14일, 1986년

시인 겸 소설가 보르헤스 사망

1986년 6월 14일 아르헨티나의 소설가이자 시인, 평론가인 호르헤 보르헤스가 향년 87세로 사망했다. 영국계 할머니 때문에 모국어인 스페인어 보다 영어를 더 자유롭게 구사한 보르헤스는 단편 '픽션들' '알렙' 등으로 환상적 리얼리즘과 포스트모더니즘 문학의 발달에 큰 영향을 끼치며 유럽과 미국의 문학에 충격을 주었다. 후안과 에바 페론 부부의 포퓰리즘에 반대하여 근무지인 시립도서관에서 쫓겨났다가 정권이 바뀐 후 국립도서관장이 되었으나 이때 그는 이미 유전적 집안내력으로 거의 실명한 후였다.

6월 14일, 1938년

슈퍼맨, '액션 코믹스'에 공식 데뷔

1938년 6월 14일 미국의 만화잡지 '액션 코믹스 #1'에 푸른색의 전신 타이즈 의상에 빨간 망토를 두른 외계인 영웅 슈퍼맨이 등장했다. 고교단짝이던 만화가 제리 시겔과 조 슈스터가 이미 6년 전 창조했던 캐릭터가 비로소 공식적으로 데뷔한 셈이다. 평소엔 데일리 플래닛사의 신문기자로 일하는 어리버리한 성격의 '클라크'가 사건이나 재난이 발생하면 슈퍼맨으로 변신하는 이 히어로 캐릭터는 이후 배트맨, 스파이더맨, 아이언맨 등 미국에서 수없이 탄생하는 슈퍼 히어로의 원조 격이 됐다.

6월 14일, 1928년

영원한 혁명가 체 게바라 출생

1928년 6월 14일 영원한 혁명가 체 게바라가 아르헨티나에서 태어났다. 중산층에서 태어난 게바라는 부에노스아이레스 의과대학을 졸업한 후 의사의 길을 걷다가 남미의 사회적 불평등과 빈곤을 해소하는 유일한 방법은 혁명이라 확신하고, 멕시코에서 피델 카스트로를 만나 쿠바 혁명에 동참, 성공시켰다. 그러나 그는 카스트로와 달리 쿠바가 자본주의도 공산주의도 아닌 제 3의 길을 찾아야 한다고 생각했다. 아프리카 콩고에서의 혁명 지원활동이 실패한 후 남미 최빈국 볼리비아에서 다시 혁명을 꿈꿨으나 1967년 전투 중 총탄을 맞고 체포돼 사살됐다. 사르트르가 '그 시대의 가장 완전한 인간'이라고 평가했듯이 그는 완벽한 인간상을 추구한 '영원한 혁명가'였다.

6월 15일, 2000년

'6·15 남북공동선언' 발표

김대중 대통령의 역사적인 평양 방문 사흘째인 2000년 6월 15일 평양에서 남과 북의 최고 지도자가 6·15 공동선언문을 공식발표했다. 대한민국 김대중 대통령과 조선민주주의인민공화국 김정일 국방위원장은 남과 북의 적대적 대결상태를 종식하고 평화공존의 새로운 한반도 질서로 전환하여 자주적 통일, 이산가족 문제 해결, 경제협력을 통한 남북한 교류 활성화 등을 합의 발표했다. 그러나 두 정상이 모두 사망한 지금, 남북 관계는 다시 반목과 질시의 안개에 싸여 앞을 가늠할 수 없는 나날이 이어지고 있다.

6월 15일, 918년

왕건, 새 나라 고려를 개국

918년 6월 15일, 후고구려의 장수로 출세가도를 달리던 송악출신의 호족 왕건이, 왕으로 모시던 궁예의 독단적인 공포정치에 항거해 궁예를 축출하고 고려를 건국했다. 고려를 세운 후에도 왕건은 당시 최대의 맞수였던 후백제의 견훤과의 세력 다툼에서 죽을 뻔 한 위기도 여러 차례 겪었으나 견훤이 왕실의 내분으로 아들 신검에게 쫓겨 투항해오자 그와 함께 936년 9월에 후백제를 무너뜨리고 마침내 후삼국을 통일하였다.

6월 15일, 1942년

카뮈, 소설 '이방인' 출판

1942년 6월 15일 프랑스 갈리마르 출판사에서 알베르 카뮈의 소설 '이방인'이 출판됐다. 파리가 아닌 프랑스 식민지 알제리에서 태어난 카뮈는 빈곤 속에서 자랐지만 알제대학교 철학과에서 평생의 스승 장 그르니에를 만나 인간 존재의 부조리함과 고민을 토해낼 수 있었다. 독일 점령하의 프랑스에서 발표한 '이방인'은 발표되자마자 카뮈를 일약 문단의 총아로 만들었다. '이방인'은 주인공 뫼르소가 부조리한 세상에 대해 완전 무관심한 태도로 살다 살인을 범하고 사형을 선고받아 죽음에 직면해서야 비로소 삶의 의미와 행복을 깨닫는다는 이야기다. 카뮈는 1957년 노벨문학상을 받고나서 장편 '최초의 인간'을 집필하기 시작했을 때, 자동차 사고로 죽었다.

6월 16일, 1968년

시인 김수영 사망

1968년 6월 16일 자유와 저항의 시인 김수영이 버스에 치어 적십자병원 응급실에서 타계했다.

풀

풀이 눕는다.
비를 모아 오는 동풍에 나부껴
풀은 눕고 드디어 울었다
날이 흐려서 더 울다가
다시 누웠다

풀이 눕는다
바람보다도 더 빨리 눕는다
바람보다도 더 빨리 울고
바람보다 먼저 일어난다

날이 흐리고 풀이 눕는다
발목까지
발밑까지 눕는다
바람보다 늦게 누워도
바람보다 먼저 일어나고
바람보다 늦게 울어도
바람보다 먼저 웃는다
날이 흐리고 풀뿌리가 눕는다

6월 16일, 1963년

테레시코바, 우주로 날아간 최초의 여성이 되다

1963년 6월 16일 러시아의 우주선 보스토크 6호가 성공적으로 발사돼 우주로 진입했다. 조종사는 26세의 여성 발렌티나 테레시코바. 그녀는 17세부터 타이어공장과 방직공장에서 일한 평범한 여성노동자였는데 취미가 '낙하산 타기'였다. 1인 우주비행선인 보스토크 6호를 타고 우주로 날아오른 테레시코바는 70시간 50분 동안 지구를 48바퀴 선회한 뒤 지구로 무사 귀환해 1961년 보스토크 1호의 가가린 이래 또 한 번 미국에 좌절감을 안겼다.

6월 17일, 1995년

소설가 김동리 작고

'화랑의 후예' '무녀도' '역마' '황토기' '등신불' '사반의 십자가' 등 숱한 문제작으로 광복 후 민족주의 문학 진영을 이끌었던 소설가 김동리가 1995년 6월 17일 사망했다. 좌익문단의 현실 참여문학에 대항해 순수문학과 신인간주의 문학으로 일관하며 우익 민족문학을 대표해왔던 그는 고유의 토속성과 외래사상과의 대립을 통해 샤먼적 운명과 인간성의 문제를 그렸다. 그의 작품들은 주제, 문체, 구성에 있어 높은 평가를 받았으나 철저한 보수주의자로서 활동한 정치적 행보에 대해서는 논란이 많았다.

6월 17일, 1885년

자유의 여신상 뉴욕 도착

1885년 6월 17일 자유의 여신상이 프랑스 군함인 이제르에 실려 미국의 뉴욕에 도착했다. 미국 독립 100주년을 기념하기 위해 프랑스의 국민과 정부가 기증한 자유의 여신상은 미국에서 준비한 받침대까지 합친 높이가 93.5m, 무게 225t이다. 설계는 프랑스 조각가 프레데릭 바르톨디, 분해와 조립을 맡은 사람은 에펠탑을 건축한 귀스타프 에펠이었다. 여신상의 공식 명칭은 '세계를 밝히는 자유'. 프랑스와 미국 두 나라의 우정의 상징인 자유의 여신상은 전 세계에 미국을 나타내는 심벌이 되었고 1984년 유네스코 세계문화유산으로 등재됐다.

6월 18일, 1815년

나폴레옹, 워털루전투 패배

1815년 6월 18일 벨기에 남동부의 평원 워털루에서, 유럽을 호령하다 러시아에서의 패전으로 엘바섬에 유배된 후 탈출해 황제가 됐던 나폴레옹 보나파르트가 프로이센과 영국 웰링턴 공작의 연합군에게 대패했다. 이날 패배로 나폴레옹의 재집권은 백일천하로 끝나고 대서양의 외딴 섬 세인트헬레나에 다시 유배된 나폴레옹은 51세의 나이로 생을 마감했다.

6월 18일, 1989년

'갈색 폭격기' 차범근 은퇴

1989년 6월 18일 차범근 선수가 서독 레버쿠젠에서의 축구선수 생활을 마감하고 은퇴했다. 서독 분데스리가 기록은 308경기 출장에 98득점으로 외국인 선수 중 최다출장, 최다득점 기록이다. 1978년 연말, 단신으로 서독에 건너가 프로축구팀 입단테스트를 받은 뒤 다음해 7월 프랑크푸르트 팀에 정식 입단하여 연봉 6천6백만 원에 계약했다. 입단 첫해 12골을 터뜨리며 소속팀을 UEFA(유럽축구연맹)컵 우승팀으로 끌어올려 '갈색 폭격기'란 별호를 얻었다. 1983년 레버쿠젠으로 이적하면서 이적료 4억5백만 원에 연봉 1억6천만 원으로 동양인 최고의 예우를 받고 '차붐'이라는 애칭과 함께 서독 축구팬들의 열광적인 사랑을 받았다.

6월 19일, 1846년

최초의 야구 경기가 열리다

1846년 6월 19일 뉴저지주의 호보켄에서 열린 최초의 야구 경기에서 '뉴욕 나인'팀이 '니커보커스'팀을 4이닝 동안 23대 1로 이겼다. 방망이와 공을 이용하는 경기는 영국에서 크리켓, 원홀 캣, 라운더스 등 여러 종류로 발전했는데 아메리카 대륙으로 옮겨온 후 뉴욕시의 서적상이자 소방봉사자인 알렉산더 카트라이트가 야구의 기초적인 규칙을 발명해 오늘날 현대 야구로 진화하게 됐다. 1953년 미국 의회에서 공식적으로 카트라이트를 현대 야구의 창시자로 공표해 그는 '야구의 아버지'로 불린다.

6월 19일, 1623년

파스칼 태어나다

1623년 6월 19일 프랑스의 수학자 이자 철학자인 파스칼이 태어났다.

"인간은 자연에서 가장 약한 갈대이다. 그러나 그것은 생각하는 갈대이다. 그것을 으스러뜨리기 위해 온 우주가 무장할 필요는 없다. 한 줄기 바람, 한 방울 이슬로도 그것을 죽일 수 있다. 그러나 우주가 그를 으스러뜨린다 해도, 인간은 한층 더 고귀해질 것이다. 왜냐하면 그는 자신이 죽는다는 것과 우주가 자신보다 강하다는 걸 알기 때문이다. 우주는 그런 것을 전혀 알지 못한다."

〈팡세〉 중

6월 20일, 1837년

빅토리아 영국 여왕 즉위

1837년 6월 20일 '해가 지지 않는 나라'라는 명성을 이룩한 영국의 빅토리아 여왕이 18세의 나이로 왕위에 올랐다. 18세기 후반 세계에서 가장 먼저 시작한 산업혁명을 원동력으로 빅토리아 시대는 유례없이 정복과 번영의 전성기를 이루고 자본주의 선진국이 되었으며 '군림하되 통치하지 않는다.'는 원칙에 따라 오늘날의 영국 군주 패턴을 확립했다. 그러나 다른 한편으로 빅토리아 시대의 영광은 인도를 비롯한 약소국을 식민지로 삼고 사회 하층민의 희생을 바탕으로 한 착취의 덕분이었다는 어두운 이면도 존재하는 것이 사실이다.

6월 20일, 1975년

영화 '조스' 개봉

1975년 6월 20일 피터 벤츨리의 베스트셀러 소설을 원작으로 무명의 신인 감독 스티븐 스필버그가 만든 영화 '조스'가 최초로 미 전역의 409개 극장에서 동시 개봉됐다. 누구나 이해할 수 있는 심플한 스토리와 선명한 시각적 이미지, 대규모 광고와 마케팅의 도입으로 조스는 '블록버스터의 아버지'로 꼽히며 영화사의 새 패러다임을 만들어냈다. 손가락 2개로 피아노의 저음부 건반을 반복해 눌러 테마음악을 작곡한 존 윌리엄스의 천재성에 힘입어 스필버그는 일약 세계적 감독의 대열에 올라섰다.

6월 21일, 1527년

르네상스인 마키아벨리 사망

1527년 6월 21일 르네상스 시대 이탈리아의 사상가, 정치철학자인 니콜로 마키아벨리가 58세를 일기로 사망했다. 이탈리아의 도시국가인 피렌체의 가난한 집안 출신인 마키아벨리는 20대에 이미 공화정의 내정, 군사, 외교 방면에서 크게 활약한 천재였다. 그는 저서인 '군주론'에서 국가이익을 위해서는 어떠한 수단도 용인돼야 하며, 정치는 도덕이나 종교로부터 자유로워야 한다고 주장해 격렬한 반발을 불러일으켰고 500년 가까이 지난 현재도 논쟁은 끝나지 않고 있다.

6월 21일, 1935년

프랑수아즈 사강 출생

1935년 6월 21일 현대 프랑스에서 가장 많은 독자를 가진 작가로 알려진 소설가 프랑수아즈 사강이 태어났다. 파리 소르본대학 문학부에 다니던 19세 때 겨우 2주일 만에 써서 발표한 소설 '슬픔이여 안녕'이 유례없는 베스트셀러가 되면서 프랑스 문단에 큰 반향을 일으켰다. 홀아비 아빠의 로맨스를 질투한 10대 소녀의 미묘한 심리를 탁월하게 묘사한 이 작품 이후 '어떤 미소' '브람스를 좋아하세요' '뜨거운 연애' 등을 발표한 사강은 2004년 심장과 폐 질환으로 사망했다.

6월 22일, 1633년

갈릴레오 갈릴레이 지동설 철회

1633년 6월 22일 천문학자이자 물리학자, 수학자였던 이탈리아의 갈릴레오 갈릴레이가 자신이 주장해 왔던 지동설을 철회했다. 갈릴레이는 자신이 발명한 망원경으로 달에 산과 계곡이 있고 목성도 위성을 갖고 있다는 것 등 새로운 사실들을 밝혀내 코페르니쿠스의 지동설이 옳음을 확립했다. 그러나 천동설을 지지하던 교황청의 압력에 견디지 못한 그는 지동설을 거두어들였고 그의 책은 200여 년간 금서로 지정됐다. 지동설 철회 후 그가 말했다는 "그래도 지구는 돈다"는 독백은 진위가 확실치 않다.

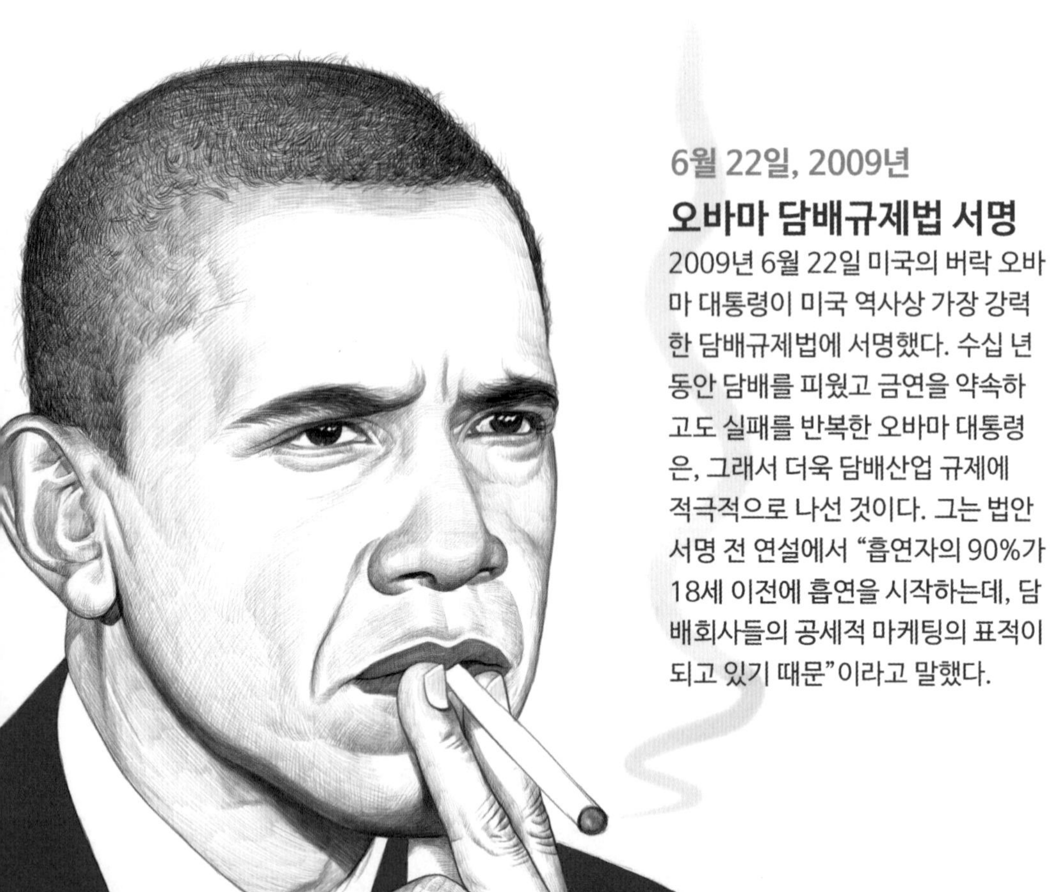

6월 22일, 2009년

오바마 담배규제법 서명

2009년 6월 22일 미국의 버락 오바마 대통령이 미국 역사상 가장 강력한 담배규제법에 서명했다. 수십 년 동안 담배를 피웠고 금연을 약속하고도 실패를 반복한 오바마 대통령은, 그래서 더욱 담배산업 규제에 적극적으로 나선 것이다. 그는 법안 서명 전 연설에서 "흡연자의 90%가 18세 이전에 흡연을 시작하는데, 담배회사들의 공세적 마케팅의 표적이 되고 있기 때문"이라고 말했다.

6월 22일, 1941년

독일, 소련에 선전포고

1941년 6월 22일 오전 5시 30분, 독일 선전장관 괴벨스가 라디오를 통해 히틀러의 대 소련 선전포고를 발표했다. 이미 육전사상 최대규모인 300만 명의 독일 군이 전차 등을 앞세워 진격을 개시한 후였다. 히틀러는 129년 전 나폴레옹이 러시아를 침공한 그 날을 선택했는데 나폴레옹이 이루지 못한 것을 해내겠다는 야심이었다. 스탈린은 이를 예측하지 못했고 독일군은 파죽지세로 진격해 6개월 동안 400만 명의 러시아 군을 포로로 만들었다. 그러나 겨울이 다가오면서 독일군은 모스크바를 코앞에 두고 겨울을 이용하는 소련군 작전에 말려들어 소련의 주코프 대장이 이끄는 1백 개 사단병력의 대반격에 개전 이래 처음으로 큰 패배를 맛보았고, 이때부터 히틀러는 패망의 길을 걷기 시작했다.

6월 23일, 1956년

나세르, 이집트 초대 대통령 당선

1956년 6월 23일 영국의 비호를 받던 파르크 왕정을 쿠데타로 무너뜨렸던 청년장교 가말 압델 나세르가 이집트 최초의 국민투표에서 99.9%의 득표로 대통령에 당선됐다. 그는 재임 1개월 만에 '수에즈운하 국유화'를 선언해 제2차 중동전쟁의 화약고를 터뜨렸고 전쟁에는 패배했으나 국제여론의 지지를 받아 운하를 획득하고 일약 아랍세계의 영웅으로 부상했다. 이집트인들은 아랍세계의 통일을 꿈꾼 나세르를 '라이스(두목)'라 부르며 추앙했다.

6월 23일, 2003년

미셸 위, US여자아마 최연소 우승

2003년 6월 23일 14세의 골프 신동 미셸 위가 US여자아마추어 퍼블릭 링크스 챔피언십에서 대역전극을 펼치며 역대 최연소 챔피언에 등극했다. 이날 플로리다주 팜코스트의 오션해먹골프장(파72)에서 36홀 매치플레이(홀별로 승부를 가리는 방식)로 치러진 대회 결승전에서 미셸 위는 태국판 '박세리'로 기대를 모았던 비라다 니라파스퐁폰을 1홀차로 꺾고 우승했다. 2000년부터 이 대회에 출전한 미셸 위는 네 번째 도전 끝에 우승 트로피를 품에 안으며 지난 2000년 캐서린 카트라이트가 세운 이 대회 최연소 우승기록(17세)를 '13년8개월11일'로 갈아치웠다.

6월 24일, 1947년

미국의 케네스 아놀드 최초의 UFO 목격

1947년 6월 24일 미국 서북부 워싱턴 주의 레이니어 산 상공을 자가용 비행기로 날고 있던 실업가 케네스 아놀드는 갑자기 9대의 이상한 비행 물체를 목격하였다. 그는 지상에 착륙하자마자 자신의 목격담을 비행장의 지상 근무 요원에게 말했고, 그를 통해 사건이 널리 알려졌다. 당시 케네스 아놀드는 기자 회견에서 자신이 목격한 물체가 마치 '수면을 튀면서 날아가는 접시' 같았다고 표현하였는데, 이 말이 AP통신의 한 기자에 의해서 '비행 접시(Flying Saucer)'란 이름이 붙여져 널리 보도되었다. 그 뒤 미국의 언론사에는 전국 각지에서 UFO를 목격했다는 사람들의 제보가 잇따랐고, 이에 급기야는 미 공군이 정식으로 조사에 착수하게 되었다. 이때부터 1960년대에 이르기까지 미 공군은 여러 가지 이름으로 UFO조사, 연구 계획을 수행했는데, 그 결과는 한결같이 부정적인 것이었다. 그럼에도 불구하고 그 계획에 관여했던 몇몇의 미 공군 장교나 과학자들은 UFO의 존재에 대한 회의론자에서 오히려 긍정론자로 변신하여 더욱 연구에 힘쓰는 한편, UFO가 실재한다는 사실을 일반 대중에게 널리 알리는 데 공헌하기도 하였다.

6월 24일, 1901년

청년 피카소, 첫 전시회 개최

1901년 6월 24일 프랑스 파리의 몽마르트르 언덕에 갓 정착한 스무 살의 애송이 화가 파블로 피카소가 화상 볼라르의 화랑에서 첫 개인전을 열었다. 모국 스페인에서 이미 천재임을 자칭했던 피카소는 예술의 도시 파리에서 탐욕스럽게 성공을 예감했었으나 절친한 친구 카사헤마스의 권총자살로 큰 충격을 받고 우울과 절망의 청색 화풍에 빠져들었던 시기였다. 거친 터치와 분방한 색채의 첫 개인전은 나름 호평을 받았으나 그림은 한 점도 팔리지 않았다.

6월 25일, 1966년

김기수 한국 최초 세계챔피언 등극

1966년 6월 25일 함경남도 북청 태생의 가난한 권투소년 김기수가 이탈리아의 니노 벤베누티를 2대 1 판정승으로 이기고 우리나라 최초로 프로복싱 세계챔피언이 됐다. 1951년 1·4후퇴 당시에 월남했던 소년 김기수는 육상 단거리 선수생활도 했고 전남지역을 주름잡는 씨름선수로도 활약했는데 아마추어 복싱 데뷔 후 프로전향 전까지 88전 87승 1패의 화려한 성적을 거두었다. 유일한 1패를 안겨줬던 선수가 바로 1960년 로마올림픽 때의 벤베누티였는데 통쾌한 설욕을 한 셈이었다. 가난에 찌들었던 시절, 5만 5000달러나 되는 개런티를 주면서까지 일궈낸 김기수의 승리는 국민들에게 꿈과 자신감을 심어준 '일대사건'이었다.

6월 25일, 2009년

마이클 잭슨 사망

2009년 6월 25일 '팝의 황제' 마이클 잭슨이 미국 로스앤젤레스에서 심장마비로 숨졌다. 주치의가 처방한 진정제와 강력 수면제 프로포폴의 급성중독이 원인이었다. 겨우 5세 때 아버지에게 이끌려 '잭슨 파이브'로 데뷔한 마이클 잭슨은 미성의 고음처리로 리드 보컬을 맡아 흑인그룹 최초로 빌보드차트 1위에 올랐다. 1982년 발표한 앨범 '스릴러'에 수록된 '빌리 진'은 문워크라 불리는 독특한 안무와 함께 공전의 히트를 기록했다. 지금까지 팔린 그의 앨범은 모두 7억 5000만 장을 웃돈다.

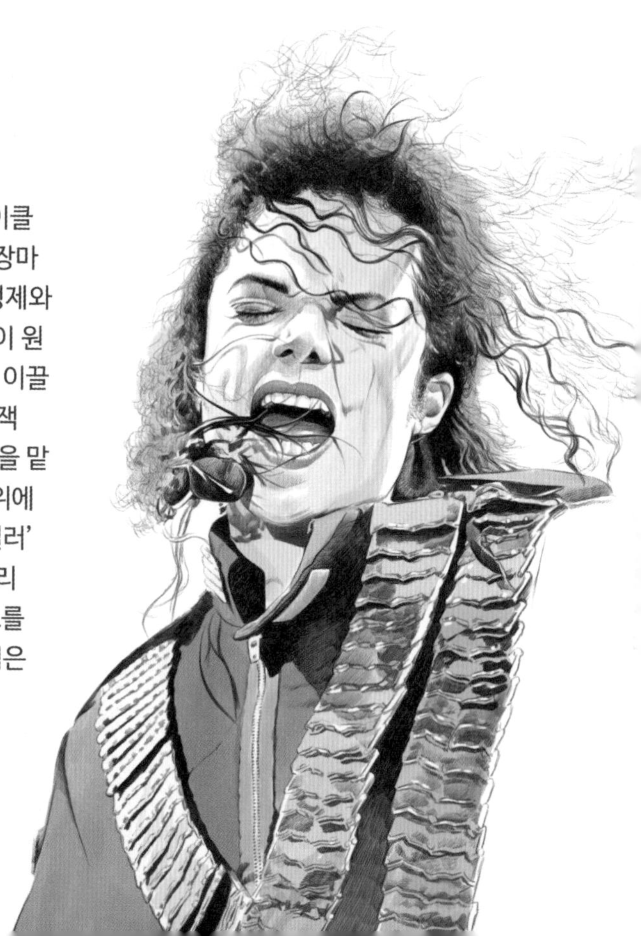

6월 25일, 1876년

시팅 불, 제7기병대를 전멸시키다

1876년 6월 25일 리틀빅혼 강가에서 수우족과 샤이엔족 연합전선의 추장 시팅 불이 이끄는 인디언 전사들이 남북전쟁의 영웅 암스트롱 커스터 중령 이하 미 제7기병대 200여 명을 전멸시켰다. 남북전쟁 중 다짐했던 인디언의 영토보장 약속을 깨고 보호구역으로 옮기라고 통고한 미군에 저항한 인디언들의 승리였다. 명장 커스터의 패배와 죽음은 미국인들에게 큰 충격을 주었고, 반대로 추장 시팅 불은 신화적인 존재가 됐다.

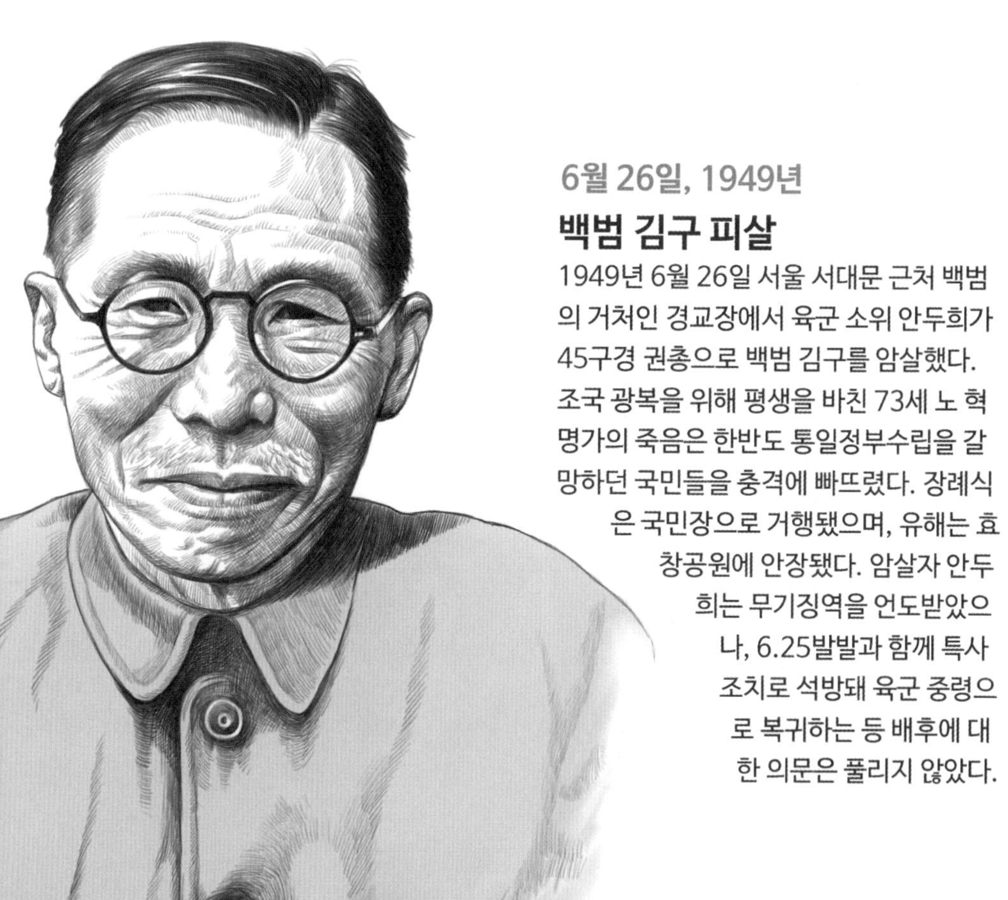

6월 26일, 1949년

백범 김구 피살

1949년 6월 26일 서울 서대문 근처 백범의 거처인 경교장에서 육군 소위 안두희가 45구경 권총으로 백범 김구를 암살했다. 조국 광복을 위해 평생을 바친 73세 노 혁명가의 죽음은 한반도 통일정부수립을 갈망하던 국민들을 충격에 빠뜨렸다. 장례식은 국민장으로 거행됐으며, 유해는 효창공원에 안장됐다. 암살자 안두희는 무기징역을 언도받았으나, 6.25발발과 함께 특사조치로 석방돼 육군 중령으로 복귀하는 등 배후에 대한 의문은 풀리지 않았다.

6월 26일, 1962년

가수 남인수 사망

1940~50년대 한국대중가요계의 최고 스타였던 가수 남인수가 1962년 6월 26일 지병인 폐결핵으로 사망했다. 타고난 미성의 소유자였던 그는 20대 초반 '애수의 소야곡'으로 명성을 날리면서 '감격시대' '가거라 삼팔선' '이별의 부산정거장' 등을 포함 무려 1000여 곡의 노래를 불러 가요 황제로 군림했다. 1960년 '무너진 사랑탑'으로 최후의 빅히트를 기록한 그는 타계하기 직전까지 가수로 활동했으나 불과 44세의 나이로 세상을 떠났다.

6월 27일, 1968년

체코 '2000어 선언' 발표

1968년 6월 27일 체코슬로바키아의 공산독재를 비판하고 자유민주화를 촉구하는 '2000어 선언'이 발표됐다. 스탈린주의자 노보트니 보수정권이 물러나고 온건개혁파 두브체크가 '인간의 얼굴을 한 공산주의'를 주창하며 개혁정책을 표면화한 선언으로 이른바 '프라하의 봄'이 도래한 것이다. 그러나 소련은 이러한 체코의 민주화운동이 동유럽 공산국가들에게 미칠 영향을 우려해 불법으로 무력침공을 감행해 개혁을 무산시켜 버렸다.

6월 27일, 1905년

전함 포템킨 호 선상 반란

1905년 6월 27일 혁명의 불온한 기운이 퍼져가던 러시아의 전함 포템킨 호에서 수병들의 선상 반란이 일어났다. 썩은 고기를 먹기를 거부하던 수병 1명이 장교에게 사살된 것이 발단이 되어 수병들은 횡포를 휘두르던 함장과 장교들을 사살하고 오데사 항에 입항했다. 그러나 차르의 군대는 잔혹한 코사크 기병을 투입해 포템킨 호의 수병들을 반기던 시민들을 무차별 학살했고 포템킨 호는 포격에 실패해 루마니아로 달아났다. 차르는 안도했으나 포템킨호가 퍼뜨린 저항의 불씨는 1917년 러시아 혁명으로 이어졌다.

6월 28일, 1958년

펠레 일약 스타로 부상

1958년 6월 28일 스웨덴 스톡홀름에서 열린 제6회 월드컵 결승전에서 브라질이 주최국 스웨덴을 5대 2로 이기고 우승했다. 이날 브라질 승리의 원동력은 신장 168cm, 체중 67kg의 17세 소년 펠레였다. 가히 이번 스웨덴 월드컵은 훗날 '축구황제'라는 칭호를 얻은 펠레를 위한 대회였다. 수줍음 잘 타는 앳된 얼굴의 17세 소년 펠레는 등번호 '10'을 달고, 프랑스전 해트트릭과 결승전 2골 등 6골을 터뜨리며 브라질에 첫 줄리메컵을 안겼다.

특히 이날 스웨덴과의 결승전에서 그가 뽑아낸 골은 역대 최고의 골 장면으로 남아 있다. 왼쪽 사이드에서 올라온 센터링을 정확한 트래핑으로 수비 한명을 제친 뒤, 다시 수비 머리 위로 공을 띄운 후 돌아 들어가 발리슛으로 넣은 골은 신기에 가까웠고, 상대편이던 스웨덴 관중의 기립박수까지 쏟아져 나왔다.

펠레는 13세에 브라질 프로축구 산토스에 입단한 이래 1363경기에 출전해 1281골을 뽑아내며 축구황제로 군림했지만, 따뜻한 인간미로 더욱 사랑받았다.

6월 28일, 1712년

프랑스 사상가 루소 출생

"인간은 자유롭게 태어났으나 사슬에 묶인 존재다." 이성 중심의 사상을 버리고 낭만주의의 탄생에 기여한 프랑스의 철학자이자 교육학자인 장 자크 루소가 1712년 6월 28일 스위스 제네바에서 태어났다. 인간은 본래 선하지만 사회와 문명 때문에 타락해 자유를 잃어버리고 사회적 불평등에 예속됐다고 주장한 그의 '사회계약론'은 프랑스혁명의 이념적 배경이 됐다. 근대적 교육론 '에밀'은 육아의 바이블로 떠올랐고, '고백론' 등에서 인간의 나약함을 자전적으로 진술하며 고독한 말년을 보냈다.

6월 28일, 1914년

오스트리아 황태자 부부 피살

1914년 6월 28일 보스니아의 수도 사라예보에서 오스트리아의 황태자 프란츠 페르디난트와 황태자비 조피가 각각 1발씩 총에 맞아 절명했다. 범인은 세르비아 해방을 부르짖는 비밀결사의 대학생 멤버 프린시프. 오스트리아는 기다렸다는 듯 세르비아에 선전포고를 했고 연이어 러시아와 독일, 영국과 프랑스가 전쟁에 뛰어들었다. 4년 반 동안 900만 명이 전사하게 되는 1차 세계대전이 시작된 것이다.

6월 29일, 1987년

노태우 민정당 대표 6·29 선언

1987년 6월 29일 제5공화국의 차기 대통령 후보 노태우 민주정의당 대표가 6·29선언을 통해 대통령 직선제 개헌 요구를 수용한다고 발표했다. 쿠데타로 수립된 제5공화국은 정권 출범 초기부터 민주화운동 탄압과 언론 강제 통폐합, 정당 활동 제한 등으로 국민의 저항을 불러일으켰다. 1987년 서울대 박종철 군이 고문으로 사망하고 연세대 이한열 군이 시위 도중 최루탄에 맞아 중태에 빠지자 시민들의 분노가 극에 달하고 시위가 전 국민적 차원으로 확산돼 마침내 직선제 개헌을 포함한 8개 항의 시국수습대책을 발표하게된 것이다.

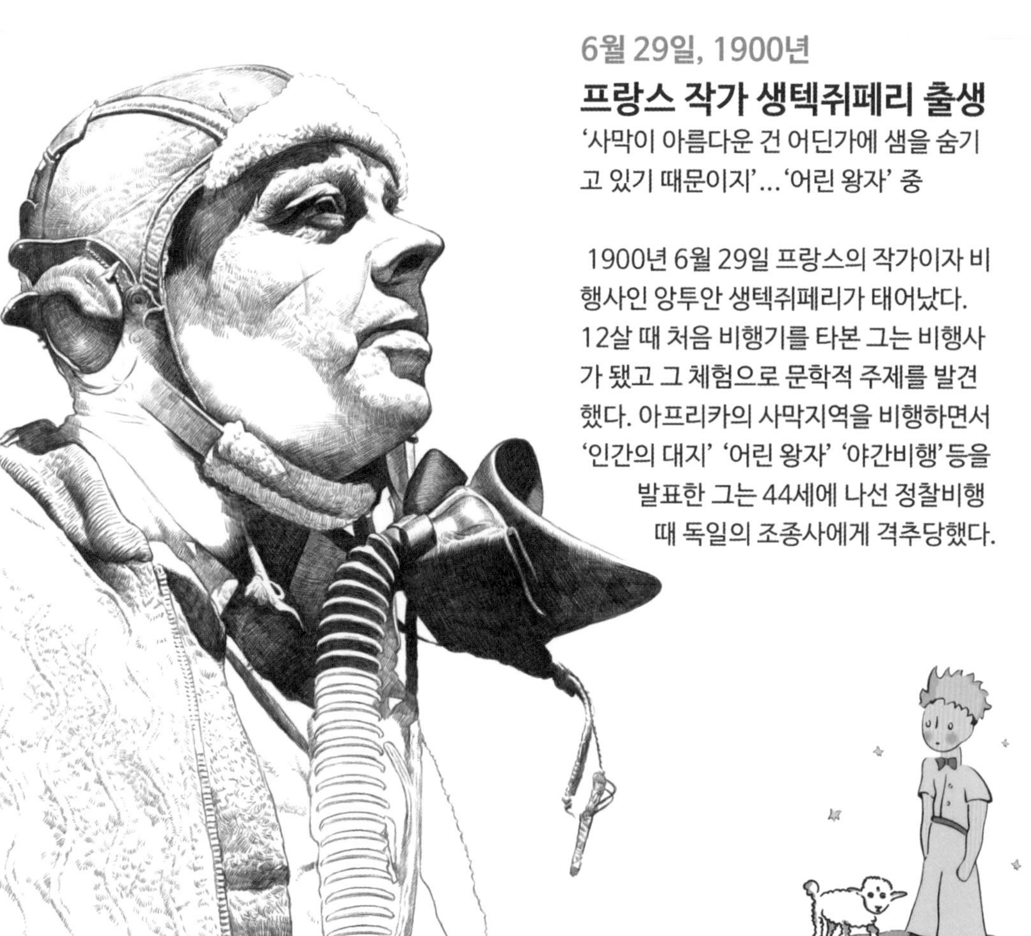

6월 29일, 1900년

프랑스 작가 생텍쥐페리 출생

'사막이 아름다운 건 어딘가에 샘을 숨기고 있기 때문이지'…'어린 왕자' 중

1900년 6월 29일 프랑스의 작가이자 비행사인 앙투안 생텍쥐페리가 태어났다. 12살 때 처음 비행기를 타본 그는 비행사가 됐고 그 체험으로 문학적 주제를 발견했다. 아프리카의 사막지역을 비행하면서 '인간의 대지' '어린 왕자' '야간비행' 등을 발표한 그는 44세에 나선 정찰비행 때 독일의 조종사에게 격추당했다.

6월 29일, 1944년

만해 한용운 서거

승려이자 시인이었고 독립운동에 그 누구보다 힘썼던 만해 한용운 선생이 1944년 6월 29일 눈을 감았다. 그는 1926년 희대의 시집 '님의 침묵'을 내놓으며 저항문학에 앞장섰다.

우리는 만날 때에 떠날 것을
염려하는 것과 같이
떠날 때에 다시 만날 것을 믿습니다.
아아, 님은 갔지마는
나는 님을 보내지 아니하였습니다.
제 곡조를 못 이기는 사랑의 노래는
님의 침묵을 휩싸고 돕니다.

<님의 침묵>중에서

6월 30일, 1936년

'바람과 함께 사라지다' 출간

1936년 6월 30일 무명작가 마거릿 미첼의 처녀작이자 유일무이한 소설 '바람과 함께 사라지다'가 출간됐다. 어린 시절 아버지로부터 듣던 남북전쟁 이야기와 10년 동안의 조사와 집필 끝에 완성한 1037페이지의 이 대작은 출판사들이 거절해 어느 출판사의 한 직원에게 떠넘기다시피 하여 빛을 보았고 6개월 만에 100만 부가 팔렸으며 이듬해 퓰리처상을 받았다. 작가 미첼이 원래 붙이려했던 제목은 '내일은 또 다른 태양이 떠오른다' 였다고 한다.

6월 30일, 1905년

아인슈타인, 특수상대성이론 논문 출판

1905년 6월30일 스위스 베른의 특허심사관 알버트 아인슈타인이 물리학 분야에서 20세기 최대의 업적으로 인정받는 논문을 발표한다. 이른바 '특수상대성이론'에 관한 이 논문의 제목은 〈움직이는 물체의 전기역학에 대하여〉. 이 이론은 뉴턴의 절대적 시공간 개념을 부정하고, 관찰자의 운동 상태에 따라 길이와 시간 간격이 다르게 측정된다고 했고 물질과 에너지는 $E=mc^2$ 이라는 공식에 따라 서로 변환 가능한 등가성을 가진다고 밝혔다. 이 논문이 물리학 연보지에 발표되자 일부 전문가들은 격찬했지만 대부분은 거의 이해할 수 없어 불평을 샀다. 1915년 이 이론은 일반상대성이론으로 발전했고 그 실용성은 40년 후에 원자에너지로 현실화됐다.

7월
July

8월
August

9월
September

10월
October

11월
November

12월
December

7월 1일, 1955년

시사만화 고바우영감 동아일보 연재시작

1955년 7월 1일 발행부수 9만 부의 동아일보에 김성환 화백의 네 컷 시사만화 고바우영감이 연재를 시작했다. 원래 5년 전 6·25전쟁 때 19세의 학생이었던 김성환이 다락방에 숨어서 그린 캐릭터였던 고바우영감은 전 후 자유당 시절과 이어지는 군사 독재 기간 중 촌철살인의 풍자로 정권의 미움을 사 필화 사건도 많이 겪었으나 고난을 당한 만큼 독자들의 성원과 지지도 높아갔다. 2000년에 1만 4139회로 연재가 끝났는데 대한민국 언론사상 최장기 연재 기록이 됐다.

7월 1일, 1912년

시인 백석 출생

1912년 7월 1일 서정시인 백석이 평안북도 정주에서 태어났다. 24세에 자비로 출판한 시집 '사슴'으로 단숨에 한국 시단의 기린아로 떠올랐다. 함흥에서 영어교사로 재직하다 만주로 유랑하며 시를 썼고 해방 후 고향 정주로 내려가 창작을 계속했으나 1960년대 초 숙청당했다.

멧새소리

처마끝에 명태를 말린다
명태는 꽁꽁 얼었다
명태는 길다랗고 파리한 물고긴데
꼬리에 길다란 고드름이 달렸다
해는 저물고 날은 다 가고 볕은 서러웁게 차갑다
나도 길다랗고 파리한 명태다
문턱에 꽁꽁 얼어서
가슴에 길다란 고드름이 달렸다

7월 1일, 1858년

다윈, '자연선택설' 발표

1858년 7월 1일 뉴턴, 갈릴레이와 함께 인류에 가장 큰 영향을 미친 3대 과학자로 손꼽히는 영국의 생물학자 찰스 다윈이 진화론의 근간이 되는 이론인 '자연선택설'을 발표했다. 이 논문을 기초로 이듬해인 1859년에 저 유명한 '자연선택에 의한 종의 기원에 관하여', 약칭 '종의 기원'이 출간됐다. 자연선택설은 생물의 어떤 종의 개체 간에 변이가 생겼을 경우, 환경에 가장 적합한 것만이 살아남고, 부적합한 것은 멸망한다는 견해이다. 다시 말해 개체 간에서 경쟁이 항상 일어나고 자연의 힘으로 선택이 반복되는 결과, 진화가 생긴다고 하는 설이다. 그러나 발표 당시 다윈의 이론은 맹비난에 직면했는데 그것은 신에 대한 도전이라는 이유가 아니라 인간이 꼴보기 싫은 원숭이로부터 진화해 왔다고 주장해 인간의 존엄성을 손상시키는 것으로 보였기 때문이었다.

7월 2일, 1961년

미국 작가 헤밍웨이 사망

1961년 7월 2일 우울증과 과대망상증에 시달리던 작가 어니스트 헤밍웨이가 자살로 여겨지는 엽총사고로 61세의 나이에 사망했다. 고교졸업 후 기자로 일하다 등단한 그는 기자생활에서 비롯된 간결하고 힘찬 하드보일드 문장으로 '무기여 잘 있거라' '누구를 위하여 종을 울리나' 등 6편의 장편과 50여 단편을 남겼다. 특히 52년 발표한 '노인과 바다'로 퓰리처상과 노벨문학상을 잇달아 수상한 그는 20세기 '로스트 제너레이션'의 대표작가로 떠올랐다.

7월 2일, 1877년

헤르만 헤세 출생

독일의 시인이자 소설가 헤르만 헤세가 1877년 7월 2일 선교사의 아들로 태어났다. 아버지의 간곡한 부탁에 수도원학교에 입학했지만 "시인 이외에는 아무 것도 되고 싶지 않았기 때문"에 7개월 만에 도망쳤다. 고향 시계 공장에서 직공 노릇을 하며 정신적 안정을 찾은 이후 9년간 서점에서 일하며 문학수업을 했다. 낭만주의 정서가 담긴 처녀시집 '낭만적인 노래', 산문집 '자정 이후의 한 시간'을 출판해 릴케에게도 인정받았다. '데미안' '싯다르타' '유리알 유희' 등 숱한 작품으로 독일 문학계의 한 별로 남았다.

7월 3일, 1971년

'도어스'의 짐 모리슨 사망

1971년 7월 3일 미국의 밴드 '도어스'의 리드 보컬이자 작사가인 짐 모리슨이 파리에 있는 자신의 아파트 욕조에서 마약 과다복용에 의한 심장마비로 숨진 채 발견됐다. 당시 그의 나이 겨우 28세. 플로리다 태생의 짐 모리슨은 UCLA에서 그룹 도어스를 결성해 격렬하고 파괴적인 음악으로 단숨에 유명해졌다. 반항의 아이콘이 된 짐 모리슨은 도어스의 큰 성공에도 불구하고 자기 파괴적 행동으로 치달았고 60년대 3J로 불린 지미 헨드릭스, 재니스 조플린과 마찬가지로 채 30대가 되기 전에 유명을 달리하고 만다.

7월 4일, 1187년

술탄 살라딘, 하틴전투 대승리

1187년 7월 4일 쿠르드족 출신의 위대한 이슬람 전사 살라딘이 지중해와 갈릴리 호수 중간에 있는 하틴에서 그리스도교 십자군 부대를 괴멸시켰다. 살라딘의 군대는 연이어 1차 십자군 전쟁 이래 88년간 그리스도교 수중에 있던 예루살렘을 탈환하여 이후 1948년 이스라엘이 독립할 때까지 760여 년간을 이슬람이 지배하게 된다. 관대한 군주로 유명했던 살라딘은 사자왕 리처드 1세와 평화협정을 맺고 예루살렘을 무슬림의 지배하에 두되 기독교인 순례자들이 자유로이 왕래할 수 있게 했다.

7월 4일, 1862년

'이상한 나라의 앨리스' 탄생

1862년 7월 4일 영국 옥스퍼드대 수학교수이자 논리학자인 루이스 캐럴이 템스 강의 피크닉에 함께 갔던 단과대 학장의 세 딸들에게 '앨리스 이야기'를 들려주었다. 세 딸 중의 하나인 앨리스의 이름을 딴 이 이상한 동화는 이듬해 책으로 출간됐는데 바로 '이상한 나라의 앨리스'라는 제목이었다. 천성적으로 수줍음이 많아 사람들과 어울리길 싫어하고 소녀들만 좋아했던 작가 루이스 캐럴의 이 동화는 삽화가 존 테니얼의 그림과 함께 어우러져 환상문학의 효시이자 롱 스테디셀러로 자리 잡는다.

7월 5일, 1946년

비키니 수영복 등장

태평양 산호초 섬 비키니에서 미국이 공개 핵실험을 가진 뒤 나흘째인 1946년 7월 5일 프랑스 파리에서 수영복 대회가 열려 대회장을 가득 메운 1만여명의 사람들 앞에 한 여성모델이 가슴과 아랫도리만 조그만 천으로 가린 채 자신의 알몸을 드러냈다. 디자이너 루이 레아는 자신이 만든 수영복에 '비키니'라는 이름을 붙였다. 노란 물방울 무늬에 상하의 투피스로 된 이 수영복에 사람들은 큰 충격을 받았다. 처음에는 모델들이 비키니를 입으려 하지 않아 스트립댄서에게 옷을 입혀 대회에 내보내야 할 정도였다. 유행의 물결을 타기 시작한 것은 1960년대에 영화배우 브리지트 바르도가 비키니를 즐겨 입으면서 부터였다.

7월 5일, 1997년

알프스 소녀 힝기스, 윔블던 최연소 정복

1997년 7월 5일 16세의 스위스 소녀 마르티나 힝기스가 윔블던 테니스대회 여자단식에서 체코의 야나 노보트나를 물리치고 챔피언 트로피를 거머쥐며 윔블던 역사상 110년 만의 최연소 챔피언으로 기록됐다. 이 날, 압도적인 파워와 강렬한 서비스를 자랑했던 17세의 노보트나를 날카로운 패싱샷 기술로 역전승 했던 힝기스는 통산 209주 동안 세계랭킹 1위를 기록하는 기염을 토했다.

7월 6일, 1885년

파스퇴르, 광견병 백신 성공

1885년 7월 6일 프랑스의 화학자이자 미생물학자인 루이 파스퇴르가 미친 개에게 물린 9세 소년에게 광견병 백신을 주사해 "손쓸 도리가 전혀 없다"는 의사의 진단을 비웃듯이 소년을 살려냈다. 파스퇴르는 광견병 외에도 탄저병, 닭 콜레라의 백신을 만들었고 발효와 부패의 원인이 미생물임을 입증했으며 저온살균법을 개발했다. 살아생전부터 대중의 영웅이었던 파스퇴르가 세상을 뜬 후 프랑스인들은 그가 나폴레옹보다 더 위대한 업적을 남겼다고 기렸다.

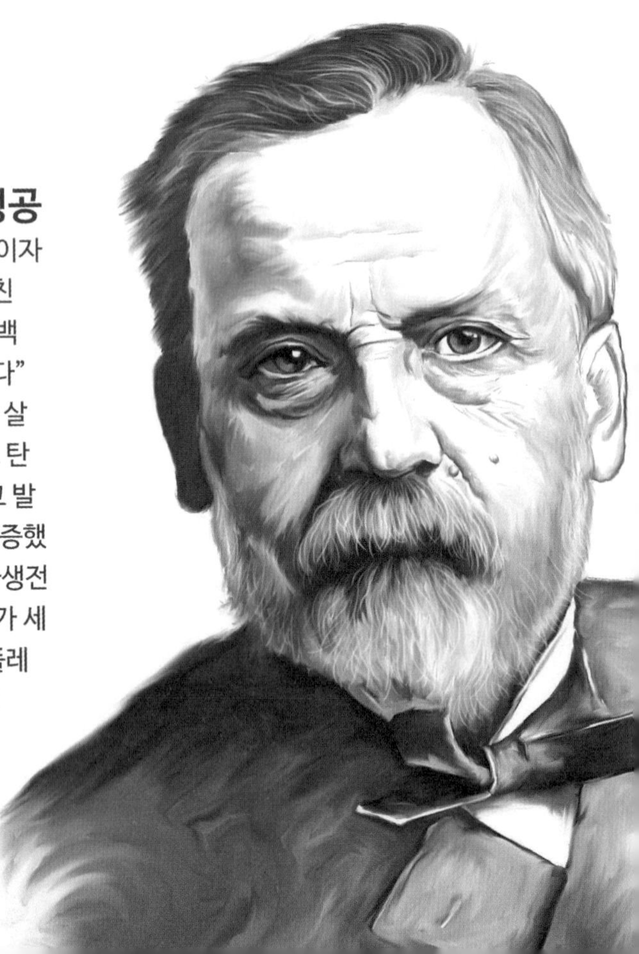

7월 6일, 1907년

멕시코 화가 프리다 칼로 출생

1907년 7월 6일 '고통의 화가'로 불리는 프리다 칼로가 멕시코시티 교외에서 태어났다. 어린 시절 소아마비를 앓아 오른쪽 다리가 불편했던 그녀는 18살 때 치명적인 교통사고를 당해 쇠파이프가 척추와 골반을 관통하고 오른 발이 짓이겨졌다. 칼로는 '다친 것이 아니라 부서졌다'고 표현했다. 그때부터 침대에 누워 그림을 그렸고 그녀의 자화상을 평해주던 멕시코의 천재화가 리베라와 결혼까지 했으나 연이은 유산과 남편의 무분별한 외도로 고통 받으며 그림에 매달렸다. 리베라와 이혼과 재결합을 하면서 안정은 찾았으나 처음이자 마지막 개인전을 가진 이듬해 47세로 세상을 떠났다.

7월 6일, 1947년

AK-47 자동소총 첫 생산

역사상 가장 많이 팔린 소총이라는 AK-47이 1947년 7월 6일 소련의 병기공장에서 처음 생산됐다. 총기설계자는 당시 27세의 하사관 미하일 칼라시니코프. AK-47은 독일의 G3, 미국의 M16소총과 함께 세계 3대 돌격 소총으로 꼽힌다. 전체길이 87cm, 30발 탄창을 끼우면 4.876kg으로 다른 소총에 비해 무거운 편이지만 반동을 줄이는 효과가 있다. 구조가 단순해 분해-조립이 간단하고 사용하기 쉽다. 현재 전 세계 개인화기 5억정 가운데 1억정이 AK시리즈인데, 쌍벽을 이루던 미국의 M16 소총보다 10배 이상 많이 생산된 공포의 무기다. 생산 개시 63년이 지난 현재도 여전히 현역인 AK-47의 장수 비결은 견고성과 신뢰성, 그리고 저렴한 가격이다.

7월 7일, 1930년

'셜록 홈즈' 작가 코난 도일 사망

전 세계에서 가장 유명한 추리소설의 주인공 인 셜록 홈즈를 탄생시켰던 영국의 작가 아서 코난 도일이 1930년 7월 7일 연설 도중 심장 마비로 사망했다. 원래 직업이 의사였음에도 생활고에 시달린 코난 도일은 추리소설가 에드가 앨런 포를 본받아 명탐정의 영원한 대명사 셜록 홈즈를 창조했다. 홈즈의 콤비였던 닥터 왓슨을 통해 의사로서 그의 경력이 드러난다. 자신이 창조한 캐릭터가 지겨워진 나머지 '마지막 사건'이란 단편에서 셜록 홈즈가 폭포에서 떨어져 죽는 것으로 시리즈를 끝내려 했으나 독자들의 열화 같은 아우성 때문에 '빈 집의 모험'이란 단편에서 죽었던 홈즈를 다시 살려놓는 이야기는 유명하다. 소설 속 홈즈의 주소인 런던의 베이커 스트리트 221B번지에는 지금도 세계 각국의 어린이와 독자들이 셜록 홈즈 앞으로 편지를 보내온다고 한다.

7월 7일, 1922년

패션 디자이너 피에르 가르뎅 출생

1922년 7월 7일 이탈리아 베네치아에서 세계 패션의 혁명가 피에르 가르뎅이 태어났다. 프랑스계 부모 덕분에 일찌감치 프랑스 패션계에 수습생으로 일을 배운 후 디오르 사에서 3년 동안 일하면서 '뉴룩'의 탄생에 참여했던 그는 28세에 독립해 무대와 영화 의상으로 명성을 쌓았다. 파리 프렝탕 백화점에서 기성복 패션쇼로 파장을 일으켜 많은 사람들에게 맞춤복이 아닌 고급패션을 입을 기회를 주는 평등주의적 메시지를 전달했다. 그는 패션을 넘어선 가구, 완구, 자동차, 와인, 향수 등 브랜드 라이선스 사업으로 전세계적 판매망을 구축한 탁월한 비즈니스 감각으로 세계 최고의 갑부 대열에 들어설 수 있었다.

7월 8일, 1994년

김일성 북한 주석 사망

1994년 7월 8일 북한의 김일성 주석이 82세를 일기로 사망했다. 1912년 평안남도 대동군에서 태어난 그는 본명이 김성주로, 1931년 중국공산당에 가입하여 본격적인 항일투쟁에 뛰어들었다. 1945년 소련군과 함께 진주해 48년 조선민주주의인민공화국이 수립되면서 초대 수상에 취임함으로써 북한의 최고 통치자의 지휘에 올라섰다. 1950년 6.25전쟁을 일으킨 그는 전쟁이 끝난 뒤 패전의 책임을 묻는 박헌영 등 거물급 정적들을 제거한 후 49년 동안 북한의 절대권력자로 군림했다.

7월 8일, 1877년

윔블던 테니스 대회 개막

1877년 7월 8일 세계 4대 메이저 테니스 대회 가운데 가장 권위있는 대회이자 유일하게 잔디 코트에서 펼쳐지는 윔블던 테니스 대회가 영국 런던 외곽 윔블던에서 처음 열렸다. 윔블던 대회는 유니폼과 운동화 색깔을 흰색으로 제한하는 등 독특한 전통을 유지하고 있다. 최다 우승자는 '철녀' 나브라틸로바로 무려 9차례나 우승 트로피를 안았다. 개최국 영국의 우승자는 1977년을 마지막으로 나오지 않고 있다. 때문에 자국 대회에서 자국 선수가 우승하지 못하는 현상을 빗대 '윔블던 효과'라는 경제 용어까지 생겨났다.

7월 9일, 1962년

앤디 워홀 첫 개인전

1962년 7월 9일 잡지 삽화와 광고 디자인 등 상업미술가로 승승장구하던 앤디 워홀이 미국 LA의 페러스 갤러리에서 첫 개인전을 열었다. 34세의 젊은 워홀은 미국인들이 즐겨 먹던 캠벨사의 수프 통조림 32종류를 똑같이 그려 옮긴 작품을 선보였는데, 마치 슈퍼마켓의 진열장처럼 보이도록 한 이 그림들은 현대사회의 특징인 대량생산과 복제의 이미지를 미술에 차용하고 갤러리와 슈퍼마켓을 동등한 무대로 암시해 예술의 고정관념을 뒤집어 버렸다.

7월 9일, 660년

황산벌전투

서기 660년(백제 의자왕 20년) 7월 9일 황산벌에서 백제와 신라의 사활을 건 전투가 벌어졌다. 이날 소정방이 이끄는 13만 당군이 서해를 건너 서쪽에서 진격해 오고 김유신이 이끄는 5만의 신라군이 탄현에 이르자 백제의 용장 계백은 5000명의 결사대를 조직, 죽기를 각오하고 황산벌에 포진했다. 백제군은 신라군과의 초기 4차례 접전에서 모두 승리했지만 신라의 화랑 관창과 반굴이 각기 단신으로 적진에 뛰어들어 용감히 싸우다 죽자 신라군은 용기를 얻고 맹공격해 결국 계백을 비롯한 대부분의 백제군이 전사했다. 황산벌전투에서의 패배로 백제는 수도 사비성을 잃고 멸망했다.

7월 10일, 2009년

노무현 전 대통령 안장식

2009년 7월 10일 노무현 전 대통령의 49재와 유골 안장식이 경남 김해시 진영읍 봉하마을에서 3만여 조문객들의 애도 속에 엄숙히 치러졌다. 밤새 비가 내리고 바람이 불었으나, 아침이 되자 봉하마을 위 하늘은 구름 한 점 없이 맑게 갰다. 국군의장대의 호위를 받으며 아들 노건호 씨의 품에 안겨 들어선 고인의 유골함이 무덤 앞에 마련된 재단에 놓였다. 고인이 생전에 즐겨 부르던 노래 '상록수'가 흐르자 조문객들은 눈물과 함께 따라 불렀고 노 전 대통령은 고향에 영원히 잠들었다.

7월 10일, 1871년

작가 마르셀 프루스트 출생

1871년 7월 10일 프랑스 작가 마르셀 프루스트가 파리 근처 오퇴유에서 태어났다. 교양을 갖춘 부르주아지 집안에서 유복하게 자라난 프루스트는, 9세 때 걸린 천식으로 평생을 고생하게 된다. 병약한 상태에서도 문학적 정진을 게을리하지 않았던 그는 1부 '스완네 쪽으로'를 시작으로, 13년 동안 코르크를 두른 밀실에서 투병하면서도 의식의 흐름을 기법으로 묘사한 인간 내면을 탐색한 대하소설 '잃어버린 시간을 찾아서'를 완성해 20세기 최고의 작가 중 한 사람으로 꼽힌다.

Marcel
Proust
(1871 ~1922)

7월 11일, 1533년

교황, 헨리 8세 파문

1533년 7월 11일 교황 클레멘스 7세가 잉글랜드 왕 헨리 8세를 파문에 처했다. 형이 죽은 뒤 형수 캐서린과 결혼한 헨리 8세가 둘 사이에 아들이 없다는 이유로 이혼을 요청했다가 거절당하자 의회의 동의를 받아 이혼하고 앤 불린과 결혼했기 때문이었다. 이후 잉글랜드 교회는 로마로부터 독립, 왕을 수장으로 한 성공회가 영국의 국교가 된다. 그러나 후일 캐서린의 딸 메리 튜더가 잉글랜드 최초로 여왕에 즉위하여 가톨릭을 부활시키고 신교도를 무자비하게 박해하여 '블러디 메리'라 불리게 된다.

410

7월 12일, 1884년

화가 모딜리아니 출생

긴 목의 여인 그림으로 유명한 화가 아메데오 모딜리아니가 1884년 7월 12일 이탈리아 항구도시 리보르노에서 태어났다. 병 치레가 잦았던 어린 시절부터 그림을 그렸던 모딜리아니는 22세에 파리 몽마르트에 아틀리에를 열었으나 결핵에 걸린 이후 알코올과 마약에 중독됐다. 보헤미안적 생활 와중에도 자신만의 스타일을 발전시켜 나가던 그는 15세 연하의 연인 잔느 에뷔테른과 동거하며 딸까지 낳았으나 결국 결핵 수막염으로 36세의 젊은 나이에 요절했다. 그 이틀 후 슬픔을 이기지 못한 잔느는 5층에서 뛰어내려 모딜리아니의 뒤를 따랐다.

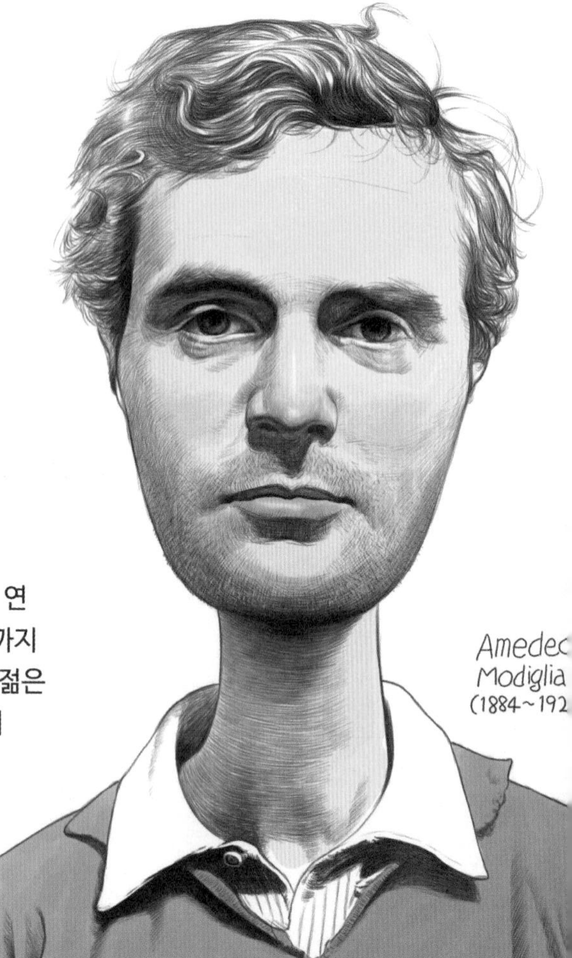

7월 12일, 1817년

숲속의 철학자 소로 출생

1817년 7월 12일 19세기 미국의 자유주의 사상가이자 호숫가 숲 속의 삶을 기록한 '월든'의 작가 헨리 데이비드 소로가 출생했다. 그는 잘못된 제도와 그릇된 사고방식에 저항해 월든 호숫가에 오두막을 짓고 모험과 자유를 즐기며 자신과 대면했다. 그의 또 다른 저서 '시민의 불복종'은 톨스토이, 간디, 마틴 루터 킹 등 수많은 혁명가와 인권 운동가, 사상가들에게 영향을 끼쳤다.

7월 13일, 1985년

'인간새' 부브카, 장대높이뛰기 6m 넘다

1985년 7월 13일 프랑스 파리에서 우크라이나의 장대높이뛰기 선수인 세르게이 부브카가 오랫동안 불가능하다고 여겨졌던 6m를 넘었다. 남자 세계기록을 35번이나 경신해 '인간새'라는 별명을 얻은 부브카는 세계선수권 금메달을 6개나 목에 걸었지만 올림픽 금메달은 88년 서울올림픽이 유일하다. 그는 1994년 이탈리아에서 6.14m를 넘었는데 이 기록은 아직까지 깨어지지 않았다.

7월 13일, 1956년

엘비스 '하운드독' 음반 발표

1956년 7월 13일 흑인 여성 블루스 가수 빅 마마 손튼의 R&B곡 '하운드 독'이 엘비스 프레슬리의 리메이크 곡으로 발표됐다. 이 엘비스 버전은 무려 11주 동안 팝 차트 정상을 지켜 이후 36년간 빌보드 최장기록으로 남는다. 이미 6월에 '밀튼 벌 쇼'라는 방송에서 엘비스는 이 노래를 부르며 경련하듯 하반신을 흔들어대는 모습을 보여 4천만 명의 시청자들을 경악시킨 바 있었다. 로큰롤과 '플레이보이'지, 그리고 엘비스는 기성세대의 비난의 상징물이 됐지만 젊은 세대는 열광의 도가니에 빠졌다.

7월 14일, 2005년

박지성, EPL 맨유 공식 입단

2005년 7월 14일 네덜란드 프로축구 에인트호벤에서 활약했던 박지성이 잉글랜드 프리미어리그 명문 구단인 맨체스터유나이티드에 입단했다. 한국선수가 잉글랜드 프리미어리그에 진출한 것은 박지성이 처음으로, 맨체스터유나이티드와 에인트호벤 간에 이적료 600만 유로(약 73억6000만원)으로 이적계약이 확정되어 4년 계약에 합의해 공식 입단식이 열린 것이다. 1878년에 철도노동자들이 성금을 모아 창단한 맨유는 애칭이 '붉은 악마들(Red Devils)'이다.

7월 14일, 1908년

청마 유치환 태어나다

1908년 7월 14일 '깃발'의 시인 청마 유치환이 경남 통영에서 태어났다.

그리움

파도야 어쩌란 말이냐
파도야 어쩌란 말이냐
임은 뭍같이 까딱 않는데
파도야 어쩌란 말이냐
날 어쩌란 말이냐

7월 15일, 1997년

디자이너 베르사체 피살

1997년 7월 15일 이탈리아의 패션 디자이너 지아니 베르사체가 미국 플로리다의 자택 현관에서 동성애자를 혐오하던 20대의 연쇄살인범이 쏜 2발의 총격을 받고 사망했다. 이탈리아 남부 시골 출신의 베르사체는 26세에 밀라노에서 디자이너로 등장했고 32세에 '지아니 베르사체' 상표를 내걸고 독립했다. 1회용 반창고 스커트, 검정가죽 점퍼, 첨단 소재의 섹시하고 여성스러운 옷들로 파리와 뉴욕을 휩쓴 그는 로마신화의 태양신을 본딴 베르사체 상표로 조르지오 아르마니와 함께 '최고급 기성복'의 상징이 됐고 세계적으로 유사품 시장이 번창했다.

7월 15일, 1099년

제1차 십자군, 예루살렘 정복

1099년 7월 15일 60만 명에 달하는 기독교 군단인 제1차 십자군이 이슬람 군대가 점령하고 있던 예루살렘을 탈환했다. 십자군의 대의명분은 이슬람 침략으로부터 동로마 제국을 구하고 기독교 성지인 예루살렘을 되찾자는 것이었으나 이후 200년 동안 9차례의 원정으로 십자군은 침략과 약탈을 일삼는 무법자집단으로 변질됐다. 불과 88년간의 점령 후 예루살렘은 다시 이슬람의 살라딘이 정복해 760여 년간 이슬람 영토가 됐고, 십자군 전쟁은 유럽에서 중세 붕괴의 커다란 원인이 된다.

7월 16일, 1960년

제인 구달, 침팬지 사회에 참여

1960년 7월 16일 26세의 제인 구달이 어머니와 함께 탄자니아 침팬지 보호구역에 도착했다. 몇 달 뒤 귀국한 어머니와 달리 젊은 구달은 이후 10여 년 넘게 그곳에 머무르며 영장류의 신세 계를 열어보였다. 저명한 고고학자 루이스 리키의 지원으로 침팬지를 연구하여, 잔인한 구석마저 인간과 흡사한 침팬지의 행동양식을 발견해 세계를 충격에 빠뜨린 제인 구달은 동물보호운동과 침팬지의 생존구역 보호를 위한 노력을 계속하고 있다.

7월 16일, 1989년

지휘자 카라얀 사망

1989년 7월 16일 오스트리아 출신의 지휘자 헤르베르트 폰 카라얀이 향년 81세의 나이로 세상을 떠났다. 카라얀은 9세에 피아니스트로 데뷔하고 21세에 울름 시립 오페라극장에서 처음 지휘한 이래 총 3524회의 연주회를 가졌고 509종의 음반을 녹음했다. 그는 나치 독일의 협력자였다는 논란에도 불구하고 베를린 필과 빈 필의 카리스마 넘치는 지휘자였고, 수많은 레코딩으로 언제까지나 영원히 끝나지 않을 지휘를 계속하고 있다.

7월 17일, 1790년

경제학자 애덤 스미스 사망

1790년 7월 17일 고전경제학의 대표적인 이론가이자 윤리철학자인 애덤 스미스가 67세를 일기로 사망했다. 스코틀랜드 세무 관리자의 아들로 태어난 애덤은 글래스고 대학에서 윤리철학을 공부해 논리학 교수가 됐다. 36세에 유럽에 명성을 떨치게 된 '도덕감정론'을 발표한 후 유럽을 여행하며 중농주의 사상과 이론을 흡수했다. 53세에 국가의 간섭을 배제한 시장의 '보이지 않는 손'에 의한 자유경쟁의 중요성을 설파한 '국부론'을 발표했고 자본주의와 자유무역에 대한 이론적 토대를 마련해 영국의 정통파 '경제학의 아버지'라 불리게 된다.

7월 17일, 1957년

재즈 싱어 빌리 홀리데이 사망

영혼을 울리는 보컬리스트 빌리 홀리데이가 불과 44세의 나이에 마약 중독으로 1957년 7월 17일 세상을 떠났다. 일찌감치 부모에게서 버림받고 백인들에게 학대당하며 자란 그녀는 열네 살의 어린 나이에 윤락녀가 될 수밖에 없었다. 나이트클럽에서 우연히 부른 노래가 객석을 사로잡아 재즈 가수의 길로 들어선 그녀는 처절한 삶을 호소력 짙은 목소리로 노래하며 '레이디 데이'라는 기품 있는 별명까지 얻었다. 그러나 여전한 인종 차별과 두 번의 결혼이 실패하면서 마약과 알콜에 빠져든 그녀는 뉴욕 메트로폴리탄 병원에서 쓸쓸한 죽음을 맞고 말았다.

422

7월 18일, 1976년

코마네치, 체조 사상 첫 10점 만점

1976년 7월 18일, 캐나다 몬트리올 올림픽 체조경기장에서 1m53cm, 39kg의 가냘픈 소녀가 올림픽 10.00의 만점을 기록했다. 막상 연기가 끝났을 때 전광판의 숫자는 1.0에 불과해 코마네치는 울상을 지었다. 그러나 그건 체조 만점이 불가능하다고 여겨 전광판 숫자가 최대 9.99까지만 나오게 된 탓이었다. 루마니아 체조요정 나디아 코마네치는 그 후에도 여섯 번이나 만점을 받아 2단 평행봉과 평균대, 개인 종합에서 금메달 3개를 거머쥐었다. 여성미 위주의 여자 체조는 코마네치 이후 기술 위주로 바뀌었다.

7월 19일, 1834년

화가 드가 출생

1834년 7월 19일 무희의 그림으로 유명한 프랑스 화가 에드가르 드가가 태어났다. 부유한 은행가 집안의 장남이었던 그는 법률 공부를 중도 파기하고 그림을 배웠다. 고전주의 대가 앵그르를 평생 스승으로 생각한 드가는 이탈리아를 여행하며 르네상스 작품에 큰 영향을 받았다. 인상파전에 7차례나 출품했으나 그들과는 다른 성향으로 소묘에 크게 치중해 레오나르도 다빈치에 견주어질 정도였다. 말년엔 거의 시력을 잃어 조각에서 걸작을 남겼다.

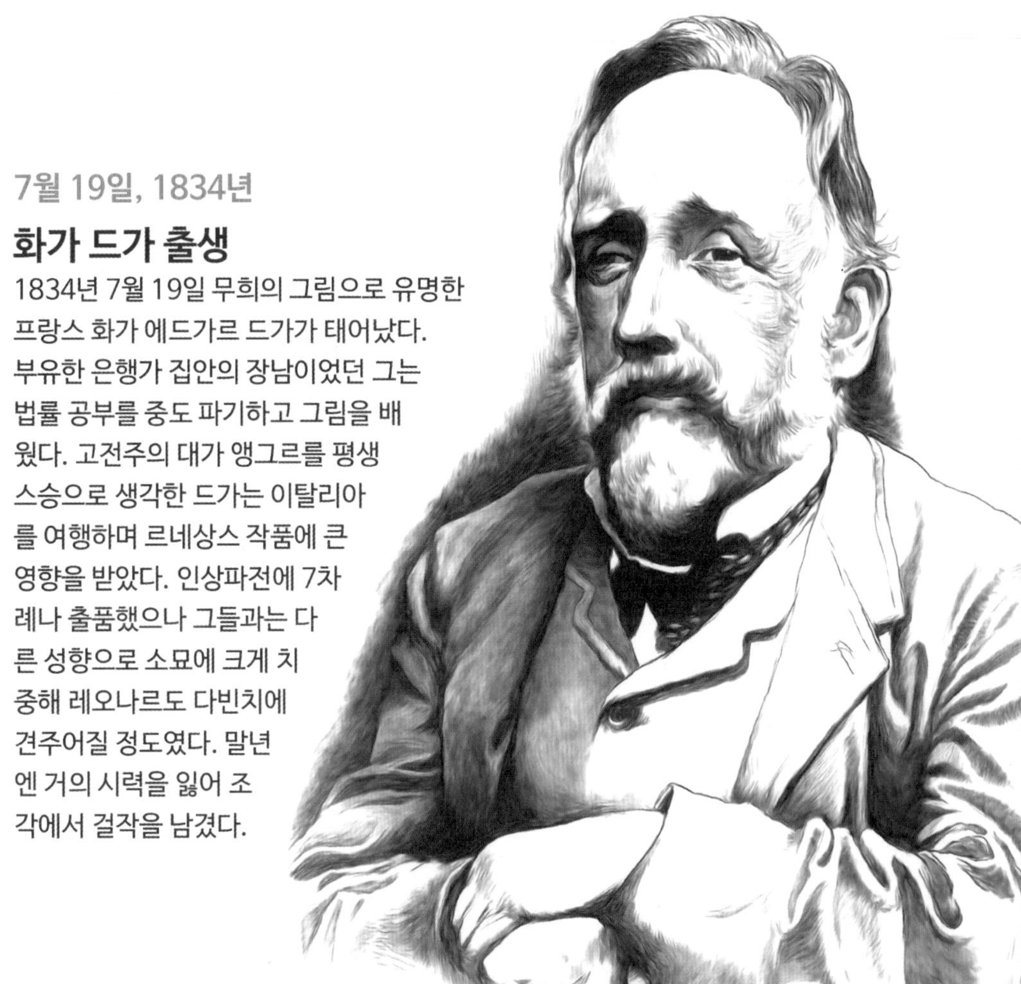

7월 20일, 1969년

아폴로 11호 달착륙

"이것은 한 인간의 작은 발자국에 불과하지만 인류에게 있어서는 거대한 도약이다."

–암스트롱

1969년 7월 20일 미국의 우주선 아폴로 11호가 120만km의 우주여행 끝에 바위로 뒤덮인 달의 '고요한 바다'에 착륙했다. 3인의 승무원 중 콜린스가 모선 콜롬비아를 타고 달 주위 110km 상공에서 선회하는 동안 선장 암스트롱과 올드린은 인류 최초로 달 표면에 발을 디딘 인간이 됐다. 2시간 31분의 체류를 마치고 세 사 람은 지구로 귀환, 태평양에 무사히 착륙했고 비로소 미국은 우주개발 경쟁에서 소련의 우위에 설 수 있었다.

7월 20일, 1932년

비디오 예술의 선구자 백남준 출생

일제강점기인 1932년 7월 20일 경성의 한 부유한 가정에서 세계적인 비디오 아티스트 백남준이 태어났다. 조선과 홍콩, 도쿄를 넘나들며 공부하던 그는 58년 독일에서 전위음악가 존 케이지를 만난 후 새로운 예술세계에 눈을 떠 미술실험 집단인 플럭서스의 일원으로 다양한 퍼포먼스와 전시 활동을 펼쳤다. 백남준은 음악이 갖는 특징인 시간을 미술에 끌어들여 비디오 아트라는 파격적인 예술 장르를 창조해 전위적이고 실험적인 공연과 전시로 센세이션을 일으켰다.

7월 20일, 1973년

이소룡 요절하다

1973년 7월 20일 최고의 인기를 구가하던 쿵푸 스타 이소룡이 유명 여배우 팅페이의 집에서 돌연사 했다. 본명은 이진번, 1940년 샌프란시스코 태생인 이소룡은 어린 시절 병약했지만 장난기가 심한 악동으로 자라다가 당대의 고수 엽문과 그 직계 제자에게 배운 영춘권으로 다시 태어나게 된다. 1971년 사실적인 액션의 첫 주연 작 '당산대형'이 홍콩 영화사상 최대의 흥행작으로 떠올랐고 잇따라 '정무문'과 '맹룡과강'이 빅 히트를 기록하며 최고의 스타가 되었으나 할리우드와의 최초 합작 영화 '용쟁호투'를 다 찍어놓은 상태에서 갑작스레 사망하고 말았다.

7월 21일, 1798년

나폴레옹, 피라미드 전투 승리

1798년 7월 21일 프랑스군을 이끄는 나폴레옹 보나파르트가 이집트를 지배하던 맘루크군과 전투를 벌여 크게 승리했다. 비록 피라미드는 수평선 너머로 희미하게 보였을 뿐이지만 나폴레옹은 훗날 이 전투를 이집트의 피라미드 전투라고 명명했다. 잘 훈련된 프랑스군 5개 사단은 각각 방진을 구성하고 포병과 머스킷 소총의 직사화력으로 무모한 돌격을 감행한 맘루크 기병들을 물리쳤다. 이 전투로 700년 동안 폭력으로 이집트를 지배하던 맘루크들은 종말을 고했으나 영국의 넬슨 제독이 나일 해전에서 프랑스 해군에게 승리를 거두는 바람에 나폴레옹은 중동 정복을 포기해야 했다.

7월 21일, 1925년

'원숭이 재판'에서 진화론자 유죄 선고

1925년 7월 21일 미국 테네시 주의 작은 마을 데이턴에서 생물교사가 생물학 수업에 진화론을 가르쳤다는 이유로 유죄를 선고 받았다. 피고는 고등학교 임시 생물교사 존 스콥스. 테네시 주에서는 기독교 근본주의의 압력으로 공립학교내 진화론 교육을 금하는 버틀러법이 시행 중이었다. 인구 1800명의 마을에 5000명의 방청객이 모여들 정도로 화제가 됐던 이 세기의 재판에서 스콥스는 100달러의 벌금형을 받았지만 기독교 근본주의는 재판 과정의 보도를 통해 전국적인 비웃음을 샀다.

7월 22일, 1822년

유전학의 아버지 멘델 태어남

현대 유전학을 개척한 수도사 그레고르 멘델이 1822년 7월 22일 오스트리아 하인첸도르프(현 체코의 하이첸)에서 농부의 아들로 태어났다. 빈곤한 집안 사정으로 대학은 포기했으나 성 아우구스티노 수도회의 수사가 되어 학문을 공부할 수 있었다. 30대 초부터 15년간 완두콩 교배실험을 통해 종의 형질유전에 관한 수학적인 법칙성을 발견해 멘델의 법칙을 만들어냈다. 멘델은 브륀의 학회지에 연구 성과를 '식물의 잡종에 관한 실험'이라는 제목으로 발표했지만 이해받지 못하다가 사후 16년이 지난 1900년에 3명의 학자들이 동일한 연구로 재발견하여 비로소 유전학의 아버지로 인정받았다.

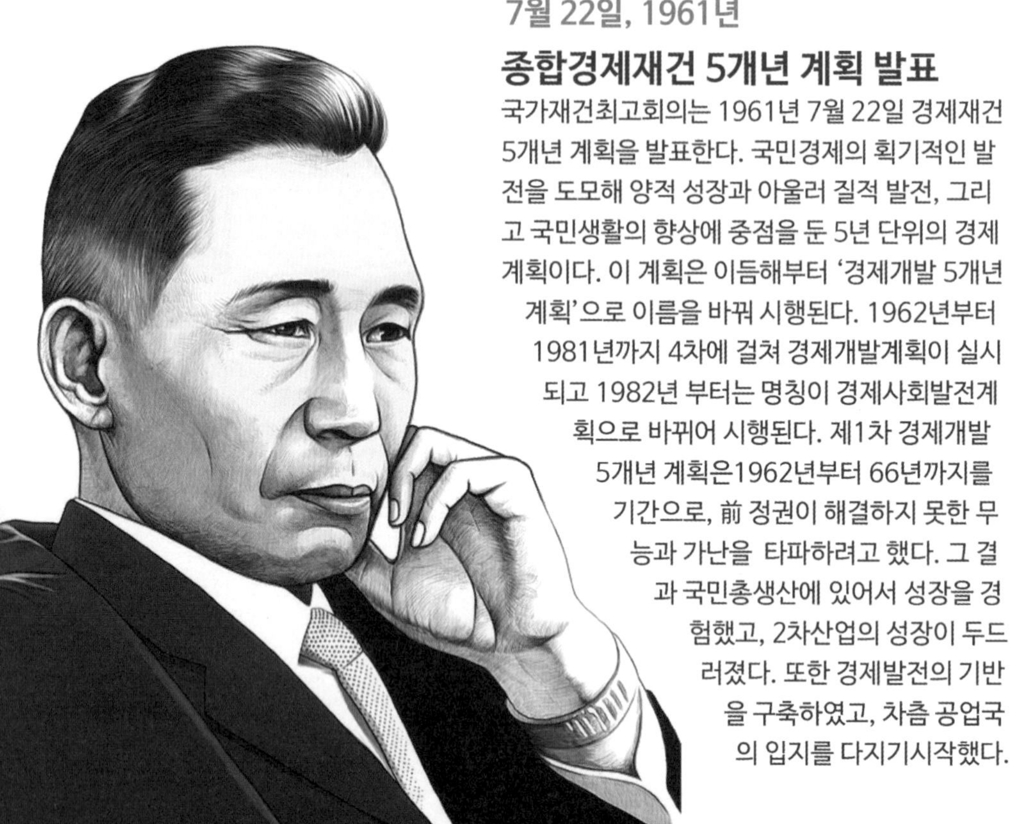

7월 22일, 1961년

종합경제재건 5개년 계획 발표

국가재건최고회의는 1961년 7월 22일 경제재건 5개년 계획을 발표한다. 국민경제의 획기적인 발전을 도모해 양적 성장과 아울러 질적 발전, 그리고 국민생활의 향상에 중점을 둔 5년 단위의 경제계획이다. 이 계획은 이듬해부터 '경제개발 5개년 계획'으로 이름을 바꿔 시행된다. 1962년부터 1981년까지 4차에 걸쳐 경제개발계획이 실시되고 1982년 부터는 명칭이 경제사회발전계획으로 바뀌어 시행된다. 제1차 경제개발 5개년 계획은1962년부터 66년까지를 기간으로, 前 정권이 해결하지 못한 무능과 가난을 타파하려고 했다. 그 결과 국민총생산에 있어서 성장을 경험했고, 2차산업의 성장이 두드러졌다. 또한 경제발전의 기반을 구축하였고, 차츰 공업국의 입지를 다지기시작했다.

7월 22일, 1934년

신화적 갱스터 딜린저 사살

1934년 7월 22일 시카고의 한 극장을 나서던 은행 강도 딜린저를 향해 127명이나 되는 FBI 요원들의 총구가 동시에 불을 뿜었다. 11번의 은행 강도와 2번의 탈옥으로 미 전역에 이름을 떨친 신화적인 갱스터의 최후였다. 교도소에서 배운 기술로 은행들을 털며 대담한 총잡이로 악명을 더하던 딜린저는 체포와 탈옥을 밥 먹듯 해 대중의 인기를 얻던 중 FBI를 조롱하는 편지까지 보냈고 분노한 FBI는 그를 사살하기로 결정한다. 그의 최후는 애인의 밀고 때문이었다.

7월 23일, 1931년

소파 방정환 타계

1931년 7월 23일 어린이에게 꿈과 희망을 전해준 소파 방정환이 32세의 나이에 신장염과 고혈압으로 사망했다. 서울 종로에서 상인의 자식으로 태어났으나 조실부모 후 고아로 어린 시절을 보낸 그는 평생 어린이에게 사랑과 용기를 심어주려 전심을 기울였다. 소년운동을 활발히 펼쳤던 천도교 교주 손병희의 사위가 되면서 최초의 아동문화 단체인 '색동회'를 조직해 순수 아동잡지 '어린이'를 창간하고 매년 5월 첫째 일요일을 '어린이날'로 정했다. 안타까운 젊은 나이에 숨을 거둘 때도 유언은 '어린이를 두고 가니 잘 부탁하오.' 였다.

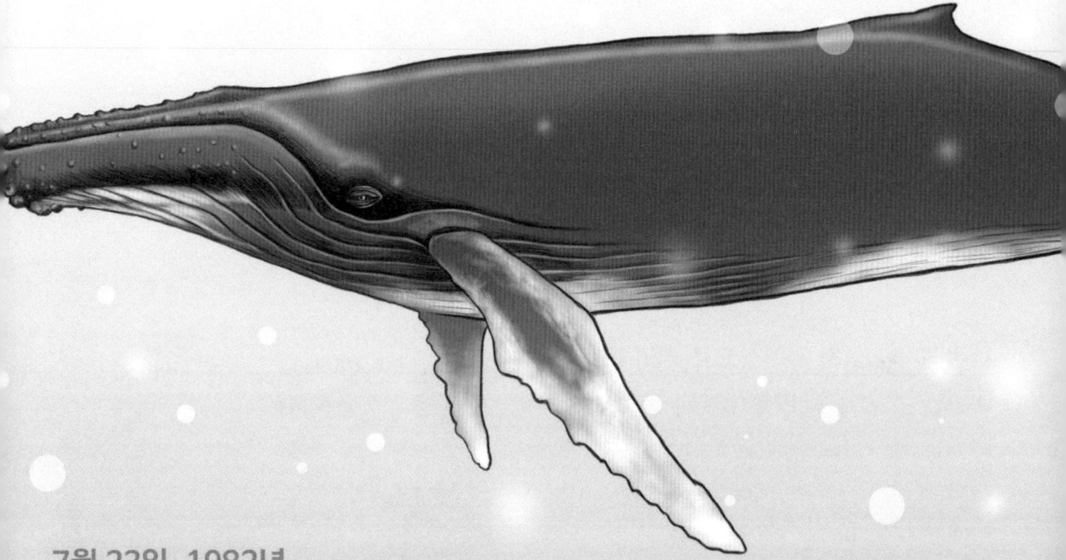

7월 23일, 1982년

포경전면금지 결정

1982년 7월 23일 국제포경위원회(IWC)가 1986년 이후 상업포경을 전면금지 하기로 결정했다. 1972년 스톡홀름 유엔 인간환경회의가 '고래가 멸종 위기에 처해있다'며 10년간 포경금지를 요청하자 10년간의 갑론을박 끝에 내려진 결정이었다. IWC는 당초에는 고래를 관리해 계속 잡아나가려는 취지에서 1946년 설립됐지만 당시 무분별한 포경으로 고래 자원의 감소 징후가 뚜렷해지자 '이래서는 안 되겠다'는 국제적인 공감대가 형성됐기 때문이다.

7월 24일, 1802년

‘삼총사’의 작가 뒤마 출생

1802년 7월 24일 북프랑스 빌레르 코트레에서 소설가 알렉상드르 뒤마가 태어났다. 어릴 때 나폴레옹의 장군이었던 아버지를 잃고 불우하게 자랐지만 방대한 독서로 교양을 쌓아 연극 희곡으로 큰 인기를 얻었다. 그 뒤 역사 소설을 신문에 연재하면서 개성 넘치는 캐릭터와 다채로운 상황묘사 등 천부적인 수완으로 ‘삼총사’ ‘철가면’ ‘몽테크리스토 백작’ 같이 오늘날까지도 전 세계적으로 인기를 유지하고 있는 소설을 써냈다.

7월 24일, 1927년

일본 소설가 아쿠타가와 자살

1927년 7월 24일 일본 최고의 신인문학상인 아쿠타가와 상의 장본인 아쿠타가와 류노스케가 도쿄 다바타의 자택에서 음독자살했다. 향년 35세. 생후 8개월 경 모친이 정신이상 증세를 보여 외삼촌댁에 양자로 가게 된 아쿠타가와는 감수성 예민한 소년으로 자랐으나 어머니의 광기가 유전될지도 모른다는 공포감에 평생 떨었다. 동경제국대학 영문과 재학 중 '코'를 발표해 나츠메 소세키의 격찬을 받으며 화려하게 문단에 등단한 그는 대학 졸업 후 '라쇼몬', '고구마죽'을 발표하며 인간에 대한 날카로운 비판과 섬세한 서정성을 갖춘 독자적인 작품세계를 구축했다.

7월 25일, 1974년

추상화가 김환기 사망

1974년 7월 25일 한국 모더니즘 미술의 제 1세대로 '한국 추상미술의 아버지'로 불리는 수화 김환기가 뉴욕에서 뇌출혈로 사망했다. 김환기는 일본 도쿄에서 유학 생활을 했고 광복 후 '신사실파'를 결성해 국내 모더니즘 운동을 주도했으며 파리를 거쳐 1963년 미국 뉴욕에 정착한 이후 점묘화에 주력했다. 말년에는 수묵에 가까운 동양적 추상화의 세계를 펼쳤는데 그가 평생 천착했던 주제는 한국적 서정과 자연이었다. 현재 서울 종로구 부암동에 환기미술관이 있다.

7월 25일, 1895년

퀴리 부부, 결혼식 후 자전거로 신혼여행

폴란드에서 태어나 고교시절부터 가정교사를 하며 대학 학자금을 모은 마리 퀴리는 프랑스 소르본느 대학 물리학과를 수석 졸업했다. 1895년 7월 25일 28세의 마리 퀴리와 35세의 피에르 퀴리가 결혼 후 자전거로 신혼여행을 떠났다. 과학에 대한 열정 외에는 아무것도 없었던 가난한 신혼부부는 마리의 사촌이 결혼 선물로 준 자전거가 전 재산이었다. 두 사람은 8년 후 노벨물리학상을 받았고 피에르가 사고로 세상을 뜬 후 연구를 계속한 마리 퀴리는 1911년 노벨화학상을 수상했다.

7월 26일, 1952년

‘에비타’, 에바 페론 사망

1952년 7월 26일 사생아로 태어나 밑바닥 인생을 전전한 끝에 27세 라는 세계 최연소 나이로 영부인 자리까지 올랐던 에바 페론이 33세의 젊은 나이에 백혈병과 자궁암으로 죽었다. 유랑극단의 3류 배우, 나이트클럽의 무명댄서였던 에바가 24세나 나이 차가 나는 육군 대령 후안 페론을 만나면서 인생의 새로운 전환점을 맞았다. 남편 페론이 대통령에 취임하자 아예 노동부 건물에 사무실을 차리고 노동자들의 요구에 귀를 기울였고 하층민에게는 병원, 고아원, 학교를 지어주며 폭발적인 인기를 끌었지만 정적들 눈엔 전형적인 포퓰리즘에 불과해 한쪽에서는 성녀, 반대편에선 악녀였다. 에바 사후, 아르헨티나는 곪았던 환부가 터지기 시작해 회복하기 힘든 혼란으로 빠져들었다.

7월 26일, 1875년

심리학자 카를 융 출생

1875년 7월 26일 분석심리학의 기초를 세운 정신의학자이자 심리학자 카를 구스타프 융이 스위스 바젤에서 태어났다. 그는 부모의 불화와 어머니의 투병 등으로 어린 나이에 자기 분열을 경험하면서 무의식의 세계를 연구하게 된다. 한때 지크문트 프로이트의 수제자였으나 리비도를 성적으로만 해석하려 한 스승과 결별하고 리비도는 인간의 보편적이고 창조적인 에너지라고 설명했다. 그는 또한 신화와 상징의 연구와 집단 무의식, 에고(자아), 아니마(여성성)와 아니무스(남성성) 이론으로도 유명했다.

7월 26일, 1953년

쿠바 혁명 발발

1953년 7월 26일 피델 카스트로가 이끄는 반 바티스타 혁명 반군이 산티아고 데쿠바의 몬카다 군 병영을 습격하면서 쿠바 혁명이 시작됐다. 그러나 대규모 정부군 때문에 혁명은 실패했고 혁명군은 도주했다. 체포된 카스트로는 복역 20개월 만에 풀려난 후 멕시코로 망명, 체 게바라를 만났고 다시 반군과 함께 쿠바에서 게릴라전을 벌였다. 최초 혁명 발발 후 5년 만인 58년12월31일 독재자 바티스타가 도망가면서 카스트로는 마침내 승리를 거두었다.

7월 27일, 1952년

'인간기관차' 자토페크 1만m 우승

1952년 7월 27일 제15회 헬싱키 올림픽 1만m 경기에서 체코슬로바키아의 육군 육상선수 에밀 자토페크가 29분 17초로 우승했다. 4일 뒤 5천m 트랙에서도 우승, 또 3일 뒤인 올림픽 마지막 날 마라톤에서도 1위를 차지해 육상 3관왕으로 헬싱키의 영웅이 됐다. 놀라운 것은 마라톤은 자토페크가 처음 도전하는 종목이었다는 사실이다. 그는 평소 군인답게 완전군장으로 산악구보를 하며 달리기 실력을 쌓았는데, 68년 '프라하의 봄' 때는 소련의 압제에 맞서 싸우다 육군 육상코치 자리에서 쫓겨나기도 했다.

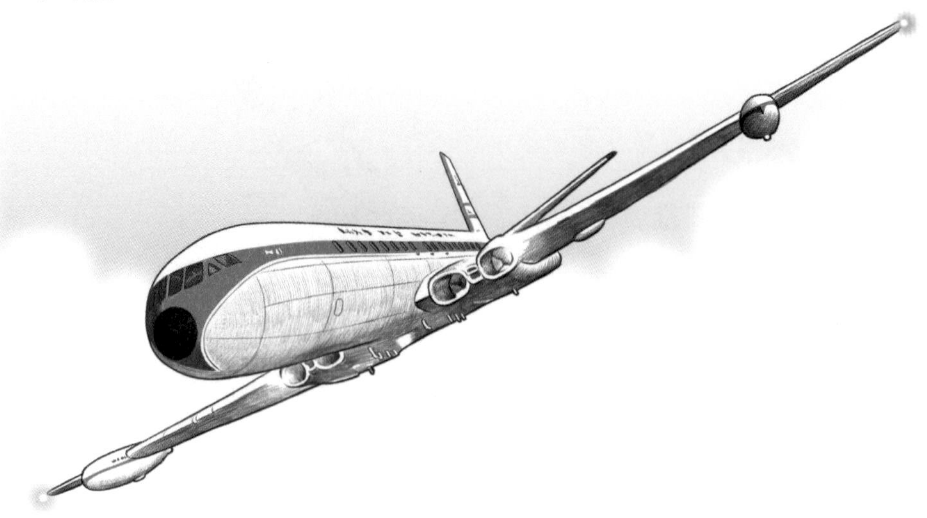

7월 27일, 1949년

최초의 제트여객기 '코멧' 비행 성공

1949년 7월 27일 세계 최초의 제트여객기 '코멧'이 첫 비행에 성공했다. 처음에는 운항이 순조로웠으나 1953년과 54년 잇달아 공중폭발사고가 발생했다. 사고조사 결과, 종전 여객기에 비해 훨씬 높은 고도를 비행하던 코멧은 큰 기압차로 동체가 신축과 팽창을 거듭하여 사각으로 설계된 유리창 모서리에 하중이 걸려 균열이 생기면서 공중폭발하게 된 것이었다. (이후 항공기 외피 중 뚫린 부분은 대개 원형이나 끝이 둥근 사각형을 사용하게 됐다.) 이를 개량해 4형까지 개발했지만 그 사이 시장은 미국의 보잉과 더글러스사의 대형 제트여객기가 차지한 상태였다.

7월 27일, 2009년

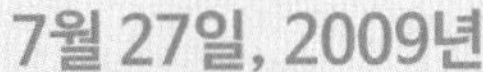

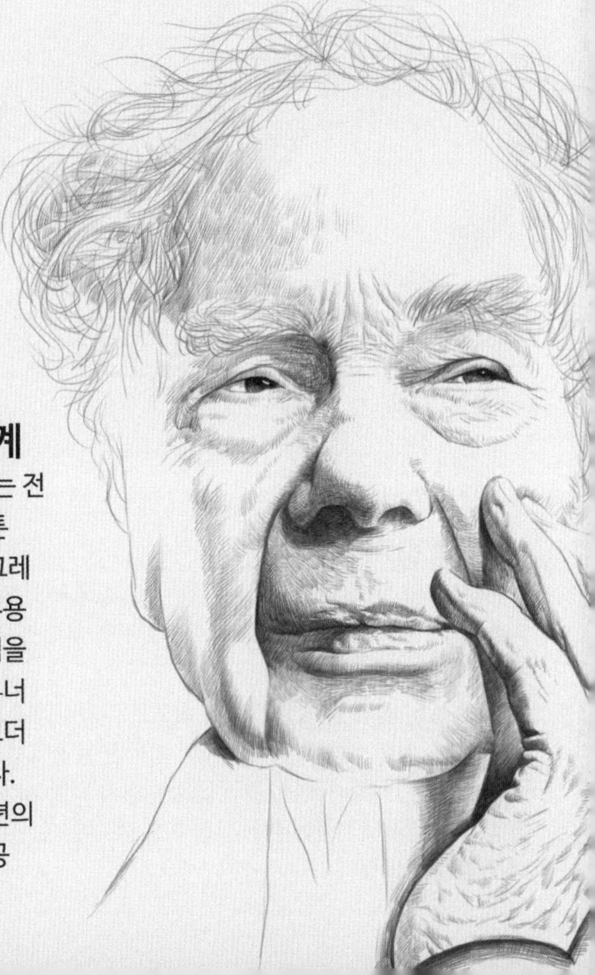

현대무용의 거장 커닝엄 타계

2009년 7월 27일 현대무용의 살아있는 전설로 불리는 머스 커닝엄이 뉴욕 맨해튼 자택에서 별세했다. 향년 90세. 마사 그레이엄의 무용수로 활약하다가 자신의 무용단을 결성한 커닝엄은 고전무용의 규범을 깨뜨리고 무용과 일상생활의 경계를 무너뜨린 춤을 선보이며 무용계에 포스트모더니즘을 도입하는 데 결정적 역할을 했다. 그는 또 비디오아티스트 백남준과 40년의 우정을 바탕으로 비디오작품 등 많은 공동작품을 발표하기도 했다.

7월 28일, 1586년

북미산 감자, 유럽 상륙

1586년 7월 28일 영국 폴리머스항. 신대륙에서 막 돌아온 프랜시스 드레이크 선단이 북미산 감자를 풀었다. 영국의 수학자이자 천문학자인 토머스 해리엇이 북미 로노크섬 식민지에서 담배와 함께 채집한 원주민들의 작물이었다. 아일랜드에 대규모 농장을 소유하고 있던, 엘리자베스 여왕의 총신 월터 롤리 경 덕분에 빠른 속도로 퍼져나갔다. 일부 귀족들은 감자를 '땅 속에서 나는 악마의 음식, 천한 식품'으로 여겼지만 척박한 토양에서도 잘 자라는 장점 때문에 각국으로 퍼져나갔다. 17세기 이후 유럽 인구의 급증이 감자 덕분이라는 견해도 있다. 감자 뿌리가 썩는 식물전염병 탓에 감자대기근이 휩쓸 무렵 아일랜드에서는 인구의 절반 이상이 일 년 중 10개월은 감자로 연명할 정도였다.

7월 28일, 1750년

바로크의 거장 바흐 사망

1750년 7월 28일 독일의 작곡가 겸 오르가니스트 요한 세바스찬 바흐가 생을 마쳤다. 그는 17세기 바로크 음악의 총괄자 이자 최후의 거장이었다. 생전에 바로크가 마감되고 고전파 음악이 시작되면서 보수적이고 낡은 것으로 취급되면서 사후 100년 동안 잊혔던 바흐 음악은 멘델스존의 복원운동으로 부활했고 바흐는 바로크를 대표하는 가장 위대한 음악가로 추앙받게 됐다. 베토벤은 '바흐는 아무리 퍼올려도 마르지 않는 풍부함으로 bach(시냇물)이 아니라 meer(바다)로 불려야 할 것'이라 말했다.

7월 28일, 2004년

현대차 수출 1000만대 돌파

2004년 7월 28일 현대자동차의 누적 수출대수가 1000만대를 돌파했다. 유독 품질 경영을 강조하던 정몽구 회장의 취임(99년)과 함께 자동차 품질이 크게 개선되면서 소비자들로부터 인정받기 시작한 결과였다. 현대차는 1976년 국내 첫 고유 모델인 '포니' 6대를 남미 에콰도르에 처음 수출한 지 28년 만에 자동차 수출 1000만대 기록을 달성했다. 자동차 1000만대는 여의도 면적의 27배에 달하며, 자동차 1000만대를 일렬로 세우면 지구 둘레를 한번 돌고도 한반도를 두 번 더 왕복할 수 있는 길이다.

7월 29일, 1890년

불꽃의 화가 고흐 떠나가다

고뇌와 열정으로 가득찬 생을 작품으로 그려낸 화가 빈센트 반 고흐가 1890년 7월 29일 프랑스 오베르에서 권총으로 자신을 쐈다. 향년 37세. 네덜란드에서 목사의 아들로 태어난 그는 27세에 화가가 되기로 결심했다. 파리에서 인상파와 신인상파의 영향을 받고 아를에 정착해 타는 듯한 형태와 강렬한 색채로 반 고흐 특유의 화풍을 전개했다. 아를에서 고갱과의 공동생활 중 정신증이 발병해 자신의 귀를 자르는 사건 등으로 정신병원에 입원과 퇴원을 반복하다, 동생 테오의 헌신적인 뒷바라지에도 불구하고 끝내 자신을 억제하지 못했다.

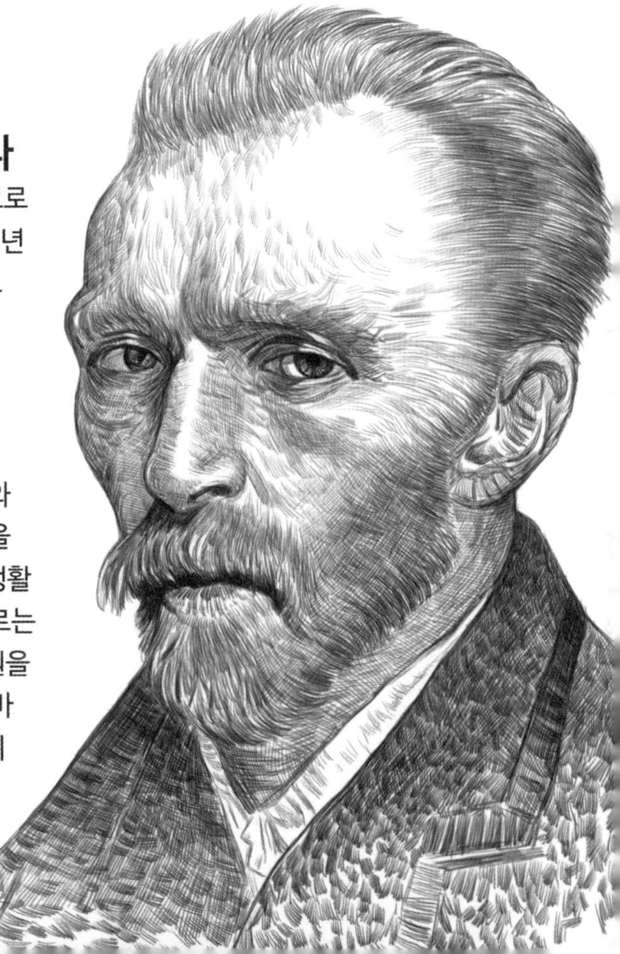

7월 29일, 1981년

찰스 황태자와 다이애나 결혼

1981년 7월 29일 영국에서 세기의 결혼식이 거행됐다. 주인공은 찰스 황태자와 다이애나였다. 결혼식장인 성 바오로성당엔 3500여 명의 귀빈이 참석했고 50여 개국 80개 TV 방송사가 결혼식을 생중계해 전 세계 7억 명이 현대판 신데렐라의 탄생을 지켜봤다. 그러나 이들의 결혼생활은 그리 순탄치 않았다. 부부는 결혼 11만에 별거에 들어갔고 1996년 공식 이혼했다. 다이애나는 1997년 8월 31일 파리의 한 터널에서 의문의 교통사고로 숨졌고 황태자는 운명의 여인 카밀라 파커 볼스와 두 번째 결혼을 했다.

7월 29일, 1954년

톨킨의 '반지 원정대' 출간

1954년 7월 29일 영국의 언어학 교수이자 작가인 존 로널드 루엘 톨킨이 쓴 '반지의 제왕' 3부작 중 첫째 권인 '반지 원정대'가 출간됐다. '반지의 제왕'은 톨킨이 자신의 아이들에게 읽어주려 쓴 '호빗'의 속편으로 호빗족 프로도가 마법사 간달프의 인도아래 요정과 난쟁이와 인간의 연합군인 반지 원정대를 이끌어 절대반지를 파괴하는 여정을 그리고 있다. 2부와 3부의 제목은 각각 '두개의 탑'과 '왕의 귀환'이다. '반지의 제왕' 시리즈는 CS루이스의 '나니아 연대기'와 어슐러 르귄의 '어스시 시리즈'와 함께 세계 3대 판타지 소설로 꼽힌다.

7월 30일, 1898년

철혈재상 비스마르크 사망

"현재의 큰 문제는 언론이나 다수결이 아니라 쇠와 피를 통해 결정된다". 1898년 7월 30일 근대 독일의 창건에 결정적 역할을 한 정치가 오토 폰 비스마르크가 향년 83세로 사망했다. 그는 19세기 중반까지 분열돼 있던 독일을 통일하고 1871년 최초의 민족국가인 독일제국을 창건해 유럽열강의 대열에 올려놓았다. 그러나 자유주의와 사회주의 세력은 그를 강압적인 철권 통치로 히틀러의 나치즘을 잉태시킨 보수 반동의 권력자로 낙인찍고 있다.

7월 30일, 1935년

'펭귄북스' 첫선

1935년 7월 30일 문고본의 대명사인 '펭귄북스'가 영국에서 첫선을 보였다. 어니스트 헤밍웨이의 '무기여 잘 있거라', 아가사 크리스티의 '스타일즈 저택의 미스터리' 등 10권이 첫 시리즈로 나왔다. 가격은 당시 담배 한 갑 가격이던 6펜스. 펭귄북스는 현대적인 의미에서 '페이퍼백'(종이 표지에다 본문도 중질지 이하의 용지를 쓰는 보급판)의 시초로 꼽힌다. 출판사의 상징은 '기품이 있되 경망스러운' 펭귄이 낙점됐다. 펭귄북스는 첫선을 보인 지 1년 만에 300만부가 팔리면서 '페이퍼백 혁명'을 불러일으켰다.

7월 30일, 1863년

미국 자동차왕 포드 출생

1863년 7월 30일 미국의 자동차산업 발전에 선구적 역할을 한 헨리 포드가 태어났다. 일찌감치 기계에 관심을 가졌던 그는 25세부터 약 10년간 에디슨 조명회사의 기술자로 일했다. 1903년 포드자동차를 설립하고 1908년에는 이후 20년 가까이 전세계 차량 생산의 절반을 차지한 T형 포드를 선보였다. 1910년대 초부터 부품의 표준화 및 일관작업공정으로 대량생산이 가능하게 되어 판매가격을 낮출 수 있었다. 또한 노동자들의 최저 임금을 타사의 2배로 하는 동시에 작업시간을 줄여 생산 비용을 낮추고 노동자들의 구매력을 높였다. 1936년에는 포드재단을 설립해 자선활동에도 힘썼다.

7월 31일, 1886년

피아노의 왕자 리스트 사망

1886년 7월 31일 피아노 순회연주로 유럽을 들썩이게 했던 피아노의 천재 프란츠 리스트가 사망했다. 헝가리의 시골 라이딩에서 태어난 리스트는 체르니에게 피아노를, 살리에르에게 작곡을 배웠다. 멋진 외모와 세련된 매너로 절정의 인기를 구가했던 그는 귀족부인과의 결혼에 실패한 후 사제가 됐다. 성직자 생활 중에도 500명 이상의 후진을 기르는 한편, 사위 바그너와 베를리오즈를 도와 낭만주의 세계를 번영시켰던 리스트는 만년에 교향시 분야에 새로운 길을 개척했다.

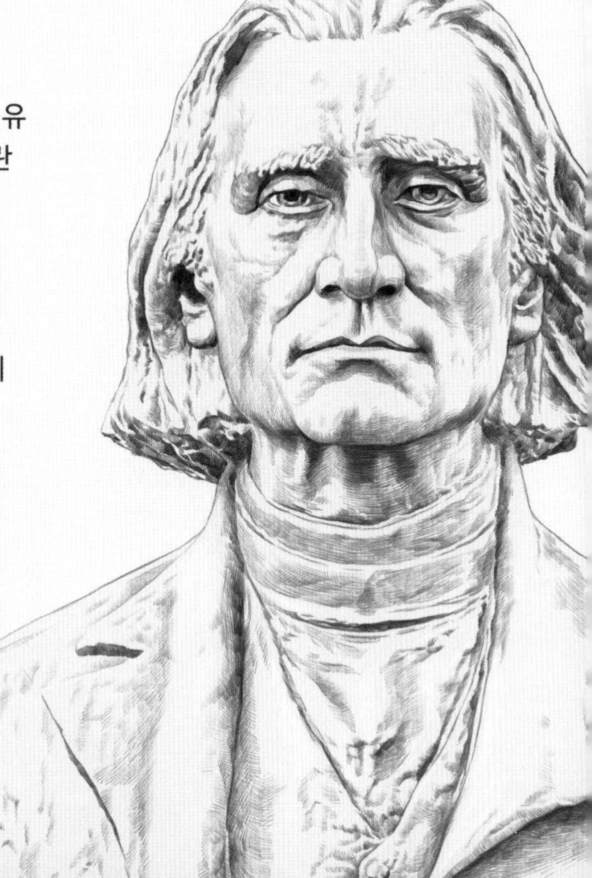

7월 31일, 1877년

발명왕 에디슨, 축음기 발명

발명왕 에디슨이 1877년 7월 31일 축음기를 발명했다. 11월 미국 특허국에 특허권을 제출할 당시의 축음기 이름은 '토킹 머신'이었다. 글자 그대로 말하는 기계에 불과했다. 8월 12일 에디슨은 뉴저지에 있는 작업실에서 동료들에게 둘러싸인 채 사상최초의 녹음을 시도했다. 녹음한 내용은 자신과 친구들이 함께 부른 동요 '메리에게 작은 양이 한 마리 있었네(Mary Has a Little Lamb)'였다. 그러나 에디슨의 녹음방식은 왁스를 녹인 원통에 바늘로 기록하는 것으로 오늘날처럼 대량생산을 위한 것으로는 역부족이었다. 에디슨의 축음기는 1878년 필라델피아에서 열린 만국박람회에 출품됐다.

7월
July

8월
August

9월
September

10월
October

11월
November

12월
December

8월 1일, 1944

안네 프랑크가 마지막 일기를 쓰다

1944년 8월 1일 15세의 다정다감한 사춘기 소녀 안네가 자신의 분신처럼 여겨 '키티'란 이름까지 지어준 일기장에 마지막 일기를 남겼다. 나치 독일의 비밀경찰을 피해 책장 뒤의 은신처에서 2년 째 비참하게 살았던 프랑크 일가 4명의 일상과 심신의 성장, 어른들 세계와 전쟁에 대한 통렬한 비판 등을 꾸밈없이 담아낸 일기였다. 그러나 불과 3일 후 누군가의 밀고로 게슈타포에 끌려간 가족은 아버지 오토를 제외한 세 모녀가 죽음에 이르고 말았다.

8월 1일, 1976년

양정모, 올림픽 첫 금메달

1976년 8월 1일 제21회 올림픽이 열린 캐나다 몬트리올에서 레슬링 자유형 62kg급의 양정모가 우승하여 해방 후 첫 금메달을 땄다. 양정모는 결승에서 몽골의 강호 오이도프에게 판정패 했지만 결승리그에 진출한 세 명 가운데 종합점수가 가장 높아 금메달을 차지한 것이다. 36년 베를린 올림픽에서 마라톤의 손기정 선수가 한국인으로서는 처음으로 일장기를 달고 우승한 이후 40년 만의 쾌거였다.

8월 2일, 1921년

전설적 테너 카루소 사망

1921년 8월 2일 이탈리아의 전설적인 성악가 엔리코 카루소가 고향 나폴리에서 사망했다. 10살 때부터 공장에 나가야 할 만큼 빈민가에서 비참한 어린 시절을 보낸 카루소는 성당의 소년 성가대에서 노래하다 발탁돼 하층민의 삶을 노래하는 베리스모 오페라에서 두각을 나타냈다. 이후 스칼라와 메트로폴리탄에서 백지수표를 받을 정도로 절정의 인기를 구가했으나 무려 607차례의 공연에 출연하며 완벽한 무대를 위해 몸을 혹사하다 늑막염으로 겨우 48세에 숨을 거두었다. 20세기 성악의 끝이 루치아노 파바로티였다면 시작은 엔리코 카루소였다.

8월 2일, 기원전 216

한니발, 로마군을 궤멸시키다

기원전 216년 8월 2일 이탈리아 남부 칸나에 평원에서 카르타고의 한니발 바르카스가 완벽한 포위 작전으로 로마군을 전멸시켰다. 한니발의 부대는 보병의 수가 로마의 절반에 불과했으나 로마군에 비해 질과 숫자가 앞선 기병으로 양쪽 날개를 맹공, 포위하여 6만 명의 로마군을 전사시키는 압승을 거두었다. 이 전투는 현대에도 포위섬멸전의 교본으로 남아 각국 사관학교에서 기본적으로 가르치고 있다. 그러나 한니발도 끝내 로마를 항복시키지 못하고 아프리카 본국에서 스키피오가 이끄는 로마원정군과의 자마전투에서 패배, 카르타고는 로마에 점령당하고 철저하게 유린된다.

8월 3일, 기원전 210년

진시황제 사망

기원전 210년 8월 3일 불로장생의 허망한 꿈을 좇던 진시황이 불과 50세의 나이에 사망했다. 중국 최초의 중앙집권적 통일제국인 진나라를 건설한 그는 법과 제도를 정비하고 문자, 도량형, 화폐를 통일했으며 만리장성을 건설했다. 전설의 삼황과 오제에서 따온 황제라는 명칭을 최초로 사용한 그는 그러나, 분서갱유로 문명을 파괴하고 아방궁 등 사치한 토목공사로 백성들을 피폐하게 만들었다. 그의 사후 4년 만에 진제국도 어이없이 멸망하고 말았다.

8월 3일, 1346

'노블레스 오블리주' 탄생하다

1346년 8월3일 프랑스 칼레시가 영국에 함락됐다. 그런데 정예병력 3만 4000명이 시민 8000명을 정복하는데 11개월이 걸린 사실에 분노한 영국 왕 에드워드 3세가 주민 모두를 학살하라는 끔찍한 명령을 내렸다. 몰살의 위기에 처해 있던 이때, '주민 대표 여섯 명이 삭발하고 목에 밧줄을 맨 채 맨발로 처형대에 오르면 몰살을 면하게 해주겠다'는 영국 왕의 말에 부유하고 지체 높은 주민 대표 여섯 명이 다투어 죽기를 자처하고 나섰다. 이에 마음이 움직인 영국 왕이 모두를 용서하는 자비를 베풀었고 칼레의 지도층이 보여준 용기와 희생정신은 '고귀한 자 일수록 먼저 책임을 진다'는 '노블레스 오블리주'의 원형이 됐다.

8월 4일, 1875

‘동화의 아버지’ 안데르센 사망

1875년 8월 4일 ‘인어공주’ ‘미운 오리 새끼’ ‘성냥팔이 소녀’등 130여 편의 동화를 지은 덴마크 작가 한스 크리스티안 안데르센이 생을 마감했다. 가난하고 불우한 어린 시절을 보내고 10대 때 배우를 지망했으나 뜻을 이룰 수 없었던 안데르센은 코펜하겐의 왕립 극장 단장인 요나스 콜린의 눈에 들어 그의 후원으로 대학 공부를 하고 작가의 길로 들어섰다. 뛰어난 상상력을 바탕으로 한 환상적인 묘사와 따뜻한 휴머니즘을 작품에서 발휘한 그는 평생 독신으로 지내며 최고의 명성을 누렸고 그의 장례식에는 전 국민이 상복을 입을 정도로 덴마크 국민의 사랑을 받았다.

8월 4일, 2003

정몽헌 현대아산 회장 사망

대북송금과 비자금 150억원 조성 의혹과 관련해 검찰 조사를 받아오던 정몽헌 현대아산 회장이 서울 계동 현대사옥 12층에 있는 자신의 사무실에서 투신해 스스로 목숨을 끊었다. 정회장의 사무실에서 '대북 사업을 강력히 추진하기 바란다'는 내용의 유서가 발견됐다. 현대그룹 창업주인 고 정주영 회장의 5남이었던 정몽헌 회장은 2000년 6월 현대아산 회장에 취임하면서 대북사업에만 전념했었으나 사업에 대한 엇갈리는 평가와 검찰의 잇따른 소환 조사에 중압감을 느꼈던 것으로 알려졌다.

8월 5일, 1962년

마릴린 먼로 의문의 죽음

1962년 8월 5일 세기적인 섹스 심벌 마릴린 먼로가 자살로 보이는 의문의 죽음으로 생을 마감했다. 불우한 어린 시절을 보낸 그녀는 누드모델을 하다 할리우드에 발을 들여놓았고 영화 '나이아가라'에서 주연을 맡아 폭발적인 인기를 얻었다. 멋진 금발과 푸른 눈, 전신에서 발산하는 성적 매력으로 그녀는 순식간에 세계적인 섹시 심벌로 떠올랐다. 그러나 연이은 결혼 실패와 비인간적인 할리우드의 생리로 인한 약물중독 등 불행한 사생활은 그녀를 벼랑으로 내몰고 말았다.

8월 5일, 1991년

혼다 소이치로 사망

1991년 8월 5일 일본의 자동차기업 혼다의 창업자 혼다 소이치로가 85세를 일기로 사망했다. 28세에 피스톤제조회사를 설립하고 48년에 오토바이를, 63년엔 승용차를 생산해 각각 세계 최고의 제품으로 올려놓은 그는 일본에서 기술개발을 통한 입지형 기업인의 대표적 인물로 손꼽힌다. 초등학교 졸업 후 도쿄의 자동차정비공장에서 일하다가 독립해 경영자가 되고서도 2~3일 동안 밤을 새며 기술 개발에 몰두하기 다반사였다. 46년 혼다기술연구소를 설립한 지 13년 만에 세계 오토바이 레이스를 석권하고 자동차대국 미국에 혼다 공장을 설립해 일본인들조차 놀라게 했다.

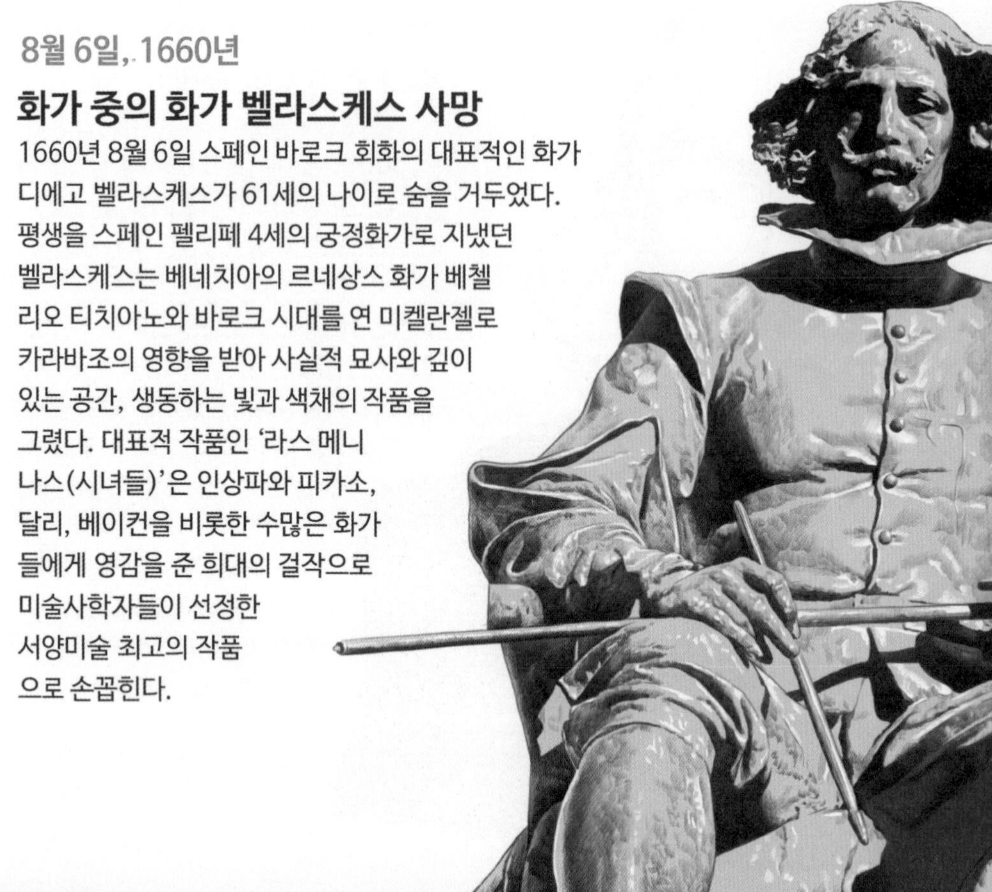

8월 6일, 1660년

화가 중의 화가 벨라스케스 사망

1660년 8월 6일 스페인 바로크 회화의 대표적인 화가 디에고 벨라스케스가 61세의 나이로 숨을 거두었다. 평생을 스페인 펠리페 4세의 궁정화가로 지냈던 벨라스케스는 베네치아의 르네상스 화가 베첼리오 티치아노와 바로크 시대를 연 미켈란젤로 카라바조의 영향을 받아 사실적 묘사와 깊이 있는 공간, 생동하는 빛과 색채의 작품을 그렸다. 대표적 작품인 '라스 메니나스(시녀들)'은 인상파와 피카소, 달리, 베이컨을 비롯한 수많은 화가들에게 영감을 준 희대의 걸작으로 미술사학자들이 선정한 서양미술 최고의 작품으로 손꼽힌다.

8월 6일, 1610년

허준, 동의보감 완성

1610년(광해군 2년) 8월 6일 조선 선조와 광해군 때의 전의이며 한의학자인 허준이 동양의술의 백과전서인 '동의보감' 총 25권 25책을 완성했다. 선조의 명에 따라 편찬을 시작한지 13년 만의 일이다. 이 의서는 1613년 간행되어 조선은 물론 일본과 중국에까지 전해져 천하의 보물로 그 가치가 크게 평가됐다. 동의보감은 2009년 7월 31일 유네스코 세계기록유산으로 등재되었다. 허준은 이 밖에도 '벽역신방', '신찬벽온방' 등 많은 의학서를 남겼는데 이 역시 중요한 동양의서로 손꼽힌다.

8월 6일, 1945년

히로시마 원폭 투하

1945년 8월 6일 오전 8시 15분경 미군 폭격기 B-29가 일본의 군사도시 히로시마에 원자폭탄을 투하했다. 지름 71cm, 길이 3.05m, 무게 4톤의 원폭은 '리틀 보이'라는 별명으로 불렸다. TNT 2만 톤의 위력과 맞먹는 이 폭탄으로 7만여 명의 인간과 함께 폭격중심반경 500m 이내의 모든 생명체가 현장에서 즉사했고 이후 5년 안에 7만여 명이 추가로 사망한다. 트루먼 미국대통령은 사흘 뒤인 8월 9일 나가사키에 두 번째 원폭을 떨어뜨렸고 일본의 히로히토 천황은 8월 15일 무조건 항복했다.

8월 7일, 1876년

스파이 마타하리 태어남

제1차 세계대전 당시 독일과 프랑스를 오가며 이중간첩으로 활동한 여성스파이 마타하리가 네덜란드의 평범한 가정에서 태어났다. 본명이 마그레타 G. 젤러인 마타하리는 말레이어로 '새벽의 눈동자'라는 뜻인 그녀는 19세에 네덜란드 장교 매클라우드와 결혼했으나 이혼하고 파리 물랭루주에서 스트립댄서로 유명해졌다. 제1차 세계대전 때 접근한 독일정보국 장교를 통해 프랑스 고위층의 정보를 캐다 역으로 프랑스의 스파이로도 활동했다. 1917년 독일과 프랑스 양쪽에서 버림받은 그녀는 프랑스에서 반역죄로 체포돼 10월 15일 총살당했다.

8월 7일, 1941년

인도의 문호 타고르 사망

1941년 8월 7일 시인 라빈드라나드 타고르가 세상을 떠났다. 향년 80세. 인도 캘커타의 명문가에서 태어난 타고르는 11살 때부터 시를 썼는데, 문학뿐만 아니라 여러 예술 분야와 교육에 큰 영향을 끼친 인도의 거인이었다. 인도의 독립운동에도 앞장섰던 타고르는 '신에게 바치는 송가'라는 뜻의 시집 '기탄잘리'로 동양인 최초로 노벨문학상을 받았다. 그는 또 일제 식미지 하에 신음하던 우리나라 국민에게 '동방의 불꽃'이라는 희망의 시를 전해 준 우정의 시인이었다.

8월 8일, 1989년

바둑천재 이창호, 세계 최연소 타이틀 획득

1989년 8월 8일 14세의 바둑천재 이창호 3단이 KBS 바둑왕에 올라 세계 최연소 타이틀을 거머쥐었다. 그는 불과 3년 후 동양증권배에서 일본의 임해봉과 조치훈을 꺾고 세계 바둑황제에 오르게 된다. 이창호는 초등학교 1학년 때 조부 이화춘의 인도로 바둑에 입문했고 조훈현 9단의 내제자가 되어 초등 6학년 때 최연소로 프로바둑에 입단한 기록도 있다.

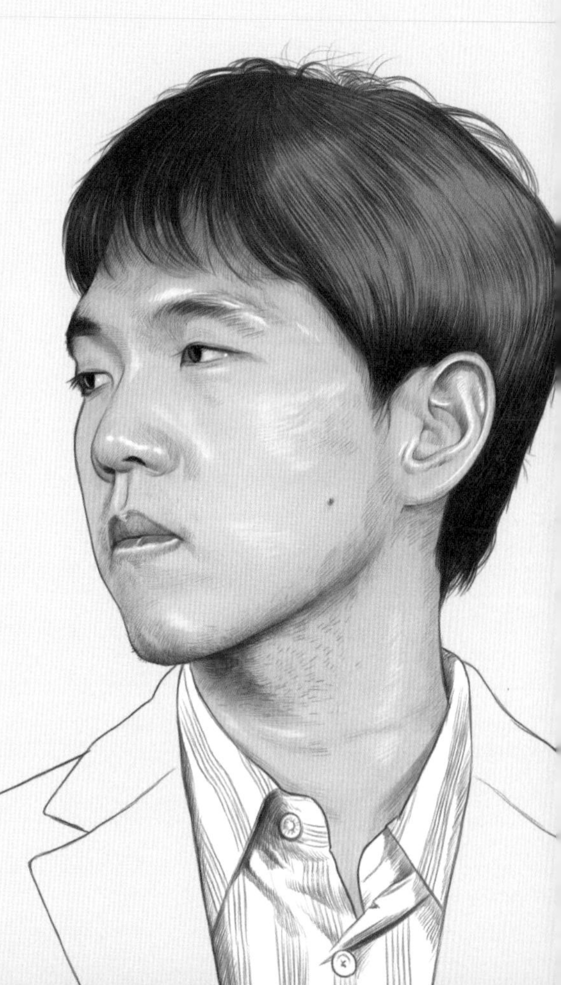

8월 8일, 1967년

'동양의 무희' 최승희 사망

1967년 8월 8일 일제강점기 세계무대에 조선춤을 알려 최고의 찬사를 받았던 무용가 최승희가 사망했다. 경성의 숙명여학교를 졸업한 그녀는 일본의 현대무용가 이시이 바쿠의 무용에 감복해 일본으로 건너가 무용을 배운 후 귀국, 최승희 무용연구소를 차렸다. 1930년대 후반부터 유럽, 미국, 남미, 중국 등지에서 순회공연을 하며 '세계적인 동양의 무희' 라는 찬사를 받았다. 광복 후 일본 위문공연의 전력을 이유로 친일시비에 휘말리자 남편 안막을 따라 월북 후 60년대에 숙청당했으나 2003년 북한에서 복권됐다.

8월 9일, 1992년

황영조, 바르셀로나 올림픽 마라톤 우승

무더위가 한창이던 1992년 8월 9일 한국의 마라톤 선수인 황영조가 '죽음의 언덕'으로 불리는 몬주익 언덕에서 앞서 달리던 일본의 모리시타를 극적으로 따돌리고 제25회 바르셀로나 올림픽 대회의 피날레를 금메달 획득으로 장식했다. 황영조는 2시간 13분 23초의 기록으로 우승을 차지했는데 이는 올림픽 대회 마라톤 종목 사상 아시아인으로서는 2번째 우승이었으며, 1936년 오늘, 베를린 올림픽 대회에서 우승한 손기정에 이어 56년 만에 되찾은 우승이기도 했다.

8월 10일, 1519년

마젤란, 최초의 세계 일주 출항

지금으로부터 거의 500년 전인 1519년 8월 10일 스페인 탐험가 페르디난드 마젤란이 265명을 태운 5척의 함대를 이끌고 최초의 세계 일주를 위해 스페인의 세비야를 출발했다. 목적지는 별볼일 없는 신대륙이 아니라 원래의 목적지인 '보석과 향료의 낙원'이었다. 아메리카를 돌아 인도양으로 가려 했으나 도처에서 뱃길이 막혔다. 신대륙 아메리카가 북극에서 남극까지 길게 뻗어 있었기 때문이다. 출항 후 1년도 더 지난1520년 11월 마젤란 함대는 천신만고 끝에 남아메리카 남단을 돌아, 훗날 자신의 이름이 붙여진 마젤란 해협을 통과해 첫 번째 난관을 돌파했으나 그들을 기다리고 있던 바다는 인도양이 아니라 미지의 거대한 바다, 태평양(이 이름도 마젤란이 붙였다)이었다. 그야말로 망망대해 속에서 희망 없는 100일을 보낸 후 가까스로 1521년 3월 괌에 도착했지만 마젤란은 4월 27일 필리핀 원주민과 전투하던 중 죽었다. 그해 9월 5일, 1080일 동안 247명의 목숨을 희생한 끝에 세계 일주를 마친 생존자 18명이 스페인 세비야 대성당에서 죽은 동료들을 위해 기도를 올렸다.

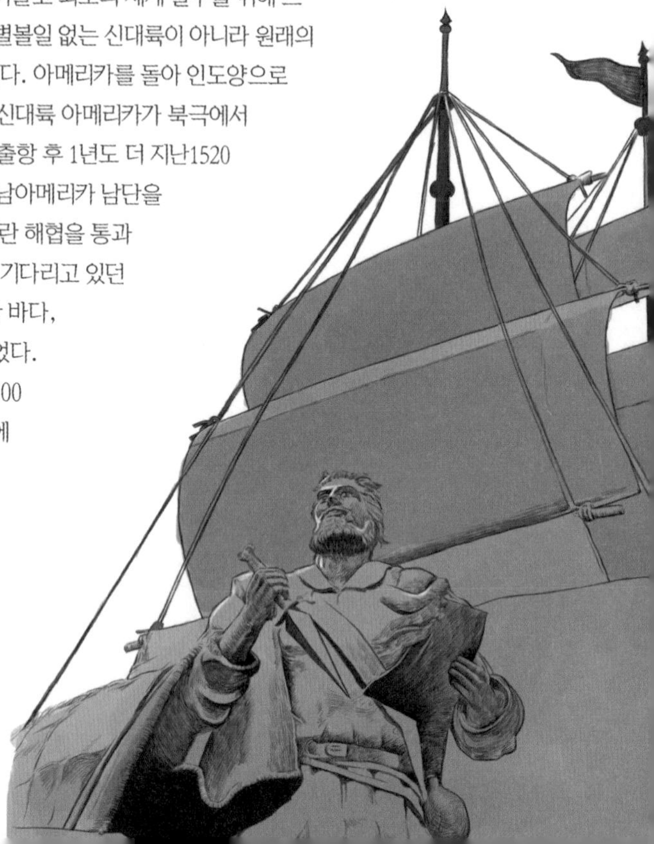

8월 10일, 2008년

박태환, 한국 수영 첫 금메달

2008년 8월 10일 베이징올림픽 남자 수영 자유형 400m에서 한국 수영의 기린아 박태환이 금메달을 따냈다. 한국 수영이 올림픽에 도전한 지 44년 만의 첫 메달이었고 동양인으론 72년 만의 남자 자유형 금메달이었다. 자유형은 배영, 평영, 접영을 포함한 4가지 수영법 중 가장 빠르게 헤엄치는 방법으로 기술보다는 체격이나 힘이 좌우하기 때문에 서양인에게 절대적으로 유리하다고 여겨져 왔으나 박태환의 올림픽 정복이 그 통념을 통쾌히 깨트렸다.

8월 10일, 1959년

우장춘 박사 별세

1959년 8월 10일 세계적인 육종학자 우장춘 박사가 61세를 일기로 별세했다. 일본에서 태어난 그는 극심한 빈곤과 주위의 차별적 학대 속에서 중·고교를 마치고 동경제국대학에서 '종의 합성'이란 논문으로 농학박사 학위를 받았다. 이 논문은 다윈의 진화론에 수정과 보충을 가한 세계적인 연구의 결과였다. 1950년 귀국한 우장춘은 일본에 의존하던 채소 종자를 완전 자급할 수 있도록 하여 6·25전쟁 후 식량난 해결에 크게 기여했고 전력을 기울여 후학을 양성했다. 흔히 씨 없는 수박을 처음 만들었다는 것은 와전된 이야기다.

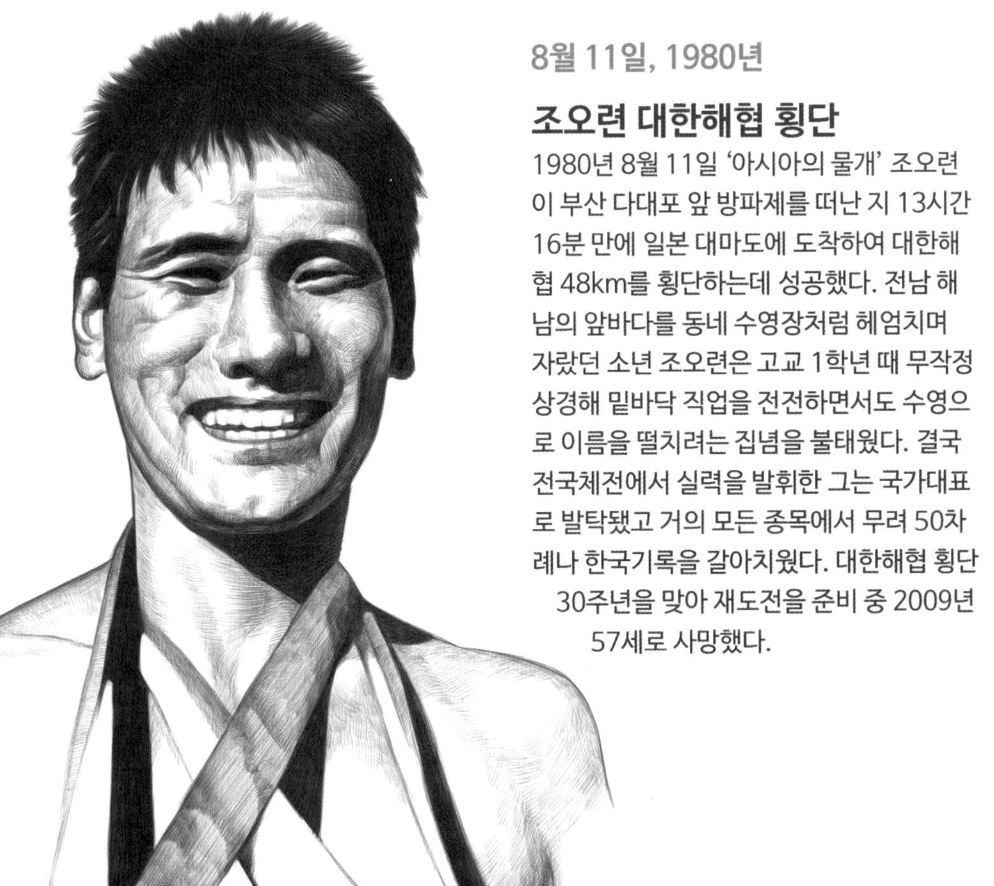

8월 11일, 1980년

조오련 대한해협 횡단

1980년 8월 11일 '아시아의 물개' 조오련이 부산 다대포 앞 방파제를 떠난 지 13시간 16분 만에 일본 대마도에 도착하여 대한해협 48km를 횡단하는데 성공했다. 전남 해남의 앞바다를 동네 수영장처럼 헤엄치며 자랐던 소년 조오련은 고교 1학년 때 무작정 상경해 밑바닥 직업을 전전하면서도 수영으로 이름을 떨치려는 집념을 불태웠다. 결국 전국체전에서 실력을 발휘한 그는 국가대표로 발탁됐고 거의 모든 종목에서 무려 50차례나 한국기록을 갈아치웠다. 대한해협 횡단 30주년을 맞아 재도전을 준비 중 2009년 57세로 사망했다.

8월 11일, 1919년

철강왕 카네기 사망

미국의 '철강왕' 앤드류 카네기가 1919년 8월 11일 세상을 떠났다. 스코틀랜드 수직공의 아들로 태어난 앤드류 카네기는 14살 되던 해 가족과 함께 미국으로 이주해 어려서부터 방적공·기관조수·전보배달원·전신기사 등의 여러 직업에 종사하다 철도회사에 취직해 근무하는 동안, 침대차회사에 투자하여 큰 이익을 얻었다. 그는 1892년 카네기 철강회사를 설립하여 미국 철강 생산의 4분의 1 이상을 차지했는데 이 회사를 모건계의 제강 회사와 합병하여 미국 철강시장의 65%를 지배하는 US 스틸회사를 탄생시켰다. 이후 "부자인 채로 죽는 것은 부끄러운 일이다"를 좌우명으로 삼아 사업일선에서 은퇴하고 자신의 재산을 털어 2,500여개에 달하는 도서관을 지어 사회에 헌납하는 등 자신이 일평생 모은 재산 3억5000만 달러 중 90%를 사회 환원, 노블레스 오블리주를 실천했다.

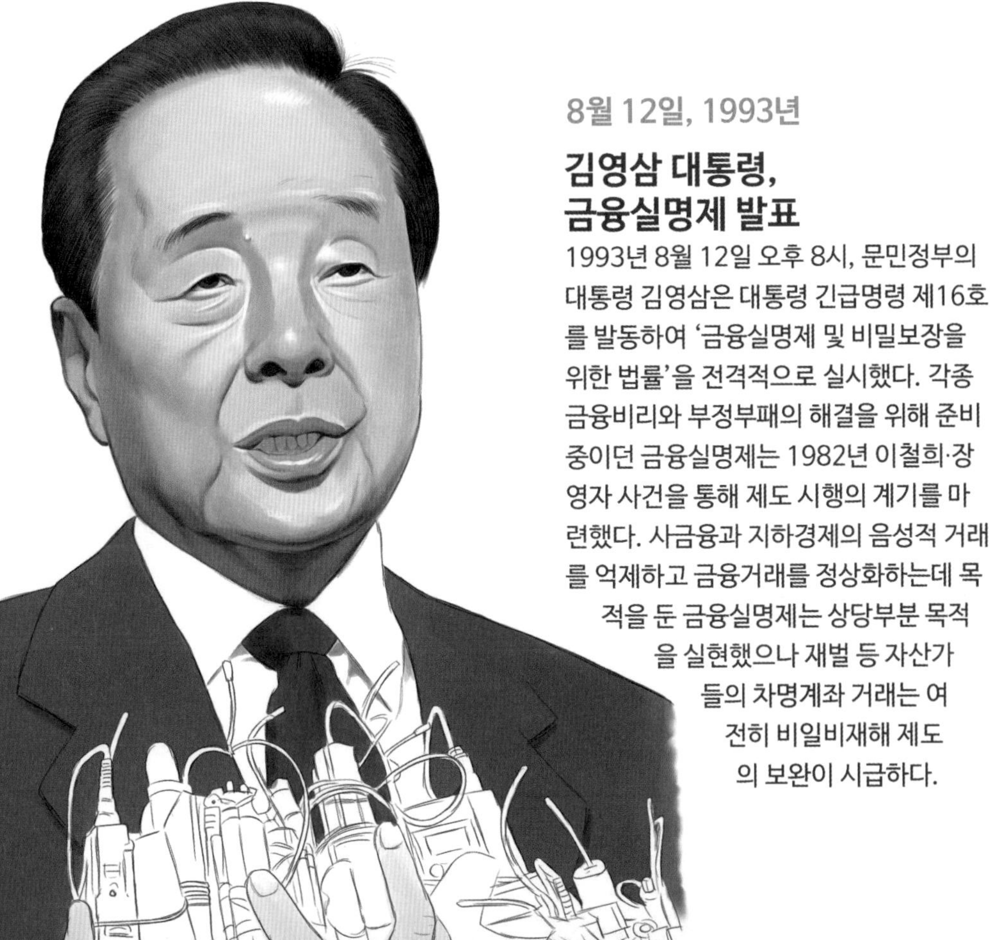

8월 12일, 1993년

김영삼 대통령, 금융실명제 발표

1993년 8월 12일 오후 8시, 문민정부의 대통령 김영삼은 대통령 긴급명령 제16호를 발동하여 '금융실명제 및 비밀보장을 위한 법률'을 전격적으로 실시했다. 각종 금융비리와 부정부패의 해결을 위해 준비중이던 금융실명제는 1982년 이철희·장영자 사건을 통해 제도 시행의 계기를 마련했다. 사금융과 지하경제의 음성적 거래를 억제하고 금융거래를 정상화하는데 목적을 둔 금융실명제는 상당부분 목적을 실현했으나 재벌 등 자산가들의 차명계좌 거래는 여전히 비일비재해 제도의 보완이 시급하다.

8월 12일, 1848년

증기기관차 발명자 스티븐슨 사망

증기 기관차를 발명한 조지 스티븐슨이 1848년 8월 12일 세상을 떠났다. 그는 1781년 영국에서 태어나 아버지와 함께 탄광에서 일하면서 기관부·기관공이 되어 여러 가지 기관의 기능을 익혔다. 그 후 킬링워스 탄광에서 탄광주를 설득, 펌프를 움직이는 증기 기관을 연구해 1814년 7월 세계 최초의 증기 기관차 블루처 호를 탄광에서 항구까지 운행하는데 성공했다. 1823년 뉴캐슬에 기관차 공장을 설립하고, 1824년 스톡턴～달링턴 간의 세계 최초의 여객용 철도가 부설되어, 1825년 그의 공장에서 제작한 개량형 기관차 로커모션 호를 달리게 함으로써 철도수송의 시대를 열었다. 그 후, 1830년대부터 거의 모든 선진국에 증기철도가 건설됐다.

8월 13일, 1910년

백의의 천사 나이팅게일 사망

1910년 8월 13일 영국의 간호사이자 작가인 플로렌스 나이팅게일이 런던에서 90세를 일기로 사망했다. 유복한 집안에서 태어나 인도주의자 부모의 영향으로 의료와 간호직에 관심을 가진 나이팅게일은 크리미아 전쟁의 야전병원에서 성공회 수녀 38명과 함께 초인적인 간호 봉사로 영국의 영웅이 됐다. 이후 신경쇠약증으로 투병하는 와중에도 간호학교를 설립하고 간호전문서적을 집필했던 그녀는 세상을 떠날 때 묘비에 '1820년에서 1910년까지 생존'이라는 글귀만 남기라는 유언을 했다.

8월 13일, 1899년

영화감독 히치콕 출생

1899년 8월 13일 서스펜스 스릴러 영화의 대가 알프레드 히치콕 감독이 영국에서 태어났다. 그는 인간 심리의 불안과 공포를 교묘하게 다룬 영상의 마술사라 일컬어진다. 1925년 '기쁨의 정원'으로 데뷔해 52년 동안 53편의 영화를 남긴 히치콕은 무성에서 유성영화로, 흑백에서 컬러영화로 20세기 영화계를 풍미한 당대 최고의 감독이었다. 그러나 영화사에 큰 획을 그은 그였지만 작품 속에 흑인이 등장하지 않고, 배우들에게 거침없이 독설을 퍼부은 일 때문에 문제가 되기도 했다. 또 금발미녀를 화면 속에서 학대하며 쾌감을 즐기는 사디스트라 불리기도 했다.

8월 14일, 1592년

한산도 대첩

1592년 8월 14일 전라좌수사 이순신이 이끄는 조선 함대가 한산도 앞바다의 견내량 해협에서 일본 수군대장 와키사카의 일본 대함대를 크게 격파했다. 몇 척의 판옥선으로 일본의 대군을 좁은 해협으로 유인해, 학이 날개를 펼친 모양의 학익진으로 몰아넣고 거북선으로 들이받고 일제히 총통을 쏘아 66척을 격침시키거나 불살랐다. 일본 수군을 몰살한 이 해전은 진주대첩, 행주대첩과 함께 임진왜란 3대 대첩 중 하나인 한산도대첩으로 기록되었다.

8월 15일, 1974년

육영수 영부인 피격 절명

1974년 8월 15일 광복 29주년 기념식이 거행되던 서울 국립극장에서 조총련계 재일교포 문세광이 청중석 뒤쪽에서 뛰어나와 박정희 대통령을 향해 권총을 발사했다. 박대통령은 연단 뒤로 피신해 화를 면했지만 총탄은 단상에 앉아있던 영부인 육영수 여사의 머리에 명중해 육 여사는 절명했고 합창단의 한 여학생도 유탄에 맞아 숨졌다. 북한의 지령을 받은 것으로 밝혀진 범인 문세광은 사건 128일 만에 사형이 집행됐다.

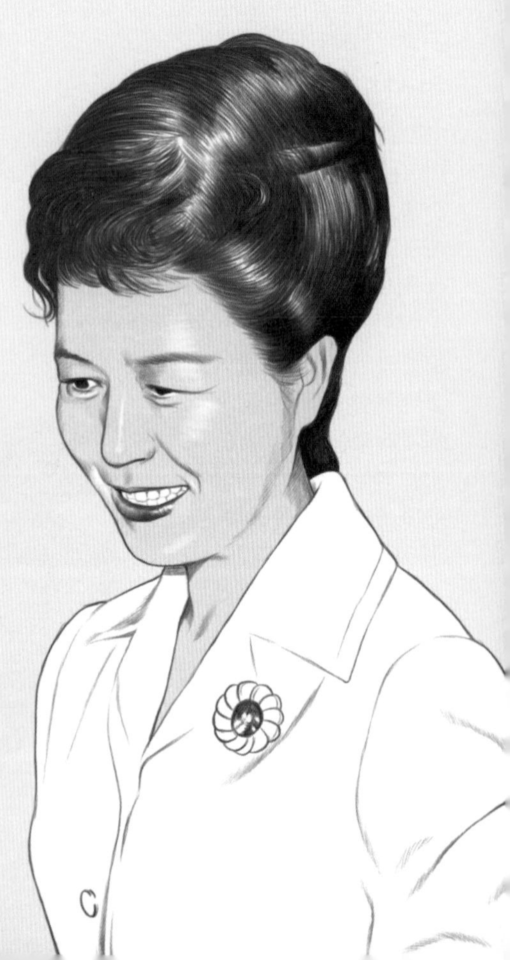

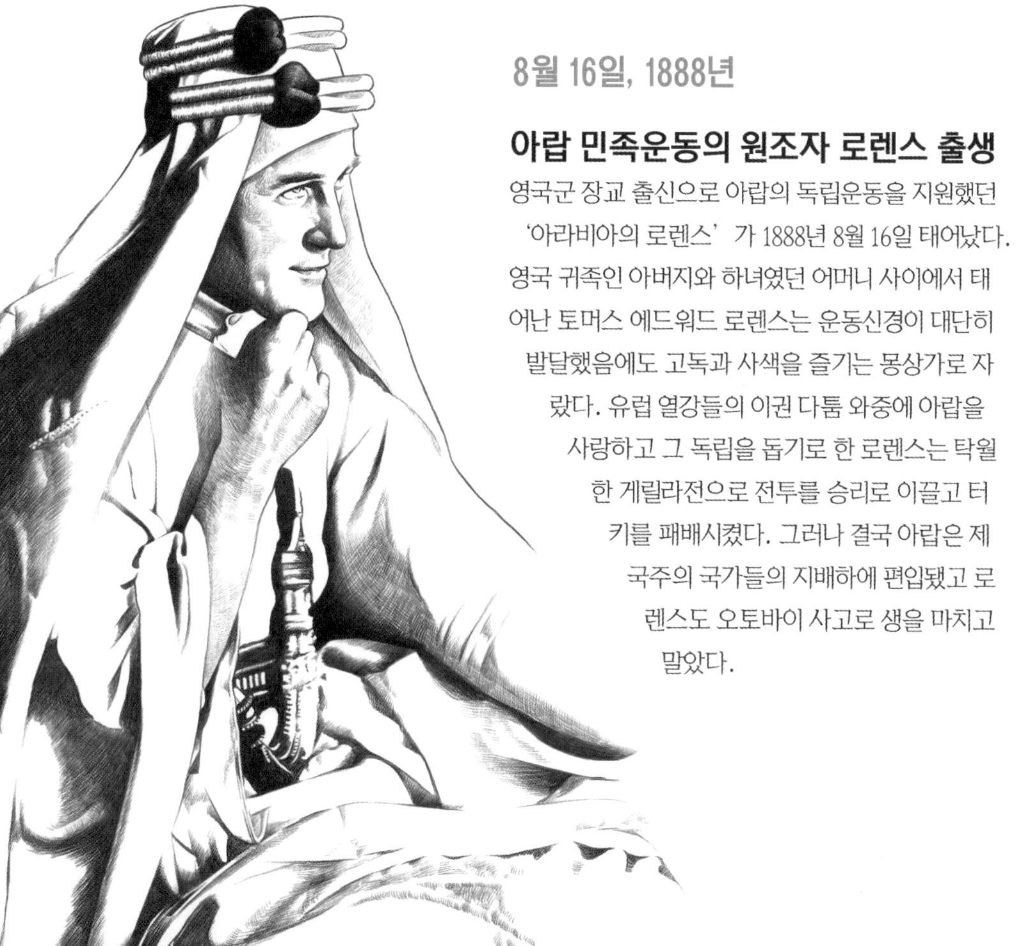

8월 16일, 1888년

아랍 민족운동의 원조자 로렌스 출생

영국군 장교 출신으로 아랍의 독립운동을 지원했던 '아라비아의 로렌스' 가 1888년 8월 16일 태어났다. 영국 귀족인 아버지와 하녀였던 어머니 사이에서 태어난 토머스 에드워드 로렌스는 운동신경이 대단히 발달했음에도 고독과 사색을 즐기는 몽상가로 자랐다. 유럽 열강들의 이권 다툼 와중에 아랍을 사랑하고 그 독립을 돕기로 한 로렌스는 탁월한 게릴라전으로 전투를 승리로 이끌고 터키를 패배시켰다. 그러나 결국 아랍은 제국주의 국가들의 지배하에 편입됐고 로렌스도 오토바이 사고로 생을 마치고 말았다.

8월 16일, 1977년

록큰롤의 황제 엘비스 사망

1977년 8월 16일 '팝의 제왕' 엘비스 프레슬리가 43세의 나이로 세상을 떠났다. 인기 유지에 대한 집착과 늘어나는 체중에 대한 불안감을 이기지 못해 과용한 각성제로 인한 심장마비가 사인이었다. 찢어지게 가난한 마을에서 태어나 자란 엘비스는 흑인과 백인이 공존했던 분위기에서 자연히 흑인의 격렬하고 끈적한 창법과 음감을 익힐 수 있었고 거칠고 외설적인 무대 매너까지 더해 단숨에 젊은 세대의 우상으로 떠올랐다. 그는 빌보드 차트 1위에 18곡이나 올렸고, 앨범과 싱글을 포함해 4억장에 이르는 음반을 팔았다.

8월 16일, 1925년

'황금광 시대' 개봉

1925년 8월 16일 뉴욕의 스트랜드 극장에서 찰리 채플린이 제작·각본·연출·주연한 영화 '황금광 시대'가 개봉됐다. 황금을 찾아 알래스카에 온 찰리가 고생 끝에 금광을 발견하고 사랑하는 여인도 만나는 해피엔딩의 전형적 할리우드식 영화다. 원래는 사회비판적인 영화로 계획했었지만 할리우드의 상업주의와 타협한 탓에 결말이 단순해 아쉬운 이 작품은 주인공 찰리가 너무 배고픈 나머지 구두를 삶아 먹는 재기 넘치는 장면으로 유명하다.

488

8월 17일, 2009년

볼트, 100m 세계신기록

2009년 8월 17일 독일 베를린 올림픽 스타디움에서 벌어진 제 12회 세계육상선수권대회 남자 100m 결선에서 자메이카의 우사인 볼트가 9초 58로 세계 기록을 경신하며 우승했다. 종전 기록을 무려 0.11초나 단축한 기록이다. 195cm라는 큰 키 때문에 볼트가 100m를 달리는 걸 탐탁지 않게 생각한 밀스 코치는 자메이카 200m 최고기록을 경신하면 100m를 허락한다는 내기를 했는데 볼트는 곧 자메이카 육상 영웅 돈 쿼리의 기록을 0.11초 앞당겼고 이후 2007년 7월 그리스에서 열린 육상 대회에서 처음으로 100m를 달려 우승했다.

8월 17일, 1975년

언론인 장준하 의문사

1975년 8월 17일 '사상계'의 발행인이자 민족통일 운동가였던 장준하 선생이 경기도 포천군의 약사봉에서 의문사 했다. 53년 월간 종합교양지 사상계를 발행하면서 자유언론투쟁에 앞장서 막사이사이 언론상을 수상했던 선생은 숨지기 1년 전 긴급조치 위반으로 구속됐다가 형집행정지로 석방된 뒤 박정희 정권에 맞서 개헌운동을 벌이다 타계한 것이다. 검찰과 정부는 실족사로 결론지었으나 정권에 의한 타살설이 현재까지도 끊임없이 제기되는 등 현대사 최대의 미스터리가 됐다.

8월 17일, 1998년

클린턴 미 대통령, 대국민 사과

1998년 8월 17일 빌 클린턴 미국 대통령이 백악관에서 TV로 방영된 대국민연설을 통해 자신이 전 백악관 직원 모니카 르윈스키양과 '적절하지 못한 관계'를 가졌다고 시인하고 가족, 친구와 국민들에게 사과했다. 미국 제 42대 대통령 빌 클린턴은 백악관 인턴사원이었던 르윈스키와 폰섹스, 성관계 등의 부적절한 관계를 가졌다. 클린턴은 사실을 부인했으나, 독립검사 케네스 스타의 집요한 추적 끝에 사실을 인정했고 거짓말을 했던 대통령은 탄핵 직전까지 몰려 결국 대국민 사과 성명을 발표했다.

8월 18일, 1987년

김민기 곡 등 금지곡 186곡 해금

'6.29선언'으로 사회 전반에 해빙의 기운이 몰려오던 1987년 8월 18일 공연윤리위원회는 가요와 팝송을 포함한 186곡을 금지곡에서 해제한다고 발표했다. 일제 치하에서 시작된 금지곡의 역사는 해방 후 월북 작가의 곡에, 군사 정권 하에선 '퇴폐적이고 자학적인' 가사의 곡과 국가안보, 국민 총화에 악영향을 주기 때문에 금한다며 끊이지 않고 계속됐다. 1975년 발령된 긴급조치 9호는 '시의에 맞지 않고', '창법이 저속하며', '불신감을 조장'한다며 모호한 이유로 〈고래사냥〉, 〈왜 불러〉등 금지곡을 양산했다. 별다른 이유 없이 금지곡이 된 김민기의 〈아침이슬〉은 해금 이후 각종 가요 차트의 상위에 오르고 음반이 재발매 되면서 판매량도 많아져 음반 산업에 다시 활기를 불어 넣기도 했다.

8월 18일, 1227년

정복자 칭기즈칸 사망

인류역사상 가장 넓은 영토를 지닌 몽골제국을 건설한 칭기즈칸이 1227년 8월 18일 세상을 떠났다. 아명이 테무친이었던 그는 어렸을 때 아버지가 독살되고 빈곤과 배신의 어려움 속에서 자랐지만 점차 세력을 키워 20대에 이미 몽골씨족연합의 추대로 칭기즈칸이란 칭호를 받았다. 그는 인도와 중국을 비롯한 아시아뿐만 아니라 러시아와 동유럽까지 정복해 워싱턴포스트가 지난 1천년 동안 가장 위대한 역사적 인물로 선정한 최고의 정복자였다.

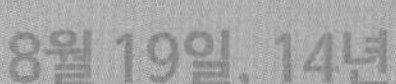

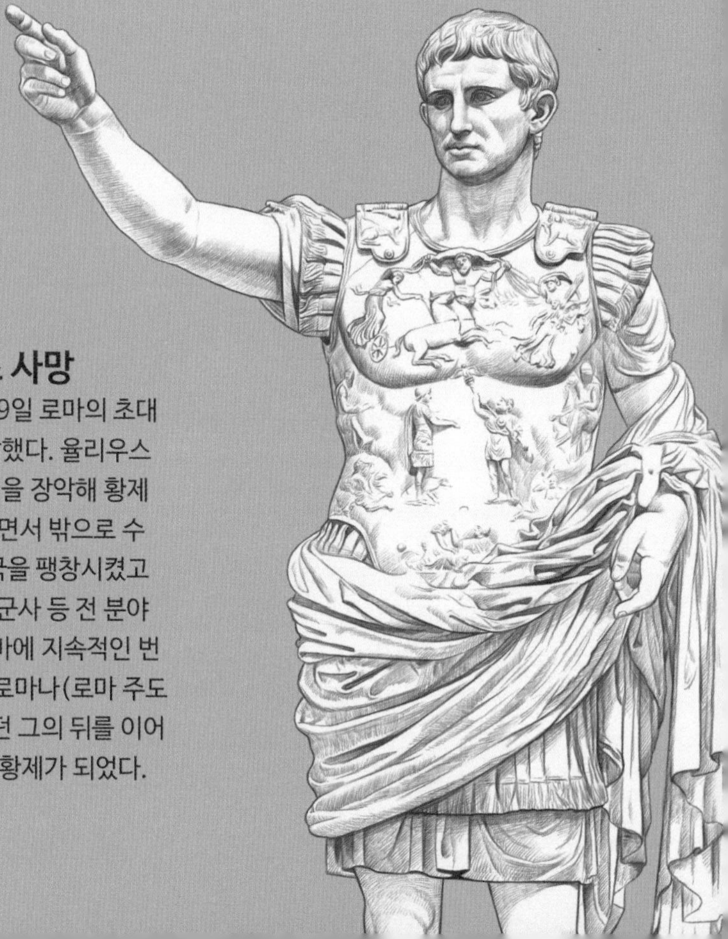

8월 19일, 14년

황제 아우구스투스 사망

2000년 전인 14년 8월 19일 로마의 초대 황제 아우구스투스가 사망했다. 율리우스 카이사르의 후계자로 권력을 장악해 황제가 된 그는 40년을 통치하면서 밖으로 수많은 정복전쟁을 벌여 제국을 팽창시켰고 안으로는 경제.행정.치안.군사 등 전 분야에 걸친 개혁을 실시해 로마에 지속적인 번영을 가져다주어다. 팍스 로마나(로마 주도의 평화시대)를 열어나갔던 그의 뒤를 이어 티베리우스가 로마의 2대 황제가 되었다.

8월 19일, 1997년

1997년 8월 19일 세계 인구 57억5천100만 명(현재 71억 명 초과)

1997년 8월 19일 유엔통계국이 발표한 세계 인구 수치다. 1987년 7월 50억 명의 지구인이 탄생한 지 10년 만의 일이었다. 18세기 영국의 경제학자 토머스 맬서스의 '인구 폭발'에 대한 우려는 여전히 현재진행형이다. 비록 식량 생산 등 기술 진보의 위력이 맬서스의 예상을 뛰어넘었다 하더라도 2001년 세계식량계획의 발표에 따르면 기아 인구는 8억 2천600만 명에 달한다. 그 중 2억 명이 5세 이하 어린이다. 매 7초당 1명의 어린이가 굶어 죽어가고 있다. 한 통계에 따르면 환경오염 때문에 10억 명이 안심할 수 없는 물을 마시고 있다 한다. 자원 고갈과 환경오염 등에 의한 지구의 종말은 과연 피하기 힘든 일일까?

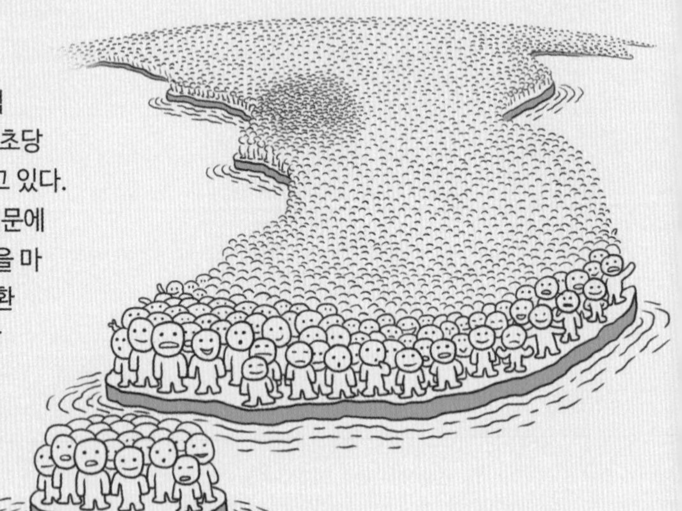

8월 20일, 1977년

연극 '빨간 피이터의 고백' 초연

연출가 겸 연기인 추송웅이 1977년 8월 20일 카프카의 단편인 '어느 학술원에 제출된 보고서'를 각색한 모노드라마 '빨간 피터의 고백'에서 기획·제작·연출·연기·분장을 도맡아 '3·1로 창고극장'에서 막을 올려 4개월 만에 6만 관객을 동원하는 신기록을 세우며 한국 연극계에 모노드라마 붐을 일으키는 결정적 계기가 되었다. 1980년에는 명동에 '살롱 떼아뜨르 추'라는 경양식 겸용의 소극장을 열었다. 1971년 '어디서 무엇이 되어 만나랴', 1973년 '세비야의 이발사'로 두 차례의 동아연극상 최우수남자주연상을 수상하였으며, 1979년에는 '빨간 피터의 고백'으로 한국연극영화상 최우수남자연극연기상을 받았다. TV드라마에도 출연하다가 1985년에 급서하였다.

8월 20일, 1940년

러시아 혁명가 트로츠키 피살

1940년 8월 20일 러시아의 사회주의 혁명가 레온 트로츠키가 멕시코시티의 은신처에서 암살됐다. 이오시프 스탈린의 지령을 받은 자객 라몬 메르카데르가 흉기로 급습한 것이다. 트로츠키는 마르크스주의 이론가이자 볼셰비키 혁명가로 블라디미르 레닌의 가장 유력한 후계자였지만 레닌 사후 권력투쟁에서 스탈린에 밀려 추방됐다. 12년간의 유럽 망명생활 중 끊임없이 스탈린을 비판한 트로츠키는 멕시코로 옮긴 지 3년 만에 비명에 삶을 마감하고 말았다.

8월 21일, 1821년

한국 최초의 신부 김대건 태어나다

1821년 8월 21일 한국 천주교 최초의 신부이자 순교자인 안드레아 김대건이 태어났다. 증조부 진후가 10년 동안의 옥고 끝에 순교하고, 아버지 제준도 기해박해 때 순교하는 등 독실한 가톨릭 집안이었다. 15세에 프랑스 신부 모방에게서 세례를 받고 중국으로 건너가 신학을 비롯한 서양 학문과 어학을 배웠고 김가항 성당에서 한국인으로서 최초로 신부가 되어 미사를 집전했다. 1846년 백령도 부근에서 체포돼 서울로 압송된 후 혹독한 고문 끝에 26세로 순교해 안성시 미산리에 안장됐고 그후 이곳은 미리내 성지로 불린다. 1925년 복자위에 오르고 1984년 내한한 교황 바오로 2세에 의해 시성되어 성인위에 올랐다.

8월 21일, 1911년

'모나리자' 도난사건 발생

1911년 8월 21일 파리 루브르 박물관에 소장되어 있던 그림 '모나리자'가 사라졌다. 이탈리아 출신의 루브르 박물관 전 직원 빈첸조 페루지아라는 청년이 훔쳐낸 것이다. 모나리자는 이탈리아 르네상스 시대의 천재화가 레오나르도 다빈치의 작품으로 도난 전까지는 그리 중요하게 여겨지지 않다가 도난 사건으로 유명세를 타기 시작했다. 범인은 2년 후에, 이탈리아 재산을 원래대로 되돌려 놓기 위해서였다고 범행 동기를 밝혔지만 진실은 알 수 없고 다만 모나리자는 전 세계에서 가장 유명한 명화로 대접받게 되었다.

8월 21일, 1929년

프리다, 디에고와 결혼

1929년 8월 21일 멕시코의 여성화가 프리다 칼로가 벽화예술가 디에고 리베라와 결혼식을 올렸다. 18세에 당한 교통사고로 척추와 다리를 크게 다친 칼로는 이미 멕시코를 대표하는 천재화가로 알려진 리베라와 함께 살기를 소원해 소망을 이루었으나 난봉꾼으로 소문난 리베라는 결혼 후에도 외도를 계속했다. 그에게 당한 고통과 몇 차례의 유산으로 인한 절망감을 칼로는 예술로 승화시켰지만 리베라와는 이혼했다 재결합하며 애증의 관계를 지속했다. 척추와 다리의 계속된 수술 실패와 폐렴으로 칼로는 47세의 나이에 세상을 등졌다.

8월 22일, 1904년

중국의 덩샤오핑 출생

1904년 8월 22일 중국의 혁명가이자 정치가인 덩샤오핑이 쓰촨성의 한 부유한 농가에서 태어났다. 10대에 이미 프랑스와 러시아에 유학한 덩은 귀국 후 중국 공산당의 지하 운동을 이끌었고 마오쩌둥이 이끄는 대장정에 참여하는 등 권력의 핵심부에 있었으나 실용주의 노선이 마오와 갈등을 빚어 문화대혁명 때 실각했다. 70년대 말 복권한 그는 80년대 실질적인 최고지도자로서 중국의 개혁개방과 경제발전을 이끌었고 97년 93세를 일기로 세상을 떠났다.

8월 23일, 2008년

한국야구, 베이징 올림픽서 우승

2008년 8월 23일 베이징 우커송 야구장에서 열린 2008베이징 올림픽 야구 결승전에서 한국이 쿠바를 3:2로 누르고 아시아국가 최초로 우승했다. 감독 김경문, 승리투수는 류현진. 9회말 한국이 3:2의 살얼음판 리드를 지키고 있는 상황에서 쿠바의 마지막 공격. 1사 만루의 최대 위기에 쿠바의 마지막 타자 구리엘이 친 공을 유격수 박진만이 캐치, 2루수 고영민에게 연결해 주자를 아웃시킨 후 다시 1루수 이승엽에게 송구해 병살처리 함으로써 순식간에 결판이 났다. 이 대회에서 한국은 9전 전승의 빛나는 성적으로 금메달을 획득했다.

502

8월 23일, 1944년

일제, 여자정신대 근무령 공포

1944년 8월 23일 일본 후생성이 '여자정신 근로령'을 공포.시행했다. 12세 이상 40세 미만의 여자에게 영장을 교부해 정신대로 편성하고 여성노동력을 집중 수탈하기 시작했다. 그러나 노무에 동원한다는 내용은 표면상의 구실이었고, 군과 결탁한 매춘업자들이 이들 중 다수를 종군위안부로 투입해 일본군 성노예로 만들었다. 위안부의 대부분은 조선인과 일본인이었으며, 중국인과 동남아 각국의 여성들에 소수의 유럽인도 있었다. 제2차 세계대전이 끝날 때까지 일제가 징발해간 한국 여성은 20만여 명으로 추정된다.

8월 24일, 2011년

잡스, 애플 CEO 은퇴

2011년 8월 24일 스티브 잡스가 애플의 최고경영자(CEO) 자리에서 물러났다. 잡스는 애플 이사회에 "CEO로서 기대를 충족시키지 못할 때가 오면 여러분에게 가장 먼저 알리겠다고 한 그날이 왔다"며 사임 서한을 보냈다. 1976년 21세에 애플을 창업하고 85년 물러났다가 12년 만에 복귀한 그는 아이팟과 아이폰, 아이패드 등 혁신적인 제품으로 애플을 IT업계 최강자로 만들었다. 잡스는 이로부터 불과 2개월이 지나기 전에 56세의 나이로 세상을 떠났다.

504

8월 24일, 79년

폼페이 최후의 날

79년 8월 24일 이탈리아 베수비오 화산이 폭발하여 인근 도시 폼페이가 한 순간에 매몰됐다. 화산재 등이 최고 높이 6m까지 쌓여 미처 피난하지 못한 주민 수천 명이 질식하여 생매장 당했다. 비극은 이튿날인 25일 아침까지 이어졌다. 게다가 막판에는 화산재가 섞인 비까지 내려, 이 돌멩이와 화산재 더미는 시멘트처럼 딱딱하게 굳어 버려 일상 생활하던 주민들의 모습이 고스란히 보존됐다. 매몰된 폼페이의 존재는 15세기까지 잊혀져있다 18세기 중반부터 발굴이 본격화해 지금까지 옛 시가의 절반 정도만이 발굴된 상태다. 전성기에 갑자기 파묻힌 폼페이는 오늘날의 우리들이 로마인들의 당시 생활을 정확하게 이해할 수 있는 중요한 자료가 되고 있을 뿐 아니라 최고의 관광지가 됐다.

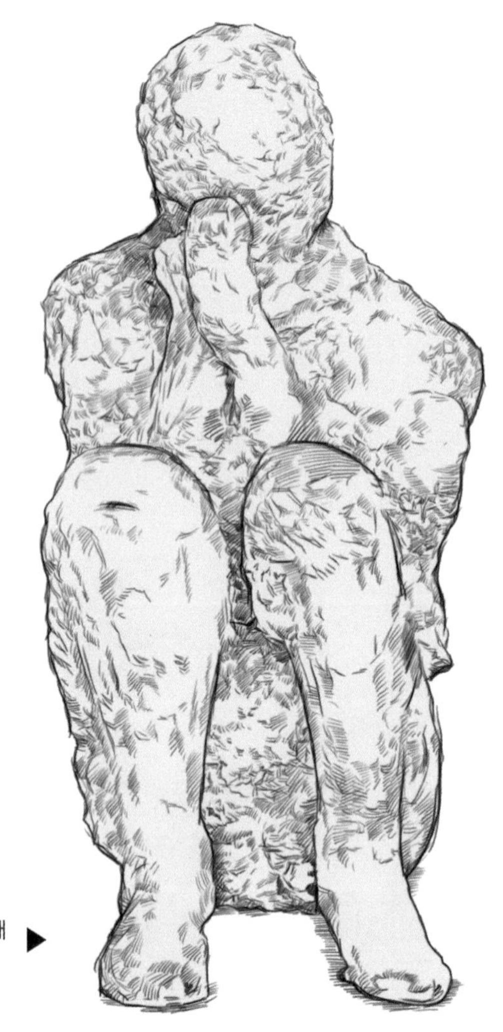

두 손을 모은 채 파묻힌 사람 ▶

8월 24일, 2011년

허균 참형당하다

1618년 8월 24일 조선 중기의 학자, 사상가, 정치가이자 최초의 한글소설 '홍길동전'의 작가인 허균이 반역을 도모했다는 밀고로 능지처참됐다. 허균은 명문가의 후손으로 일찍이 유학을 배워 총명함이 남달랐으나 불교와 도교를 가까이하고 서자들과 교류했으며 시생과도 교감하는 파격과 이단의 언행을 일삼았다. 그러나 광해군 집권 때 살아남기 위하여 권력에 아부하고 인목대비의 폐비를 주장하다 역모에 연루되고 만다. 백성을 두려워해야 한다는 '호민론'을 이야기로 풀어낸 '홍길동전'은 사회 모순을 비판하고 이상적인 혁명가의 모습을 그린 조선시대의 걸작이다.

8월 25일, 1900년

철학자 니체 영면

20세기가 시작되던 해인 1900년 8월 25일 독일 바이마르에서 철학자이자 시인인 프리드리히 니체가 세상을 떠났다. '신은 죽었다'는 선언으로 유럽 문명의 종말과 '초인'의 대두를 설파한 그는 기독교 윤리와 합리주의 철학 등의 기존 가치를 깨는 새로운 인간상을 제시했다. 젊은 시절 쇼펜하우어와 바그너를 숭배했던 니체는 24세에 이미 스위스 바젤대학의 교수가 되었으나 10년간의 교직생활을 끝으로 고독한 생활 속에 저작에 몰두하다 끝내 정신병원에서 생을 마쳤다. 니체는 마르크스, 프로이트와 함께 20세기를 만든 3대 사상가로 꼽힌다.

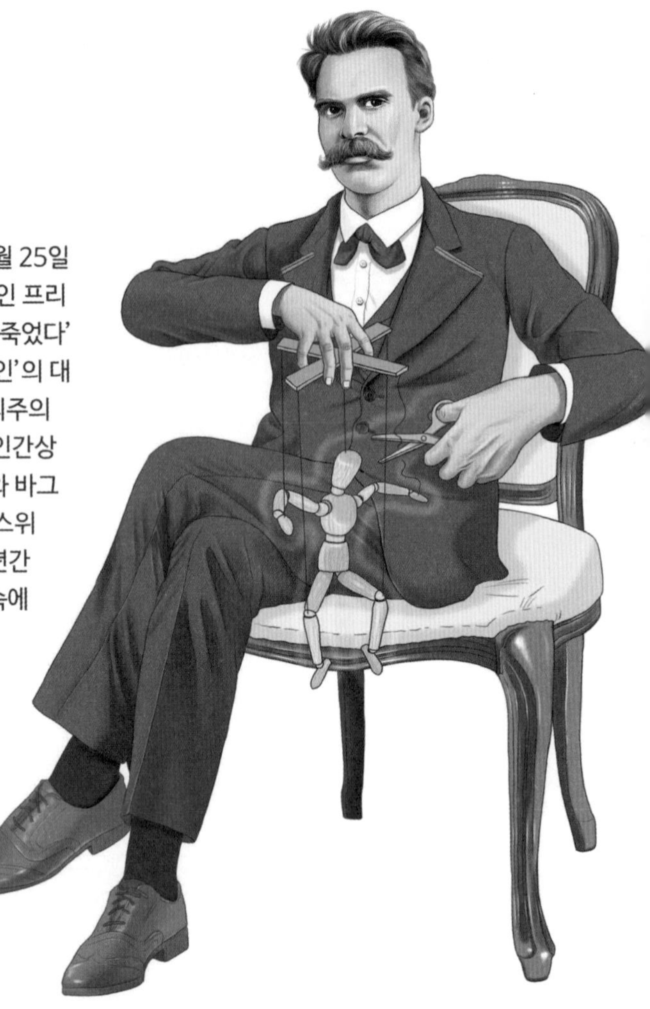

8월 25일, 1958년

인스턴트 라면 첫 선을 보이다

1958년 8월 25일 일본 닛신식품의 창업자 안도 모모후쿠가 생면을 튀겨 건조하는 방법으로 인스턴트 라면을 개발하여 '치킨 라면'을 최초로 발매했다. 안도는 밀가루 원료의 식품 개발에 실패를 거듭하다 자살을 결심한 끝에 마지막 술 한 잔을 하기 위해 들른 선술집에서 생선을 튀기는 광경을 보고 번개처럼 라면의 아이디어를 얻었다. 지금의 라면과 달리 수프가 아닌 면 자체가 맛이 나도록 개발된 치킨 라면은 대성공을 거두어 선풍적 인기를 끌었다. 조리가 간편하고 값도 상대적으로 싼 라면의 세계 소비량은 2014년 현재 1027억 개 이다. 한국은 63년 9월 삼양식품이 라면을 들여온 이래 현재 1인당 라면 소비량이 세계에서 부동의 1위를 차지하고 있다. 그러나 높은 칼로리와 화학첨가물 때문에 안전한 식품인지에 대한 논란은 계속되고 있다.

8월 26일, 1972년

피로 물든 올림픽

제20회 뮌헨올림픽이 122개국 7156명의 선수가 참가한 가운데 1972년 8월 26일 개막했다. 대회 공식 모토는 '행복한 게임'. 그러나 뮌헨올림픽은 가장 불행했던 올림픽으로 기록됐다. 9월 5일 새벽 팔레스타인해방기구(PLO)의 테러 단체인 '검은 9월단' 소속 테러범 8명이 선수촌 내 이스라엘 선수단의 숙소에 잠입했다. 이들은 2명의 선수를 사살하고 9명을 인질로 잡아 이스라엘에 억류 중인 팔레스타인 게릴라 200여 명을 석방하라고 요구했다. 숨막히는 인질극은 테러범들과 서독 저격수 간의 총격전이 벌어지면서 인질 전원과 테러범 5명, 서독 요원 1명이 숨지는 비극으로 막을 내렸다. 스포츠 역사상 최악의 참사 가운데 하나인 '피의 일요일' 사건이다. 사상 처음으로 오륜기가 조기로 게양된 가운데 장례식이 치러졌고 피는 피를 불러 이스라엘의 보복으로 수백 명의 팔레스타인 인들이 살해됐다.

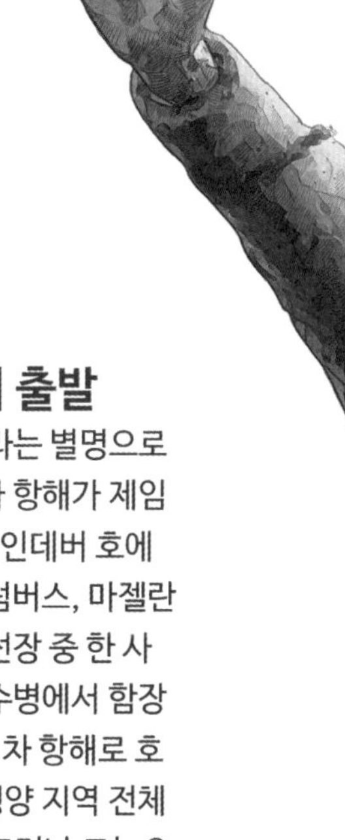

8월 26일, 1768년

제임스 쿡, 1차 대 항해 출발

1768년 8월 26일 '캡틴 쿡'이라는 별명으로 더 잘 알려진 영국의 탐험가이자 항해가 제임스 쿡 선장이 선원 94명과 함께 인데버 호에 올라 1차 대 항해에 나섰다. 콜럼버스, 마젤란 등과 함께 역사상 가장 위대한 선장 중 한 사람으로 꼽히는 쿡 선장은 일반 수병에서 함장까지 오른 입지전적 인물로 이 1차 항해로 호주와 뉴질랜드 등을 비롯한 태평양 지역 전체를 본격적으로 세계에 알렸다. 그러나 그는 3차 대 항해에서 하와이 원주민과의 충돌로 곤봉과 창에 찔려 허망한 죽음을 맞고 말았다.

8월 26일, 1998년

SK그룹 최종현 회장 타계

1998년 8월 26일 SK그룹의 2대 회장으로 SK를 대한민국의 대표적 기업가운데 하나로 키운 최종현 씨가 69세를 일기로 별세했다. 1973년 창업주이자 맏형인 최종건 회장이 죽자 경영권을 이어받아 석유파동으로 인한 극심한 불황 속에서도 기업의 토대를 굳히고 유공과 한국이동통신을 사들여 석유화학과 정보통신이라는 그룹의 양대 축을 마련했다. 합리적이고 인간위주의 경영 철학으로 한국의 기업 수준을 한 차원 높게 끌어올린 그는 국가경제 발전에 크게 이바지했다.

8월 27일, 1953년

'로마의 휴일' 개봉

1953년 8월 27일 윌리엄 와일러 감독의 영화 '로마의 휴일'이 개봉됐다. 유럽에 있는 작은 왕국의 공주 앤과 미국의 신문기자 조 브래들리가 하루 동안 로마에서 만들어내는 에피소드를 극화한 로맨틱 코미디 영화다. 당시 신인이었던 헵번은 이 영화로 단숨에 '만인의 연인'이 됐다. 글래머 스타일의 여배우가 대세이던 50년대 가냘프고 청순한 여배우도 통할 수 있음을 입증했다. 이 영화의 성공으로 젊은 여성들 사이에 숏 커트가 유행하는 등 이른바 '헵번 스타일'이 탄생하기도 했다.

8월 27일, 2002년

'코미디 황제' 이주일 타계

2002년 8월 27일 '코미디 황제'로 불리며 한 시대를 풍미했던 코미디언 이주일이 폐암으로 사망했다. 1965년 연예계에 몸담은 뒤 오랜 무명 생활의 설움과 배고픔을 딛고 79년 TV에 데뷔하며 폭발적 인기를 얻은 그는 특유의 외모에 더듬거리는 말투로 안방극장을 폭소로 들썩거리게 했다. 14대 국회의원에 당선돼 정치생활도 경험했지만 코미디언에 복귀한 그는 생각지 못한 폐암 말기 판정을 받은 뒤 힘겨운 투병 생활을 하며 전국에 금연 열풍을 불러일으킨 바 있다.

8월 28일, 1970년

김민기 '아침이슬' 발표

1970년 8월 28일 대학생 김민기가 작사·작곡한 대중가요 '아침이슬'을 발표했다. 양희은의 가수 데뷔곡인 아침이슬은 유신시대 젊은이들의 큰 사랑을 받았으나 별 이유 없이 금지곡이 됐고 대학가 저항가요의 상징으로 자리 잡았다. 87년 금지곡에서 풀려났다.

긴 밤 지새우고 풀잎마다 맺힌
진주보다 더 고운 아침이슬처럼

내 맘에 설움이 알알이 맺힐 때
아침동산에 올라 작은 미소를 배운다

태양은 묘지위에 붉게 타오르고
한낮의 찌는 더위는 나의 시련일지라

나 이제 가노라 저 거친 광야에
서러움 모두 버리고 나 이제 가노라

8월 29일, 1885년

다임러, 오토바이 특허 획득

1885년 8월 29일 독일의 발명가 고트프리 다임러가 가솔린 엔진을 장착한 오토바이 '라이트바겐'의 특허를 얻었다. 벤츠의 자동차 발명보다 3년 앞선 일이다. 이 오토바이는 1기통에 배기량 264cc, 0.5마력 엔진으로 최고 시속 16km의 목재 자전거 형태였다.

8월 29일, 1885년

배우 잉그리드 버그만 사망

스웨덴 출신의 여배우 잉그리드 버그만이 67번째 생일을 맞은 1982년 8월 29일 런던의 자택에서 유방암으로 세상을 떠났다. 그녀는 평생 44편의 영화에서 주연을 맡은 위대한 톱스타였다. '카사블랑카' '가스등' '잔다르크' 등 할리우드 최고의 인기를 누리던 버그만은 이탈리아의 유부남 감독 로베르트 로셀리니와 사랑에 빠져 가족을 저버렸고 미국 여론의 뭇매를 맞았다. 결국 그와도 파경에 이르러 할리우드에 복귀한 버그만은 다시 탁월한 연기를 선보여 큰 사랑을 받았다.

8월 30일, 1170년

정중부, 무신의 난을 일으키다

1170년 오늘(고려 의종 24년), 고려의 대장군 정중부가 휘하의 이의방, 이고 등과 함께 문관과 환관을 비롯한 대소신료를 살해하고 의종을 폐위하는 무신의 난을 일으켰다. 제도적, 사회적으로 문신에게 차별받고 멸시, 천대까지 더해져 불만이 극에 달한 무신들의 쿠데타였다. 정중부 등 주동자들은 "무릇 문관을 쓴 자는 비록 서리라도 죽여서 씨를 남기지 말라"고 선동하며 거의 모든 요직의 문신들을 죽이고 왕마저 명종으로 갈아치웠지만 국정운영엔 서툴렀고 백성들의 삶은 더욱 피폐해졌다.

8월 30일, 1930년

미국 금융투자가 버핏 출생

1930년 8월 30일 미국의 기업인이자 투자가인 워런 에드워드 버핏이 정치인 하워드 버핏과 라일라 부부의 세 자녀 중 둘째로, 네브래스카 주 오마하에서 태어났다. 2008년 포브스 지 세계 1위의 재산으로 기록된 그는 이미 자신의 재산 85%를 자선재단에 기부하겠다고 밝혔다. 버핏은 부자들의 상속세 철폐 시도에 대해 "이는 2000년 올림픽 금메달리스트 자녀들로 2020년 올림픽 팀을 뽑는 것처럼 어처구니없는 일"이라고 비판한 바 있다.

8월 30일, 1941년

작곡가 홍난파 타계

작곡가, 바이올리니스트, 음악평론가, 수필가, 소설가, 번역가 등으로 다양한 예술 활동을 펼쳤던 홍난파가 1941년 8월 30일 늑막염으로 경성요양원에서 사망했다. 이때 나이 불과 43세. 홍난파는 1910년 국악을 배우려고 YMCA 중학부에 입학했으나 바이올린을 접한 후 서양음악으로 방향을 바꾼다. 일본 도쿄 음악학교를 나와 1919년 국내에서 최초의 음악잡지 〈삼광〉을 냈고, 도쿄에서 바이올린 주자로 활동하다 다시 서울에 돌아와서는 재즈 밴드를 만들어 방송 활동을 하기도 했다. 홍난파는 일제강점기에 한국인의 애수가 서려있는 수많은 곡을 작곡했는데 '봉선화' '금강에 살어리랐다' '봄처녀' '성불사의 밤' '옛 동산에 올라' 등의 가곡과 '퐁당퐁당', '고향의 봄', '낮에 나온 반달'과 같은 동요 등 그가 없는 음악 교과서는 생각할 수 없지만 그의 친일 활동에 대한 시비는 아직 가려지지 않고 있다.

8월 31일, 1997년

다이애나 비 교통사고로 사망

1997년 8월 31일 영국의 전 왕세자빈이며 영국왕가의 승계순위 2위인 윌리엄 왕자와 3위인 해리 왕자의 어머니인 다이애나 프랜시스 스펜서가 파리에서 교통사고로 사망했다. 그녀는 1981년 찰스 왕세자와 결혼해 두 왕자를 낳았지만 찰스가 결혼 전 애인인 카밀라 파커 볼스와 다시 밀회하는 등 부부간 불화로 1996년 이혼했다. 그 후 복잡한 사생활과 많은 자선 활동 등으로 끊임없이 화제를 불러일으키다 파파라치를 피해 고속 주행하던 차가 터널에 충돌해 애인과 운전수와 함께 비극적으로 세상을 떠났다. 다이애나는 2002년 BBC에서 주최한 위대한 영국인 투표에서 3위에 선정됐다.

8월 31일, 1969년

복서 로키 마르시아노 사망

1969년 8월 31일 미국 출생의 이탈리아계 백인 복싱선수 로키 마르시아노가 비행기 사고로 사망했다. 47년 프로로 데뷔하여 J.월콧으로부터 세계 타이틀을 빼앗고 무패의 기록으로 은퇴할 때까지 6차례나 타이틀을 방어하였다. 전적은 49전 전승 43KO이다. 세계 헤비급 타이틀을 빼앗을 때 37세 흑인 챔피언의 노련미에 밀려 1회에 다운되고 일방적으로 계속 얻어맞았으나 13회에 오른쪽 카운터 단 한방으로 역전 KO승을 거뒀다. 이 경기가 실베스터 스탤론 주연의 영화 '로키'의 모티브가 됐다.

7월
July

8월
August

9월
September

10월
October

11월
November

12월
December

9월 1일, 1715년

'태양왕' 루이 14세 사망

1715년 9월 1일 스스로 "짐은 곧 국가다"라고 선언한 절대주의 왕조의 전제군주 루이 14세가 프랑스 베르사유 궁에서 지병으로 사망했다. 5살의 어린 나이에 왕위에 올라 18년간의 섭정 끝에 친정을 시작한 루이 14세는 왕권 강화에 총력을 기울여 프랑스를 유럽 제일의 국가로 떠오르게 했고 베르사유 궁을 예술과 문화의 중심지로 만들었다. 그러나 화려하고 사치스런 궁정생활로 재정은 파탄 나고, 신교도를 억압해 산업이 타격을 받았으며, 백성들은 가혹한 세금과 기아에 시달려 후일 프랑스 혁명의 불씨가 싹을 틔우는 계기가 됐다.

9월 1일, 1969년

카다피, 쿠데타로 정권 장악

1969년 9월 1일 새벽2시. 불과 27세의 카다피 대위가 이끈 군 병력이 방송국, 정부청사, 공항을 점령했다. 통신장교로서 청년자유장교단의 리더였다. 쿠데타가 성공할 수 있었던 요인은 부정부패 때문. 석유개발권이 헐값에 외국으로 넘어가고 국민의 삶은 개선되지 않는 상황이 쿠데타를 불렀다. 스스로 대령계급장을 달고 새롭게 탄생한 리비아 공화국의 혁명평의회 의장에 오른 카다피는 석유로 자원민족주의의 씨를 뿌렸다. 이후 그는 2011년까지 42년간 장기집권했지만 반정부 시위로 권좌에서 물러나 은신 중 사살돼 독재자의 처참한 최후를 맞고 말았다.

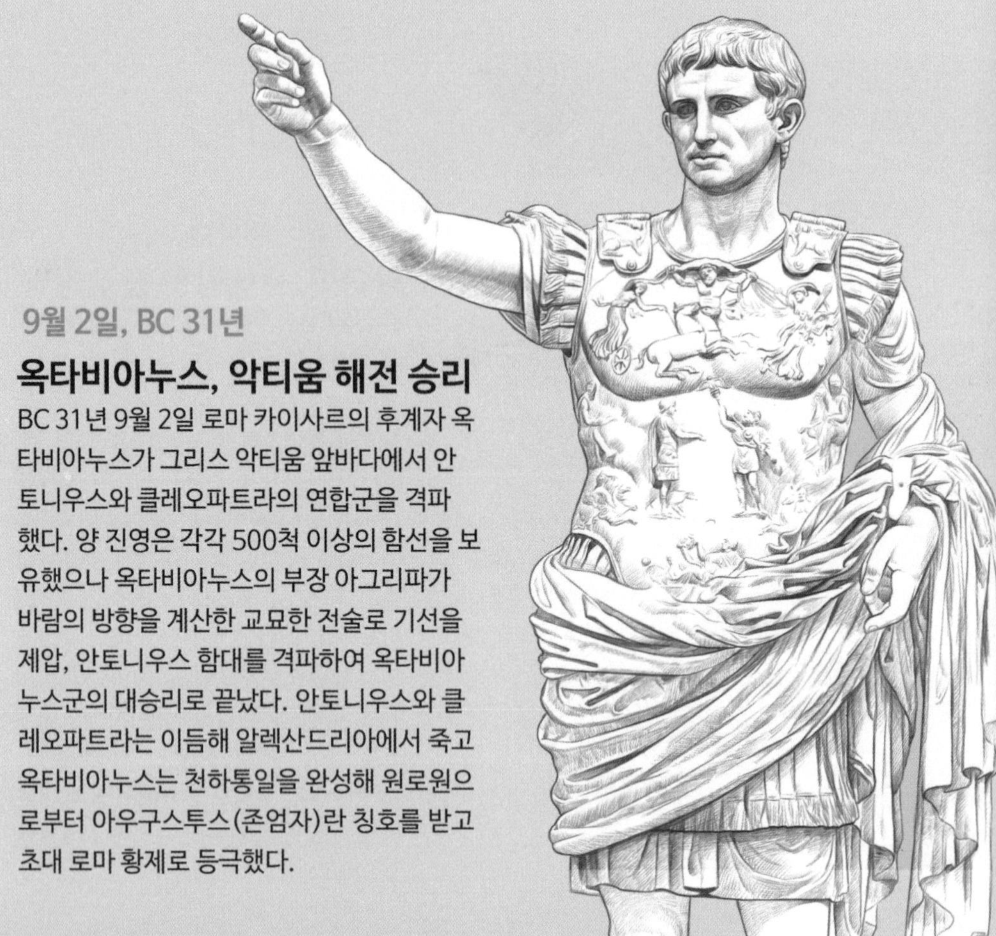

9월 2일, BC 31년

옥타비아누스, 악티움 해전 승리

BC 31년 9월 2일 로마 카이사르의 후계자 옥타비아누스가 그리스 악티움 앞바다에서 안토니우스와 클레오파트라의 연합군을 격파했다. 양 진영은 각각 500척 이상의 함선을 보유했으나 옥타비아누스의 부장 아그리파가 바람의 방향을 계산한 교묘한 전술로 기선을 제압, 안토니우스 함대를 격파하여 옥타비아누스군의 대승리로 끝났다. 안토니우스와 클레오파트라는 이듬해 알렉산드리아에서 죽고 옥타비아누스는 천하통일을 완성해 원로원으로부터 아우구스투스(존엄자)란 칭호를 받고 초대 로마 황제로 등극했다.

9월 2일, 1945년

베트남 독립 선언

1945년 9월 2일 베트남 임시정부를 대표하는 호치민이 50만 명의 시민들이 운집해 있는 하노이의 한 광장에서 독립선언서를 큰 소리로 읽어나갔다. 베트남은 과거 80여 년 동안의 프랑스 식민 지배를 겪은 후 1940년부터는 일본군의 침략으로 이중고에 시달려 왔다. 그러나 8월 15일 일본이 항복하자 베트민을 중심으로 하는 민족해방세력이 일제히 봉기해 일본군이 수립한 바오 다이 국왕 등 괴뢰정권을 타도, 군주제에 종지부를 찍고 민주공화제를 수립했다. 그러나 프랑스는 이것을 인정하지 않고 베트남 재정복을 목표로 1945년 10월에 남부를 점령하고, 다음해 11월에는 북부로 무력공격을 개시했다. 이것이 제1차 인도차이나 전쟁으로 발전했다.

9월 3일, 1838년

노예해방 선구자 더글러스 탈출

1838년 9월 3일 '문제 노예' 프레더릭 더글러스가 매일 폭행을 당하며 길들여지기를 강요하던 농장에서 탈출했다. 미국 메릴랜드에서 흑인 여자노예와 백인 남자 사이에서 노예로 태어나 글을 익히고 다른 노예들에게 성서 읽는 법을 가르치던 그는 도망하여 노예제 폐지 연설가로 명성을 얻어 영국 등지로 강연 여행을 다녔고 노예해방 신문을 발행했다. 후에 흑인으로는 최초로 미국 정부 고위직인 주 아이티 공사를 역임했던 그는 저서로 '미국의 한 노예 프레더릭 더글러스의 반생'이 있다.

9월 3일, 1928년

플레밍, 페니실린 발견

1928년 9월 3일 영국 런던대학에서 유행성 독감을 연구하던 미생물학자 알렉산더 플레밍 박사는 세균배양 접시에서 특이한 푸른 곰팡이를 발견했다. 다른 박테리아를 다 죽인 채 혼자 남은 이 푸른곰팡이 페니실린은 20세기 중 가장 많은 희생자를 낸 독감, 기관지염, 급성 폐렴 등의 질병 치료에 효과적으로 쓰여 사망자를 크게 줄였다. 플레밍 박사는 페니실린 농축과 정제에 성공한 옥스퍼드대학의 피오리와 체인 두 사람과 함께 1945년 노벨의학상을 받았다. 페니실린의 장점은 다른 약물들과는 달리 백혈구에 전혀 해를 끼치지 않는다는 것이다.

9월 4일, 1965년

'밀림의 성자' 슈바이처 사망

천부적 재능의 파이프오르간 연주자 이자 아프리카에서의 의료 활동가로 세계적인 존경을 받았던 알베르트 슈바이처가 1965년 9월 4일 90세를 일기로 사망해 가봉의 오고웨 강변에 묻혔다. 프랑스와 독일의 접경지인 알자스 지방에서 태어나 자란 그는 철학과 신학에서 박사학위를 받았지만 아프리카에서의 선교와 의료를 위해 의학을 다시 공부하고 부인과 함께 헌신적 의료 활동을 했다. 철학자로서 생명에 대한 외경과 자유주의 신학자로서 종말론을 주장했던 슈바이처는 1952년 노벨평화상을 수상했다.

9월 5일, 1989년

조훈현, 제1회 잉창치배 우승

1989년 9월 5일 싱가포르에서 열린 제1회 잉창치배 결승에서 조훈현 9단이 중국의 녜웨이핑 9단에게 1백45수 만에 불계승을 거두고 3승2패로 우승했다. 잉창치배는 대만의 갑부 잉창치가 500만 달러를 들여 창설한 세계 최고의 프로바둑기전이다. 혈혈단신 한국 대표로 참가한 조 9단은 중국의 온갖 불공정과 횡포에도 불구하고 당당히 우승했고 귀국 후 김포공항에서 한국기원이 있는 종로구 관철동까지 열렬한 환영 속에 카퍼레이드를 벌였다.

9월 5일, 1997년

테레사 수녀 영면

1997년 9월 5일 평생 가난하고 병든 사람을 구호하며 봉사와 희생의 삶을 살아 '빈자의 성녀'로 추앙받은 테레사 수녀가 87세를 일기로 세상을 떠났다. 마케도니아에서 태어난 테레사 수녀(세례명 아그네스)는 아일랜드 수녀원에 들어간 뒤 인도 국적을 취득하고 캘커타 빈민가에 살면서 센트메리고교의 교사·교장을 역임했다. 1950년 '사랑의 선교회'를 설립해 마더 테레사라 불리며 평생 가난한 이와 집 없는 이, 죽어가는 사람들을 위해 헌신해 1979년 노벨평화상을 수상했다.

9월 6일, 1766년

원자론 창시자 돌턴 태어남

1766년 9월 6일 영국의 화학자이자 물리학자이며 근대 원자론의 창시자인 존 돌턴이 태어났다. 가난한 퀘이커 교도인 기계사의 아들로 태어나 초등학교 졸업 후, 12세에 이미 교사로 어린이를 가르치고 15세 때는 형과 함께 학교를 경영하며 수학과 과학을 가르쳤다. 기상학자로서 극광의 관찰, 색맹의 연구, 기체 압력에 대한 연구로 돌턴의 법칙을 발표했고 1803년 만물이 원자로 구성되었다는 원자설을 제창했다. 평생을 독신으로 보냈고, 열렬한 퀘이커 교도였다.

9월 6일, 1956년

화가 이중섭 타계

1956년 10월 6일 서울 서대문 적십자병원에서 만 40세를 넘기지 못한 화가 이중섭이 정신질환과 간질환으로 숨졌다. 그러나 시신은 연고자가 없어 3일 간이나 방치된 뒤에야 수습됐다. 평안남도 평원에서 지주의 아들로 태어나 유복하게 자랐고 일본 유학 중 이미 전위적 그림으로 두각을 나타냈던 그는 귀국 후 일본에서 뒤따라온 일본 여성 마사코(이남덕)과 결혼하고 원산사범학교 교원이 됐으나 6.25 전쟁으로 남하했다. 제주까지 내려온 그는 대표작 〈황소〉 등을 그리며 짧은 행복을 누렸으나 생활고로 부인이 두 아들과 함께 일본으로 떠나면서 가족에 대한 그리움과 술로 점점 폐인 같은 생활을 이어가다 쓰러지고 말았다. 향토적이며 개성적인 소재로 한국에 서구 근대화의 화풍을 도입하는데 공헌한 그의 작품은 현재 미술품 경매 시장에서 박수근과 함께 매번 최고가를 기록하고 있다.

9월 7일, 1191년

리처드 1세, 살라딘을 격파

1191년 9월 7일 잉글랜드의 국왕 리처드 1세가 아르수프 전투에서 이슬람 군대를 크게 격파했다. 2년 전인 89년 왕위에 오른 리처드는 오직 3차 십자군원정을 이끄는 꿈에 젖어 왕국의 통치는 등한시하고 보물과 직책을 팔아 무기를 마련했고 드디어 아르수프에서 야간 총공격을 가해 살라딘의 군대를 쳐부쉈다. 이 전투에서 700명의 십자군과 수천 명의 이슬람 교도가 전사했는데 예루살렘의 탈환에는 실패했다. 리처드 1세는 용맹하고 잔혹한 성격으로 '사자심왕'으로 불리며 영웅으로 부각됐고 관대한 이슬람 전사 살라딘과 깍듯한 예의와 호감으로 평화조약을 맺었다.

9월 7일, 1533년

영국 여왕 엘리자베스 1세 출생

1533년 9월 7일 영국의 르네상스로 불리는 황금시대를 이끈 여완 엘리자베스 1세가 태어났다. 튜더 왕가의 헨리 8세와 두 번째 왕비 앤 불린 사이에서 태어난 그녀는 궁정 내 세력다툼으로 왕위계승권이 박탈되기도 하고 반란가담 혐의로 런던탑에 갇히기도 했다. 그러나 전대 여왕인 메리 1세가 죽은 후 25세로 즉위한 여왕은 처녀여왕으로 70세에 사망할 때까지 영국을 유럽의 강대국으로 발돋움하는 발판을 만들었다.

9월 7일, 1936년

태즈매니아 주머니늑대 멸종

1936년 9월 7일 태즈매니아 주머니늑대의 마지막 한 마리가 태즈매니아의 호바트 동물원에서 죽어서 멸종했다. 태즈매니아 주머니늑대는오스트레일리아의 태즈매니아 섬에 서식했던 육식 유대류인데 등에 난 호랑이 줄무늬와 유사한 무늬때문에 '태즈매니아 호랑이'라고도 불렸다. 몸집이나 머리 모습은 늑대에 가깝고, 캥거루처럼 아기 주머니를 가졌다. 인류가 오스트레일리아 대륙에 들어오고 야생개 딩고 등으로 인해 오스트레일리아 대륙에서는 멸종하고 태즈메이니아 섬에서만 서식하게 되었으나 가축을 해치는 유해동물로 인식되어 대량 학살당했다. 태즈메이니아 섬의 고원 지대에 소수의 태즈메이니아 주머니늑대가 살아있다는 주장도 있으나 입증되지는 않았다.

9월 8일, 1911년

아폴리네르, '미라보 다리'를 노래하다

'시간이 흐르고 세월이 지나도
흐르는 시간과 떠난 사랑은 돌아오지 않고
미라보 다리 아래 센 강은 흐른다'

1911년 9월 8일 젊은 시인 기욤 아폴리네르가 파리의 감옥에서 머리를 쥐어뜯으며 고뇌하고 있었다. 전날 루브르 박물관에서 걸작 '모나리자'를 훔친 혐의로 투옥된 데다 애인 마리 로랑생이 찾아와 결별을 선언했기 때문이다. 아폴리네르는 너무 억울했다. 결국 무혐의로 풀려났지만 실연의 아픔과 주위의 냉대를 견딜 수 없었다. 친구 샤갈의 아틀리에에서 밤새 신세한탄을 하며 술을 마셨다. 해 뜰 무렵 집으로 돌아가다 센 강을 지나면서 지은 시가 바로 '미라보 다리'다. 그렇지만 그는 시보다는 미술의 신봉자였다. 초현실주의란 말을 처음 썼고 피카소, 샤갈 등과도 절친했다. '그림만이 영원토록 나를 괴롭히는 진정한 가치'라고 했다. 1차 세계대전에 참전해 다친 후 당시 대유행하던 스페인 독감에 걸려 사망했다.

9월 9일, 1976년

중국 공산 혁명의 아버지 마오쩌둥 사망

1976년 9월 9일, 중화인민공화국을 수립한 중국 공산당의 지도자 마오쩌둥이 83세를 일기로 베이징에서 사망했다. 초기 중국 공산당의 최고 지도자였던 마오는 중국 국민당 정부의 총재 장제스를 타이완으로 축출하고 중국을 통일하여 초대 중화인민공화국의 국가 주석으로 재직했다. 그 후 대약진 운동과 문화대혁명으로 대표되는 급진 정책으로 유토피아를 꿈꾸었으나 5천만 명이 넘는 인명 피해를 초래하여 악명 높은 학살자로 평가절하 되고 말았다.

9월 9일, 1945년

컴퓨터 '버그' 최초 발견

1945년 9월 9일 최초의 프로그래머 그레이스 호퍼가 하버드 대학교에서 Mark2 컴퓨터로 연구를 하던 중 컴퓨터가 오작동을 일으켰다. 기술자들이 문제를 해결하기 위해 컴퓨터 내부를 살펴본 결과 나방이 기판 사이에 갇혀 있었는데 호퍼가 이를 공개하면서 '버그(bug)'라는 용어가 알려졌다. 호퍼는 나방을 메모지 위에 테이프로 붙여 그 아래에 '사실상 버그가 발견된 최초의 사례'라고 적어 놓았는데 현재 스미스소니언 박물관에 소장돼 있다 한다. 컴퓨터 용어로 '버그'란 컴퓨터 작동을 방해하는 기계적 혹은 전자적인 결함이나 프로그램을 부호화하는 과정에서 일어나는 오류를 뜻한다.

9월 10일, 1960년

'맨발의 마라토너', 금메달

1960년 9월 10일 로마올림픽에서 무명의 에티오피아 마라토너 아베베 비킬라가 콜로세움 앞 피니쉬 라인을 맨 먼저 통과했다. 신발 없이 맨발로 뛰고도 2시간 15분 16초의 세계신기록이었다. 황실 친위대 하사관이던 그는 당초 참가하려던 마라토너가 축구를 하다 발목을 다쳐 로마행 비행기가 떠나기 직전 대표 팀에 합류했다. 로마에서도 신발을 구할 수 없었다. 후원업체인 아디다스가 재고를 많이 남겨놓지 않는 바람에 맞는 신발이 없어 평소 훈련하던 대로 맨발로 뛴 것이다. 1964년 도쿄 올림픽에서는 6주 전 맹장수술로 훈련을 못했는데도 2시간 12분 11초의 세계신기록으로 또다시 우승했다. 일본에선 아베베의 우승 가능성이 없다고 보고, 국가조차 준비하지 않아 일본국가가 대신 울려 퍼졌다. 1969년 교통사고로 하반신이 마비돼 장애인 올림픽에 출전하기도 했다.

9월 10일, 1796년

최초의 신도시 화성 완공

1796년(정조 20년) 9월 10일 유네스코 세계유산으로 지정된 우리나라 최초의 신도시 화성이 불과 2년 반의 공사로 완공됐다. 총 길이 5.7km에 이르는 화성은 다산 정약용이 정조의 명을 받아 축성의 모든 과정을 계획하고 감독해 우리나라 성곽의 백미로 꼽히는 건축물이다.

9월 11일, 1906년

간디,
비폭력 저항운동 시작

1906년 9월 11일 인도의 민족 운동 지도자인 모한다스 간디가 남아프리카공화국 요하네스버그에서 비폭력 저항운동을 시작했다. 영국 런던에서 법률을 공부하고 인도로 돌아와 변호사로 개업한 간디는 소송사건 계약으로 방문한 남아프리카공화국에서 백인들의 인종차별로 고생하는 인도인을 보면서 큰 충격을 받아 비폭력 저항운동인 '사티아그라하' 투쟁을 시작했다. 마하트마(위대한 영혼)라고 불린 그는 48년 힌두교 광신자에 의해 뉴델리에서 암살당했다.

9월 12일, 2005년

삼성전자 16기가 낸드플래시 메모리 개발

삼성전자가 2005년 9월 12일 50나노 16기가 낸드플래시를 개발함으로써 반도체 마이크로 칩에 저장할 수 있는 데이터가 '1년에 용량이 2배로 늘어난다'는 황창규 사장(현 KT 대표)의 '메모리 신성장론'을 6년 연속 입증하는 데 성공했다. 여기에는 영화 20편 이상의 동영상이나 MP3 음악파일 기준으로 8천곡, 일간지 200년 치 분량의 정보를 저장할 수 있다.

9월 12일, 1999년

세레나 , US오픈테니스 우승

1999년 9월 12일 17세의 세레나 윌리엄스가 테니스 메이저대회 의 새로운 여왕으로 등극했다. 세레나는 뉴욕 아서애시스타디움에서 열린 US오픈테니스 여자단식 결승에서 세계랭킹 1위인 마르티나 힝기스를 2대 0으로 누르고 우승했다. 불과 데뷔 2년 만에 딴 메이저 타이틀이었다. 이는 흑인 여성이 58년 알세아 깁슨 이후 41년 만에, 흑인 남녀 통틀어 메이저에서 우승한 역사적 사건이었다.

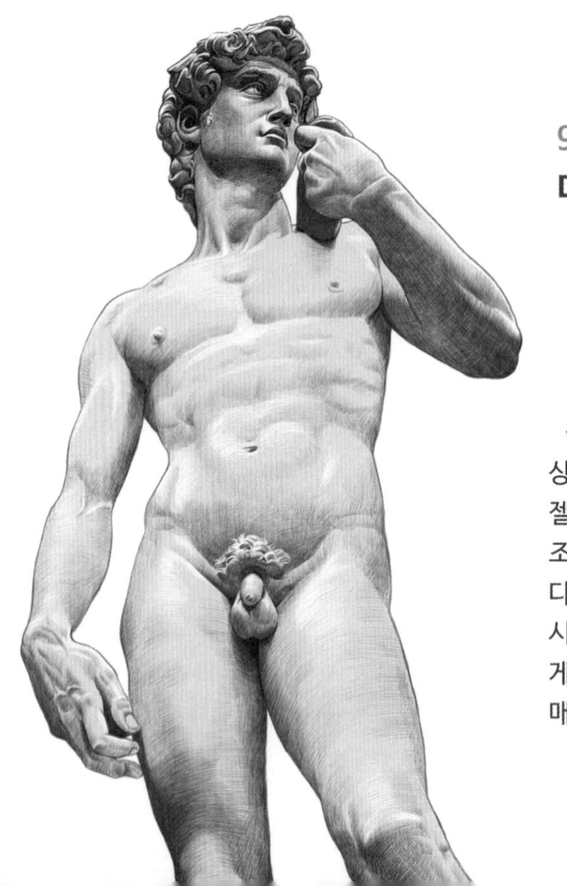

9월 13일, 1501년

미켈란젤로, '다비드' 조각 시작

1501년 9월 13일 이탈리아 르네상스 시대의 거장 미켈란젤로가 피렌체에서 '다비드'를 조각하기 시작했다. 세계 조각상들 중 가장 거대하고 유명한 남성 누드인 '다비드'는 원래 다른 조각가들이 손을 대다 만 채로 25년 동안 방치한 어정쩡한 상태의 대리석 이었지만 26세의 청년 미켈란젤로가 이전의 역동적인 다비드 상과는 다른, 조용한 위엄과 미묘한 균형의 이상적인 청년 다비드를 3년 만에 창조했다. 이 조각에는 즉시 '거인'이라는 별명이 붙었는데 아이러니하게도 거인은 성경에서 바로 이 다비드가 돌팔매로 쳐 죽인 '골리앗'을 가리키는 말이었다.

9월 13일, 1916년

아동소설가 로알드 달 출생

1916년 9월 13일 "가장 대담하고, 신나고, 뻔뻔스럽고, 재미있는 어린이 책"을 만든 작가로 손꼽히는 소설가 로알드 달이 웨일스에서 태어났다. 노르웨이인 부모 사이에서 태어나 영국에서 자란 달은 제2차 세계대전 당시 영국 공군의 파일럿으로 참전했고 그 뒤 25세에 쓴 '그렘린'이 큰 성공을 했다. 성인 대상의 단편 작품으로도 오 헨리에 비견되는 성공을 한 그는 세 번의 에드가 앨런 포 상을 받았다. 주요 작품으로 '제임스와 슈퍼 복숭아' '찰리와 초콜릿 공장' '마녀를 잡아라' '마틸다' 등이 유명하다.

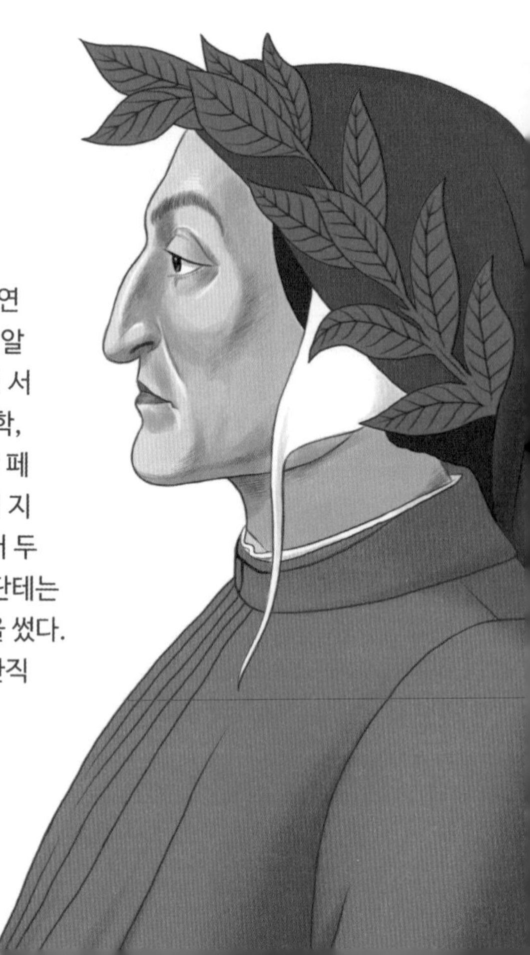

9월 14일, 1321년

이탈리아 시인 단테 사망

1321년 9월 14일 중세를 종합하고 근대를 연 지식인이자 서양문학을 대표하는 작가 단테 알리기에리가 라벤나에서 객사했다. 그는 장편 서사시 '신곡'으로 중세 유럽의 문학, 철학, 신학, 수사학 등의 전통을 총괄하고 잇달아 나타난 페트라르카, 보카치오와 함께 르네상스 문학의 지평을 열었다. 피렌체 정쟁의 와중에 추방되어 두 번 다시 고국에 돌아가지 못한 채 유랑했던 단테는 망명생활 중 신곡을 비롯한 거의 모든 작품을 썼다. 그는 베아트리체에 대한 사랑을 일생 동안 간직하여 창작과 구원의 여신으로 삼았다.

9월 14일, 1927년

'맨발의 이사도라' 사망

1927년 9월 14일 프랑스 니스에서 50세의 무용수 이사도라 던컨이 목에 둘렀던 스카프가 날려 타고 있던 스포츠카 바퀴에 감겨 들어가 목이 꺾인 채 숨졌다. 미국 샌프란시스코에서 태어난 이사도라는 제약이 많은 고전 발레에 의문을 갖고 처음 데뷔한 시카고 무대에서 맨발에 반나체로 춤을 춰 관객의 조소를 받았다. 조국에 실망한 그녀는 1900년 유럽으로 건너가 자연스러움과 고대 그리스 정신의 부활, 그리고 음악을 무용에 도입하여 큰 성공을 거두었다. 그러나 두 자녀와 남편을 연이어 잃은 참담함과 예술가로서 내리막길을 걷던 중 끝내 비극적인 종말을 맞이하고 말았다.

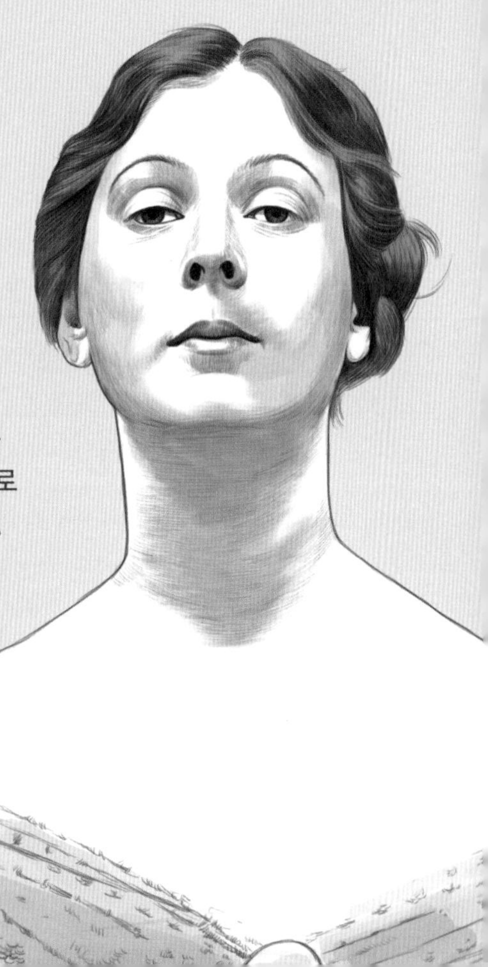

9월 14일, 2000년

소설가 황순원 선생 타계

한국 현대 소설사의 거목 황순원 선생이 2000년 9월 14일 85세로 타계했다. 황순원 선생은 잠든 모습 그대로 평온하게 영면에 들어갔다. 그는 마지막 순간에도 한 치의 흐트러짐을 용납하지 않았다. 생전에 '황고집'이라 불릴 정도였던 선생은 단 한 번의 곁눈질 없이 작가 정신 하나로 70년 문학인생을 걸었다. 식민과 분단, 전쟁과 독재로 점철된 격변의 시기에도 작가는 오직 작품으로만 말한다는 원칙을 꺾지 않았다. 미학적 극치를 시현한 그의 작가 정신은 그만큼 결벽에 가까웠다. 시에서 출발해 단편소설을 거쳐 장편소설에 이르는 그의 작품은 미학의 전범이 됐다. 〈소나기〉, 〈학〉 등 단편의 서정세계와 〈일월〉, 〈움직이는 성〉 등 장편의 서사적 완결성이 대표적이다.

9월 15일, 1916년

세계 최초로 탱크 전장 투입

제 1차 세계대전이 한창이던 1916년 9월 15일 새벽 프랑스 북부 솜 전선, 짙은 안개를 뚫고 영국군의 탱크 마크 1이 독일 전선을 향해 최초로 진격을 개시했다. 6~12mm 철판에 56mm 기관총으로 무장한 28톤의 탱크는 속도가 너무 느렸고 진흙탕에 빠지는 등 별다른 위력을 발휘하지 못했음에도 불구하고 독일군을 심리적으로 공포에 빠뜨렸다. 탱크 소리만 듣고도 완강하게 방어하던 독일군 진지가 일시에 붕괴되는가 하면 한 대의 탱크가 300명의 포로를 사로잡기도 했다. 뚜렷한 성과는 없었지만 이후 치열한 군비경쟁 속에 탱크는 성능이 비약적으로 발전해 '지상전의 왕자'로 자리 잡아 세계 각국은 이 순간에도 새로운 전차 개발에 힘을 쏟고 있다.

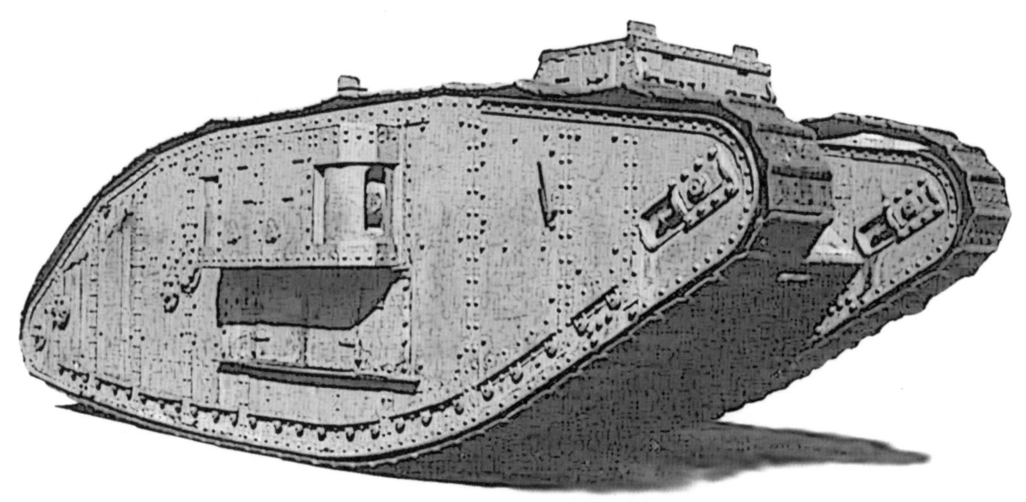

9월 16일, 1597년

명량대첩

1597년 9월 16일 진도와 해남 사이의 해협 명량(울돌목)에서 삼도수군통제사 이순신은 불과 13척의 전선과 수군으로 133척의 일본 수군을 대파했다. 앞서 모함을 받고 백의종군하던 이순신 대신 통제사에 임명됐던 원균이 일본 수군에 대패하고 남은 배 13척을 정비하고 병사들에게 "必死則生 必生則死-죽고자하면 살 것이요, 살고자하면 죽을 것"이라 독려했던 이순신은 해류의 변화와 지형지물의 이용, 배후 의병들의 맹활약과 우수한 대포를 최대한 살린 필승의 작전으로 일본 수군을 격퇴시키고 다시 해상권을 장악했다.

9월 16일, 1977년

불멸의 디바 칼라스 사망

이탈리아의 세계적인 작곡가 겸 오페라 연출가 프랑코 제피렐리는 "오페라 역사에서 기원전(B.C.)은 칼라스 이전(Before Callas)을 의미한다"고 말했다. 1977년 9월 16일 타계한 마리아 칼라스야말로 오페라의 역사를 뒤바꾼 '불멸의 디바'라는 뜻이다. 칼라스의 음색은 곱고 깨끗한 미성이 아니라 오히려 굵고 거칠고 사나운 '드라마틱 소프라노'의 전형으로 카리스마적인 연기와 노래의 화신이었다. 그러나 28세 연상의 남편 메네기니, 동성애자 영화감독 비스콘티, 선박왕 오나시스와의 사랑과 배신, 낙태, 실연으로 이어진 사생활은 칼라스의 영혼을 피폐하게 만들어 파리의 아파트에서 55세로 쓸쓸히 생을 마감하고 말았다.

9월 17일, 1980년

김대중, 내란음모혐의로 사형선고

1980년 9월 17일 계엄보통군법회의는 내란음모 혐의로 김대중에게 사형을 선고했다. 80년 당시 신군부가 정권을 잡는 과정에서 5.18 광주 민주화 항쟁이 '김대중 일당'의 내란음모에서 비롯된 것이라고 조작한, 이른바 '김대중 내란음모 사건'의 결론이었다. 그러나 당시 김대중이 "이 땅의 민주주의가 회복되면 먼저 죽어간 나를 위해서 정치보복이 다시는 행해지지 않도록 해 달라"고 한 법정 최후진술이 국제사회에 알려지면서 큰 반향을 불러일으키고 세계 각국 지도자와 종교인, 인권단체들의 압력으로 형은 무기와 20년형으로 연이어 감형됐고 1982년 12월 형 집행정지로 출소하여 미국으로 출국했다. 김대중 전 대통령은 임기를 마친 2003년 재심을 청구해 2004년에 이 사건에 대해 무죄를 선고받았다.

9월 17일, 1917년

작곡가 윤이상 출생

1917년 9월 17일 서양현대음악 기법을 통해 동아시아 이미지를 구현한 세계적인 작곡가 윤이상이 경남 통영에서 태어났다. 일본 유학 후 교사 생활을 하며 독립운동에 참여해 체포된 전력이 있는 그는 유럽으로 유학하여 작곡으로 주목받던 중, 67년 동베를린 간첩단 사건에 연루되어 서울로 강제 소환돼 사형 선고를 받았다. 세계 음악계의 구명 운동으로 풀려난 그는 독일에 귀화했고 오페라 '심청'을 비롯한 150여 편의 작품을 남겼다. 늘 고국과 고향을 그리워했으나 끝내 귀국하지 못하고 95년 눈을 감았다.

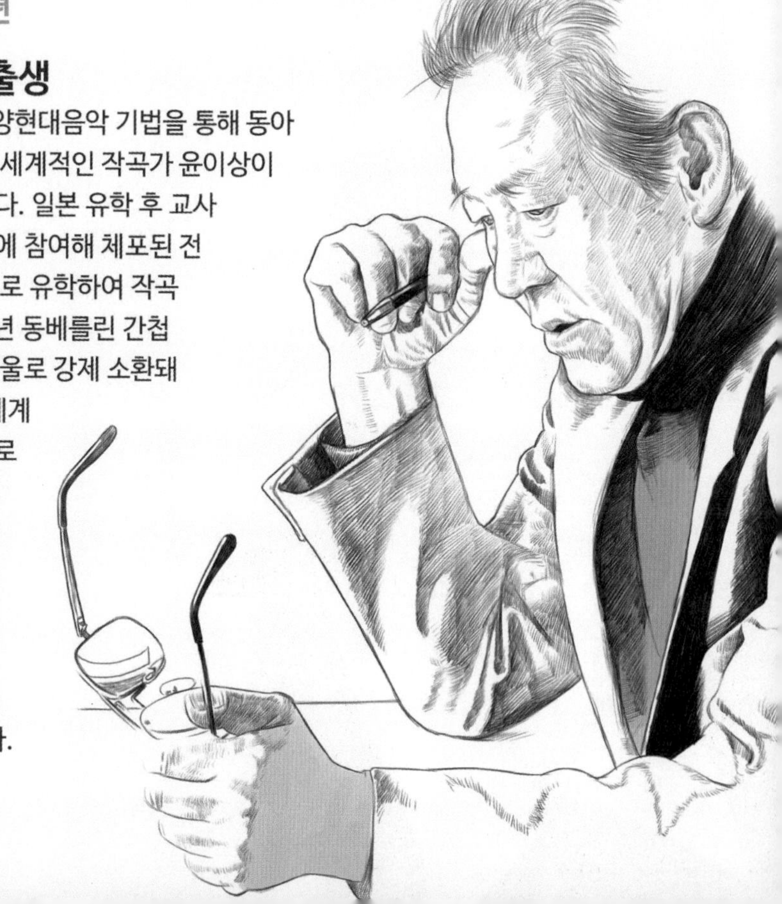

9월 18일, 1905년

여배우 그레타 가르보 출생

1905년 9월 18일, 스웨덴 출신의 미국 영화배우 그레타 가르보가 스톡홀름에서 태어났다. 10대 때 백화점 점원으로 일하다가 영화계에 데뷔했고 20세 되던 해 미국으로 건너가 할리우드 MGM의 인기스타가 됐다. 신비하고 종잡을 수 없는 성격, 우수를 머금은 듯한 미모로 무성영화에서 유성영화로 전환되던 시기에 은막의 여왕으로 군림했지만 36세의 나이로 은퇴한 후 뉴욕에서 은둔생활을 했다. 대표작으로 '마타하리' '크리스티나 여왕' '안나 카레니나' '춘희' 등이 있다.

9월 19일, 2010년

기록의 타자 양준혁 은퇴

2010년 9월 19일 프로야구 삼성라이온스의 강타자 양준혁이 41세의 나이로 그라운드를 떠났다. 1993년 데뷔전에서 3안타를 쳐내며 화려하게 등장했던 양준혁은 18년 동안 안타, 홈런, 타점 등 7개 부문에서 통산 개인최다기록을 남겼다. 그는 은퇴 경기 후 “대구에서 선수생활을 시작했고 고향 팀에서 떠날 수 있어 감사하고 행복하다”는 말을 남겼고 그의 배번 ‘10번’은 영구결번이 됐다.

556

9월 19일, 1960년

'더 트위스트' 빌보드 핫100에 진입

1960년 9월 19일 빌보드 50년 역사상 최고의 곡 순위에서 영예의 1위를 차지한 처비 체커의 '더 트위스트'가 빌보드 순위에 진입했다. 이 곡은 행크 발라드의 곡을 리메이크한 것으로 처비 체커는 삶은 감자를 밟아 비비는 모습에 착안한 댄스를 통해 전 세계에 트위스트 열풍을 일으키며 톱스타로 등극했다. 그의 활약에 힘입어 1960년부터 63년까지 트위스트 클럽은 언제나 만원이었고 그때 트위스트를 추지 않으면 시대에 뒤떨어진 사람 취급을 당했다. 처비는 뒤이어 '레츠 트위스트 어게인' 도 대히트를 시켰다.

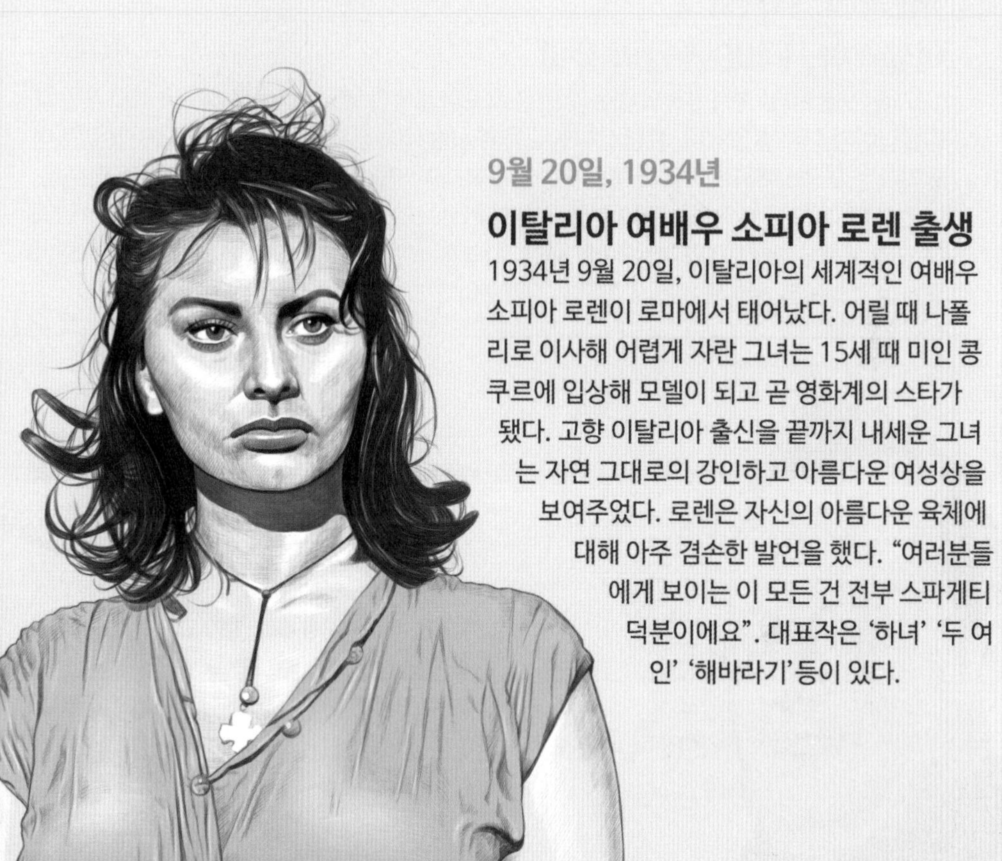

9월 20일, 1934년

이탈리아 여배우 소피아 로렌 출생

1934년 9월 20일, 이탈리아의 세계적인 여배우 소피아 로렌이 로마에서 태어났다. 어릴 때 나폴리로 이사해 어렵게 자란 그녀는 15세 때 미인 콩쿠르에 입상해 모델이 되고 곧 영화계의 스타가 됐다. 고향 이탈리아 출신을 끝까지 내세운 그녀는 자연 그대로의 강인하고 아름다운 여성상을 보여주었다. 로렌은 자신의 아름다운 육체에 대해 아주 겸손한 발언을 했다. “여러분들에게 보이는 이 모든 건 전부 스파게티 덕분이에요”. 대표작은 ‘하녀’ ‘두 여인’ ‘해바라기’등이 있다.

558

9월 20일, 1870년

이탈리아, 1400년 만의 통일

1870년 9월 20일 게르만족의 이동에 따른 서로마제국의 멸망(476년)후 약 1400년 만에 이탈리아가 다시 통일됐다. 프랑스 나폴레옹의 이탈리아 정복 후 군소국가로 흩어져있던 이탈리아는 프랑스혁명의 자유와 평등사상이 전파되어 '리소르지멘토'라는 통일과 독립운동이 전개됐다. 그 운동의 핵심 인물이었던 총리 카우보르와 장군 가리발디의 도움으로 사르데냐 국왕 에마누엘레 2세가 이탈리아 대부분 지역을 통합하고 프로이센과 프랑스의 전쟁을 이용하여 교황청을 점령해 마침내 이탈리아 왕국이 통일됐다.

콘테 디 카우보르

주세페 가리발디

9월 21일, 2003년

갈릴레오 우주선 임무 종료

2003년 9월 21일 미국항공우주국의 목성 탐사선 갈릴레오가 14년간의 우주 여행과 8년간의 목성탐사를 마치고 목성의 대기 고도 9283km 위치에서 초속 50km의 속도로 충돌하면서 임무를 마쳤다. 목성에 뛰어들게 한 이유는, 목성의 위성들에 통제력을 잃은 우주선이 부딪혀서 지구의 세균에 오염될 가능성을 방지하기 위해서였다. 갈릴레오 우주선은 목성의 위성 중 하나인 에우로파의 얼음 밑에 소금을 함유한 바다가 존재할 가능성이 높다는 사실을 알아냈다.

9월 21일, 1860년

쇼펜하우어 사망

1860년 9월21일, 독일의 염세주의 철학자 아르투르 쇼펜하우어가 72세로 세상을 떠났다. 부유한 부모 덕에 평생 풍족히 살았던 그는 괴테와 교우했고 동양학자 마이어로부터 인도 고전에 눈을 떴다. 주요저작인 '의지와 표상으로서의 세계'를 저술한 후 베를린대학 강단에 섰으나 헤겔의 압도적 명성에 밀려 사직했다. 그의 철학은 칸트의 인식론에서 출발해 피히테, 셸링, 헤겔 등의 관념론적 철학자를 공격했으나 그 역시 같은 '독일 관념론'에 속했다. 세계의 내적 본질인 맹목적 의지에서 벗어나 금욕과 예술을 통한 해탈을 주장한 그의 염세 철학은 음악이나 문학 등 예술 분야에 더욱 큰 영향을 끼쳤다.

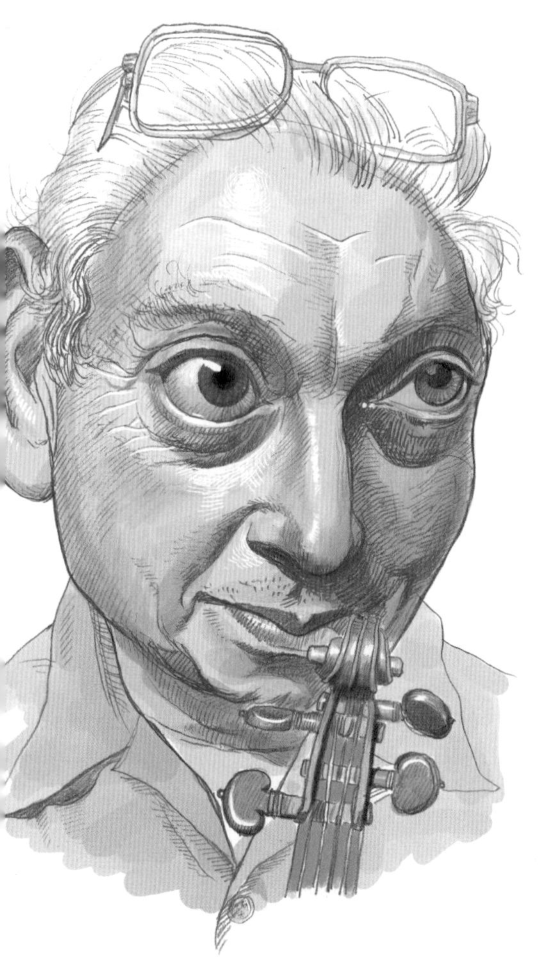

9월 22일, 1960년

'바이올린의 전설' 아이작 스턴 사망

2001년 9월 22일 세계 최고의 바이올린 연주자 중 한사람으로 평가받은 아이작 스턴이 81세의 나이에 심장병으로 숨졌다. 러시아에서 태어난 그는 1세 때 부모와 함께 미국으로 이주해 11세에 데뷔해 천재 소년으로 알려졌고 17세 때 뉴욕에서의 성공적인 연주회 후 급속히 명성을 얻었으며 28세엔 유럽무대 데뷔 후 전 세계를 순회 연주했다. 젊은 시절의 남성적이고 화려한 기교가 경력을 쌓아가며 더욱 서정적 깊이를 갖추어 20세기 최고의 바이올리니스트로 손꼽혔다. 1960년대 후반에는 재정난으로 폐쇄 위기에 처했던 카네기홀을 구해내 세계 최고의 예술의 전당으로 키웠다.

9월 22일, 1966년

이병철 삼성그룹회장, 한국비료 헌납 발표

1966년 9월 22일 삼성그룹회장 이병철은 사카린 밀수사건에 대한 책임을 지고 삼성의 계열사인 한국비료를 국가에 헌납하고 매스컴과 학원 사업에서 은퇴한다고 발표했다. 사카린 밀수사건은 같은 해 5월 한국비료가 사카린 2259포대를 건설자재로 꾸며 들여와 판매하려다 부산세관에 뒤늦게 적발돼 벌금 2천 여 만원을 부과당한 사건이다. 이 사건은 삼성과 당시 정부 여당인 공화당과의 정경유착 의혹과 삼성그룹의 언론계 진출과 맞물린 사건으로 전 국가적 파문을 일으킨 바 있다.

9월 23일, 1952년

무패의 사내 로키 마르시아노 챔피언 등극

1952년 9월 23일 데뷔이래 단 한 번도 패한 적이 없었던 로키 마르시아노가 챔피언 조지 월코트를 쓰러뜨리고 세계 헤비급 챔피언 자리에 올랐다. 37세의 노련한 챔피언에게 1회에 다운되는 등 얻어맞기만 하던 로키가 13회 오른쪽 카운터 한방으로 역전 KO승을 거둔 것이다. 이후 마르시아노는 49전 전승에 43KO승이라는 화려한 전적을 남기고 타이틀을 자진 반납했다. 더 이상 적수가 없어서였다. 실베스타 스탤론 주연의 '로키'도 그의 이름을 따서 제작된 영화다.

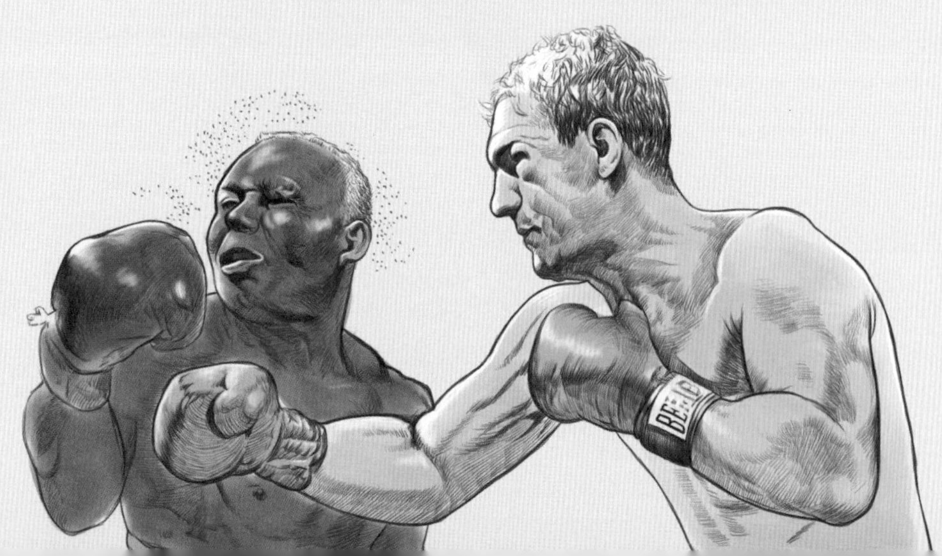

9월 24일, 1988년

벤 존슨 서울올림픽 육상 100m 금메달

1988년 9월 24일, 서울올림픽 남자육상 100m 결승이 펼쳐진 잠실 올림픽주경기장에서 LA올림픽 4관왕의 칼 루이스와 로마선수권에서 그를 꺾은 벤 존슨이 나란히 출발선에 섰다. 출발신호와 함께 10초도 안된 사이 결과는 벤 존슨의 압도적 승리로 끝났다. 9초 79의 세계신기록. 그러나 그로부터 사흘 뒤 소변검사 결과 존슨이 금지약물을 복용한 것으로 드러나 세계를 경악시켰고 금메달은 박탈되어 칼 루이스에게 돌아갔다. 존슨은 그 후의 국제대회에서 또 금지약물 복용이 드러나 육상계에서 영구 제명되고 말았다.

9월 25일, 1881년

중국의 문학가 루쉰 태어남

1881년 9월 25일, 근대 중국의 세계적 작가이자 사상가인 루쉰이 저장성 사오싱에서 태어났다. 본명은 저우수런으로 루쉰은 대표적 필명이다. 지주 가문에서 태어났으나 집안의 잇따른 불행으로 고생스러운 소년기를 보냈다. 일본에 유학해 의학 공부를 했으나 문학의 중요성을 통감해 국민성 개조를 위한 문학을 지향했다. '광인 일기', '아큐정전' 등으로 전근대적 중국의 모순을 파헤치고 좌익 작가연맹의 지도자로 민족주의와 예술지상주의에 대해 날카롭게 비판했다. 그의 사상은 어떠한 허위도 거부하고 현실에 뿌리박은 강인한 사고에 기반을 둔다.

9월 26일, 1940년

독일 비평가 벤야민 자살

1940년 9월 26일 20세기 전반에 활동했던 가장 중요한 독일의 문학 비평가 발터 벤야민이 다량의 모르핀을 삼켜 자살했다. 부유한 유태인 집안에서 태어난 벤야민은 독일의 보수적 학풍 탓에 교수직을 단념하고 문필생활을 했으나 대체로 그의 글은 생계를 위한 것이었다. 히틀러의 광기에 쫓기던 그는 미국으로의 망명 도중 스페인에서 강제송환을 통보받고 48세의 나이에 스스로 생을 접고 말았다.

9월 26일, 2008년

배우 폴 뉴먼 타계

"나는 무척 운이 좋았다. 행운을 타고 난 사람들은 그들보다 불운한 사람들을 도와야한다." 2008년 9월 26일 차갑고 지적인 내면 연기와 짙푸른 눈동자를 가진 배우 폴 뉴먼이 83세를 일기로 사망했다. '뜨거운 양철지붕 위의 고양이' '엑소더스' '내일을 향해 쏴라' '스팅' '타워링' '컬러 오브 머니'등 많은 히트 영화의 주인공이었던 그는 영화감독과 카레이서로도 활약했다. 그는 또한 뉴먼즈 오운이라는 친환경식품 회사를 공동 설립하여 모든 수익금을 자선단체에 기부해 그 금액이 총 2200억 원에 이르렀다.

9월 27일, 1905년

아인슈타인 $E=mc^2$ 발표

1905년 9월 27일 스위스 베른의 특허국 심사관 알베르트 아인슈타인이 $E=mc^2$ 라는 질량-에너지 등가성에 대한 논문을 발표했다. E는 에너지, m은 질량, c는 진공 속의 빛의 속도를 나타낸다. 즉, 에너지=질량×광속의 제곱이다. 이 개념은 질량 보존의 법칙과 에너지 보존의 법칙을 하나로 묶은 것으로 어떻게 태양이 계속 엄청난 에너지를 발생시킬 수 있는지를 설명하고 또한 원자력 발전과 핵폭탄 제조의 이론적 기초를 제공했다.

왜소한 편으로 날씬하고 길쭉한 얼굴에 "높고, 시원하고 둥근 이마는 비단 같은 밤색 머리로 덮였고, 눈치가 빠르고, 의심이 많은 눈은 활처럼 휜 눈썹아래 깊이 감춰져 곡절음표 모양에, 콧구멍이 어지간히 큰 들창코이고 작은 콧수염 아래 반쯤 가려진 미묘한 입"을 한 드가는 어딘가 우스꽝스러운 모습이었다.

9월 27일, 1917년

인상파 화가 드가 사망

1917년 9월 27일 프랑스 인상주의 화파의 창시자 중 한 사람으로 평가받는 에드가르 드가가 사망했다. 그는 인상주의자로 분류되기는 하지만 여타 인상주의자처럼 빛의 효과를 추구한 것이 아니라 당대의 현장을 화폭에 담아낸 것이 특징이었다. 자신의 작품을 미완성으로 생각해 끝없이 완벽을 향해 덧칠했고, 드로잉을 지극히 사랑한 점 등이 르네상스 시대의 레오나르도 다빈치에 비견된다. 말년에 지병인 눈병이 악화돼 시력을 거의 잃는 바람에 주로 조각에 몰두한 그는 평생을 독신으로 지냈다.

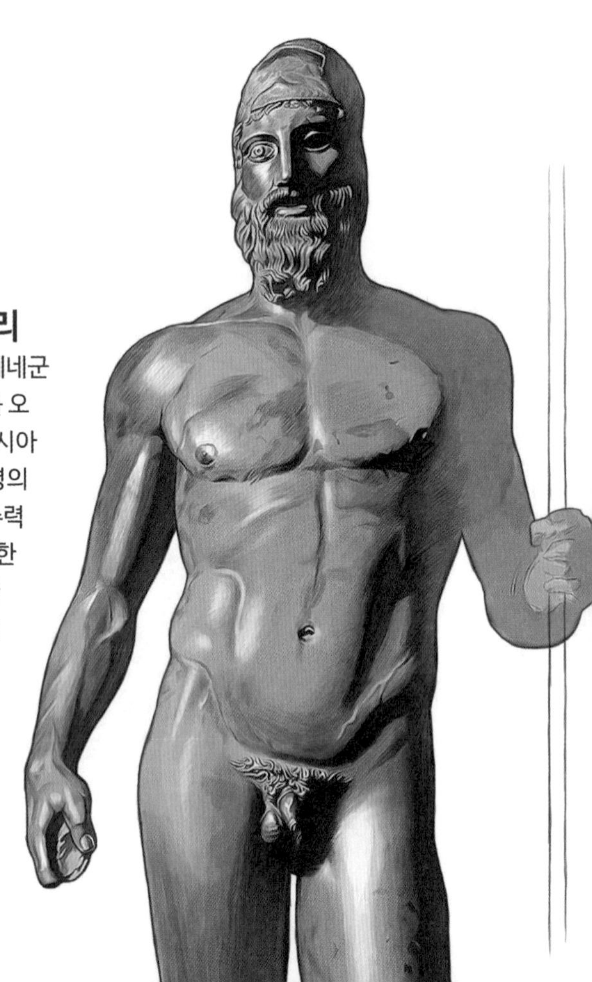

9월 28일, 기원전 480년

마라톤 전투에서 아테네 승리

기원전 480년 9월 28일 그리스의 아테네군이 마라톤 평원에서 침략군 페르시아를 오후 한나절 만에 물리쳤다. 강력한 페르시아 기병대가 잠시 진영을 비운 사이 1만 명의 아테네 중장보병군이 페르시아 보병 주력 부대를 포위해 6400명을 죽이고 대승한 것이다. 승리 후 한 아테네군 전령이 마라톤에서 아테네까지 약 40km를 쉬지 않고 달려가 승전보를 전하고 죽었다는 전설을 기려 1896년 아테네에서 열린 첫 올림픽에서 마라톤을 마지막 경기로 장식하게 됐다. 현재 코스는 42.195km이다.

9월 28일, 1920년

독립운동가 유관순 순국

"나는 조선의 딸이다" 1920년 9월28일 3·1 만세운동 당시 서울과 고향 천안에서 독립만세시위를 주도했던 유관순이 일제의 가혹한 고문으로 숨졌다. 유관순은 이화학당 재학 중 만세시위에 참가했다가 총독부가 학교를 휴교시키자, 4월 1일 천안의 아우내 장터에서 독립선언문을 낭독하고 3000여 명의 군중에게 태극기를 나눠주며 시위를 이끌었다. 이 사건으로 유관순의 부모는 피살됐고 오빠와 함께 체포된 그녀는 옥중에서도 굳은 독립의지를 꺾지 않았으나 악형과 영양실조로 17세의 꽃다운 나이에 서대문 형무소에서 순국했다.

9월 29일, 1970년

담시 '오적' 게재한 월간 〈사상계〉 폐간

1970년 9월 29일 박정희 정권은 군정 연장과 한일 굴욕외교에 대해 맹렬한 비판을 제기했던 월간지 〈사상계〉를 강제로 폐간시켰다. 겉으로는 잡지 등록상의 인쇄인과 실제 인쇄인이 다르다는 낯간지러운 이유를 내세웠지만 속으로는 〈사상계〉에 실린 김지하의 담시 '오적'이 정권의 곪은 치부를 들쑤셨기 때문이었다. 1953년 4월 월간종합교양지로 출발한 〈사상계〉는 재야에 있던 백낙준과 장준하가 사재를 털어 만들었는데 이후 이승만과 박정희 독재정권에 맞서 싸우는 양심세력을 대변하는 잡지가 됐다. 장준하의 아들 장호권이 복간을 준비 중인 현재, 담시 '오적'의 다섯 도둑 이야기는 여전히 힘을 잃지 않은 듯하다.

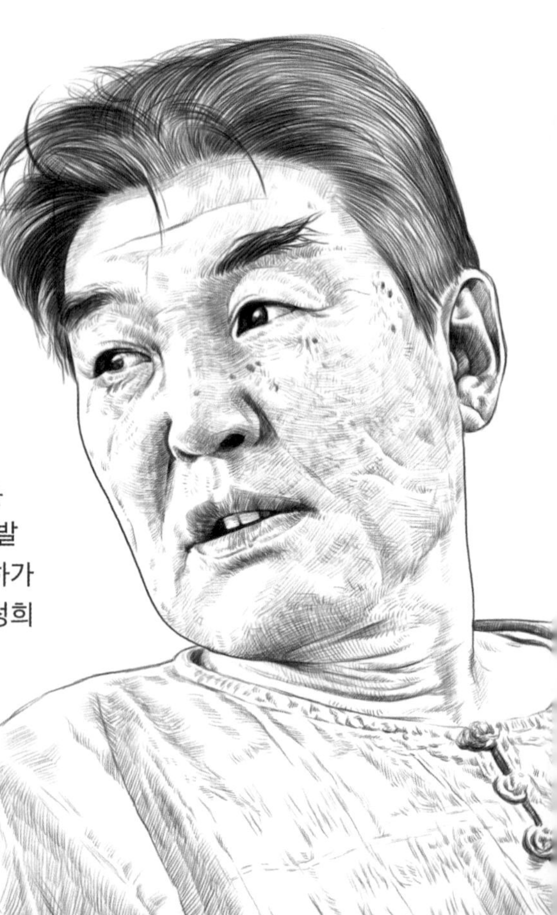

9월 30일, 1955년

영원한 청년 제임스 딘 사망

1955년 9월 30일 생애 단 3편의 영화로 청춘의 우상이 됐던 제임스 딘이 사망했다. 그는 불우하게 보낸 어린 시절을 뒤로하고 배우의 꿈을 꾸며 입성한 할리우드에서 5년 가까이 단역 배우로 전전했으나 1954년 영화 '에덴의 동쪽'에서 주연으로 발탁돼 섬세하고 날카로운 청년 역을 호연, 성공했다. 우울하고 반항적인 눈빛 연기는 이어진 영화 '이유 없는 반항'으로 극대화되어 폭발적인 인기를 끌었다. 그러나 여배우 피어 안젤리와의 사랑이 실패해 좌절을 겪은 후 자신의 세 번째 영화인 '자이언트'의 개봉을 앞두고 스포츠카를 과속으로 몰다 사고를 일으켜 불꽃 같은 생을 마감했다.

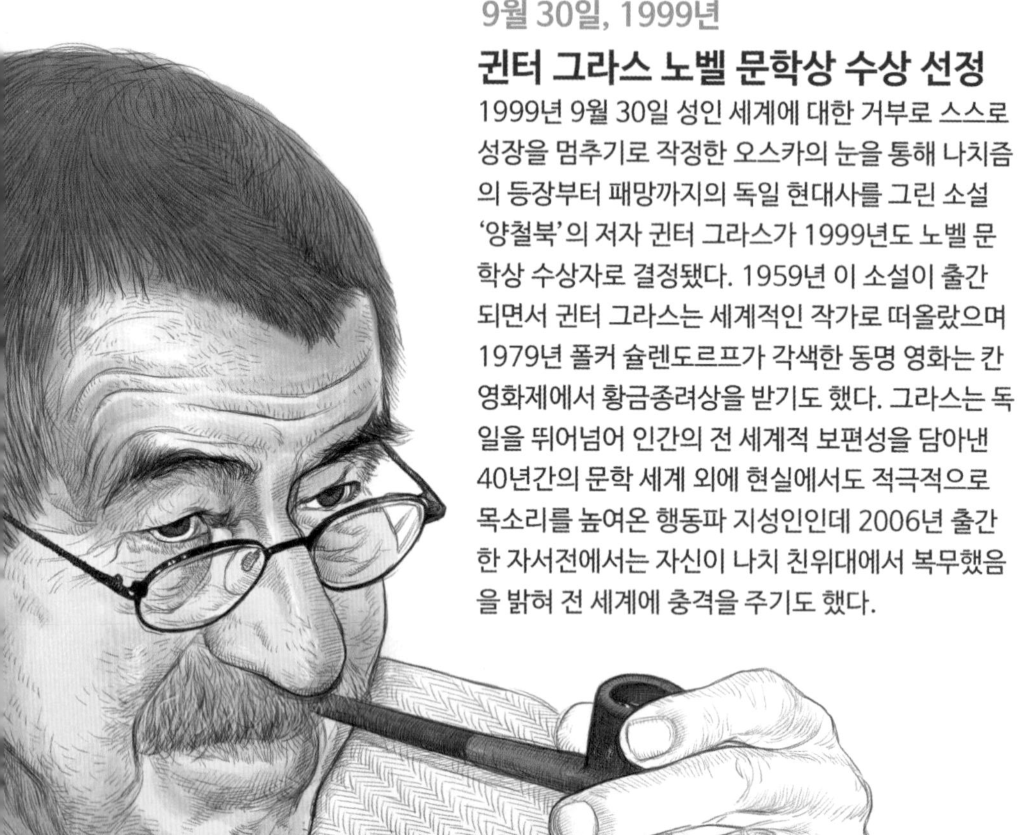

9월 30일, 1999년

권터 그라스 노벨 문학상 수상 선정

1999년 9월 30일 성인 세계에 대한 거부로 스스로 성장을 멈추기로 작정한 오스카의 눈을 통해 나치즘의 등장부터 패망까지의 독일 현대사를 그린 소설 '양철북'의 저자 귄터 그라스가 1999년도 노벨 문학상 수상자로 결정됐다. 1959년 이 소설이 출간되면서 귄터 그라스는 세계적인 작가로 떠올랐으며 1979년 폴커 슐렌도르프가 각색한 동명 영화는 칸 영화제에서 황금종려상을 받기도 했다. 그라스는 독일을 뛰어넘어 인간의 전 세계적 보편성을 담아낸 40년간의 문학 세계 외에 현실에서도 적극적으로 목소리를 높여온 행동파 지성인인데 2006년 출간한 자서전에서는 자신이 나치 친위대에서 복무했음을 밝혀 전 세계에 충격을 주기도 했다.

7월
July

8월
August

9월
September

10월
October

11월
November

12월
December

10월 1일, 1949년

중화인민공화국 수립

1949년 10월 1일 마오쩌둥은 베이징 톈안먼 관망대에 서서 '중화인민공화국' 수립을 선포했다. 1945년 일본이 항복을 선언하자 중국 대륙에서는 국민당과 공산당의 각축이 시작됐다. 마오의 공산군은 4년여의 전투 끝에 국민당을 몰아내며 1949년 1월 베이징에 입성했다. 그러나 자부심으로 고양되었던 건국 초의 기쁨도 잠시. 사회주의적 생산시스템 속에서 극도로 저하된 생산력 제고를 위해 추진된 '대약진 운동'과 그 실패를 만회하려는 반 우파투쟁을 거쳐 '문화혁명'의 광풍 속에 건국 이후 30년을 보내야했다. 그리고 개혁개방 이래 또 하나의 30년. 그 기간 동안 중국은 덩샤오핑의 지도 아래 '고도성장'이라는 새로운 성공신화를 이룩해 낸다.

10월 1일, 1913년

헨리 포드 '모델T' 생산 시작

1908년 10월 1일, 미국 미시간주의 포드 자동차 공장에서 컨베이어 시스템을 도입한 자동차가 처음 생산됐다. '1초 이상 걷지 않는다', '결코 몸을 구부리지 않는다'는 헨리 포드의 2대 원칙을 적용한 컨베이어의 등장은 물 흐르듯 연결된 시스템 옆에 배치된 노동자들이 순서대로 부품을 조립하여 대량생산, 가격할인, 대량소비 시대를 열었다. 덕분에 포드사는 대당 생산시간을 630분에서 93분으로 단축시켰고 다른 회사의 자동차 값이 2000달러를 상회할 때 모델 T의 가격을 290달러까지 떨어뜨려 1927년 단종될 때까지 무려 1500만대를 보급하는 신기록을 수립했다. 1970년대 독일의 국민차 폴크스바겐의 '비틀'이 기록을 깨기 전까지 단일 모델로서는 세계 최대 생산 기록이었다.

10월 2일, 2008년

탤런트 최진실 사망

인기 탤런트 최진실이 2008년 10월 2일 스스로 목숨을 버렸다. 향년 40세. 최진실은 20세가 되던 1988년 삼성전자의 CF에 출연하면서 폭발적 주목을 받아 TV드라마와 영화에서 밝고 명랑한 이미지의 배우로 왕성하게 활동했다. 남녀노소를 불문하고 대중으로부터 널리 사랑받았던 그녀는 연기력 또한 인정받아 청춘스타에서 일약 국민배우의 반열에 올랐으나 이혼 등 불행한 가정사에 악성 루머와 인터넷 악플에 시달리며 극심한 우울증으로 지쳤던 것으로 알려졌다.

10월 3일, 2007년

제2차 남북정상회담 개최

2007년 10월 2일부터 4일까지 평양에서 남한의 노무현 대통령과 북한의 김정일 국방위원장이 정상회담을 했다. 2000년 6월에 열린 김대중 대통령과 김정일 국방위원장의 첫 남북정상회담에 이은 두 번째 회담이었다. 노무현 대통령은 대한민국 국가 원수로는 처음으로 걸어서 군사분계선을 넘어 평양에 도착했다. 두 사람은 3일 오전과 오후에 걸쳐 백화원 영빈관에서 모두 네 시간 가까운 1·2차 회담을 통해 북핵문제와 군사적 긴장 완화 등 포괄적인 한반도 평화체제 구축 방안을 논의했다.

10월 4일, 1669년

화가 렘브란트 사망

1669년 10월 4일 레오나르도 다 빈치와 더불어 유럽 회화 역사상 가장 훌륭한 화가로 일컬어지는 화가 렘브란트 판 레인이 네덜란드의 암스테르담에서 63세의 나이로 쓸쓸히 죽음을 맞이했다. 스페인의 벨라스케스, 벨기에의 루벤스와 함께 17세기 바로크시대 최고의 화가로 손꼽히는 그는 유화·수채화·동판화·데생 등을 포함해 2천여 점의 엄청난 작품을 남겼다. 특히 빛과 어둠의 대조적 효과를 추구한 유채화와 300점의 동판화, 그리고 자신의 깊은 내면을 끌어내는 듯한 자화상으로 유명하다.

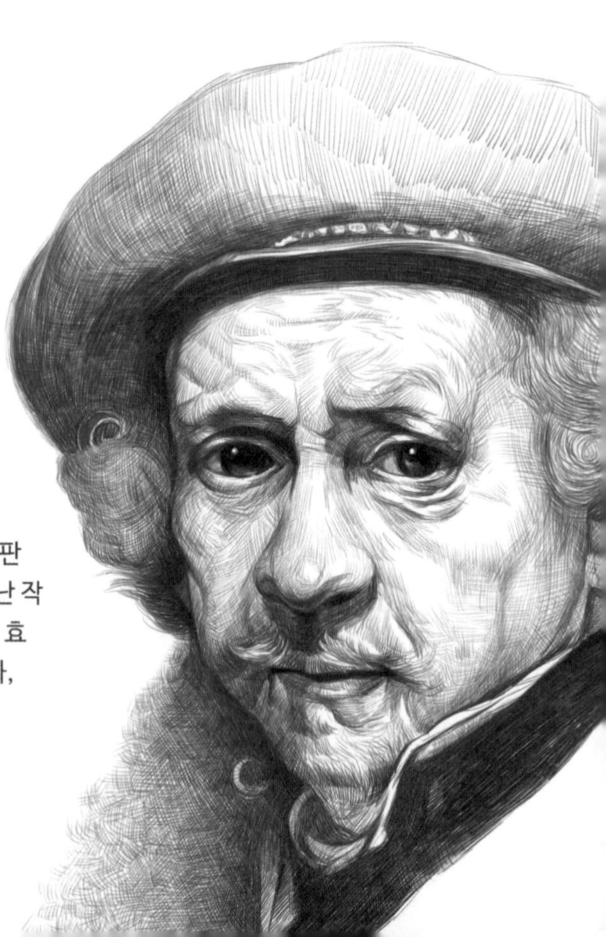

10월 4일, 2000년

‘발칸의 도살자’ 밀로세비치 정권 붕괴

2000년 10월 4일, ‘발칸의 도살자’라 불리며 인종청소를 벌였던 유고슬라비아연방의 대통령 슬로보단 밀로세비치가 민중봉기로 실각했다. 그는 아버지와 어머니가 모두 자살한 비극적 가정에서 자랐으나 베오그라드대학 법대를 졸업한 후 공산당의 지도자로 영향력을 키웠다. 1989년 세르비아 대통령으로 선출된 후 大세르비아 민족주의를 제창해 수십만 명이 희생된 내전을 촉발시켰고 85만 명의 코소보 주민을 고향에서 쫓아냈다. 전쟁범죄와 학살 죄로 국제사법재판소에서 재판을 받던 중 2006년 감옥에서 사망했다.

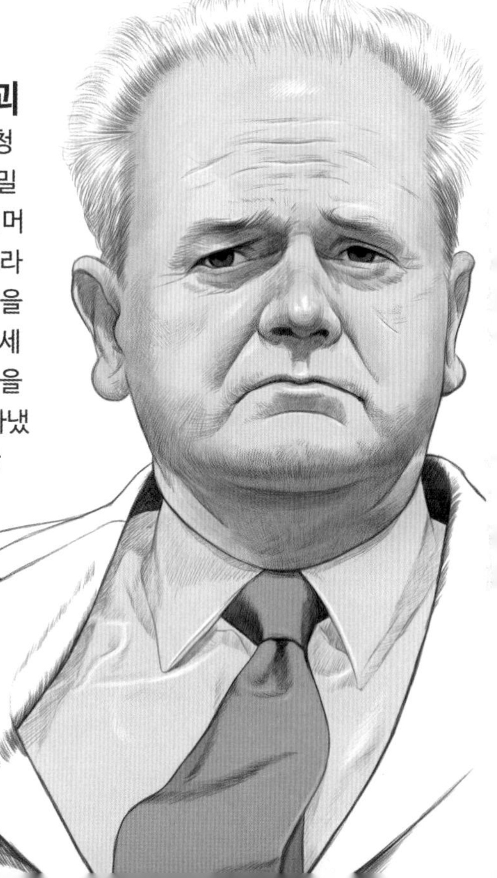

10월 5일, 1989년

달라이 라마, 노벨평화상 선정

"우리는 (중국과) 오랫동안 투쟁해 왔습니다. 우리의 이유가 정당하다는 것을 우리는 알고 있습니다. 폭력은 더 큰 폭력과 고통을 가져 오므로 우리의 투쟁은 비폭력적이고 증오심이 없어야 합니다." 노르웨이 오슬로에서 열린 노벨평화상 시상식에서 달라이 라마는 비폭력 독립운동을 다시 한 번 천명했다. "모든 고통은 무지에서 비롯된다고 나는 믿습니다. 사람들은 자신의 행복과 만족이라는 이기적인 추구로 타인에게 고통을 전가하고 있습니다. 참된 행복은 사랑과 자비인 애타주의의 수련, 그리고 무지와 이기심과 탐욕의 제거를 통해 마침내 달성되는 평화와 만족감에서 오는 것입니다." 라고 달라이 라마는 부연 설명했다. 1950년 10월 중국의 침략, 1959년 인도로의 망명 이후 40년을 이어온 비폭력 독립투쟁을 인정받은 티베트의 정신적인 지도자 달라이 라마가 1989년 10월 5일 노벨평화상 수상자로 선정됐다.

10월 5일, 1974년

데이비드 쿤스트 도보 세계일주

미국의 평범한 직장인 데이비드 쿤스트가 4년 3개월 16일 간 걸어서 세계일주를 마치고 1974년 10월 5일 고향으로 돌아왔다. 그는 '걸어서 지구를 돈 세계 최초의 인물'로 기네스북에 올랐다. 약 2만 3255km의 거리를 22켤레의 신발을 닳게 한 뒤 집에 도착한 그는 함께 출발했던 동생 존을 아프가니스탄의 강도가 쏜 총탄에 잃고, 노새도 없어져 낡은 짐마차만 남았지만 그 힘든 여행을 또 하게 될 기회가 있다면 어쩌겠느냐는 기자의 질문에 "물론이오. 난 100만 달러 가치 이상의 여행을 했소. 다시 100만 달러를 벌 수 있다는데 왜 망설이겠소?"라고 답했다.

10월 5일, 1994년

조지 포먼, 최고령 헤비급 챔피언 등극

1994년 10월 5일 45세의 권투선수 조지 포먼이 29세의 마이클 무어를 10회 KO로 누르고 20년 만에 챔피언 벨트를 되찾았다. 흑인 슬럼가에서 거리의 부랑아로 떠돌던 그가 직업학교에서 복싱에 입문해 19세의 나이에 멕시코올림픽 금메달을 따고 프로로 전향, 25세에 세계챔피언 조 프레이저를 꺾고 왕좌에 올라 무하마드 알리에게 패할 때까지 40연승의 무패 행진을 했다. 포먼은 그 후, 기독교에 귀의해 목사로 새 인생을 살았고 사업가로도 성공했다. 현재 세계 최고령 헤비급 챔피언 기록은 버나드 홉킨스가 2014년 4월 49세의 나이로 갱신했다.

10월 6일, 1950년

나비학자 석주명 사망

1950년 10월 6일 6·25 전쟁 통에도 피난은 가지 않고 박물관의 나비 표본을 지켰던 나비학자 석주명이 어이없게도 술취한 우익 청년들에게 인민군으로 오인받아 총에 맞아 숨졌다. 이때 그의 나이 불과 42세. 1940년 영국 대영박물관의 지원으로 '조선산 나비 총 목록'을 출간하여 당시 전 세계를 놀라게 하며 나비학 관련 분야에서 최고라 일컬어졌던 석주명이 남긴 마지막 말은 "나는 나비밖에 모르는 사람이야!" 였다. 전국의 산과 들을 돌아다니며 75만 마리의 나비를 채집분류한 그는 일본인 학자들의 오류를 바로잡고 아름다운 우리말의 나비 이름을 붙여 현재까지도 한국 나비학의 큰 나무로 남아있다.

10월 6일, 1927년

최초의 유성영화 '재즈 싱어' 개봉

"잠깐 잠깐만! 넌 아직 아무것도 듣지 못했잖아!
(Wait a minute! Wait a minute! You ain't heard nothin' yet!)"

1927년 10월 6일 뉴욕의 워너브러더스 극장에서 영화 속 주인공 알 졸슨의 목소리가 처음으로 울려 퍼졌다. 바로 최초의 유성영화 '재즈 싱어(Jazz Singer)'의 첫 대사였다. 오직 두 장면에서만 배우의 목소리가 들렸지만 신기술에 열광한 관객은 엄청나게 몰려들었고 파산직전의 워너사는 350만 달러의 흥행수입을 거둬들이며 기사회생하여 메이저 영화사의 대열에 들어섰다. '토키(talkie)'가 영화의 예술성을 해친다는 일부의 반론에도 불구하고 영화는 새로운 돌파구를 향해 승승장구 도약하였다.

10월 7일, 1571년

세르반테스, 레판토 해전 참전

최초의 근대소설 '돈키호테'의 작가 메겔 데 세르반테스가 1571년 10월 7일 벌어진 레판토 해전에 참전했다. 레판토 해전은 지중해를 지배했던 이슬람의 투르크가 베네치아령 키프로스섬을 점령하자 이를 저지하려는 베네치아가 교황청과 스페인의 연합함대를 결성, 투르크 함대를 대파하여 큰 승리를 거둔 전투였다. 세르반테스는 전투 중 가슴에 두 군데와 왼손을 크게 다쳤지만 이 해전을 '전에 없던 가장 위대한 순간'이라 평했다. 그는 퇴역 후 고향으로 돌아가다 해적에게 붙잡혀 5년을 포로로 살았고 귀국 후 생계가 막막해 소설을 쓰기 시작했다.

10월 7일, 1849년

추리소설가 에드거 앨런 포 사망

1849년 10월 7일 미국의 시인이자 단편 소설가이자 비평가이며 미국 낭만주의 문학을 대표하는 인물 중 하나였던 에드거 앨런 포가 불과 40세에 노상에서 쓰러져 사망했다. 그는 괴기소설과 시로 유명하며, 미국에서 단편 소설 개척자이자 고딕소설, 추리소설, 범죄소설의 선구적 천재였으나 살아생전 궁핍, 음주, 도박, 광기, 마약, 우울증 등으로 매우 불운한 삶을 살았다. 그의 사망 원인은 최후의 미스터리이며 정확한 묘지의 위치조차도 논쟁거리다.

10월 8일, 2004년

마타이, 아프리카 여성 최초로 노벨평화상 수상

2004년 10월 8일 아프리카 케냐의 여성 환경 운동가인 왕가리 마타이가 노벨평화상을 수상했다. 아프리카 여성으로는 처음이고 남녀 통틀어 일곱 번째 수상자다. 20대에 미국에서 생물학을 전공한 후, 고국의 나이로비 대학에서 수의학으로 박사학위를 받고 강단에 섰던 그녀는 환경단체 '그린벨트 운동'을 창설해 아프리카 전역의 나무심기 운동을 이끌어 3000만 그루가 넘는 나무를 심었고 서구 자본으로부터 아프리카 삼림이 강탈되는 것을 막자고 호소했다. 2011년 나이로비 병원에서 암으로 별세했다.

590

10월 8일, 1994년

박경리 대하소설 '토지' 완간

작가 박경리가 1969년부터 집필을 시작해 26년 동안 연재한 대하소설 '토지'가 1994년 10월 8일 완간됐다. '토지'는 경상남도 하동군 평사리와 간도의 용정, 그리고 진주와 서울 등 도시를 무대로 한말 지주 가문의 후손 '최서희'와 그 주변 인물들의 삶을 통해 일제 강점기 및 근·현대사를 재조명하고 있다. 최씨 집안의 몰락과 재기는 한민족의 몰락과 재건을 뜻할 수 있다. 박경리는 현실 비판을 강하게 다룬 작품들을 발표하면서 주목받았다.

10월 9일, 1446년

세종대왕, 훈민정음 반포

1446년 10월 9일 조선 4대 국왕인 세종이 한국 고유문자인 훈민정음 28자를 반포했다. '백성을 가르치는 바른 소리'라는 뜻의 훈민정음은 3년 전인 1443년 이미 완성됐지만 3년 동안 용비어천가를 짓는 등 그 실용성에 대해 널리 알린 후 반포한 것이다. 훈민정음을 창제한 목적은 빌려 쓰고 있는 중국글자 대신 우리말에 맞는 새 글자를 만들어 민족 자주정신을 고양하고 한자를 모르는 백성들이 보다 쉽게 문자를 배울 수 있도록 하기 위해서였다. '한글'이라는 이름은 주시경 선생이 만들어 1913년부터 쓰이기 시작했다.

10월 10일, 1985년

영화배우 겸 감독 오손 웰즈 사망

1985년 10월 10일 미국의 배우이자 영화감독인 오손 웰즈가 70세의 나이로 생을 마쳤다. 그는 20대 초반에 '맥베스'를 만들어 인기를 끌었고 공상과학 라디오 드라마 '우주전쟁'을 연출해 청취자들의 피난소동을 일으키며 유명인사가 됐다. 곧이어 영화 '시민 케인'의 각본·제작·감독·출연을 겸해 비평가들의 호평을 받았으나 상업적으로는 실패했다. 그는 주로 셰익스피어 극의 연출가이자 배우였고 작품도 호탕한 풍모에 어울리게 거인적이었다.

10월 10일, 1985년

'왕과 나'의 명우 율 브리너 사망

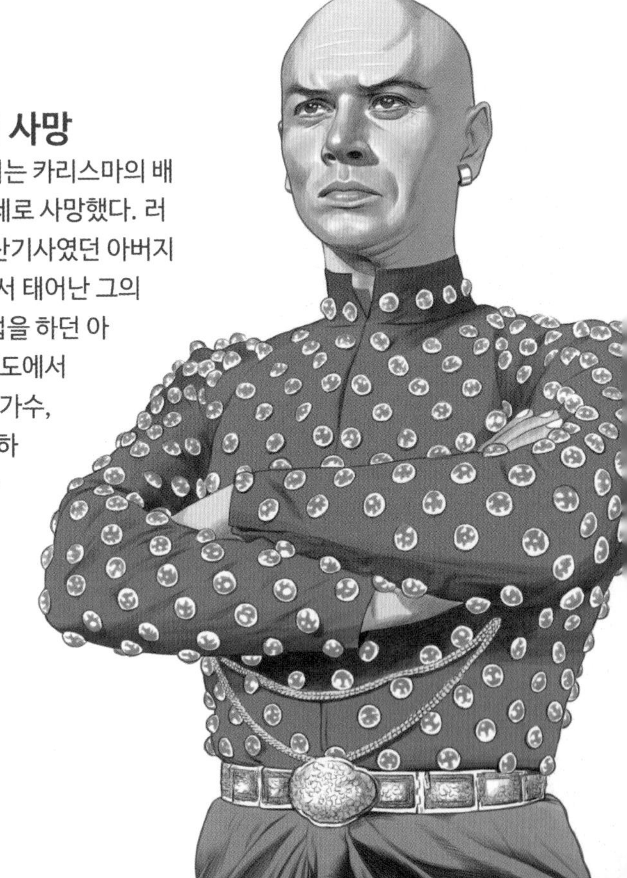

1985년 10월 10일 삭발 머리에 넘치는 카리스마의 배우 율 브리너가 폐암으로 투병 중 65세로 사망했다. 러시아 블라디보스토크에서 몽골의 광산기사였던 아버지와 루마니아 집시였던 어머니 사이에서 태어난 그의 본명은 타이제 칸이다. 어린 시절 사업을 하던 아버지를 따라 매년 여름을 북한의 함경도에서 보내곤 했던 율 브리너는 청소년기에 가수, 서커스곡예사, 유랑극단 배우로 활동하다 31세에 뮤지컬 '왕과 나'의 주연을 맡아 크게 유명해졌다. 1246회에 이르는 연속공연으로 토니상을 수상했고 동명의 영화로 아카데미 남우주연상도 받았다. 그밖에 '십계' '아나스타샤' '황야의 7인' '대장 부리바' 등의 출연작이 있다.

10월 11일, 1963년

샹송의 여왕 에디트 피아프 사망

1963년 10월 11일 슬픔으로 가득 찬 인생을 샹송으로 승화시켰던 프랑스 가수 에디트 피아프가 48세의 나이에 세상을 떠났다. 3류 가수 어머니와 곡예사 아버지 사이에서 태어난 그녀는 부모가 떠나버리고 외할머니 슬하에서 가난과 절망 속에서 자랐다. '작은 참새'라는 뜻의 피아프란 이름으로 카바레 무대에 선 것이 18세. 상처받은 영혼에서 울려나오는 그녀의 노래는 '샹송의 여왕'으로 가는 시작이었다. 첫 사랑의 사고사 후 '사랑의 찬가'를 불렀고 이브 몽탕과의 열애로 '장밋빛 인생'을 노래했던 그녀는 잇따른 자동차 사고와 마약 중독으로 눈을 감았다.

10월 11일, 1963년

프랑스 시인 장 콕토 사망

1963년 10월 11일 프랑스 '샹송의 여왕' 에디트 피아프가 죽은 지 몇 시간 후에 그녀의 평생지기 장 콕토가 심장발작으로 생을 마쳤다. 향년 74세. 파리 근교의 한 부유한 가정에서 태어나 일찌감치 사교계에 드나들었던 콕토는 17세에 데뷔해 20세에 첫 시집을 냈고 이후 시 뿐만 아니라 소설, 비평, 연출, 연기, 그림, 재즈 등 다방면에 재능을 뽐내며 늘 새로운 것을 추구했다. 작곡가 스트라빈스키, 화가 피카소와 모딜리아니 등 당대의 예술가들과 어울렸고 레종도뇌르 훈장, 아카데미 프랑세즈 회원, 칸 영화제 명예회장 등 세속적 명예도 한껏 누렸다.

10월 11일, 1915년

생물학자 파브르 작고

1915년 10월 11일 프랑스의 생물학자이자 '곤충기'의 저자인 장 앙리 파브르가 사망했다. 향년 92세. 남프랑스 생레옹의 빈농 집안에서 태어난 파브르는 어렵사리 공부해 초·중·고 교사 생활을 했고 32세에 벌의 생태에 대한 연구로 소르본에서 박사 학위를 받았다. 이 무렵부터 곤충 연구로 주목할 만한 글을 잇달아 발표해 아비뇽의 박물관 관장으로 임명되고 레지옹도뇌르 훈장을 받는 영예도 누렸으나 재야 학자였던 파브르는 대학의 관학파 텃세로 교직과 박물관장직에서 물러나야 했다. 파브르는 평생 100권에 가까운 저작을 남겼는데 그 중 가장 유명한 10권의 '곤충기'는 생물학적 가치뿐만 아니라 문학적 텍스트의 아름다움으로도 유명하다.

10월 12일, 1492년

콜럼버스, 아메리카 대륙 발견

1492년 10월 12일 마르코 폴로의 '동방견문록'과 지구 구체설에 대한 믿음에 충실했던 크리스토퍼 콜럼버스가 두 달이 조금 넘는 항해 끝에 현재의 바하마 제도 중 과나하니 섬에 도착해 이 섬을 '산살바도르(구원의 성자)'라 이름 지었다. 그는 이곳을 인도라 믿었고 원주민을 인디언이라 칭했다. 이탈리아에서 태어난 콜럼버스는 20대에 항해술을 배워 인도의 금에 대한 열망으로 스페인 여왕 이사벨을 설득해 총 4회의 항해를 하여 현재의 미국이 탄생할 수 있었던 토대를 마련했다. 그러나 그의 신대륙 발견 이후 유럽인들의 침략행위로 원주민들은 학살당하거나 노예가 되었고 전염병까지 옮겨와 잔혹한 정복자로서 콜럼버스의 모습에 대한 비판이 제기되고 있다. 그래서 오늘은 미국에서 '콜럼버스의 날', 스페인에서는 '스페인 기념일'이지만 베네수엘라의 '원주민 저항의 날'이기도 하다.

10월 12일, 1810년

독일 옥토버페스트 뮌헨에서 시작

1810년 10월 12일 독일 바이에른 왕국의 루트비히 왕세자와 작센의 테레제 공주의 결혼식을 축하하는 경마 대회가 열렸다. 이 경마 경주가 후에 맥주 축제로 변해 매년 600만 명 이상의 관광객이 찾는 옥토버페스트로 발전했다. 올해 179회를 맞은 이 세계적인 축제는 브라질의 리우축제, 일본의 삿포로 눈축제와 함께 세계 3대 축제로 불리며 맥주 700만 리터가 소비된다.

10월 12일, 1997년

'록키 산의 독수리' 존 덴버 추락사

1997년 10월 12일 미국을 대표하는 컨트리 뮤직의 제왕 존 덴버가 자가용 비행기를 조종하다 록키 산맥에 추락하여 사망했다. 어릴 때 할머니에게 깁슨 어쿠스틱 기타를 선물받고서 음악에 빠져든 그는 건축학을 전공했으나 기타를 더 사랑했다. 28세 때 발표한 'Take Me Home Country Road'가 전 세계에 히트를 해 수퍼스타가 됐고 이어 'Rocky Mountain High' 'Sunshine On My Shoulder' 'Annie's Song' 'Perhaps Love' 등 부드럽고 다정한 음성으로 수많은 히트곡을 남겼다.

10월 13일, 54년

네로, 로마 황제에 오르다

기원 후 54년 10월 13일 17세의 네로가 로마제국 제5대 황제의 자리에 올랐다. 네로의 어머니 율리아 아그리피나가 4대 황제인 숙부 클라우디우스와 재혼한 뒤, 전 남편과의 사이에 난 자식 네로를 제위에 올리려 황제를 독살한 후였다. 네로는 자신을 예술가로 여기며 시를 읊고 노래를 불렀고 막대한 자금을 쏟아 부어 로마의 문화를 후원했다. 그러나 정치적으로 간섭해 온 어머니를 살해하고, 정숙한 아내 옥타비아와 스승 세네카에게 자살을 명령했으며, 로마 대화재를 기독교도의 책임으로 몰아 대학살을 단행해 희대의 폭군으로 낙인찍혀 불과 31세의 나이에 자살로 생을 마감하고 말았다.

10월 14일, 1944년

'사막의 여우' 로멜 장군 자살

1944년 10월 14일 제2차세계대전에서 독일군을 이끈 가장 유명한 전쟁 영웅 중 한 사람인 에르빈 로멜이 히틀러의 자살 명령을 받고 음독자살했다. 이미 제1차세계대전에서 뛰어난 활약으로 최고 훈장을 받았던 로멜은 나치스당에 관심을 가져 히틀러의 경호 대장에 임명됐고 기갑사단 지휘자로 활약하며 프랑스와 북아프리카 전선에서 영국군의 공포의 대상이 되어 '사막의 여우'라는 별명으로 불렸다. 그러나 그는 나치의 집단 수용소와 학살을 정의롭지 못한 범죄 행위로 규정했고 히틀러 암살 계획에 연루되어 결국 스스로 목숨을 끊을 수밖에 없었다. 전투에서 그의 신조는 '공격 아니면 맹공격'이었다고 한다.

마틴 루터 킹

10월 14일, 1964년

마틴 루터 킹 노벨상 수상

1964년 10월 14일 마틴 루터 킹 목사가 역대 최연소자로 노벨 평화상을 수상했다. 킹 목사는 '나에겐 꿈이 있습니다'로 시작되는 유명한 연설을 통해 아메리칸 드림에서 소외된 흑인들에게도 같은 테이블에 앉을 기회를 달라고 호소했다. 이에 대해 급진주의 흑인해방 운동가 말콤 엑스는 "너의 꿈은 내겐 악몽이다"라고 받아쳤다. 미국의 풍요와 번영은 흑인들의 악몽 같은 현실 위에서 피어나고 있다는 얘기다. 말콤의 눈에 킹 목사는 백인들에게 이용당하는 '20세기의 엉클 톰'으로 비쳤다. 그러나 65년 말콤이 암살당한 직후 킹 목사는 그의 생애 마지막 3년간 '과격한 수정주의자'로 변신하게 되고 백인들은 더 이상 킹 목사를 견디지 못했다. 백인들은 위험한 말콤 대신 '백인의 가치관'을 가진, 비폭력적인 킹 목사를 원했던 것이다. 그러나 킹 목사는 경계를 넘어섰고, 마침내 암살당했다.

말콤 엑스

10월 15일, 1917년

스파이 마타 하리 총살

1917년 10월 15일 치명적인 매력의 여성 스파이 마타 하리가 프랑스 파리 근교에서 총살돼 41세의 나이로 생을 마감했다. 그녀는 1차 세계대전 중 프랑스와 독일을 오가며 군사 정보를 판 이중간첩으로 알려졌다. 본명이 M. G. 젤러인 그녀는 네덜란드에서 태어나 장교와 결혼해 인도네시아에서 발리춤을 배웠고 이혼 후 파리의 물랭루주에서 섹시 댄서로 큰 인기를 끌었다. 그녀가 저명인사와 고급 장교를 상대로 매춘을 하며 군사기밀을 빼내는 스파이 활동을 했다지만 명확한 증거가 없었고 독일과의 전쟁에서 수세에 몰린 프랑스 군부의 희생양이었다는 설이 분분하다. 마타 하리는 인도네시아어로 '여명의 눈동자'라는 뜻이다.

10월 16일, 1793년

마리 앙투아네트 참수형

1793년 10월 16일 프랑스 왕 루이 16세의 왕비 앙투아네트가 기요틴으로 처형됐다. 오스트리아 마리아 테레지아 여제의 막내딸로 태어난 앙투아네트는 14세 때 프랑스 왕세자와 정략 결혼해 남편이 왕위에 오르자 굶주린 민중의 고통엔 무관심한 상태로 사치와 방탕을 일삼아 국민의 분노를 샀다. 프랑스 대혁명을 부정하고 적국 오스트리아와 공모한 혐의로 루이 16세가 처형된 지 9개월 만에 마리 앙투아네트 역시 참수되고 말았다. “빵이 없으면 케이크를 먹으라 하라”는 말은 그녀가 했던 말이 아닌데 잘못 전해진 것이다.

10월 17일, 1967년

청나라 마지막 황제 푸이

1967년 10월 17일 중국 청나라의 마지막 황제인 선통제 푸이가 61세에 신장암으로 사망했다. 서태후의 교서에 따라 두 살의 나이로 청나라 12대 황제가 된 푸이는 불과 4년 후 신해혁명으로 재위에서 물러났고 청 왕조도 멸망하고 말았다. 군벌과 일본의 야심에 놀아나던 그는 일본 관동군이 세운 만주국의 황제로 추대되었지만 만주국은 일본의 괴뢰국에 지나지 않았고 푸이도 꼭두각시에 불과했다. 일본의 패망 후 소련과 중국 공산당에 의해 14년 동안 감옥살이를 한 그는 53세에 풀려나 식물원 정원사로 일했다. 푸이의 시신은 사후 28년 만인 1995년 황릉으로 이장됐다.

10월 17일, 1849년

피아노의 시인 쇼팽

1849년 10월 17일 '피아노의 시인'으로 불린 폴란드의 작곡가이자 피아니스트인 프레데릭 프랑수아 쇼팽이 파리에서 사망했다. 향년 39세. 4세 때 피아노 기초 교육을 받기 시작한 쇼팽은 15세에 처녀작 '론도작품 1'을 썼고 19세에 유럽 음악의 중심지 빈에서 독주회를 열었다. 파리에 정착한 후 최고 인기의 여류작가 조르쥬 상드와 사랑에 빠졌으나 그때 이미 폐결핵을 앓고 있었던 쇼팽은 상드의 극진한 간호를 받으며 짧은 여생을 약 200곡에 이르는 주옥같은 피아노곡을 작곡하는데 바쳤다.

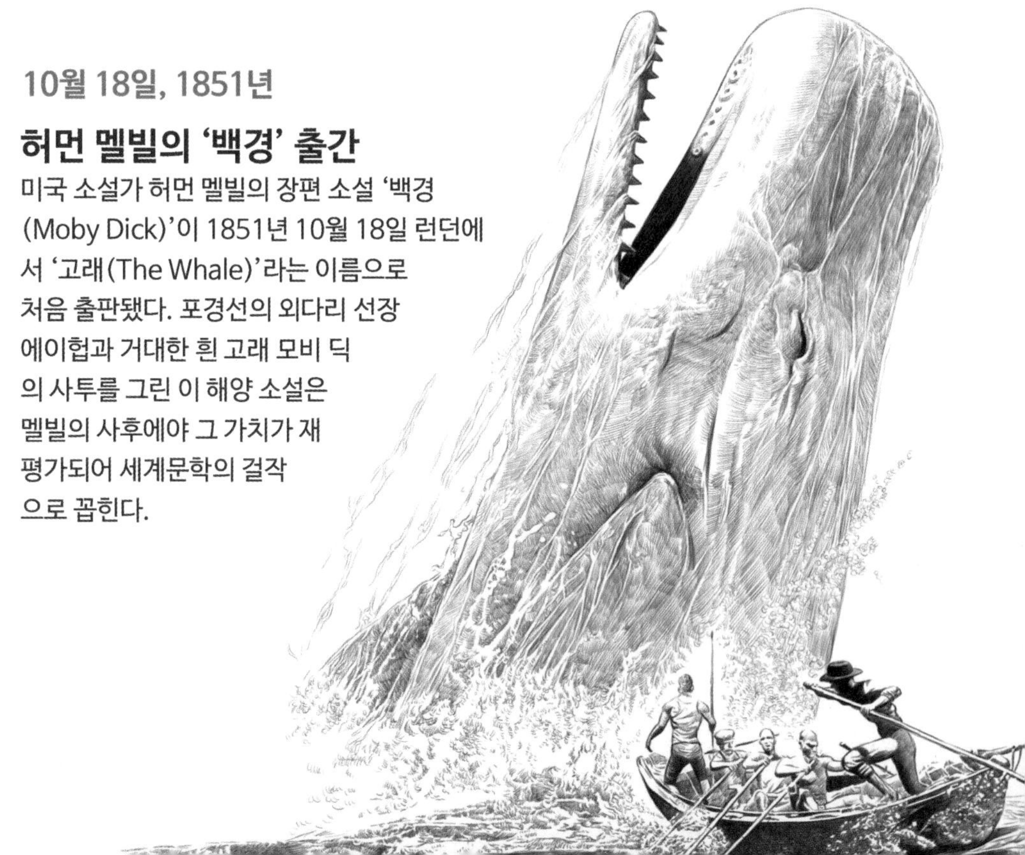

10월 18일, 1851년

허먼 멜빌의 '백경' 출간

미국 소설가 허먼 멜빌의 장편 소설 '백경(Moby Dick)'이 1851년 10월 18일 런던에서 '고래(The Whale)'라는 이름으로 처음 출판됐다. 포경선의 외다리 선장 에이헙과 거대한 흰 고래 모비 딕의 사투를 그린 이 해양 소설은 멜빌의 사후에야 그 가치가 재평가되어 세계문학의 걸작으로 꼽힌다.

608

10월 18일, 1931년

발명가 에디슨

미국의 발명가 토머스 에디슨이 1931년 10월 18일 84살을 일기로 생을 마감했다. 에디슨은 초등학교 입학 3개월 만에 퇴학을 당한 뒤 어머니로부터 교육을 받았다. 집이 가난해 신문팔이를 하면서도 발명에 몰두했다. 15살에 역장 아이의 생명을 구해준 답례로 전신술을 배울 기회를 얻었다. 1868년에는 전기 투표기록기를 발명해 처음 특허를 받았다. 이후 수많은 발명품을 쏟아낸다. 그는 발명이란 기술의 진보가 아니라 고객의 요구에 부응하는 것임을 알았다. 에디슨은 세상을 떠날 때까지 전구와 축음기 등 무려 천종이 넘는 특허발명품을 남겼다. "천재란 99%가 땀이며, 나머지 1%가 영감이다"라는 말은, 일생을 통한 그의 유명한 모토였다.

10월 19일, 1961년

정치 주먹 이정재 사형

1961년 10월 19일 정치 깡패 이정재가 교수형을 당했다. 이천 출신의 소문난 씨름꾼이었던 그는 추잡한 계산속을 가진 자유단 정권의 꼭두각시로 인간 사냥꾼의 우두머리가 되었지만 5·16 군부 쿠데타의 희생양으로 처형되고 말았다.

10월 19일, 1943년

조각가 카미유 클로델

1943년 10월 19일 프랑스의 조각가 카미유 클로델이 30년 동안이나 갇혀 지내던 정신병자 수용소에서 뇌졸중으로 쓸쓸히 사망했다. 무연고자로 처리된 그녀는 무덤조차 남아있지 않다. 뛰어난 재능과 미모를 가진 클로델은 로댕의 가장 촉망받는 제자였으나 로댕의 많은 연인들 중 하나로 애정관계에 휘말려 천재적 예술성을 크게 펼치지 못했다. 로댕과 결별한 후 자신만의 세계에 몰입해 작품 활동을 하던 그녀는 점점 고립무원의 지경에서 정신병 증세를 보였고 남은 인생을 편집증 속에서 보냈다.

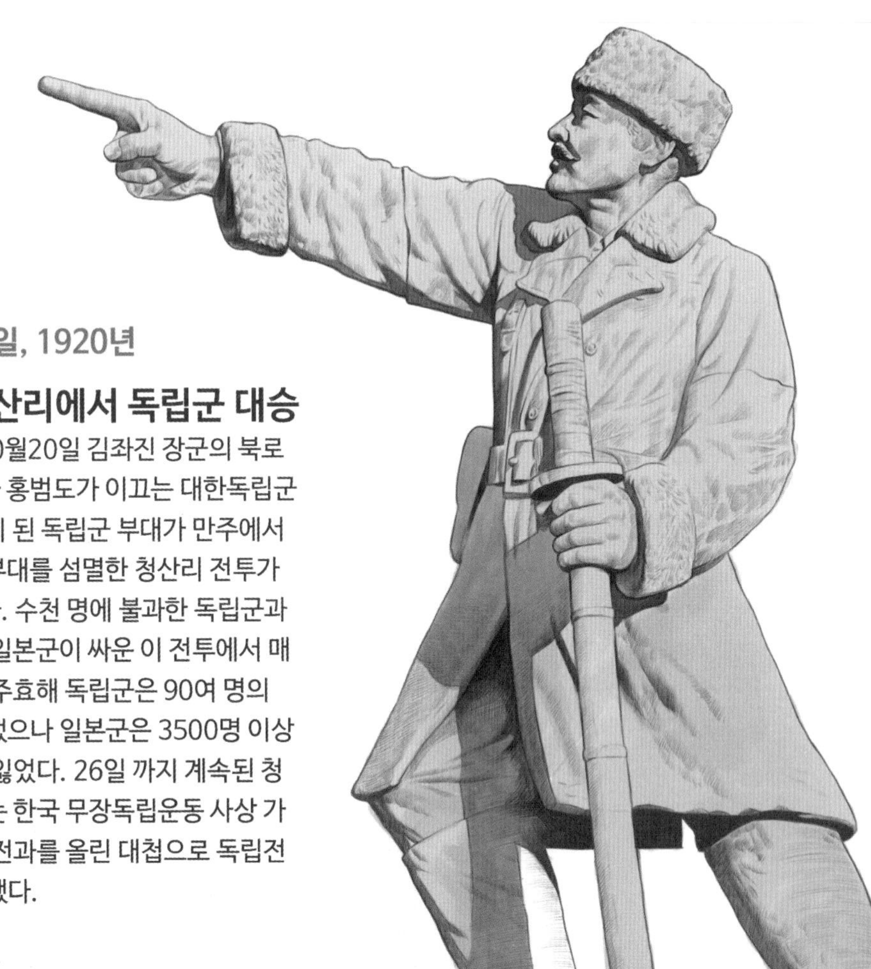

10월 20일, 1920년

만주 청산리에서 독립군 대승

1920년 10월20일 김좌진 장군의 북로군정서군과 홍범도가 이끄는 대한독립군 등이 주축이 된 독립군 부대가 만주에서 일본군 대부대를 섬멸한 청산리 전투가 시작되었다. 수천 명에 불과한 독립군과 수만 명의 일본군이 싸운 이 전투에서 매복 작전이 주효해 독립군은 90여 명의 전사자를 냈으나 일본군은 3500명 이상이 목숨을 잃었다. 26일 까지 계속된 청산리 전투는 한국 무장독립운동 사상 가장 빛나는 전과를 올린 대첩으로 독립전사에 기록됐다.

612

10월 21일, 1805년

넬슨, 트라팔가 해전에서 전사

1805년 10월 21일 영국의 호레이쇼 넬슨 제독의 왕립 함대 27척이 프랑스-스페인 연합함대 33척을 기습하여 22척을 파괴하고 14000여 명의 사상자를 내는 대승리를 거두었다. 이 전투의 극적인 승리로 영국의 제해권은 확고해졌고 나폴레옹은 영국 침공을 단념했다. 그러나 넬슨 제독은 프랑스 저격병의 총탄을 맞아 "신이여 감사합니다. 저는 임무를 완수했습니다."라는 말을 남기고 절명했다. 이 해전은 200여 년 전인 1598년 11월, 조선 노량에서 벌어진 이순신의 대승리를 상기시키는 바 있다.

10월 22일, 1929년

전설적 골키퍼 레프 야신 태어남

1929년 10월 22일 20세기 최고의 러시아 체육인으로 뽑힌 철벽 골키퍼 레트 야신이 모스크바의 한 노동자 집안에서 태어났다. 12세 때 군수공장에서 일하면서 처음 공을 만진 그는 20세에 러시아 프로팀 디나모 모스크바에 입단해 22년간 활약했다. 189cm에 이르는 큰 키로 공격적 방어를 해 공격수들에게 공포감을 주었던 야신은 선수생활동안 150개의 페널티킥을 막았다. 그의 업적을 기리기 위해 FIFA에서는 월드컵의 최우수 골키퍼에게 '야신상'을 제정해 수여하고 있다.

10월 22일, 1962년

케네디, 쿠바 봉쇄 선언

1962년 10월 22일 케네디 미국 대통령이 텔레비전 방송을 통해 '소련이 서반구에 대한 핵공격을 가할 수 있는 기지를 쿠바에 건설 중'이라며 '쿠바에서 핵무기가 발사될 경우 이를 소련의 소행으로 간주하고 미국도 핵무기로 대응하겠다'고 경고했다. 케네디는 이와 함께 쿠바를 둘러싼 해상 926km를 무력으로 봉쇄한다고 선언한다. 핵전쟁과 함께 제3차세계대전의 발발이 우려되는 이른바 '쿠바 미사일 위기'가 터진 것이다. 이 위기는 우여곡절 끝에 약 한달 후인 11월 20일 미국이 쿠바해상 봉쇄를 해제하면서 막을 내린다.

10월 23일, 1958년

개구쟁이 스머프 탄생

1958년 10월 23일 벨기에의 만화가 피에르 컬리포드(필명 페요)에 의해 버섯 집에 모여 사는 파란 난쟁이 스머프가 탄생했다. 스머프라는 이름은 작가 페요가 동료 만화가와 식사하다가 소금이라는 단어가 생각나지 않아 "스머프 좀 건네줘"라고 한 말에서 유래했다. 스머프들의 숲 속 마을 공동체가 사회주의를 은유한다거나 동성애 집단이라는 턱없는 오해를 사기도 했지만 81년 미국의 한나 바버라 프로덕션에서 제작된 총 256화의 TV시리즈는 미국 내 42%의 시청률을 거둔 뒤 세계 40여 개국으로 퍼져나갔다.

10월 23일, 1940년

축구황제 펠레 태어나다

1940년 10월 23일 브라질의 가난한 시골 마을 트레스 코라코에스에서 펠레가 태어났다. 축구선수였던 아버지의 지도를 받으며 자란 펠레는 만 16세가 되기도 전에 브라질 최고의 명문팀 산토스의 프로 선수가 됐다. 58년 스웨덴과의 월드컵 결승에서 브라질이 5:2로 이겼고 그 중 2골을 17세 6개월의 사상 최연소 선수인 펠레가 넣어 일약 세계적인 스타로 떠올랐다. 69년 11월 1000골을 돌파한 그는 '축구황제'라는 별명을 얻었고 펠레가 대표선수로 뛰는 동안 브라질은 월드컵에서 세 차례 우승해 우승컵 줄리메를 영원히 간직하게 됐다.

10월 24일, 1957년

패션 디자이너 크리스티앙 디오르 사망

프랑스의 일류 디자이너 중 한 사람인 크리스티앙 디오르가 1957년 10월 24일 이탈리아 투스카니에서 52세의 젊은 나이에 심장마비로 세상을 떠났다. 집안의 파산으로 모자와 드레스의 크로키를 그려 생활을 이어가던 그는 제2차 세계대전의 종군 후 첫 컬렉션에서 선보인 롱플레어스커트 디자인이 여성의 실루엣을 강조하는 '뉴 룩'으로 불리면서, 전쟁 중의 '밀리터리 룩'에 억눌려있던 여성미를 화려하고 관능적으로 부활시켜 대성공을 거뒀다. 그 후 튤립라인·H라인·A라인·Y라인·애로우라인 등을 발표하여 세계의 패션 리더가 되었으며 죽기 전 해에 프랑스 최고의 레종도뇌르 훈장을 받았다.

10월 24일, 1939년

흑인 민권운동의 선구자 로자 파크스 사망

미국 '흑인 민권운동의 어머니' 로자 파크스가 2005년 10월 24일 디트로이트 자택에서 사망했다. 1955년 12월 1일 42세의 그녀는 앨러배머주 몽고메리시에서 백인에게 버스 앞자리 양보를 거부하다 체포돼 벌금 10달러와 법원 비용 4달러를 물었다. 이를 계기로 마틴 루터 킹 목사가 이끄는 흑인들의 조직적 버스 승차거부 운동이 시작돼 381일 동안 지속됐고 킹 목사는 노벨평화상까지 받게 된다. 이 사건은 현대 민권운동의 시발점이 됐고 결국 공공시설의 인종차별을 금지하는 연방민권법을 탄생시켰다.

10월 24일, 1939년

나일론 스타킹 발매 시작

미국의 듀폰사가 1939년 10월 24일 윌밍턴에서 나일론 스타킹을 첫 시판했다. 이 상품은 뉴욕 만국박람회의 최고 인기 품목이었고 이듬해 뉴욕에서 판매되자마자 여성들의 폭발적 인기를 끌어 불과 몇 시간동안 400만 켤레의 스타킹이 팔렸다. 나일론은 천재적 유기화학자 월리스 캐러더스 박사가 발명했지만 그는 듀폰사가 나일론을 발표하기 전 해에 이유를 알 수 없는 자살로 생을 마감해 이토록 성공적인 상품이 될 지 꿈에도 몰랐다.

10월 25일, 1825년

'왈츠의 왕' 요한 슈트라우스 2세 출생

1825년 10월 25일 오스트리아 빈에서 '왈츠의 아버지' 요한 슈트라우스의 장남 요한 슈트라우스2세가 태어났다. 아버지 요한은 아들을 음악가로 키우는 걸 싫어했으나 어머니의 도움으로 몰래 바이올린과 작곡법을 배운 요한 2세는 19세에 이미 관현악단을 지휘했고 아버지의 사후 아버지의 악단을 인수 합병해 유럽 각지를 순방하며 명성을 높였다. '박쥐' 등의 오페레타와 '아름답고 푸른 도나우' 등 왈츠를 포함한 경쾌하고 친밀감 있는 대중적 음악을 500곡 넘게 작곡해 그를 '왈츠의 왕'이라 칭한다.

10월 25일, 1881년

화가 피카소 태어나다

20세기를 대표하는 위대한 화가 파블로 피카소가 1881년 10월 25일 스페인 말라가에서 태어났다. 어려서부터 그림에 뛰어난 재능을 보인 피카소는 19살 때 파리에서 첫 개인전을 가졌다. 청색시대와 장밋빛 시대를 거쳐 명작 '아비뇽의 아가씨들'을 내놓으며 브라크와 함께 입체파 운동을 주도했다. 그는 가난했던 젊은 시절뿐만 아니라 평생 예술과 여성을 정열적으로 사랑했는데 역사상 피카소만큼 살아생전 부와 명예를 누린 화가는 극히 드물다. 말년에는 회화와 더불어 도자기에 심취해 많은 작품을 남겼다.

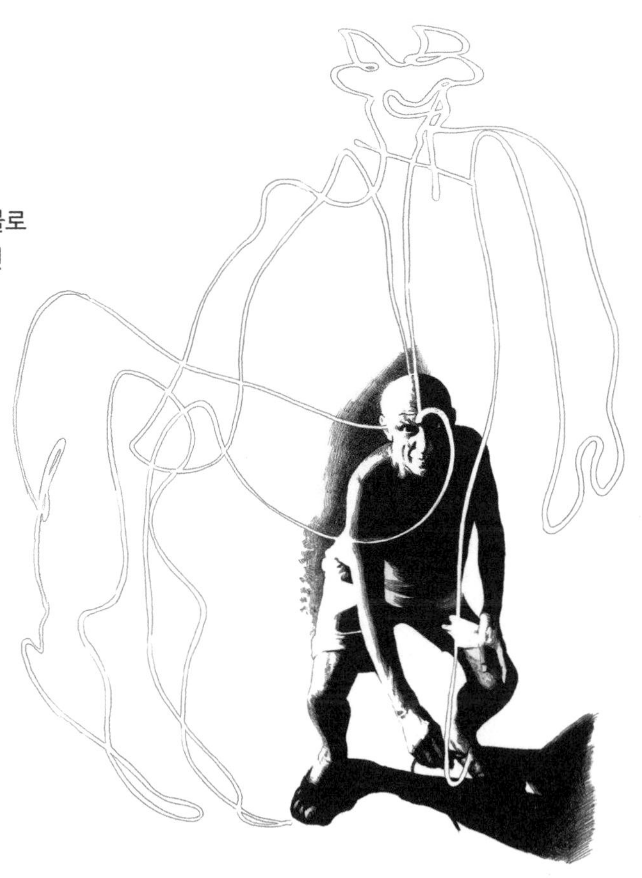

10월 26일, 2006년

'박치기 왕' 김일 별세

한국 프로레슬링계의 전설 김일이 2006년 10월 26일 지병으로 인한 심장마비로 숨을 거두었다. 향년 77세. 고향 전남 고흥의 씨름꾼이던 김일은 일본에서 활약하던 프로레슬러 역도산을 동경하여, 밀항하다 옥살이까지 하며 그의 문하생이 되었다. 박치기 기술을 연마한 끝에 세계 헤비급 챔피언에 오른 그는, 가난과의 싸움으로 힘겹게 살아가던 6,70년대 국민들의 시름을 통쾌한 박치기로 씻어주었다. 은퇴 후 경기 후유증과 사업실패로 외롭고 힘겨운 투병 생활이 지속됐지만 애제자 이왕표에게 프로레슬링 발전에 대한 조언을 아끼지 않았다.

10월 26일, 1906년

안중근 의사, 이토 히로부미 사살

1909년 10월 26일 오전 9시 만주의 하얼빈 역에서 대한제국 침략의 원흉이었던 이토 히로부미가 안중근 의사가 쏜 총에 맞아 죽었다. 안중근 의사는 나머지 총탄을 발사해 다른 일본 정부 요인들에게도 중상을 입혔다. 대한의군 참모중장과 특파 독립대장으로 거사를 치밀하게 준비해 온 안중근 의사는 거사 당일 일본인으로 가장해 하얼빈 역에 잠입했다. 안의사는 이토 히로부미가 기차에서 내리자마자 환영인파 사이를 헤치고 나와 8연발 권총으로 이토 히로부미를 쐈다. 이토 히로부미는 배와 등에 세발의 총탄을 맞고 그 자리에서 죽었다. 여순 감옥에 수감된 안의사는 이어진 재판에서 을사늑약으로 조선을 침탈한 이토 히로부미는 한국과 일본뿐만 아니라 동양의 평화를 어지럽힌 죄인이어서 자신이 동양인을 대표해서 처단한 것이라며 의연하고 당당한 자세를 잃지 않았다. 안의사는 일제의 형식적인 재판을 거쳐 사형을 선고받고 거사가 있은 지 넉 달 뒤인 1910년 3월 26일 31살의 나이로 순국했다.

10월 26일, 1957년

그리스 작가 카잔차키스 사망

1957년 10월 26일 그리스의 시인이자 소설가, 극작가인 니코스 카잔차키스가 사망했다. 그가 생전에 미리 써놓은 묘비문은 다음과 같다.

"나는 아무것도 원하지 않는다.
나는 아무것도 두려워하지 않는다.
나는 자유."

니체와 베르그송의 철학을 바탕으로 마르크스와 불교와 기독교 등 이질적 세계관들의 통합을 시도했던 카잔차키스는 55세에 발표한 서사시 '오뒤세이아'와 63세에 발표한 소설 '그리스인 조르바'로 뒤늦게 그리스의 대표작가가 되었다.

10월 27일, 1469년

르네상스 인문주의자 에라스무스

1469년 10월 27일 북유럽 르네상스의 가장 위대한 학자로 손꼽히는 에라스무스가 네덜란드의 로테르담에서 태어났다. 그리스 고전과 그리스도교의 융합으로 보다 인간적인 휴머니즘을 주장했던 그는 타락한 카톨릭 교회를 비판했지만 루터의 격렬한 종교개혁에는 반대하여 중용을 지키는 바람에 급진적 루터파와 기성종교의 보수주의 사이에서 곤란을 겪었다. 그러나 그의 자유로운 세계주의적 정신은 이후 전 유럽에 영향을 끼쳤다. 저서로 풍자우화집 '우신예찬'과 그리스 원전을 라틴어로 번역한 '신약성서' 등이 유명하다.

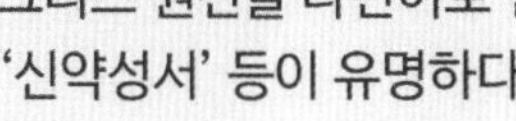

10월 27일, 1998년

정주영 현대그룹 명예회장 소떼와 함께 2차 방북

정주영 현대그룹 명예회장이 1998년 6월에 이어 10월 27일 두 번째로 501마리의 소떼를 이끌고 북한을 방문했다. 북한의 중앙통신은 이 날 “남조선 현대그룹 명예회장과 그 일행이 10월 27일 판문점을 통과하여 평양을 향하였다”고 보도했다. 중앙통신은 이어 “평양을 방문하는 정 회장과 일행은 동포애의 지성을 담아 마련한 소들을 가지고 왔다”고 전했다. 이 파격적인 발상과 행보는 그 해 11월 금강산 관광의 문을 열었으며 이후 남북정상회담과 개성공단 개발의 물꼬를 튼 역사적 이벤트였다.

10월 28일, 1922년

무솔리니, 로마 진군

1922년 10월 28일 이탈리아 파시스트당의 우두머리 베니토 무솔리니가 사병 조직인 '검은 셔츠단' 4만여 명을 이끌고 로마로 진군했다. 파스타 임시수상이 이끄는 정부는 무력했고, 국왕 비토리오 에마누엘레 3세는 무솔리니를 수상에 임명해 그의 쿠데타를 용인했다. 1차 세계대전의 승전국이면서도 전리품 배분에서 소외되어 얻은 게 없다는 상대적 박탈감과 경제 파탄의 위기감 때문에 이탈리아 국민들은 무솔리니의 광기를 지지했고 이탈리아는 이후 2차대전 패망까지 몰락의 길로 치달았다.

10월 29일, 1992년

마광수 교수, 음란물 제조 혐의로 구속

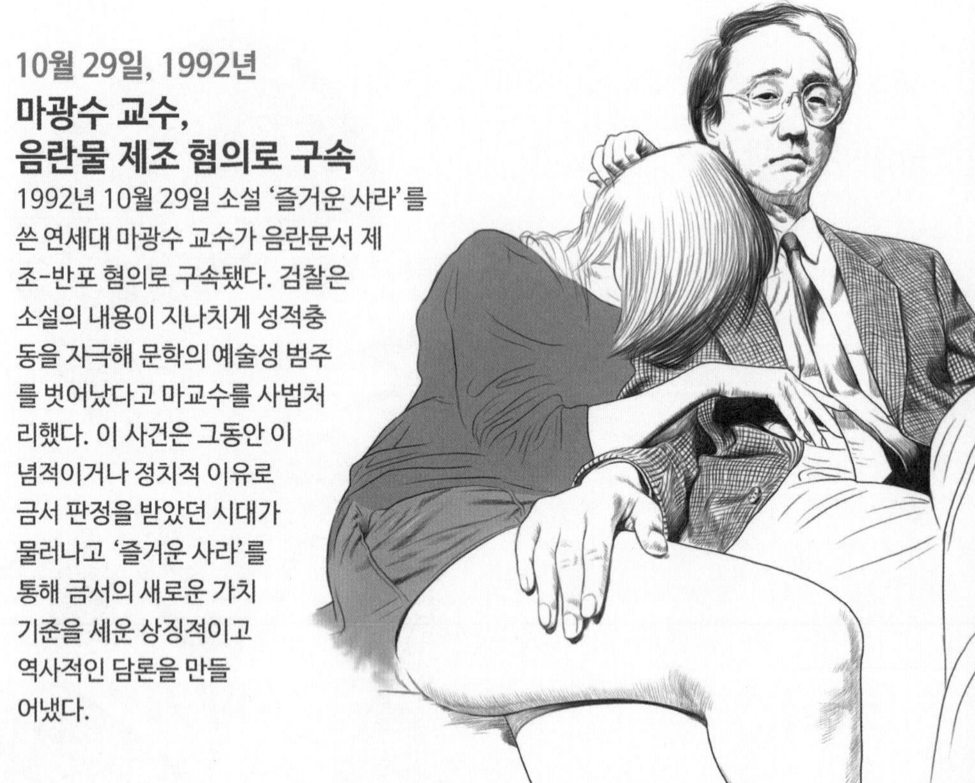

1992년 10월 29일 소설 '즐거운 사라'를 쓴 연세대 마광수 교수가 음란문서 제조-반포 혐의로 구속됐다. 검찰은 소설의 내용이 지나치게 성적충동을 자극해 문학의 예술성 범주를 벗어났다고 마교수를 사법처리했다. 이 사건은 그동안 이념적이거나 정치적 이유로 금서 판정을 받았던 시대가 물러나고 '즐거운 사라'를 통해 금서의 새로운 가치 기준을 세운 상징적이고 역사적인 담론을 만들어냈다.

10월 29일, 1958년

파스테르나크 노벨문학상 거부

1958년 노벨문학상 수상자는 '닥터 지바고'의 러시아 작가 보리스 파스테르나크로 결정됐으나 그는 1958년 10월 29일 스웨덴 한림원에 노벨상 수상을 거부한다는 전보 한 통을 보냈다. 1957년에 출판된 '닥터 지바고'는 인간성에 기반하지 않는 어떠한 혁명도 이데올로기 라는 광신에 의해 파멸된다는 내용을 담고 있다. 이 책은 러시아혁명을 비방했다는 이유로 러시아 내 출판사들이 출판을 거부해 작가는 소설을 이탈리아에서 출판해야 했다. 노벨상 수상 소식이 알려지자 러시아에서는 파스테르나크에 대한 비난과 함께 국외로 추방해야 한다는 목소리가 끊이지 않았다. 그는 제1서기장 흐루시초프에게 "조국을 떠난다는 것은 내게 죽음을 의미한다"는 취지의 탄원서를 보내 추방만은 면했다.

10월 30일, 1974년

무하마드 알리, 조지 포먼에 KO승 1974년 10월 30일 아프리카 자이레의 수도 킨샤사에서 무하마드 알리와 조지 포먼이 세계 헤비급 타이틀을 놓고 겨루는 세기의 대결이 펼쳐졌다. 32세의 알리는 복서로서 노장에 접어들었고, 25세의 포먼은 KO율 92.7%로 사상 최강의 주먹이라 평가되고 있었다. 그러나 7회까지 일방적으로 알리를 몰아붙이던 포먼이 공격하다 지치자 8회 들어 알리가 집중타를 퍼부으며 승기를 잡았고 왼손 훅에 이은 오른손 스트레이트로 깨끗하게 KO승을 거두었다.

10월 31일, 1941년

러시모어산 美 대통령 얼굴조각 완성

1941년 10월 31일 북미대륙 한가운데 있는 러시모어산에서 조각가 거촌 보글럼이 400명의 인부를 고용해 14년 동안 조각한 미 대통령 4명의 얼굴이 완성됐다. 초대 대통령인 조지 워싱턴을 비롯해 토머스 제퍼슨, 에이브러햄 링컨과 시어도어 루스벨트 등 4명의 위대한 대통령이 각각 길이 18m에 이르는 거대한 조각으로 다시 태어난 것이다. 그러나 원래 러시모어 산은 아메리카 인디언들의 성지였고 현재 인디언 후손들이 의뢰하여 대통령들 조각에서 27km 거리에 수우족의 전설적 영웅 타슝카 위트코의 조각상이 67년째 제작 중이다.

10월 31일, 1571년

마르틴 루터, 면죄부 비판

1517년 10월 31일 독일의 수도사 마르틴 루터가 로마 가톨릭의 면죄부 판매에 대한 95개 비판문을 비텐베르크 교회 정문에 붙여 종교개혁의 불씨를 당겼다. 루터는 자신에게 고해할 신자들이 면죄부만 사고 그를 찾아오지 않은데 격분해 당시 관례대로 교회 정문에 대자보를 붙여 이를 성토했는데 의도와 달리 구텐베르크의 인쇄술 덕분에 순식간에 그 글이 퍼져 유럽 전체를 뜨겁게 달구었다. 루터는 파문되었으나 취리히의 츠빙글리, 제네바의 칼뱅이 뒤이어 종교개혁운동을 주도해 나갔다.

7월
July

8월
August

9월
September

10월
October

11월
November

12월
December

11월 1일, 1990년

가수 김현식 사망

1990년 11월 1일 '사랑했어요' '비처럼 음악처럼' '내사랑 내곁에' 등을 부른 가수 김현식이 6집 앨범을 녹음하던 중 자택에서 간경화로 사망했다. 그의 대표작이 된 '내사랑 내곁에'는 유작이 된 6집 앨범에 포함된 것이며 그의 사후인 1991년에 발매되었다. 이 앨범은 그 해 일간스포츠 골든디스크상을 수상했다.

11월 1일, 1999년

대우그룹 김우중 회장 사퇴

1999년 11월 1일 한때 샐러리맨의 우상이었던 대우그룹 김우중 회장이 12개의 워크아웃 대상 계열사 사장단 14명과 함께 사퇴했다. 재계순위 2위까지 올랐던 대우그룹이 침몰하게 된 원인은 즉흥적이고 무모한 사업 확장과 1인 지배체제의 불안정성, IMF시기 600%에 이르렀던 부채비율 등 이었다. 큰 기업은 절대 망하지 않는다는 '대마불사'의 법칙은 이로써 깨졌고 김우중 회장은 검찰의 수사를 피해 출국하여 5년 반 동안 도피생활을 하다가 귀국해 징역을 살다가 특별사면 되었다.

11월 2일, 2011년

뉴욕타임스 '나는 꼼수다' 보도

2011년 11월 2일 미국 뉴욕타임스가 한국의 인터넷 방송 '나는 꼼수다' 열풍을 보도했다. '나는 꼼수다'는 김어준 딴지일보 총수, 정봉주 전 의원, 주진우 시사인 기자, 김용민 시사평론가 등 4명의 출연자가 진행한다고 소개하고 그들이 이명박 대통령과 관련된 각종 폭로와 풍자를 하며 매회 200만회의 내려받기가 이루어진다고 밝혔다. 신문은 나꼼수의 인기가 보수정권과 주류 언론에의 불신, 취업난, 물가상승 등으로 한국의 젊은이들이 정치적으로 깨어나고 있음을 보여준다고 풀이했다.

11월 2일, 1950년

극작가 버나드 쇼 사망

1950년 11월 2일 아일랜드 출신의 영국 극작가· 비평가·독설가로 이름을 떨친 버나드 쇼가 94세로 사망했다. 그가 생전에 준비한 자신의 묘비명은 "우물쭈물 하다가 내 이럴 줄 알았지"였다. 20세에 소설을 썼으나 모든 출판사에 거절당하고 점진적 사회주의를 주장한 온건좌파 단체인 페이비언 협회에서 활동했다. 그는 극작가로서 유머와 재치로 사회의 허위를 폭로했지만 인간은 한없이 진화한다는 낙관론을 주장하기도 했다. 작품 '사람과 초인'으로 1925년 노벨문학상을 수상했다.

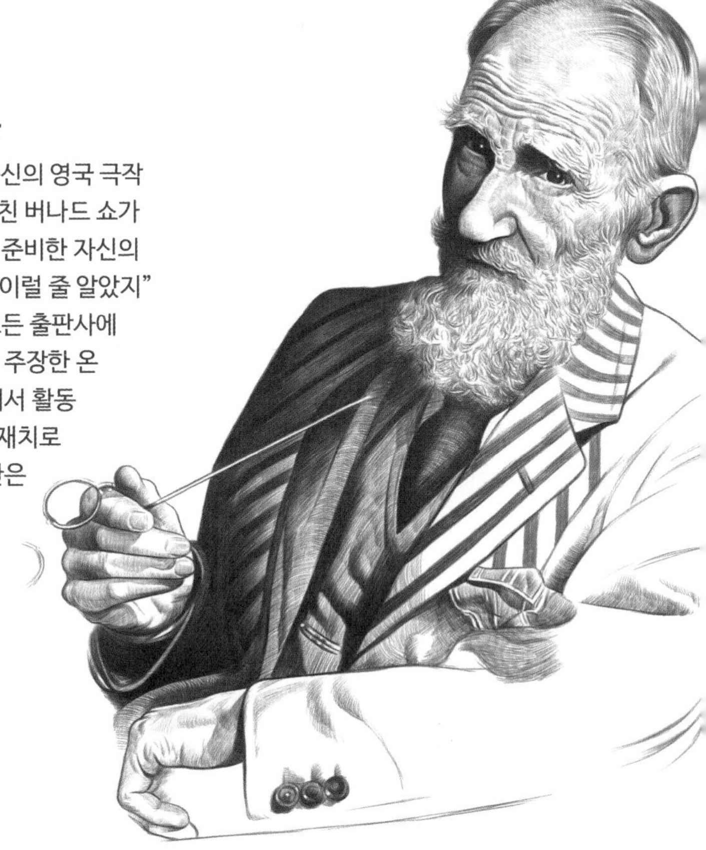

11월 2일, 1960년

소설 '채털리부인의 사랑' 승소

1960년 11월 2일 영국의 펭귄출판사가 소설 '채털리 부인의 사랑' 소송에서 승소했다. 펭귄출판사가 소설 속 성애 장면을 삭제하지 않고 내기로 결정하자 외설물 검열관이 출판사를 고소했던 것. '아들과 연인'의 작가 D H.로렌스의 이 소설은 성불구자 남편이 있는 주인공 코니가 사냥터지기 멜로즈와 성행위를 동반한 사랑을 나누고 결국 남편과 이혼을 감행한다는 내용. 대담한 성행위 장면이 상당 부분을 차지해서 출판사들은 성묘사와 비속어를 삭제하면 책을 내겠다고 제안했다. 그렇지만 작가는 삭제 요구를 거절하고 이탈리아 피렌체에서 자비로 출판을 감행한다. 책은 날개 돋친 듯 팔렸다. 영국과 미국에서 판금조치를 당했지만 불법해적판이 쏟아져 나와 비싼 값으로 팔렸다. 검사는 시인, 비평가, 영문학자, 성직자 등 35명에 이르는 증인에게 30여 쪽에 이르는 성애 묘사가 꼭 필요한 장면인지 물었고, 증언대에 섰던 사람들은 모두 "지나친 감은 좀 있지만 그렇다"고 답했다.

11월 3일, 1954년

색채의 대가 마티스

1954년 11월 3일 피카소와 더불어 '20세기 최고의 화가'라 일컬어지는 프랑스 표현주의의 거두 앙리 마티스가 사망했다. 파리에서 법률을 배웠던 마티스는 급성 맹장염으로 앓아누웠던 스물한 살에 그림에 눈을 뜨게 되어 변호사를 포기하고 화가의 길로 들어섰다. 화가 드랭과 블라맹크를 사귀면서 함께 폭발적인 원색의 개성을 추구한 야수파(포비즘)의 리더가 됐다. 이후 장식적 색채와 아라베스크 구성을 결합하여 평면적이고 동양적인 화풍을 전개해 나갔고 1930~40년대엔 색면효과와 보색관계를 살린 색종이화로 대담하고 순수한 단순미를 창조하여 다시없는 마티스 예술을 완성했다. 인생 후반기의 30여 년을 아름다운 지중해 니스에서 살면서 작업했고 그곳에서 죽었다.

11월 3일, 1957년

우주견 라이카, 최초 우주궤도 비행

1957년 11월 3일 구소련은 최초의 우주생명체로 '라이카'라는 이름의 개를 스푸트니크 2호에 태워 발사했다. 세계 최초의 인공위성 스푸트니크 1호를 발사한 지 불과 한 달 여 만이었다. 떠돌이 개였던 라이카는 나름대로 좁은 공간에서의 적응훈련까지 받았지만 발사 5시간 만에 숨지고 말았다고 알려졌다. 며칠 후 지구 대기권에서 폭발한 스푸트니크 2호와 함께 라이카는 우주에서 영원히 산화하고 말았다.

11월 4일, 1899년

프로이트 '꿈의 해석' 출간

1899년 11월 4일 정신분석학자 지그문트 프로이트의 저서 '꿈의 해석'이 출간됐다. 프로이트는 인간이 일상생활에서 충족시키지 못하고 억압된 욕구가 무의식의 세계에 잠겨 있다가 꿈에서 충족하게 되는데 그 욕구의 대부분은 성적인 것이라 분석했다. '오이디푸스 콤플렉스'로 설명한 유아성욕 등을 주장한 그의 저서는 인간 의식의 충격과 혁명을 동시에 불러일으키며 20세기를 열었다.

11월 4일, 1980년

레이건, 미국 제40대 대통령 당선

1980년 11월 4일 미 공화당의 캘리포니아 주지사 출신인 로널드 레이건이 미국 대통령 선거사상 가장 고령인 69세의 나이로 대통령에 당선됐다. 투표 1주일 전에 있었던 TV 토론회에서 배우의 경력이 있는 레이건은 뛰어난 화술로 현직 대통령인 카터를 누르고 강력한 인상을 보여주어 압도적 차이로 승리를 거두었다. 당선된 레이건은 힘에 바탕을 둔 '위대한 미국 정신의 재발견'을 표방하면서 신보수주의 시대의 막을 열었다.

11월 4일, 1993년

성철 스님 입적

1981년 조계종 종정에 오르면서 '산은 산이요, 물은 물'이라는 법어로 화제를 불러일으킨 성철 큰스님이 1993년 11월 4일 열반에 들었다. 1936년 출가해 해인사에서만 57년 동안 칩거해 온 스님은 해인사 방장실인 퇴설당에서 가부좌한 채 제자 스님들에게 기대 입적했다. 퇴설당에 남겨진 스님의 유품은 일생 동안 입었던 옷 한 벌, 지팡이, 대나무 삿갓, 검정 고무신, 공책 한 권, 몽당 연필 한 자루 였다. 출가에서 입적까지 성철 스님의 삶은 화제의 연속이었으나 속세와 모든 관계를 끊고 오로지 구도에만 몰입한 승려였다. 16년간 날것만 먹는 생식을 하고 8년 동안 한 번도 드러눕지 않고 잠도 앉은 채 자는 장좌불와로 세인들을 놀라게 했다. 자신을 만나고 싶어 하는 정치인들에게는 먼저 해인사 대웅전의 불상을 향해 3천 번 절을 하도록 했다. 물론 대부분의 정치인은 포기했다. 자신의 수행과 불교 자체에 회의를 한 것으로 오해되는 열반송까지 논란은 끝없이 계속됐으나 이미 해탈한 그에겐 한낱 사바세계의 무상함일 뿐이겠다.

11월 5일, 1916년

아인슈타인, 일반상대성이론

1916년 11월 5일 물리학자 알베르트 아인슈타인이 1905년 발표한 특수상대성이론을 확장해 일반화한 일반상대성이론을 발표했다. 시간과 공간은 고전 물리학인 뉴턴 물리학에서 상정한대로 고정불변한 것이 아니라 관측자와 물질세계의 운동에 따라 달라지는 상대적인 개념이라는 것을 주장했다. 이 이론은 그로부터 3년 후 일식 때 태양 표면을 지나는 별빛이 휘어지는 정도를 예측해 입증됐고 양자이론과 함께 현대 물리학의 새 지평을 열었다.

11월 6일, 1860년

링컨, 미국 대통령 당선

1860년 11월 6일 미국 제16대 대통령 선거에서 공화당 대통령후보 에이브러햄 링컨이 당선됐다. 그는 불우한 가정환경으로 정규교육을 거의 받지 못했지만 풍부한 독서를 통해 지식을 얻었고 연속된 실패에도 굴하지 않는 의지의 정치인으로 유명해졌다. 링컨이 대통령에 당선된 직후 남부 주들이 노예제도 폐지론에 반발해 연방을 탈퇴 남부연합 정부를 구성했고 결국 남북전쟁이 발발했다. 이 전쟁에서 링컨은 '노예해방'을 선언했고 승리를 이끌어냈으나 재선 후 연극을 보던 중 총격을 당해 사망했다.

11월 7일, 1917년

러시아 10월혁명 발발

1917년 11월 7일(러시아 구력 10월 25일) 오전 10시, 트로츠키가 이끄는 볼셰비키 혁명군이 러시아 수도 상트페테르부르크에서 레닌이 기초한 소비에트 정권의 수립을 선포했다. 그러나 혁명은 마르크스가 예언했던 서유럽 선진사회가 아닌 유럽 최빈국 중 하나인 러시아에서 일어난 것이었고 뒤이은 레닌의 독재에 의해 빛이 바래고 만다. 이후 70여 년이 지나 소련이 붕괴할 때까지 러시아에서는 공산당의 무자비한 철권통치가 시작됐다.

11월 8일, 1895년

뢴트겐 박사 X선 발견

1895년 11월 8일 독일의 물리학자 빌헬름 뢴트겐박사가 크룩스관을 사용하여 음극선에 관한 연구를 하던 중 검은 종이나 나무 조각과 같은 불투명체를 관통하는 미지의 방사선을 발견하고 이를 'X선'이라 명명했다. 새로이 발견된 이 방사선은 기존의 광선보다 훨씬 투과력이 커서 뢴트겐 부인 안나의 손을 촬영했더니 뼈가 그대로 드러나 보여 죽음을 본 듯한 충격을 불러 일으켰다. 이 발견으로 뢴트겐은 1901년 최초의 노벨물리학상을 수상했고 현재까지 X선 촬영은 현대 의학과 공학에서 빠질 수 없는 필수 검사항목이 됐다.

11월 8일, 1900년

'바람과 함께 사라지다'의 작가 마가렛 미첼 출생

1900년 11월 8일, 소설 '바람과 함께 사라지다'의 작가 마가렛 미첼이 미국 조지아주 애틀랜타에서 태어났다. 신문사 기자였던 미첼은 발목을 다쳐 회사를 그만두면서 어릴 때 아빠로부터 들은 남북전쟁과 고향 조지아주의 농장 이야기를 소설로 써나갔는데 그녀의 첫 작품이자 유일한 작품인 이 소설은 전 세계적인 베스트셀러가 됐고 미첼은 이듬해 퓰리처상을 받았다. 그리고 이 작품은 3년 뒤 영화로 만들어져 미국 영화사상 가장 많은 관객을 동원했다. 원래 그녀가 생각했던 소설의 제목은 '내일은 또 다른 태양이 떠오른다'였다고 한다.

11월 8일, 1923년

히틀러, 비어홀 폭동을 일으키다

1923년 11월 8일 저녁 히틀러가 이끄는 나치스 당원 300여 명이 뮌헨의 한 맥줏집에서 열렸던 우익 정치모임에 난입했다. 그들은 천장을 향해 총을 쏘며 바이에른주의 분리주의자인 카를 통감을 납치했으나 도주한 카를 통감의 반격으로 히틀러는 체포되고 나치 당원들은 혁명 계획을 포기했다. 그러나 히틀러는 바이에른 법정에서 열린 재판을 자신의 입지를 확대하는 연설 기회로 활용했고 5년 형의 징역에 처해졌으나 실제로는 8개월 동안만 복역했다. 이곳에서 히틀러는 그의 교서 '나의 투쟁'을 집필했고 석방되자마자 국민적 영웅으로 떠올랐다.

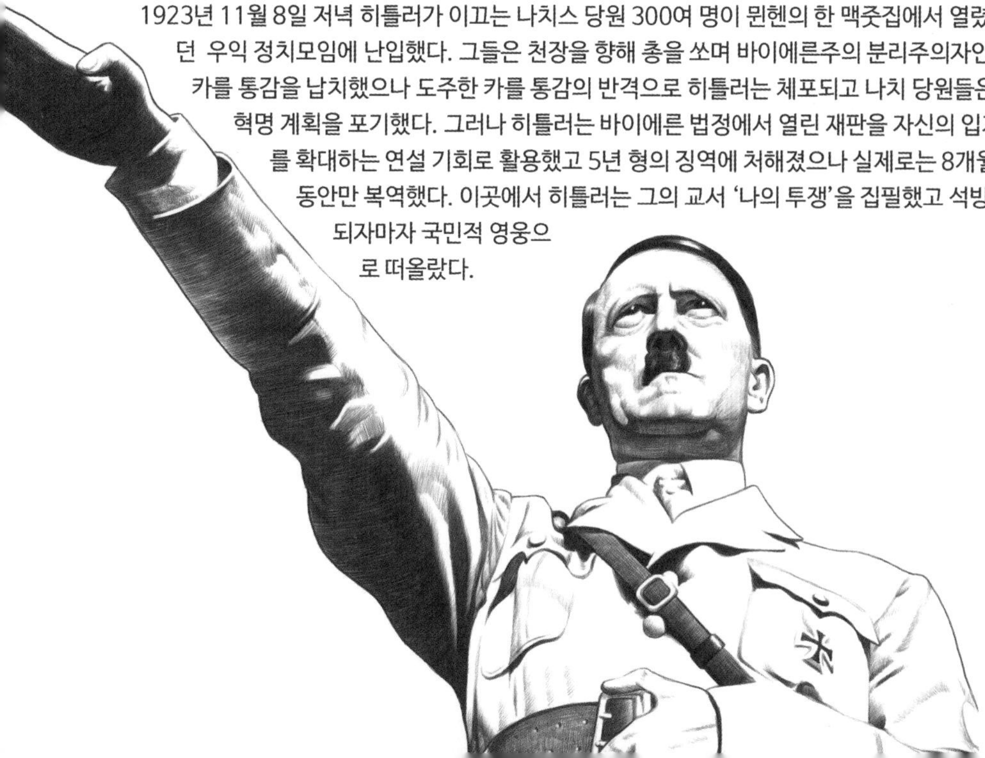

국화 옆에서

한 송이 국화꽃을 피우기 위해
봄부터 소쩍새는
그렇게 울었나 보다.

한 송이 국화꽃을 피우기 위해
천둥은 먹구름 속에서
또 그렇게 울었나 보다.

그립고 아쉬움에 가슴 조이던
머언 먼 젊음의 뒤안길에서
이제는 돌아와 거울 앞에 선
내 누님 같이 생긴 꽃이여.

노오란 네 꽃잎이 피려고
간밤엔 무서리가 저리 내리고
내게는 잠도 오지 않았나 보다.

11월 9일, 1947년

1947년 11월 9일 시인 서정주가 시 '국화 옆에서'를 경향신문에 발표했다.

11월 9일, 1980년

KBS '전국노래자랑' 첫선

1980년 11월 9일 일요일 낮 12시10분이면 어김없이 찾아오는 '전국노래자랑'이 첫 전파를 탔다. 전국노래자랑은 일반인을 대상으로 오디션을 보고 스타를 키워낸 대한민국 최초의 오디션 프로그램으로, 예심참가자 약 50만 명, 무대에 오른 인원만 3만여 명이 넘는다. 전국노래자랑이 현역 최장수 프로그램이 된 일등공신은 단연 진행자 송해. 30주년 공연 때 전국 방방곡곡의 무대 중 "평양 공연이 가장 기억에 남는다."며 황해도가 고향인 그는 눈물을 흘렸다.

11월 10일, 1891년

천재 시인 랭보 사망

1891년 11월 10일 프랑스의 천재 시인 아르튀르 랭보가 37세의 젊은 나이로 세상을 떠났다. 문학에 비범한 재능을 보였던 모범생 소년 랭보가 반항과 일탈의 삶을 살기 시작한 나이는 불과 16세. 이후 3년간 신선하고 풍부한 이미지와 상징으로 가득찬 시를 써 프랑스 상징주의를 대표하는 시인이 됐다. 그러나 10대 후반에 만난 연상의 서정시인 폴 베를렌느와의 동성애가 파국으로 치닫고 대표 연작시 '지옥에서 보낸 한 철'이 문단과 독자에게 외면 받으면서 절필한 랭보는 세상을 방랑한 끝에 다리에 생긴 종양이 퍼져 '바람 구두'를 신은 채 떠나갔다.

11월 10일, 1939년

조선총독부, 창씨개명제 공포

1939년11월10일 일제는 한국인의 성을 강제로 일본식으로 바꾸도록 협박한다. 신사 참배와 조선어 폐지에 이은 '황민화 정책'의 완결편으로 한국인의 민족의식을 흐리고 징용제를 수월하게 진행하기 위해서였지만 자살하는 사람도 생기는 등 반발이 극심했다.

11월 11일, 1918년

제1차 세계대전 끝남

1918년 11월 11일 독일이 휴전 협정에 서명함으로써 1차 세계대전이 막을 내렸다. 1914년부터 시작하여 4년 4개월간 지속된 이 전쟁에서 약 900만명이 전사하였고 막대한 피해 보상에 시달린 독일에서 히틀러가 집권하여 제2차 세계대전의 불씨가 지펴졌다.

11월 11일, 1821년

도스토예프스키 태어나다

톨스토이와 함께 19세기 러시아 문학을 대표하는 세계적인 작가 표도르 도스토예프스키가 1821년 11월 11일 태어났다. 데뷔 작품인 '가난한 사람들'로 크게 주목받았으나 이상적 사회주의 모임에 참가했다는 이유로 시베리아 등에서 5년간 유형생활을 했다. 형을 마치고 군대를 다녀온 후 '죄와 벌' '백치' '악령' 등을 저술했다. 취미로 즐기던 도박 때문에 진 빚을 갚기 위해 출판사와 무리한 계약을 하여 마감에 쫓기는 날을 보내던 그는 최후의 걸작 '카라마조프 가의 형제들'을 탈고한 후 몇 달 뒤에 60세의 나이로 사망했다.

11월 12일, 1998년

홈런왕 맥과이어 은퇴

1998년 70개의 홈런을 때려 메이저리그 한 시즌 최다 홈런을 기록하며 세계적인 스타로 군림한 백인 슬러거 마크 맥과이어가 2001년 11월 12일 방망이를 내려놓았다. 같은 해 이미 구단과 2년간 3000만 달러를 받기로 합의한 그였지만 소속 팀 카디널즈가 같은 1루수이자 아끼던 후배 제이슨 지암비를 영입하는데 도움을 주기위한 명예로운 결정이었다.

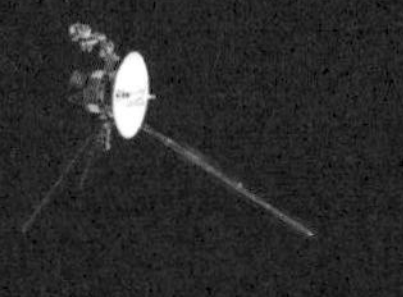

11월 12일, 1980년

보이저1호 토성 근접촬영

1977년에 발사돼 3년2개월간 태양계 여행을 계속해 온 무인혹성탐사선 '보이저1호'가 1980년 11월 12일 토성에 12만4천2백km까지 접근, 근접촬영에 성공했다. '보이저2호'와 함께 발사된 이 탐사선은 토성의 위성 8개를 새로 발견했고 유명한 토성의 3중 고리가 실제는 수많은 가는 띠가 모여 생긴 것이라는 걸 알아냈다. 고리의 두께는 최대 20m로 고리의 넓이를 생각하면 굉장히 얇다.
현재 보이저1호는 인류가 만든 물체 중 지구로부터 가장 멀리 떨어져있다. 예상 수명을 훨씬 넘겨 태양계 밖으로 여행 중인 이 탐사선은 2030년까지는 지구와 통신할 수 있을 것으로 추측된다.

11월 12일, 1927년

스탈린, 트로츠키 축출해 전권 획득

1927년 11월 12일 레닌이후 소련공산당의 두뇌였던 트로츠키와의 권력 투쟁에서 승리한 스탈린은 집권 기간 중 '강철'을 뜻하는 이름이 무색하다고 할 만큼 수천만 명을 처형한 엄청난 살인마였다.

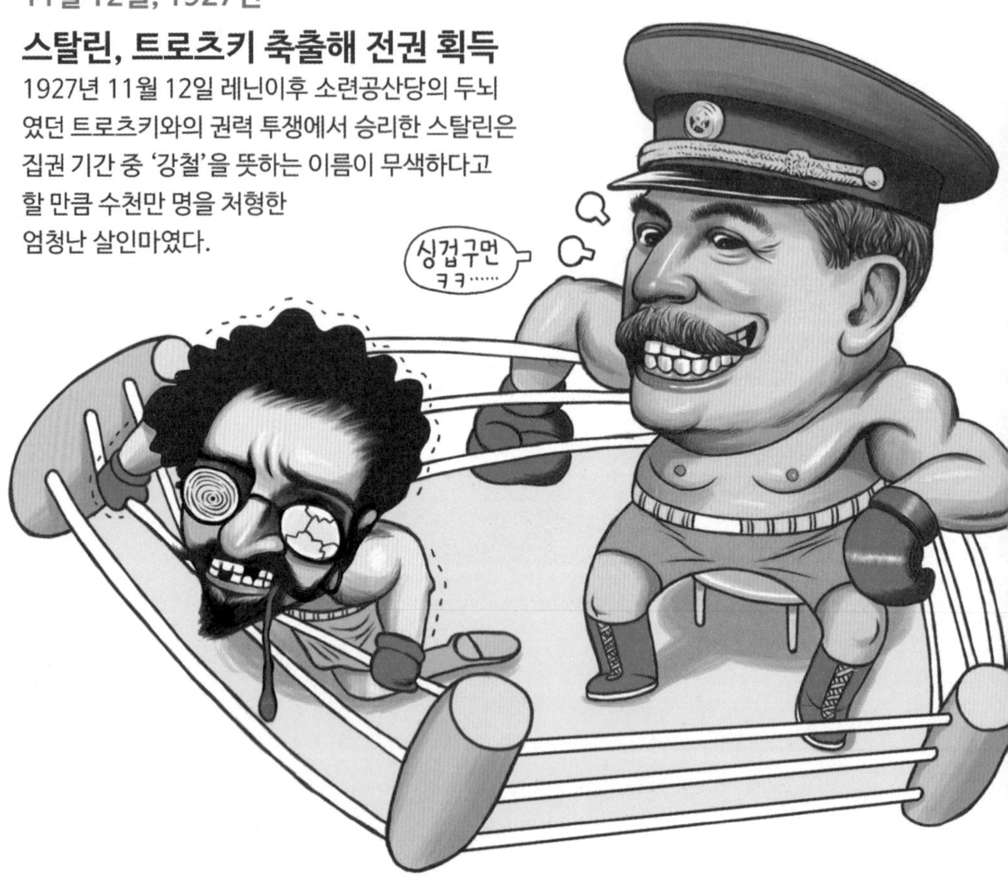

11월 13일, 1940년

소형 군용차 '지프' 개발

제2차 세계대전 중 독일의 월등한 기동력의 원천인 4륜 구동차에 대응할 소형 군용차 개발에 전력을 다하던 미국이 1940년 11월 13일 윌리스 오버랜드사가 제작한 윌리스 MB(MilitaryB) 모델을 채택했다. 포드사도 군의 요청에 따라 다용도란 뜻의 GPW(General Purpose Willys)라 이름을 바꿔 제작에 참여했는데 지프(Jeep)란 이름은 이 GPW의 앞 글자 GP에서 유래했다. 또 다른 어원은 당시 인기 만화 뽀빠이에 나오는 강아지가 지프(jeeep)라고 우는데서 유래했다고 전해온다. 지프는 2차 세계대전 중 66만대가 생산돼 전 세계적으로 유명해졌고 현재 체로키, 랭글러로 정통 지프의 맥이 이어지고 있다.

11월 13일, 1970년

노동자 전태일 분신

1970년 11월 13일 동대문 평화시장의 재단사 전태일이 평화시장 앞길에서 온몸에 기름을 뿌리고 분신자살한다. 당시 그의 나이 22세. “근로 기준법을 준수하라” “내 죽음을 헛되이 말라”는 유언을 외치며 죽어 간 전태일은 당시 성장 지상주의의 우리 경제와 저임금 노동자의 처우에 무관심하던 사회에 엄청난 충격을 던졌다.

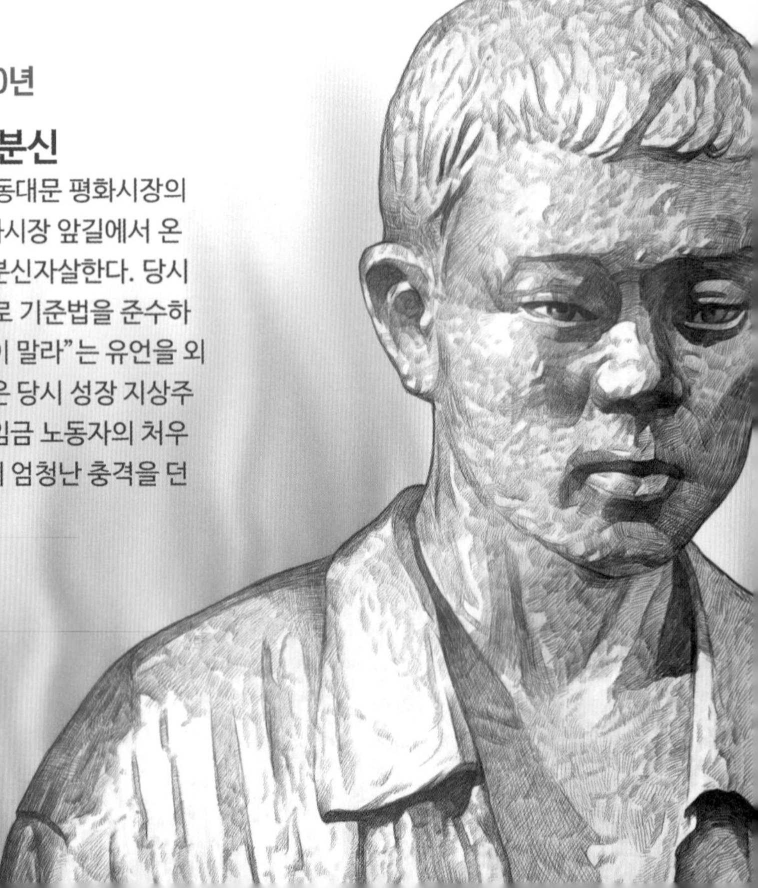

11월 14일, 1889년

전설적 여기자 넬리 블라이, 세계일주 출발

1889년 11월 14일 퓰리처가 운영하는 뉴욕 월드 신문의 맹렬 여기자 넬리 블라이가 미국 뉴욕 항에서 작은 옷가방 두 개를 들고 런던 행 기선에 올랐다. 쥘 베른의 소설 '80일간의 세계일주'의 경로를 따라 세계 일주에 나선 것이다. 걸린 시간은 72일 6시간 11분. 뉴욕에 돌아오니 유명 인사가 돼 있었다. 패션, 요리, 정원 가꾸기 등 신문사의 주문을 거부하고 정신병동 잠입 취재로 미국의 열악한 의료시스템을 바꾸는 등 탐사와 기획취재에 능력을 발휘한 그녀는 영화 '슈퍼맨'의 열혈 여기자 로이스 레인의 실재 모델이었다.

11월 14일, 1840년

인상파 화가 모네 출생

1840년 11월 14일 프랑스 파리에서 인상파 회화의 개척자이자 지도자인 클로드 모네가 태어났다. 해안 지방인 르아브르에서 소년시절을 보내던 모네는 풍경화가 부댕의 지도로 회화에 눈을 뜨고 파리로 가서 마네, 피사로, 시슬레, 르누아르 등과 사귄다. 야외에서의 빛의 효과와 인상을 표현하는데 주력한 모네는 34세에 동료들과 함께 제1회 무명예술가전람회를 열었는데 특히 그의 그림 '인상, 해돋이'에 쏟아진 야유가 '인상파'라는 화파로 알려지는 계기가 됐고 이후 '포플러' '노적가리' '루앙성당' '수련' 등 연작 그림으로 최고의 인기를 누렸다.

11월 15일, 1908년

서태후 사망

1908년 11월 15일 청나라 말기 47년 동안 중국을 지배했던 서태후가 죽었다. 서태후는 이름이 아니라 청 9대 황제 함풍제가 병사하고 후궁에서 태후에 오른 서태후가 서쪽에, 정실이 동쪽에 기거하다 보니 편의상 사람들이 그렇게 불렀을 뿐이다. 그녀는 결단력에 간교한 계책까지 갖춘 야심가였다. 5세의 어린 아들이 동치제로 즉위하면서 반세기에 이르는 절대 권력도 시작됐다. 동치제가 나이 스물을 못 넘기고 죽자 그녀는 4세밖에 안된 여동생의 아들을 광서제로 옹립하고 수렴청정을 이어갔다. 개혁을 추진했던 광서제가 10년간의 유폐 끝에 1908년 독살당하고 서태후는 광서제 사망 다음날, 이제 2세밖에 안된 광서제 동생의 아들 푸이를 선통제로 세우고는 자신도 73세를 일기로 눈을 감았다. 그러나 푸이를 마지막으로 청나라는 사라지고 만다.

11월 15일, 1978년

인류학자 마거릿 미드 사망

1978년 11월 15일 20세기 문화인류학의 대모이자 교육 사회운동가인 마거릿 미드가 77세의 나이에 췌장암으로 사망했다. 그녀는 사모아·뉴기니·발리섬 등에서 원주민들과 함께 생활하며 연구했는데 사춘기 청소년들의 성 역할과 행동을 결정하는 것은 생물학적인 것이 아니라 한 사회가 가지고 있는 문화라는 이론으로 유명해졌다. 미드는 문화인류학에 심리학적 방법을 도입하고 발전시켰으며 적극적인 사회활동에 참여해 20세기의 세계적인 지식인으로 존경받았다.

11월 15일, 1630년

천문학자 케플러 사망

1630년 11월 15일 행성 운동의 3법칙으로 유명한 독일의 천문학자 요하네스 케플러가 길에서 급사했다. 향년 59세. 케플러는 신학을 전공했으나 코페르니쿠스의 지동설에 감화돼 천문학으로 전향했다. 그는 천동설을 신봉한 스승 티코 브라헤가 평생 관측한 행성의 움직임 기록을 바탕으로 행성 운동의 3법칙을 발표했다. 3법칙은 첫째 타원 궤도의 법칙, 둘째 면적 속도 일정의 법칙, 셋째 조화의 법칙이 그것이다. 이 발견으로 천문학은 비로소 점성술과 다른 체계를 갖추었고 특히 3번째 법칙은 아이작 뉴튼의 만유인력의 법칙으로 완성된다.

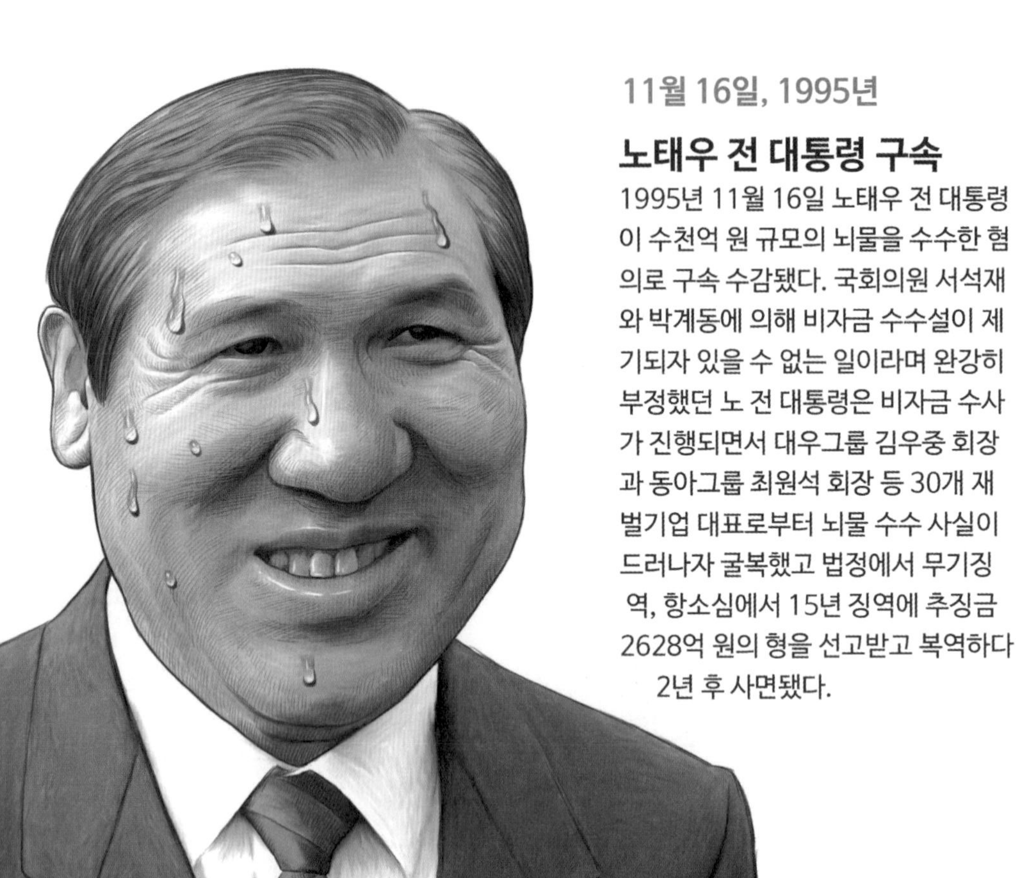

11월 16일, 1995년

노태우 전 대통령 구속

1995년 11월 16일 노태우 전 대통령이 수천억 원 규모의 뇌물을 수수한 혐의로 구속 수감됐다. 국회의원 서석재와 박계동에 의해 비자금 수수설이 제기되자 있을 수 없는 일이라며 완강히 부정했던 노 전 대통령은 비자금 수사가 진행되면서 대우그룹 김우중 회장과 동아그룹 최원석 회장 등 30개 재벌기업 대표로부터 뇌물 수수 사실이 드러나자 굴복했고 법정에서 무기징역, 항소심에서 15년 징역에 추징금 2628억 원의 형을 선고받고 복역하다 2년 후 사면됐다.

11월 16일, 1532년

잉카제국 멸망하다

1532년 11월 16일 스페인의 군인 프란시스코 피사로가 잉카제국의 황제 아타우알파를 잡아가두고 수도 쿠스코를 점령했다. 기병 68명을 포함해 총 168명에 불과한 스페인 병력이었지만 대포 3문과 화승총으로 8만 명의 군사에 인구 1200여만 명에 달하는 잉카를 한 시간 반 만에 무너뜨린 것이다. 사로잡힌 황제는 5톤이나 되는 금을 모아 바쳤지만 끝내 처형됐다. 오늘날에도 남미 국가들의 최상류층과 토지자본가의 대부분은 정복자의 후손들이다.

11월 16일, 1960년

클라크 게이블, 바람과 함께 떠나가다

1960년 11월 16일 특유의 미소와 넓은 어깨, 트레이드마크인 콧수염 등으로 뭇 여성의 가슴을 설레게 했던 클라크 게이블이 심장마비로 사망했다. 향년 59세. 광부의 아들로 태어나 생후 7개월 만에 모친을 잃고 계모의 손에서 키워진 게이블은 10대 시절 떠돌이가 되어 신문 배달부, 백화점 점원, 전화 설치공 등을 전전하다 시골 극단의 뮤지컬을 우연히 보고 배우가 되려 결심한다. 첫째 부인이 된 14세 연상의 조세핀 딜런은 게이블에게 철저한 연기 수업을 시켰고 둘째 부인인 17세 연상의 리어 랭엄은 사교계에 그를 알린다. 점차 두각을 나타낸 그는 34년 '어느 날 밤에 생긴 일'로 아카데미 남우주연상을 수상했고 '바람과 함께 사라지다'의 레트 버틀러 역으로 할리우드 최고의 주연 배우로 등극했다.

11월 17일, 1970년

마우스 발명 특허

1970년 11월 17일 미연방특허국은 괴상한 모양의 발명품 특허를 내줬다. 작은 사각형 나무상자에 붉은색 버튼 1개와 가느다란 줄이 달려 있었다. 모양이 생쥐를 닮았다고 해 '마우스'라는 이름이 붙여졌다. 신청자는 스탠퍼드대 연구소 연구원인 더글러스 엥겔바트 박사. 마우스는 혁명적인 사고의 부산물이다. 당시 컴퓨터에는 스크린 자체가 없었고 그림파일이라는 개념도 존재하지 않았다. 2차대전 때 군에서 레이더 기술자로 근무한 엥겔바트는 언젠가 컴퓨터도 레이더처럼 화면에 그림 형식의 파일이 등장할 것이라고 믿었다. 그래서 그림을 찍을 수 있는 개념으로 마우스 'x-y위치표시기'를 발명한 것이다. 오늘날 4억 명이 넘는 사람들이 마우스를 사용하게 된 것은 그의 예지력 덕택이다. 그는 연구소가 애플사에 4만달러를 받고 팔아 마우스 로열티를 한푼도 받지 못했지만 인류 진보에 공헌을 한 것에 자부심을 느낀다고 했다.

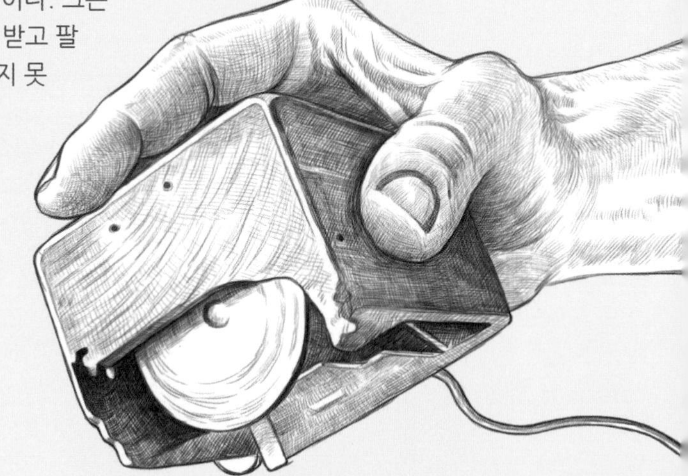

11월 17일, 1917년

조각가 로댕 사망

1917년 11월 17일 근대 조각의 아버지로 불리는 프랑스의 조각가 오귀스트 로댕이 77세의 나이로 사망했다. 생활비를 벌기위해 조각 공장 같은 업체에서 장식물을 제작하던 로댕은 30대 중반에 이탈리아를 여행하며 고대와 르네상스 거장들의 조각에 깊은 감명을 받고 돌아와, 마치 실물에서 본을 뜬 듯 하다고 비난받은 '청동시대'를 제작하여 예술가로서 전환점을 마련했다. 이후 무수한 걸작을 창조하며 조각에 내면적 깊이와 생명을 불어넣어 독자적 예술로 승화시킨 로댕은 혼자 몸으로 회화의 인상파에 비견되는 근대 조각의 출발점을 만들어냈다.

11월 18일, 1982년

권투선수 김득구 사망

"싸워서 지면 링에서 걸어 나오지 않겠다!" 1982년 11월 18일 WBA라이트급 타이틀전이 열린 미국의 라스베이거스 시저스팰리스 호텔 특설링에서 챔피언 레이 붐붐 맨시니와 경기하다 쓰러졌던 김득구가 사망했다. 김득구는 나흘 전 경기에서 초반부터 챔피언을 격렬하게 몰아붙여 우열을 가릴 수 없었으나, 14회 시작종이 울린 지 19초 만에 맨시니의 오른손 스트레이트를 맞고 쓰러져 혼수상태에 빠졌다. 병원에서 나흘간 뇌사상태 끝에 심장과 신장을 2명의 미국인에게 기증하고 관에 실려 고국으로 돌아왔다. 그의 사후 국제 권투기구들은 15회 경기를 12회로 줄였다.

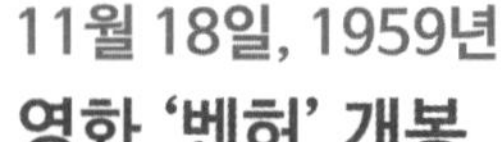

11월 18일, 1959년
영화 '벤허' 개봉

1959년 11월 18일 미국 뉴욕에서 러닝타임 212분의 대작 영화 '벤허'가 개봉됐다. 미국 작가 루 월리스의 동명 소설 '벤허'를 원작으로 하고 윌리엄 와일러 감독에 주연은 찰턴 헤스턴이었다. 예수 그리스도가 태어난 무렵의 유대 땅에서 유대 귀족 벤허와 로마인 친구 멧살라의 배신과 복수를 한 축으로 하고 유대인으로서 벤허의 각성과 예수와의 만남을 다른 축으로 교차하여 그려낸 이 영화는 벤허와 멧살라의 치열한 전차경주 장면이 손에 땀 을 쥐게 한다. 50년대 까지 전성기를 구가하던 할리우드가 TV의 등장으로 전대미문의 위기를 맞아 MGM사가 1500만 달러의 막대한 제작비를 들여 제작한 벤허는 엄청난 성공을 거두며 회사를 살려냈다. 작품상과 남우주연상을 비롯해 11개 부문의 아카데미상을 수상했다.

11월 18일, 1928년

미키 마우스의 '증기선 윌리' 개봉

1928년 11월 18일 미키 마우스가 등장한 최초의 유성 만화 '증기선 윌리'가 뉴욕 콜로니극장에서 개봉됐다. 이 8분짜리 영화는 개봉되자마자 대성공을 거두었고 이듬해 몰아닥친 세계대공황에도 불구하고 미키의 인기는 식을 줄 몰랐다. 66년 창조자 월트 디즈니가 죽고 나서도 현재까지 미키 마우스는 여전히 왕성한 활동을 계속하고 있다.

11월 19일, 1987년

삼성그룹 창업자 이병철 사망

1987년 11월 19일 이병철 삼성그룹 회장이 폐암으로 사망했다. 향년 77세. 1910년 경남 의령에서 태어난 그는 38년 자본금 3만 원으로 국수, 청과류, 건어물 등을 취급하는 삼성상회를 설립했다. 바로 현재 한국 최대의 기업 삼성그룹의 출발점이었다. 51년 부산에서 삼성물산을 세워 무역업을 시작하고 제일제당과 제일모직으로 제조업을, 65년 중앙일보를 창설해 언론사 경영에 참여했고 69년 삼성전자를 설립한 후 70년대엔 중화학공업에 진출했다. 재벌들의 고질적 병폐인 정경유착, 조세포탈, 변칙상속 등 부정적 측면에도 불구하고 인재를 중시하는 합리적 경영이념을 바탕으로 국가경제 발전에 공헌이 컸다.

11월 19일, 1828년

슈베르트 요절하다

1828년 11월 19일 낭만주의 음악을 선도했던 오스트리아의 작곡가 프란츠 피터 슈베르트가 불과 31세의 젊은 나이에 장티푸스로 죽었다. 신처럼 숭배하던 정신적 스승 베토벤이 죽은 지 채 1년도 되지 않은 때였다. 키가 작고 지독한 근시였으며 소심하기 그지없었던 슈베르트였지만 가난과 타고난 병약함 등의 어려움에도 불구하고 600여 편의 가곡, 8편의 교향곡, 소나타, 오페라 등을 작곡했으며, 특히 주옥같은 독일 가곡을 많이 작곡해 '가곡의 왕'이라 불린다.

그의 유해는 유언에 따라 한 해 먼저 작고한 베토벤의 무덤 가까이 묻혔으며, 88년 두 묘는 빈의 중앙묘지로 옮겨졌다.

11월 19일, 1598년

이순신, 노량해전에서 전사

1598년 11월 19일 7년간이나 끌던 조선과 일본의 전쟁이 드디어 끝난다. 마지막 전투인 노량해전에서, 도주하던 왜군을 끝까지 추격하던 이순신 장군이 이날 새벽 적의 유탄을 왼쪽 가슴에 맞고 전사한다. 그의 유언은 "싸움이 한창 급하다. 내가 죽었다는 말을 말라."였다고 한다. 훗날 러일전쟁에서 러시아함대를 무찌른 일본 제독 도고 헤이하치로는 "나를 넬슨제독에게 비기는 것은 가능하지만 이순신에게 비기는 것은 감당할 수 없는 일"이라 말했다.

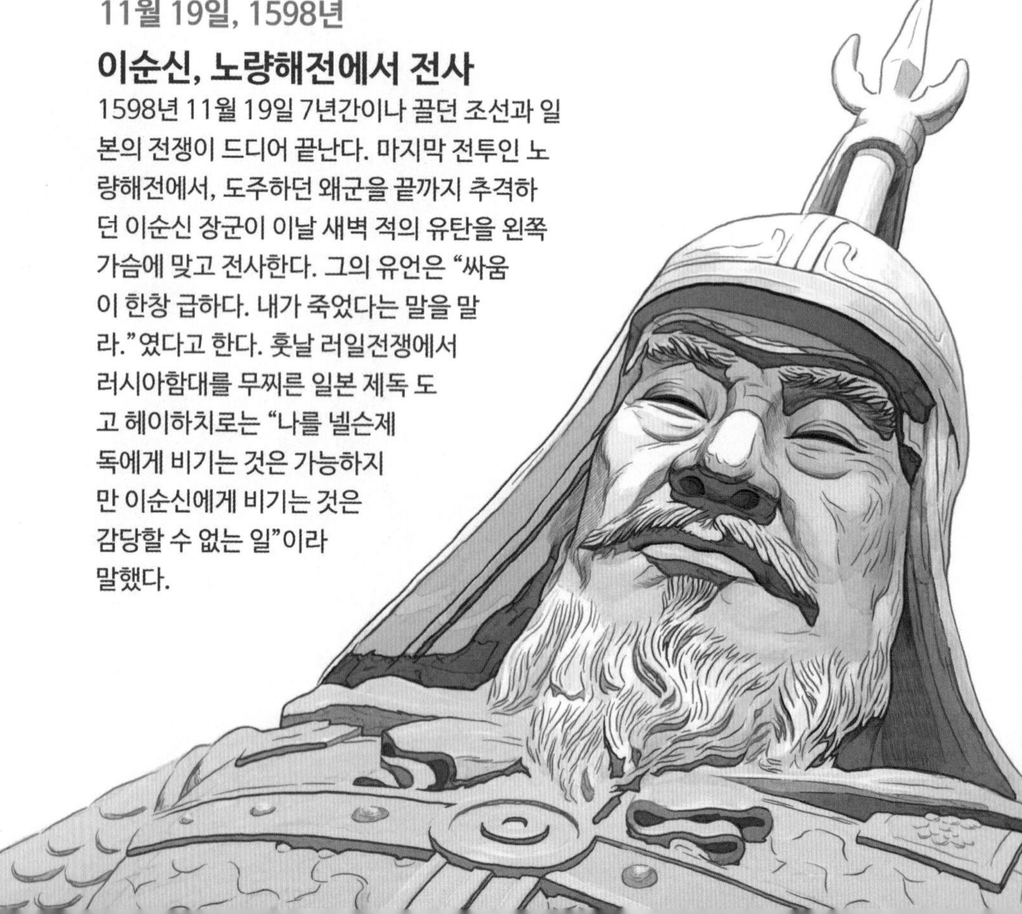

11월 20일, 1910년

러시아 문호 톨스토이 사망

1910년 11월 20일 러시아를 대표하는 대문호 레프 톨스토이가 심장마비로 사망했다. 향년 82세. 명문 백작가의 4남으로 태어나 어려서 부모를 잃고 친척집에서 자란 톨스토이는 대학교육에 실망해 중퇴하고 지주로서 농민생활을 개선하려 했으나 실패해 방탕에 빠졌다. 군 복무 중 처녀작 '유년시대'로 격찬을 받은 그는 결혼 후 문학에 전념해 '전쟁과 평화' '안나 카레니나' '부활' 등 불후의 작품을 써냈다. 그러나 죽음의 공포와 삶의 허무, 가정 불화로 방랑 여행을 하다 아스타포보역의 관사에서 숨을 거두었다.

678

11월 20일, 1969년

펠레 1000골 달성

1969년 11월20일 브라질의 축구황제 펠레가 살바도르에서 909경기 만에 마침내 1000골을 달성했다. 브라질의 축구영웅이었던 그는 월드컵에서 3회 우승을 일구어 고국이 영원히 줄리메컵을 보유하도록 이끌었다. 1999년 IOC가 뽑은 '20세기 최고 운동선수'로 선정되었는데 펠레에 이어 2위에 선정된 마이클 조던은 "펠레라면 기꺼이 농구 황제보다 위대하다는 사실을 받아들일 수 있다"고 말했다.

11월 21일, 1694년

프랑스 사상가 볼테르 출생

18세기 프랑스의 전제 정치와 종교적 맹신을 격렬히 비난하며 진보의 이상을 고취한 계몽주의 사상가 볼테르가 1694년 11월 21일 출생했다. 파리에서 나서 가톨릭 학교에서 수학한 그는 청년기에 이미 반봉건적 풍자 때문에 바스티유 감옥을 드나들었고, 그 후 생활의 대부분을 외국에서 떠돌며 지냈다. 영국에서 뉴튼의 물리학에 큰 영향을 받아 이성적이고 현실적인 사고의 중요성을 깨닫고 사회는 진보하는 방향으로 발전한다고 주장했다. 유럽의 모순을 공격하며 최고 인기철학자가 된 볼테르의 대표작은 사회적 불합리를 맹렬히 비꼰 풍자소설 '깡디드'다.

680

11월 21일, 1877년

에디슨, 축음기 발명 발표

"천재는 1%의 영감과 99%의 노력으로 이루어진다."
1877년 11월 21일 발명가 토머스 알바 에디슨이 음성을 기록하고 재생할 수 있는 최초의 장치인 축음기를 발명한 사실을 공표했다. 에디슨이 처음으로 녹음한 것은 동요 '메리에게 어린 양 한 마리가 있어요' 였다. 그는 이듬해 2월 축음기에 대한 특허를 취득했다.

11월 22일, 1990년

대처 영국 총리 사임

1990년 11월 22일 11년간 3차례나 총리직을 연임했던 영국의 마거릿 힐다 대처가 사임했다. 유럽 통합에 대한 비타협적 태도로 당 지도부의 반발을 샀기 때문이다. 영국 최초의 여성 당수(보수당), 유럽 최초의 선거에 의한 여성 총리가 됐던 대처는 강력한 지도력과 엄격한 통치로 영국병을 치유해 '철의 여인'이라 불렸지만 신자유주의 정책으로 임기동안 실업자 수는 3배나 늘었으며 긴축재정으로 수많은 회사가 파산했다.

11월 22일, 1963년

케네디 미 대통령 피살

"조국이 그대를 위해 무엇을 해 줄 것인가를 묻지 말고, 그대가 조국을 위해 무엇을 할 수 있는지 물어보라." 미국 역사상 최연소(43세)로 대통령에 당선됐던 존 F. 케네디가 1963년 11월 22일 댈러스에서 영부인 재클린과 함께 하던 퍼레이드 중 저격당했다. 용의자 하비 오스월드는 나이트클럽 운영자 잭 루비에 의해 사살됐고 잭 루비도 유치장에서 의문의 죽음을 당해 케네디 암살의 진상을 둘러 싼 갖가지 추측과 음모론은 아직도 밝혀지지 않고 있다. 젊은 케네디는 인종, 종교, 국적, 성별에 따른 차별을 철폐하기 위한 법안을 제안했고 노인과 저소득층의 복지에도 주력했지만 쿠바나 베트남에서 미국의 이익만을 위해 강경책을 택했고 재임 중 마릴린 먼로를 비롯한 많은 여성들과 '부적절한 관계'를 가져 추문의 주인공이 되기도 했다. 그러나 그는 전문가와 민간이 꼽는 최고의 미 대통령 중 5위권에 항상 선택되는 인물이다.

11월 22일, 1986년

타이슨, 최연소 헤비급 챔피언 등극

1986년 11월 22일 프로권투 데뷔 후 약 1년 8개월 만에 WBC 타이틀에 도전한 마이크 타이슨이 2라운드 KO승을 거두고 20세의 나이로 세계 최연소 헤비급 챔피언이 됐다. 소년 시절 좀도둑질로 수십 번 체포당했던 타이슨은 WBC 챔피언이 된 후 WBA와 IBF 타이틀까지 거머쥐며 통합 헤비급 챔피언이 됐지만 성추행으로 교도소를 4년간 복역했고, 그 뒤 다시 챔피언이 되기도 했으나 홀리필드와의 경기 중 귀를 물어뜯는 엽기적 반칙으로 실격패를 당하고 폭행사건까지 일으키면서 권투의 세계에서 멀어져갔다.

684

11월 23일, 1991년

록그룹 '퀸'의 프레디 머큐리 사망 하루 전 에이즈 감염 고백

1991년 11월 23일 록그룹 '퀸'의 리드 싱어 프레디 머큐리가 대변인을 통해 에이즈에 감염돼 투병 중이라고 고백했다. 프레디는 4옥타브를 넘나드는 음역대의 소유자이며 곡에 따라 자유자재로 느낌을 달리 부르는 다재다능한 가창법, 그리고 명곡들을 작곡해내는 실력을 갖춰 퀸을 대중음악 역사상 최고의 록밴드 중 하나로 만들었다. 75년 발표한 노래 '보헤미안 랩소디'는 영국 음악차트에서 9주 연속 1위를 차지했고 77년 공개된 '위 아 더 챔피언스'는 이후 30여 년간 수많은 스포츠 경기의 대미를 장식하는 고전이 됐다. 프레디는 고백 다음날 사망했다.

11월 23일, 1963년

영국 SF드라마 '닥터 후' 시작

1963년 11월 23일 오후 5시30분, 영국 BBC의 국민드라마 '닥터 후(Doctor Who?)' 첫 번째 편이 방영됐다. 900세의 외계인 닥터가 경찰용 비상 공중전화박스 모양의 타임머신 타디스를 타고 우주를 여행하며 지구의 안녕을 위협하는 악당 달렉과 싸우는 스토리는 독특한 상상력과 재생 가능한 캐릭터 닥터의 인기로 최장수 'SF TV드라마' 부문 기네스북에 올랐다. BBC 라디오에서 만든 닥터 후 오프닝 기계음과 파란 색의 경찰 전화박스를 본딴 우주선 타디스는 영국 컬트TV 문화의 대표적 아이콘이 됐다.

11월 23일, 1988년

전 전대통령 은둔하다

1988년 11월 23일 전두환 전대통령이 연희동 자택에서 대국민사과문을 발표하고 설악산 백담사로 떠났다. 그는 자신의 재임기간중 일어났던 모든 과오와 비리를 시인, 사과하고 어떠한 비난과 추궁도 각오한다며 떠났지만 769일 동안의 은둔생활 후 돌아와서 다시 은닉 재산이 발각돼 1995년 구속되었다.

11월 24일, 1859년

다윈 〈종의 기원〉 출간하다

150여 년 전인 1859년 11월 24일 영국의 생물학자 찰스 다윈은 생물 종의 여러 개체간에 다양한 변이가 있을 경우, 환경에 가장 적합한 개체 만이 살아남는다는 〈종의 기원〉을 발표한다. 다윈의 진화론은 뉴턴의 물리학과 함께 과학과 사상의 혁신을 불러일으켰지만 당시 많은 사람들은 인간의 조상이 원숭이와 같다는 이론에 크게 화를 냈다.

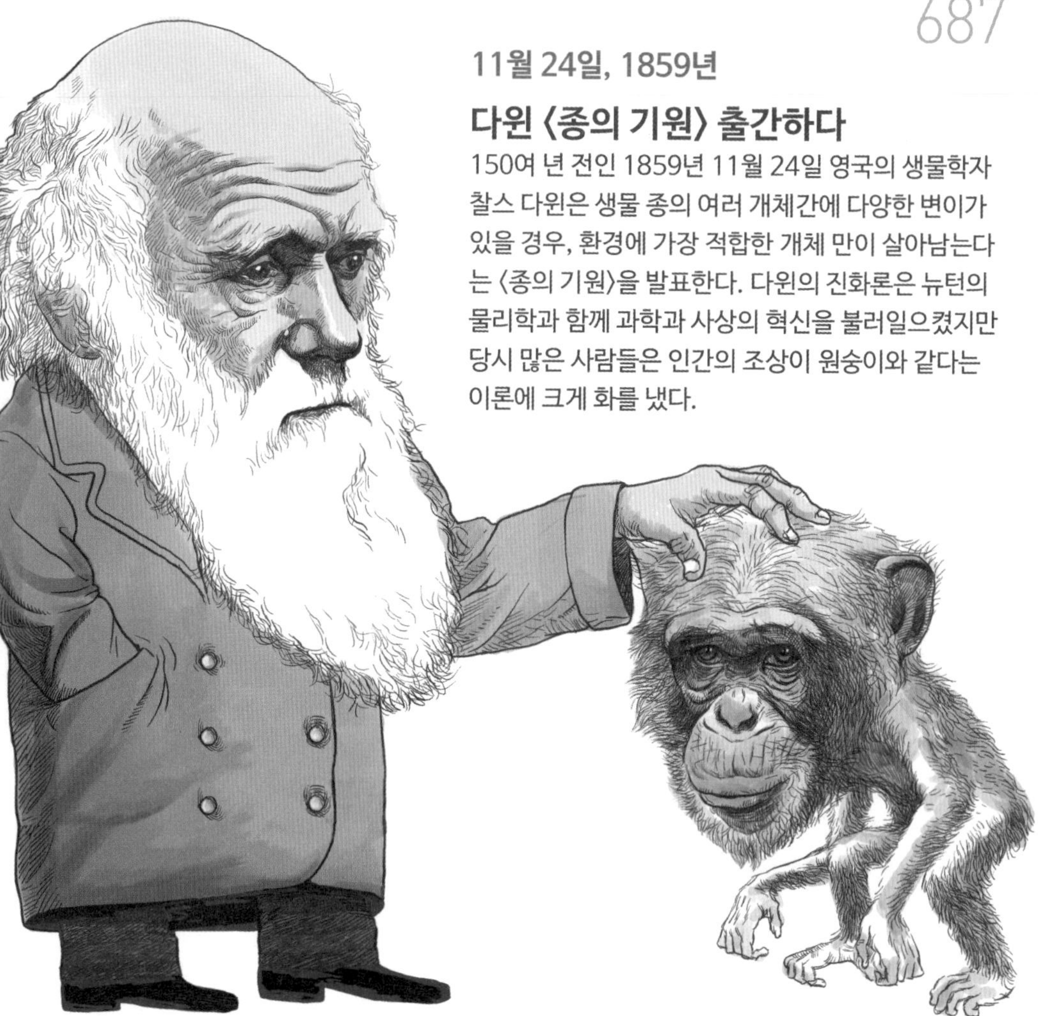

688

11월 24일, 1864년

비운의 화가 로트렉 출생

물랭루즈의 댄서와 매춘부들을 즐겨 그린 단신의 프랑스 화가 앙리 툴루즈 로트렉이 1864년 11월 24일, 남프랑스 알비에서 태어났다. 그는 귀족 혈통을 이어받았지만 가계의 빈번한 근친혼과 사촌 간이었던 부모 탓에 허약한 어린 시절을 보내던 중에 14살과 15살 때 사고로 양 다리가 부러져 하반신이 더 이상 자라지 않았다. 150cm 남짓한 난쟁이 모습의 그는 점차 그림에 빠져들었고 파리 몽마르트르의 카페와 댄스홀 물랭루즈에서 댄서와 배우, 매춘부를 많이 그렸다. 석판화로 제작한 그래픽 포스터에도 발군의 재능을 발휘한 그는 평단의 인정도 받고 그림도 잘 팔렸으나 무절제한 생활과 알콜 중독으로 37세에 세상을 떠나고 말았다.

11월 25일, 1867년

노벨, 다이너마이트 발명 특허 획득

1867년 11월 25일 스웨덴의 화학자 알프레드 노벨이 다이너마이트의 발명 특허를 획득한다. 노벨은 규조토에 액체 니트로글리세린을 흡수시켜 안정적이면서도 폭발력이 강한 다이너마이트를 개발했고 막대한 돈을 벌 수 있었다. 그는 대부분의 재산을 스웨덴의 왕립과학아카데미에 기부하여 '노벨재단'이 설립되고 '노벨상'이 탄생했다.

11월 25일, 1970년

극우주의자 미시마 유키오 할복자살

1970년 11월 25일 일본 도쿄시내 육상자위대 2층에서 군국주의와 천황제 부활을 외치던 소설가 미시마 유키오가 일본도로 자신의 배를 갈랐고 뒤에서 추종자가 그의 목을 쳐 자살했다. 전후의 평화헌법을 없애고 사무라이 정신의 부활을 목이 터져라 부르짖었지만 자위대원들의 냉소와 야유만 들은 그는 "천황폐하 만세"를 외치며 할복자살한 것이다. 전형적인 일본의 엘리트 코스를 밟으며 자란 미시마는 첫 소설 '가면의 고백'으로 문학계에 입문하면서 탐미주의적인 작품을 잇달아 발표했고 56년 '금각사'로 큰 반향을 일으켰으나 '일본적인 것'에 대한 강박적 집착으로 전후의 나약한 일본을 뒤엎기를 원했으나 그 소망은 결국 시대착오적인 해프닝으로 끝날 수밖에 없었다.

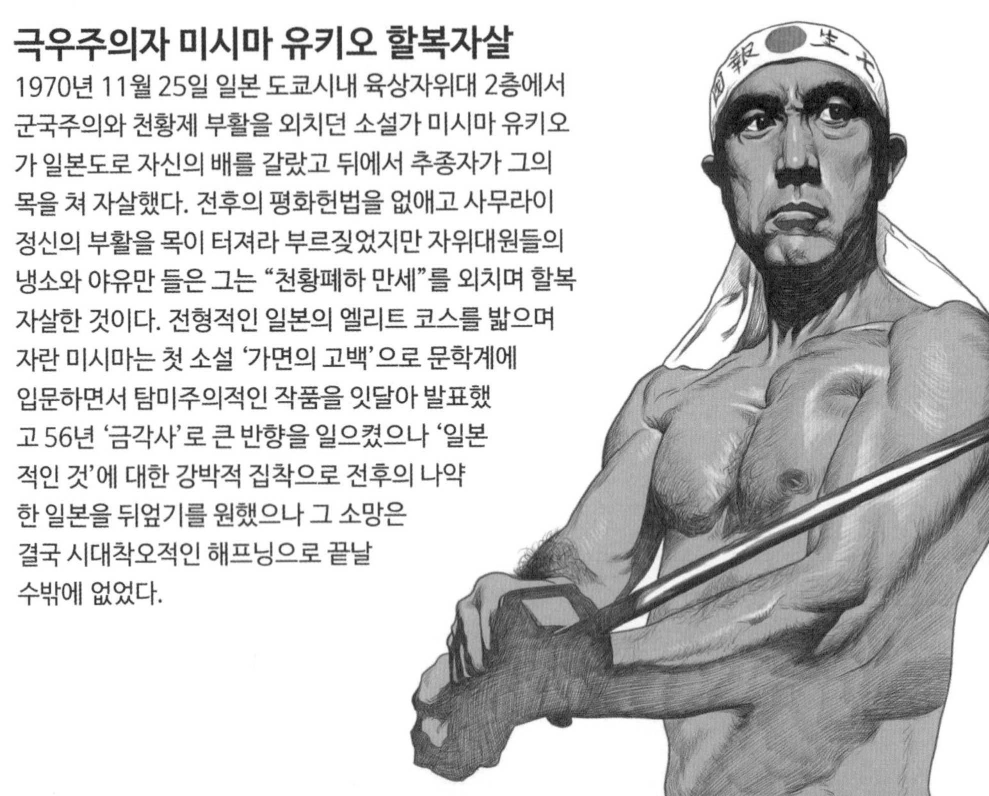

11월 25일, 1915년

현대그룹 회장 정주영 출생

1915년 11월 25일 강원도통천군 아산 마을에서 현대그룹의 창업주 정주영이 태어났다. 소학교 졸업 후 상급학교에 진학하지 못한 그는 가난에서 벗어나려 여러 차례 가출한 끝에 자동차 수리공장을 인수하여 해방 후 현대자동차공업사와 현대토건사를 설립했다. 6·25전쟁 후 시멘트공장과 조선소, 간척사업 등을 성공적으로 추진하여 대기업으로 성장시킨 정주영은 1971년 현대그룹 회장에 취임했다. 500마리의 소떼를 몰고 북한에 넘겨준 이벤트로 국제적 주목을 받았던 그는 남북 민간교류의 일대 전기를 마련한 '금강산관광'도 성사시켰다. 2001년 급성 폐렴으로 타계했다.

11월 26일, 1778년

'캡틴 쿡' 선장, 하와이 제도 도착

1778년 11월 26일 '캡틴 쿡'이라는 별명으로 더 잘 알려진 영국의 항해가 이자 탐험가인 제임스 쿡 선장이 세 번째 태평양을 항해하던 중 하와이 제도에 도착했다. 서구에서 제임스 쿡은 콜럼버스와 함께 인류 역사상 가장 위대한 선장 가운데 한 사람으로 꼽히고 있다. 그는 세 번의 태평양 탐사 항해로 오늘날 우리가 알고 있는 세계 지도의 대부분을 완성했다. 또한 그는 대양항해에서 가장 큰 장애물이었던 괴혈병을 과일과 절인 채소로 극복했고, 항해 사상 최초로 크로노미터를 활용해 경도를 정확히 측정해냈다. 유능한 항해가 이자 훌륭한 인품의 지휘자, 수학자, 천문학자이기도 했던 그는 79년 하와이에서 원주민과의 충돌로 끝내 최후를 맞이하고 말았다. 그의 이름은 뉴질랜드의 쿡해협과 마운트쿡, 호주 퀸즈랜드의 쿡타운과 쿡제도 등에 붙여져 기억되고 있다.

11월 26일, 1922년

투탕카멘 무덤 발굴

1922년 11월 26일 영국의 고고학자 하워드 카터가 이집트 왕들의 계곡에서 발견한 투탕카멘왕의 무덤에 최초로 들어가 찬란한 황금의 관과 가면을 발견했다. 투탕카멘은 9세의 어린 나이로 파라오가 됐지만 18세에 요절했다. 그의 무덤이 도굴꾼의 눈을 피해 고스란히 보존된 이유는 무덤 위에 람세스 1세의 무덤이 만들어져 두꺼운 토사층에 덮여 버렸기 때문이다. 발굴 당시 주변인물들이 의문사한 '파라오의 저주' 때문에 투탕카멘은 가장 유명한 파라오가 됐다.

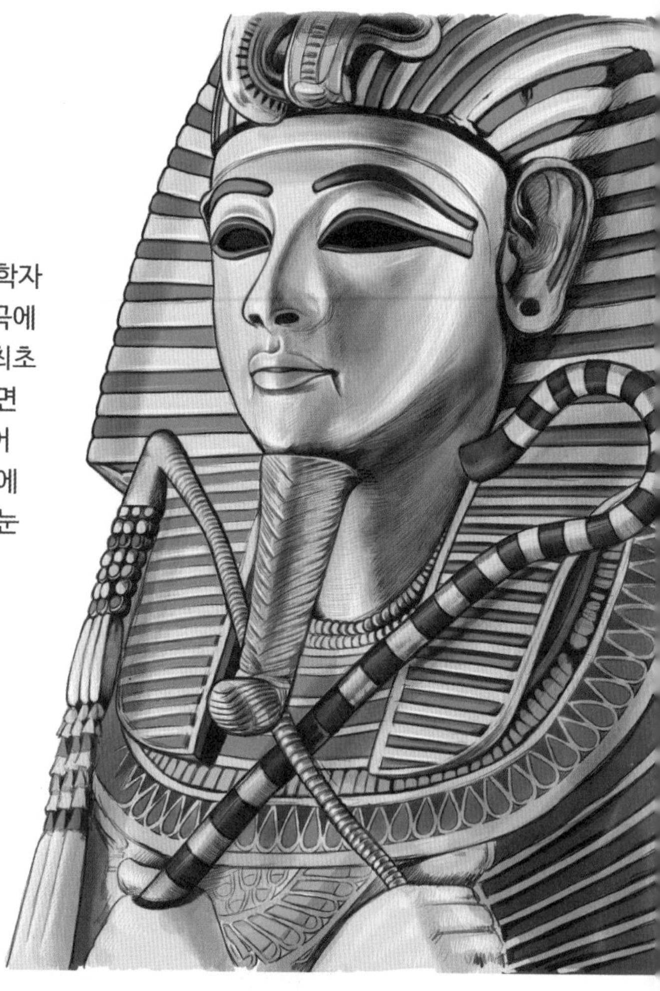

11월 27일, 1894년

일본 '경영의 신' 마쓰시타 고노스케 출생

1894년 11월 27일 일본에서 '경영의 신'으로 추앙받는 기업인 마쓰시타 고노스케가 와카야마현에서 태어났다. 9세 때 초등학교 중퇴 후 점원 생활을 하다가 16세에 오사카 전등회사에 입사했고 23세에 독립해서 마쓰시타 전기기구제작소를 창업해 세계 굴지의 가전제품 회사로 키웠다. 그는 경영을 예술적 창조활동에 비유해 신념과 희망이 넘치는 기업활동을 이끌었다. 그러나 1989년 94세를 일기로 그가 타계한 후 일본 경제는 버블이 붕괴하고 장기불황에 접어들었으며 그의 회사 파나소닉은 현재 악화일로의 경영난을 겪고 있다.

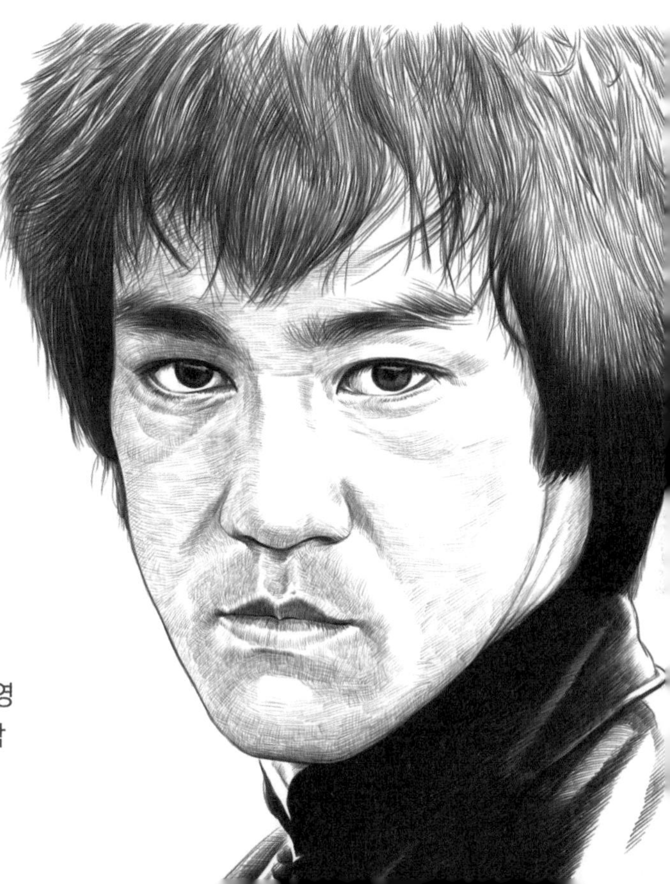

11월 27일, 1940년

배우 이소룡 출생

1940년 11월 27일 중국의 무술인 겸 영화배우 이소룡이 태어났다. 병약하고 왜소했던 꼬마 이소룡은 당대의 고수 엽문에게 영춘권을 배우면서 쿵푸의 세계에 빠져든다. 홍콩 영화에서 첫 주연 작 '당산대형'으로 삽시간에 최고의 스타가 되었고 잇달아 '정무문' '맹룡과강' 등 화제작의 주연을 맡는다. 그러나 할리우드와 합작영화 '용쟁호투'를 찍고난 직후 갑작스레 의문의 죽음을 맞았다.

11월 28일, 1520년

마젤란, 태평양 조우

1520년 11월 28일 인류 최초의 지구일주 탐험대 선장인 페르디난드 마젤란이 세상에서 가장 큰 바다인 태평양을 만났다. 스페인의 지원을 받아 선박 다섯 척에 승무원 270명을 싣고 항해한 지 1년 석 달이 지난 시점이었다. 대서양을 건너 남아메리카 해안을 따라 남하하다가 알 수 없는 한 해협(훗날의 마젤란 해협)을 통과한 마젤란은 새로이 펼쳐진 바다가, 기나 긴 항해에도 불구하고 파도가 잔잔하고 평화로워 '태평양'이라 이름 지었다. 희망하던 인도를 발견하지 못하고 괌과 필리핀에 도착한 마젤란은 섣불리 막탄섬을 공격했다가 41세에 전사했다.

11월 28일, 1820년

과학적 사회주의 창시자 엥겔스 출생

칼 마르크스와 더불어 과학적 사회주의를 창시한 프리드리히 엥겔스가 1820년 11월 28일 독일에서 방적공장주의 아들로 태어났다. 고교를 중퇴하고 베를린대학에서 헤겔의 변증법을 청강한 그는 아버지의 영국 공장에서 노동자의 비참함을 접했다. 귀국 도중 마르크스와 만나 의기투합해 공산주의 이론을 창시하고 실천적 혁명에 참여했다. 마르크스의 연구를 원조해 '자본론'의 완성을 도왔고 그의 사후 유럽 노동운동의 지도자로 활약했다. 75세에 식도암으로 생을 마친 그는 유언에 따라 해저에 가라앉혀졌다.

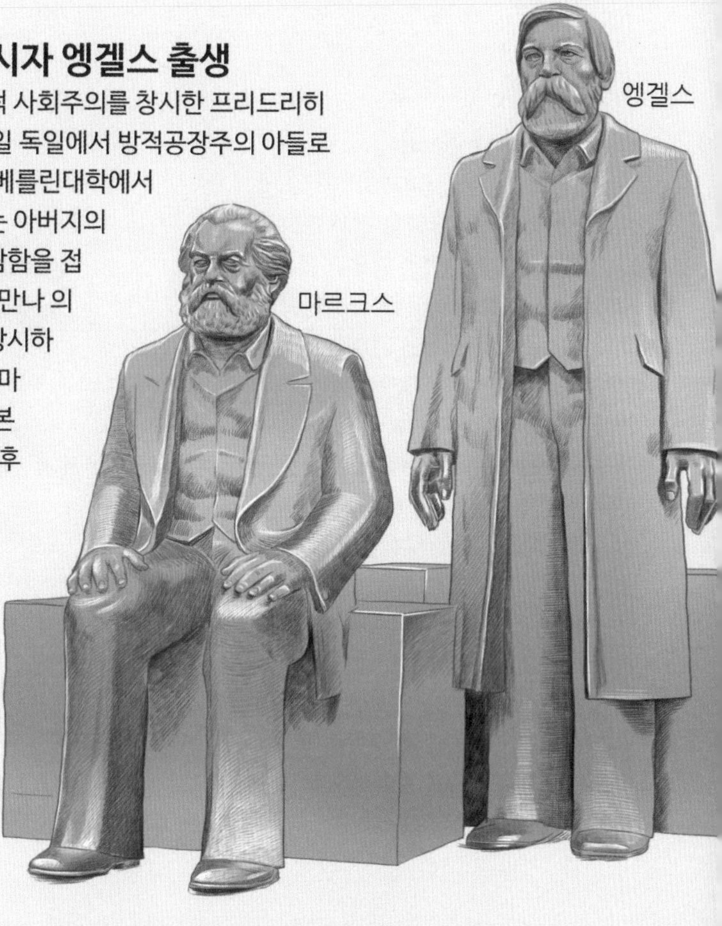

엥겔스

마르크스

11월 29일, 1920년

강우규 의사 순국

1920년 11월 29일, 64세의 나이로 일제의 조선총독에게 폭탄을 던져 조선인의 기개를 세계에 보여준 강우규 의사가 서대문 형무소에서 순국했다. 사립학교와 교회를 세워 신학문 전파와 민족의식 고취에 앞장섰던 그는 1910년 일제에 나라를 강탈당한 뒤 만주로 건너가 길림성 요하현에 광동학교를 세웠고 1919년 3·1독립만세운동에 감화되어 조선총독을 제거하기로 결심했다. 1919년 9월 2일 사이토 조선총독이 부임하던 남대문역(현 서울역)에서 폭탄을 던졌으나 총독의 폭살에는 실패하고 수행원과 경찰 등 30여 명에게 중경상을 입혔다. 이후 도피하며 재 거사를 준비하던 중 체포돼 사형을 언도받아 교수형으로 순국했다.

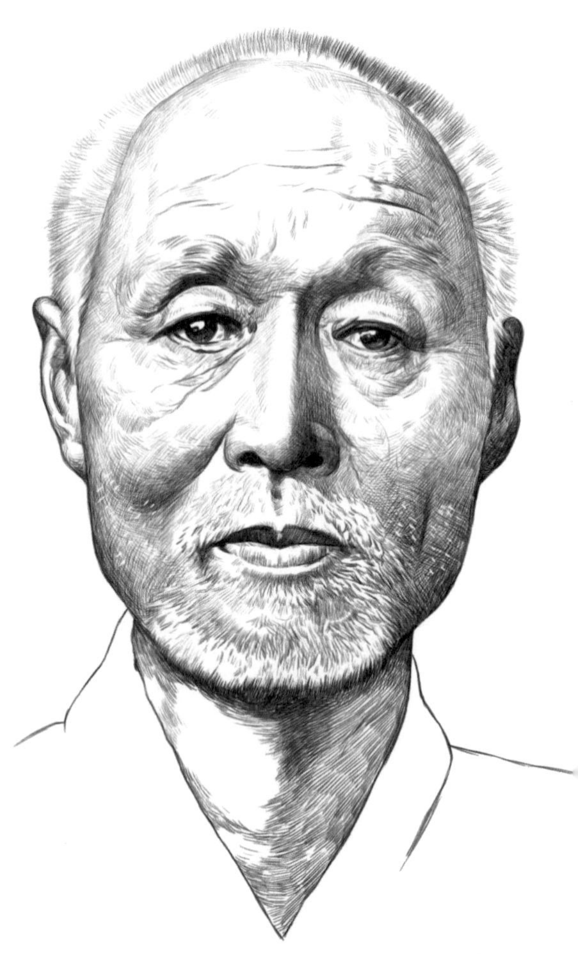

꽃

내가 그의 이름을 불러 주기 전에는
그는 다만
하나의 몸짓에 지나지 않았다.

내가 그의 이름을 불러 주었을 때
그는 나에게로 와서
꽃이 되었다.
……

11월 29일, 2004년

시인 김춘수 타계

2004년 11월 29일 '꽃의 시인' 김춘수가 82세를 일기로 별세했다. 경남 통영 출신의 모더니스트 시인 김춘수는 초기엔 릴케와 실존주의 철학의 영향을 받았고 현실참여적 이기도 했으나 1970년대에 절정을 이루던 순수와 참여 논쟁에서 벗어나 관념을 배제하고 사물의 이면에 감춰진 본질을 파악하려 한 '무의미시'를 주창했다.

11월 30일, 1835년

소설가 마크 트웨인 출생

1835년 11월 30일 미국의 소설가이자 사회 풍자가인 마크 트웨인이 미주리주에서 가난한 개척민의 아들로 태어났다. 20대 초에 미시시피강의 수로 안내인으로 일한 경험이 훗날 작가 생활에 큰 영향을 주었는데 필명인 마크 트웨인은 뱃사람 용어로 안전수역을 나타내는 '두 길(=12ft)'을 뜻한다. 그의 소설 '허클베리 핀의 모험'은 문명에 오염되지 않은 자연인의 혼을 노래한 미국적 서사시로 일컬어진다. 사회 풍자가로서 '도금시대'와 '왕자와 거지' 등으로도 유명한 마크 트웨인은 미국의 제국주의적 침략을 비판해 반제, 반전 활동에 열정적으로 참여했다.

7월
July

8월
August

9월
September

10월
October

11월
November

12월
December

702

12월 1일, 1955년

로자 파크스 버스자리 양보 거부

1955년 12월 1일 미국 앨라배마주의 흑인 수선 재봉사 로자 파크스는 퇴근 버스의 자리를 백인 남성에게 양보하라는 운전기사의 요구를 거부했다. 경찰을 부르겠다는 협박에 "마음대로 하라"고 맞섰던 그녀는 결국 경찰에 체포돼 10달러의 벌금과 소송비 4달러를 선고받았다. 이 사건은 60년대 미 전역을 요동치게 한 흑인 민권운동의 도화선이 됐다. 젊은 목사 마틴 루터 킹이 주동하여 흑인 4만여 명이 버스 탑승을 381일간 거부했고 마침내 인종분리법이 위헌이라는 판결이 내려졌다. 이후 파크스는 회사에서 해고됐고 온갖 살해 협박에 시달렸으나 마틴 루터 킹과 함께 미국 민권운동의 상징이 됐다. 2005년 타계한 그녀의 유해는 여성으로서 사상 처음으로 위대한 인물로 의회 의사당 중앙홀에 안치됐다.

12월 1일, 1988년

이슬람 최초 여성 총리 탄생

1988년 12월 1일 베나지르 부토가 파키스탄의 총리에 임명돼 이슬람 국가 최초의 여성 지도자가 탄생했다. 그녀는 개혁파였던 아버지 줄피카르 알리 부토 총리가 쿠데타로 인해 축출, 사형되자 영국으로 망명한 상태에서 아버지의 정당인 파키스탄 인민당의 당수가 되었고 마침내 1988년 선거의 승리로 총리에 당선됐다. 〈피플〉지의 '세계에서 가장 아름다운 50인'에 선정되기도 한 그녀는 2번이나 총리에 올랐으나 비리와 부패 혐의로 해임되었는데 2007년 12월 총선을 앞두고 폭탄테러에 의해 살해되었다.

12월 2일, 1804년

나폴레옹, 스스로 황제가 됨

1804년 12월 2일 프랑스의 나폴레옹 보나파르트가 파리의 노트르담 대성당에서 황제 대관식을 거행하여 나폴레옹 1세가 되었다. 프랑스대혁명으로 국왕 루이 16세가 처형되고 공화정으로 전환된 지 불과 10년 만의 일이었다. 그는 자신이 직접 황제관을 썼으므로 참석한 교황은 다만 기도와 포옹만을 할 수 있었다. 즉위 소식을 들은 베토벤은 격분하여 나폴레옹에게 바치려고 작곡 중이던 교향곡의 제목을 '보나파르트'가 아닌 '영웅'으로 바꿔버렸다.

12월 2일, 1929년

베이징원인 두개골 발견

1929년 12월 2일 중국 베이징 외곽의 저우커우뎬에서 중국의 고인류학자 페이원중이 완전한 형태를 갖추고 있는 머리뼈 화석을 발굴했다. 이로써 인류 진화 과정에서 최초로 원숭이보다 인간에 더 가까워진 단계인 호모에렉투스의 일종인 베이징원인의 완전한 모습을 복원할 수 있게 됐다. 또한 베이징원인의 거주지로 추정되는 곳에서 석기와 골각기, 불에 태운 뼈와 재가 발견되어 그들이 도구와 불을 사용했음도 밝혀냈다. 이 화석들은 그때까지 최초의 인류라고 믿어왔던 네안데르탈인 보다 적어도 40만 년 이상 오래된 인류임을 증명해 주었다.

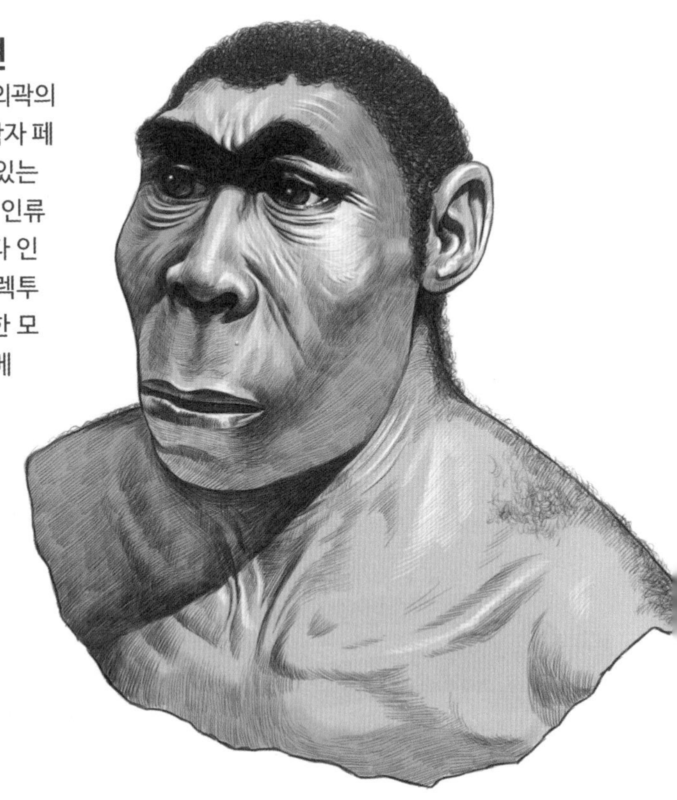

12월 3일, 1995년

전두환 전 대통령 구속

1995년 12월 3일 전두환 전 대통령이 군형법상 반란수괴 등의 혐의로 구속됐다. 12.12사태와 5.18사건을 수사하던 서울지검 특별수사본부는 검찰의 소환조사에 불응하고 고향인 경남 합천에 내려간 전두환 전 대통령에 대해 사전 구속영장을 발부받아 수사관을 경남 합천으로 급파해 연행하고 안양교도소에 수감했다. 혐의는 군형법상 반란수괴, 불법 전퇴, 상관살해 및 미수, 초병 살해 등 6개다. 96년 8월에 열린 1심에서 국가 반란죄와 부정축재 혐의로 사형을 구형받았다. 97년 대법원 최종 판결에서 무기징역이 확정됐으나 97년 12월 22일 수감 된지 2년 19일 만에 특별 사면으로 풀려났다.

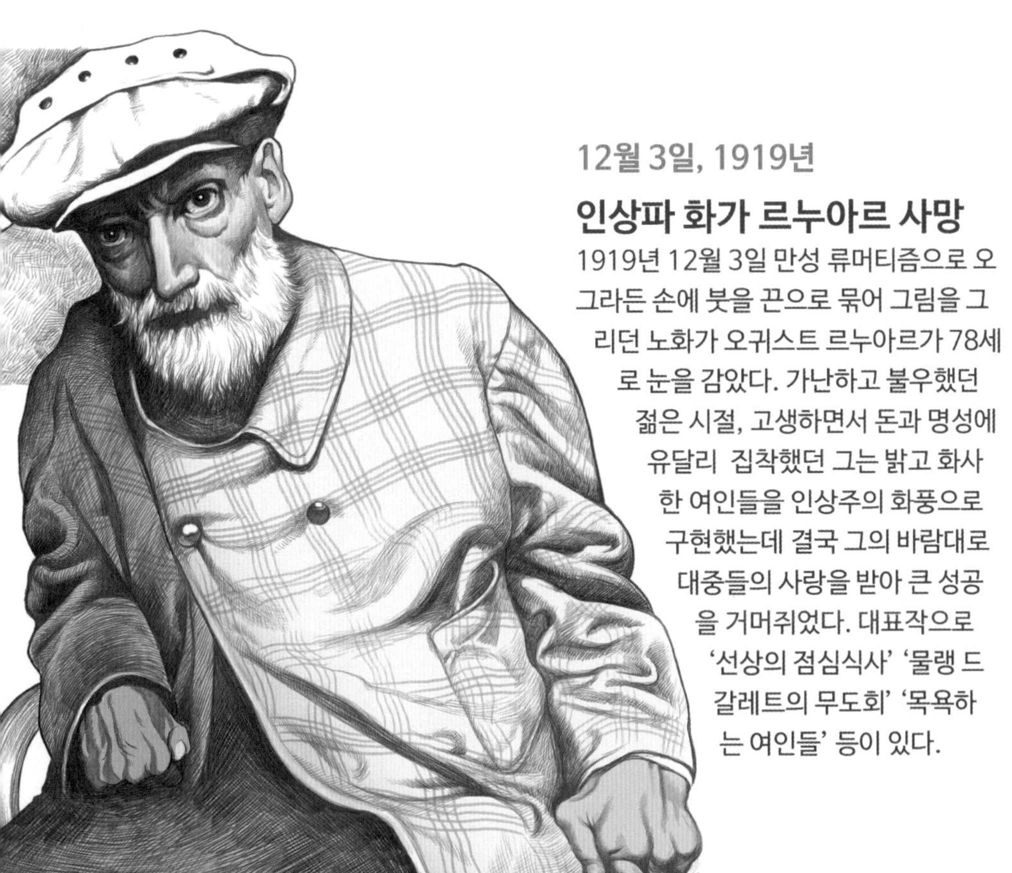

12월 3일, 1919년

인상파 화가 르누아르 사망

1919년 12월 3일 만성 류머티즘으로 오그라든 손에 붓을 끈으로 묶어 그림을 그리던 노화가 오귀스트 르누아르가 78세로 눈을 감았다. 가난하고 불우했던 젊은 시절, 고생하면서 돈과 명성에 유달리 집착했던 그는 밝고 화사한 여인들을 인상주의 화풍으로 구현했는데 결국 그의 바람대로 대중들의 사랑을 받아 큰 성공을 거머쥐었다. 대표작으로 '선상의 점심식사' '물랭 드 갈레트의 무도회' '목욕하는 여인들' 등이 있다.

708

12월 4일, 1884년

갑신정변 발발

1884년 12월 4일 조선 말기 일본의 도움을 받아 조선을 개혁하려고 김옥균, 박영효, 홍영식, 서광범, 서재필 등 개화당이 우정국 낙성식 축하연을 기회로 갑신정변을 일으켰다. 그러나 청군의 무력개입으로 정변은 실패하고 개화파는 일본으로 망명했다. 오랫동안 꿈꿔 온 자주독립과 근대국가 실현이 거사 3일 만에 좌절된 것을 두고 사람들은 '3일 천하'라 불렀다. 김옥균은 10년 뒤 중국 상하이에서 수구파 자객 홍종우가 쏜 3발의 총탄을 맞고 절명했다.

12월 4일, 1982년

영화 'ET' 개봉

1982년 12월 4일 미국 영화계의 귀재 스티븐 스필버그가 감독한 영화 'ET'가 개봉됐다. ET는 Extra Terrestrial의 약칭으로 외계인 이라는 뜻. 지구를 침략하는 불량한 이미지의 외계인과 달리 지구 어린이와 사랑스러운 우정의 교감을 갖는 내용의 ET는 개봉 3개월 만에 2억9000만 달러를 벌어들이며 '스타워즈'의 기록을 깨고 흥행사를 다시 썼다.

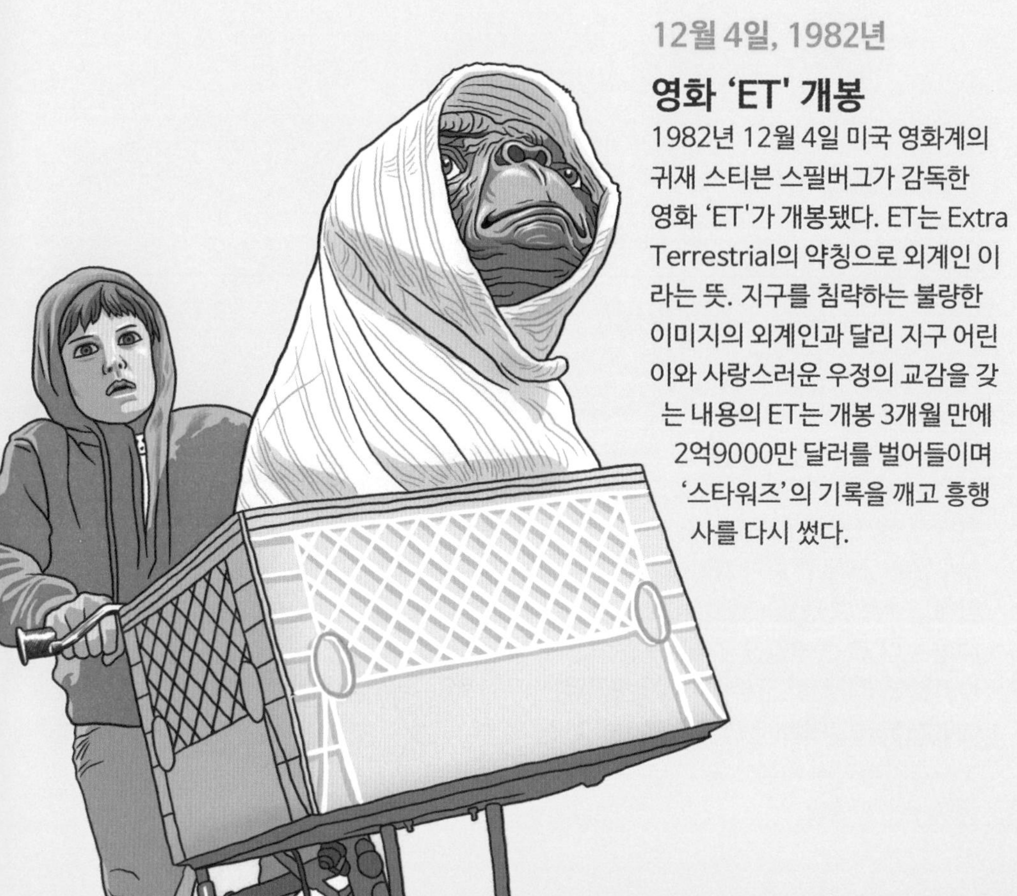

12월 5일, 2010년

'전환시대의 논리' 저자 리영희 교수 별세

2010년 12월 5일 한국의 민주화를 위해 저항하는 지식인이었던 리영희 전 한양대 교수가 간경화로 별세했다. 향년 81세. 평안북도 삭주출신의 그는 한국해양대 졸업 후 영어교사로 일하다가 6.25전쟁 때 통역장교로 7년 간 복무했다. 전역 후 기자 생활을 거쳐 한양대 교수로 재직 중 사회비평서 '전환시대의 논리'로 큰 반향을 불러일으킨 그는 박정희와 전두환의 군부 독재를 비판하여 해직과 복직, 구속과 석방을 되풀이하며 진보세력의 실천적 지성으로 큰 존경을 받았다.

12월 5일, 1791년

천재 모차르트 요절

1791년 12월 5일 오스트리아의 천재 작곡가 볼프강 아마데우스 모차르트가 35세의 젊은 나이에 세상을 떠났다. 궁중 음악가였던 그의 아버지는 5세 때 이미 소곡을 작곡하여 비범한 재능을 보인 모차르트를 유럽 연주 여행을 시켰는데 파리에서 슈베르트를, 런던에서 바흐를 알게 돼 많은 영향을 받았다. 오페라와 교향곡, 협주곡과 실내악, 춤곡에 이르기까지 거의 모든 장르에서 놀라운 재능을 보였던 그는 그러나, 잦은 여행에 따른 건강 악화와 경제적 어려움으로 고생하다 진혼곡 '레퀴엠'을 작곡하던 중 미완성으로 남긴 채 숨졌다.

712

12월 6일, 1914년

네페르티티 흉상 발견

1914년 12월 6일 이집트 아마르나에서 아름답고 화려한 석회석의 채색 흉상이 발견됐다. 흉상의 원래 주인공은 이집트 제18왕조의 파라오인 아크나톤의 왕비이자, 투탕카멘의 양 어머니인 네페르티티로 이 흉상은 이집트 최고의 걸작 중 하나로 평가받고 있다. 그녀는 태양신 아톤을 찬미하여 이집트 정치와 종교를 개혁하려 했던 남편 아크나톤이 죽고 투탕카멘이 왕위에 오르자 그를 대신하여 나라를 다스렸다. '미녀가 왔다'라는 의미인 네페르티티는 이름 그대로 눈부신 미모를 자랑했는데 이 흉상도 3300년이 넘는 세월이 흘렀음에도 화려한 아름다움이 유지되고 있다. 안타깝게도 흉상을 발굴한 독일인이 이집트를 속여 몰래 반출하는 바람에 현재 베를린 국립박물관에 소장되어 최고의 인기 전시물이 되고 있다.

12월 6일, 1995년

석굴암, 종묘 등 세계문화유산 등록

석굴암과 불국사, 해인사와 팔만대장경판전, 종묘 등 3점의 한국 문화재가 1995년 12월 6일 독일 베를린에서 열린 유네스코 세계유산위원회 제19차 총회에서 세계문화유산으로 정식 등록됐다. 한국의 문화유산이 유네스코 세계문화유산으로 지정된 것은 75년 이 제도가 발효된 이래 처음으로, 유네스코로부터 유산 보존에 필요한 기술·재정적 지원을 받을 수 있게 됐다. 이후 추가로 지정된 문화유산으로 창덕궁, 수원 화성, 경주 역사유적지구, 고인돌 유적, 조선왕릉 40기, 안동하회마을, 경주양동마을 등이 있다.

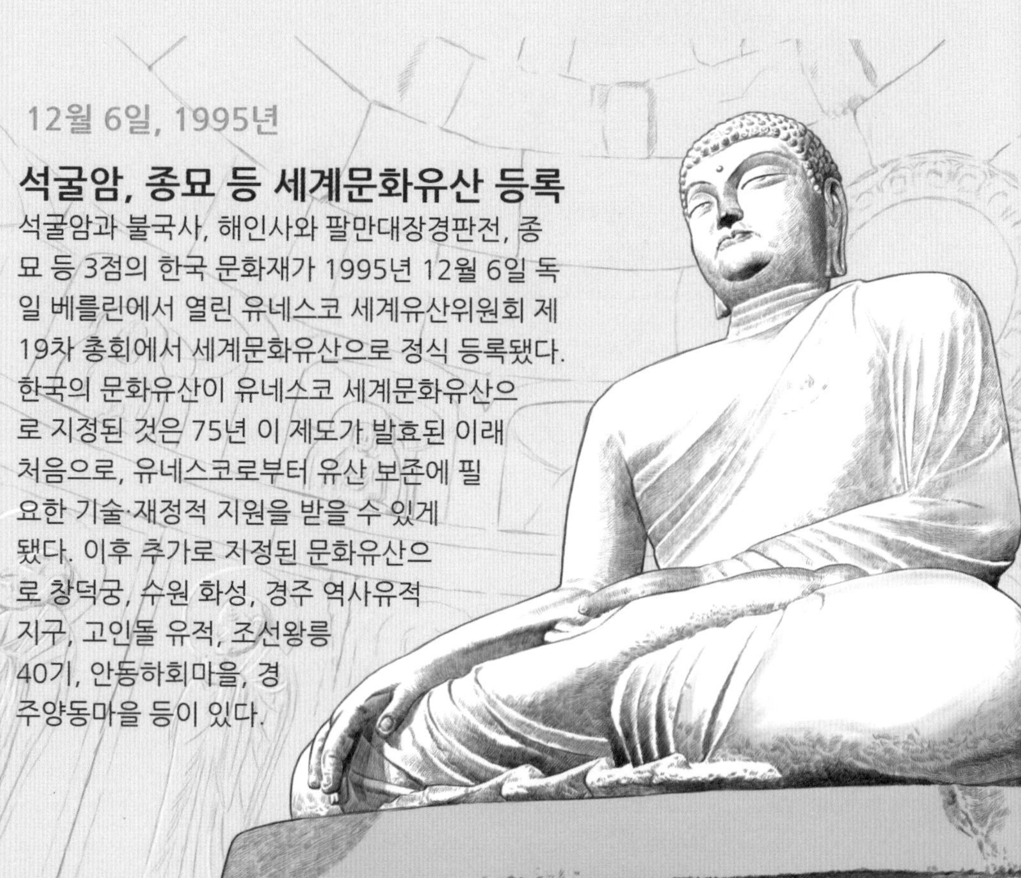

714

12월 7일, 1928년

미국 언어학자 촘스키 출생

50여 년 간 MIT 언어학 교수로 재직하고 있고, 현재 미국에서 '가장 중요한 지식인'으로 여겨지고 있는 노엄 촘스키가 1928년 12월 7일 태어났다. 그는 언어학에서 변형생성문법 이론을 만들어 이전의 구조주의 언어학을 몰아내 20세기 가장 중요한 공헌을 한 언어학자로 존경받고 있다. 그는 또 무정부주의에 가까운 급진적 정치철학으로 미국의 대외정책과 신자유주의를 비판하여 죽음의 위협을 받고 있는 실천적 지식인으로 꼽힌다.

715

12월 7일, 1941년

일본, 진주만 기습침공

1941년 12월 7일 오전 7시45분 일본 비행기 350대가 미국령 하와이의 진주만을 공습했다. 느긋하게 일요일 아침을 즐기던 미군에겐 마른 하늘의 날벼락 이었다. 전함 8척, 순양함 8척, 유조함 2척, 비행기 188대가 불과 두 시간의 무차별 폭격으로 파괴됐다. 그러나 곧 태평양 전쟁에 참전을 선포한 미국의 반격으로 일본은 잠자는 공룡을 건드린 실수를 뼈저리게 후회해야만 했다.

12월 7일, 기원전 43년

키케로 암살되다

기원전 43년 12월 7일 고대 로마의 문인이자 철학가요, 보수파 정치가인 키케로가 안토니우스의 사주로 암살당했다. 카이사르와 반목하여 정계에서 쫓겨나 문필에 종사했던 그는 카이사르가 암살된 뒤에 안토니우스를 탄핵해 원한을 사게 되어 안토니우스의 부하에게 암살되었다. 키케로는 수사학의 대가이며 고전 라틴 산문의 창조자이자 완성자라고 불린다. 그의 철학은 절충적인 처세 도덕론에 불과하지만 그리스 사상을 로마로 도입하고 그리스어를 번역하여 새로운 라틴어를 만들어 최초로 라틴어를 사상 전달의 필수적인 무기로 삼은 큰 공적을 남겼다.

존 레논 피살

1980년 12월 8일 비틀즈 창립멤버로 세계적인 명성을 얻은 존 레논이 뉴욕 맨해튼 자신의 집 앞에서 한 정신이상자가 쏜 총에 맞아 사망했다. 1940년 영국에서 태어난 레논은 폴 매카트니와 더불어 "로큰롤 역사상 가장 인기있는 음악을 썼다"고 평가된다. 그룹 해체 후 부인 오노 요코와 함께 반전·인권 운동에 전념하여 미국 정부의 블랙리스트에 오르기도 했다.

12월 9일, 1916년

일본의 대문호 소세키 사망

1916년 12월 9일 일본 근대 문학에 큰 영향을 끼친 작가 나쓰메 소세키가 지병인 위궤양이 악화돼 내출혈로 쓰러져 49세의 나이로 세상을 떠났다. 도쿄에서 8형제 중 막내로 태어난 그는 생가가 몰락하고 형제가 죽는 상황을 겪으면서 염세주의와 신경쇠약증에 시달렸으나 국비로 영국유학을 다녀온 후 발표한 '나는 고양이로소이다' '도련님' 등이 성공해 인기 작가가 됐다. 그는 인생을 관조하는 작가관과 탐미적 문체로 일본 근대문학의 효시를 알린 대문호로 평가받고 있다.

12월 9일, 1990년

노동자, 대통령에 당선

1990년 12월 9일 폴란드 자유노조 지도자 레흐 바웬사가 대통령선거에 출마해 당선됐다. 바웬사는 1980년 8월 식료품값 인상으로 시작된 파업 당시에 파면된 그다니스크 레닌조선소에 들어가 그곳의 노동조합을 이끌고 대정부 투쟁에 나서 승리를 쟁취했다. 그 결과로 공산당의 통제를 받지않는 자유노조가 탄생된 것이다. 또 1983년엔 노동자 최초로 노벨평화상을 수상하기도 했다.

12월 9일, 1941년

임시정부 대일 선전포고

일본의 진주만 기습으로 태평양 전쟁이 발발하자, 대한민국 임시정부는 1941년 12월 9일 대일 선전포고를 발표한다. 개전 하루 만에 김구 주석과 조소앙 외교부장 명의로 일본에 전쟁을 선포한 것이다. 51년 9월, 48개 연합국과 일본 간의 강화조약이 체결될 때 이승만 대통령이 이 선전포고를 근거로 "우리도 연합국의 일원으로 조인에 참여해야 한다"고 주장할 만큼 임시정부 26년사에서 중요한 의미를 갖는 사건이었다. 결국 우리나라는 일본의 반대로 조약 참여국에는 포함되지 못했다. 선전포고는 광복군이라는 무장병력을 갖췄기에 가능했다. 40년 9월 17일 창설된 광복군은 출범 당시 부대원이 30여 명에 불과했고, 무기도 변변치 않았지만, 조선의용대 일부 세력과 중국국민당의 군사원조를 받아 체계를 갖췄다.

12월 10일, 1936년

사랑을 쫓아 왕위를 포기한 윈저공

1936년 12월 10일 영국의 에드워드 8세가 재위 10개월 만에 왕위를 포기한다. 미국 출신의 디자이너인 심프슨 여사와 결혼하기 위해서였다. 영국 왕실은 이혼 경력이 있는 유부녀와 사랑에 빠진 총각국왕을 용서하지 않았고 국왕은 윈저공으로 신분이 격하된 채 조국을 등지고 프랑스에서 살았다. 두 사람의 일화는 '세기의 사랑'으로 전해져 인구에 회자되었다.

722

12월 10일, 1901년

제1회 노벨상 수상식 개최

"지난 해 인류에 가장 큰 공헌을 한 사람들을 선발하라". 알프레드 노벨의 사망 5주기인 1901년 12월 10일 세계 최고의 권위로 발전하게 될 노벨상 수상식이 처음으로 개최됐다. 총 5개 부문 중 물리학상의 뢴트겐을 비롯 화학상, 문학상, 생리의학상은 스웨덴 스톡홀름에서, '적십자의 아버지' 뒤낭은 평화상을 노르웨이 오슬로에서 수상했다. 노벨상의 권위는 막대한 상금액이 뒷받침했는데 1901년 15만 8백 크로나(약 13억 원)였고 2001년부터 1000만 크로나(약 17억 원)이다. 메달의 뒷면에는 고대 로마시인 베르길리우스의 시구가 새겨져있다. "위대하도다. 스스로의 발명에 의해 풍요해지는 인류의 삶이여".

12월 11일, 1930년

영화 '서부전선 이상 없다' 상영금지

1930년 12월 11일 독일 개봉 7일째인 영화 '서부전선 이상 없다'가 돌연 상영 금지됐다. 이 영화는 1차 세계대전에 참전한 19세 독일병사의 순진무구한 시각을 묘사한 에리히 레마르크의 반전소설을 미국 유니버설사가 제작한 작품이다. 주인공이 죽어가는데도 전선사령부는 '서부전선 이상 없다'고 타전하는 마지막 장면이 유명한 이 영화는 최고의 작품성을 인정받았으나 정작 주인공의 조국 독일에서는 나치의 광기로 상영불가 딱지가 붙여졌던 것이다.

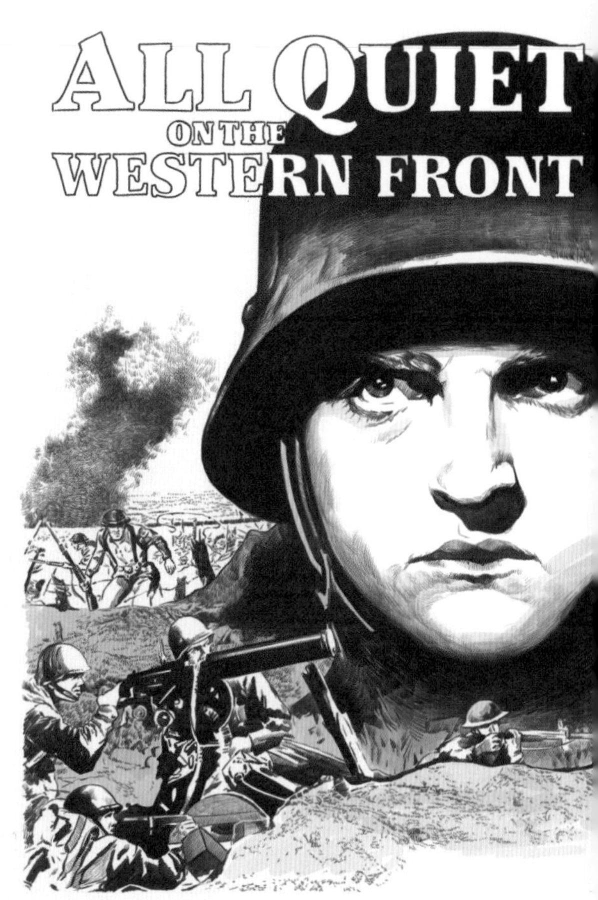

724

12월 11일, 2000년

손정의, 포브스지 선정 '올해의 기업인'

2000년 12월 11일 한국계 일본인 손정의 소프트뱅크 사장이 미국 포브스지가 선정하는 '올해의 기업인'에 뽑혔다. 포브스는 그를 선정한 이유로 "일본의 불황에도 불구하고 손 사장은 회사를 크게 키웠고 야후의 대주주가 되는 등 벤처기업에 적극적으로 투자했다"고 밝혔다. 2011년 같은 잡지에서 조사한 '세계 억만장자' 순위에 따르면 2010년 말 그는 총자산 81억 달러로 일본 최대 부호의 자리에 올랐다.

725

12월 12일, 1979년

12·12사태 발발

1979년 12월 12일 10·26사건으로 박정희 대통령의 유신독재가 끝나고 민주화의 희망이 싹튼 순간, 보안사령관 전두환이 주동이 된 신군부 세력이 쿠데타를 일으켰다. 군내 사조직인 하나회를 중심으로 한 전두환·노태우 등 신군부 세력은 최규하 대통령의 승인 없이 육군참모총장 정승화를 강제로 연행하고 비상계엄을 전국으로 확대하여 국가권력을 탈취했다. 이어 광주민주화운동을 유혈 진압한 그들은 거침없이 제5공화국 수립의 단계를 밟아나갔다.

726

12월 12일, 1936년

장제스 납치, 시안사변 발발

1936년 12월 12일 중국 동북군 총사령관 장쉐량이 국민당 정권의 총통 장제스를 산시성 시안에서 납치 감금했다. 일본군에게 아버지를 잃은 장쉐량이 마오쩌둥의 홍군(공산군) 토벌에만 몰두하는 장제스를 감금하고 내전중단과 항일투쟁에 나설 것을 요구하기 위해서였다. 장제스는 풀려난 뒤 약속대로 제2차 국공합작을 체결해 일본군을 물리쳤으나 그 틈을 탄 홍군은 세력을 확대해 중국 본토를 점령했고 장제스는 타이완으로 쫓겨나고 말았다.

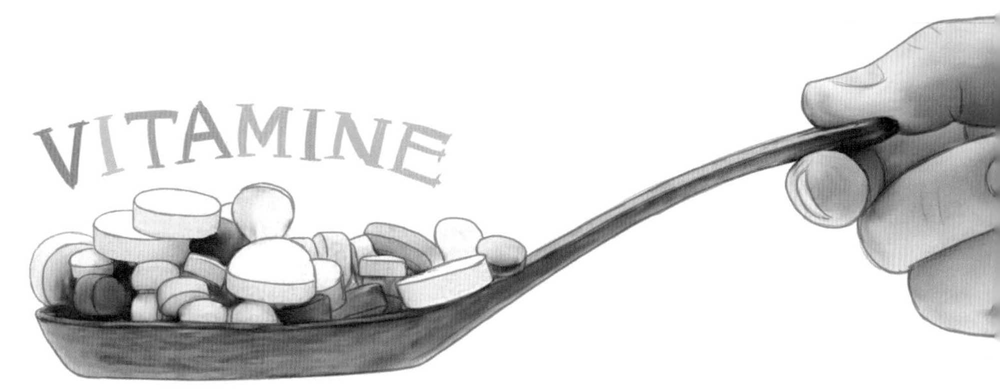

12월 13일, 1910년

비타민, 세계 최초 학계에 보고

1909년 일본 도쿄대학 스즈키 우메타로 교수는 세계 최초로 쌀겨에서 각기병을 치료할 수 있는 물질을 추출하는 데 성공했다. 이를 바탕으로 연구를 계속한 그는 1910년 12월 13일 이 '부속 물질'이 기존의 단백질 등 4대 영양소와는 전혀 새로운 것이라는 것을 학계에 발표했다. 19세기 말까지 동물에 필요한 영양소는 단백질, 지방, 탄수화물, 무기질 등 4대 영양소뿐이라고 생각했다. 그러나 피부와 점막에서 피가 나는 괴혈병, 다리가 붓고 마비되는 각기병으로 쓰러지는 사람이 늘어나면서 원인을 밝히기 위한 연구가 세계 곳곳에서 활발하게 진행됐다. 1910년 폴란드 생화학자 카시미르 펑크도 스즈키 교수와 같은 결과를 밝혀냈다. 그가 추출해 낸 '아민(Amine)'은 '생명(Vita)'에 꼭 필요하다는 뜻으로 '비타민(Vitamine)'이라고 이름을 붙였다.

12월 13일, 2003년

이라크 독재자 사담 생포

2003년 12월 13일 이라크 티그리트 인근의 한 농가 지하땅굴에서 8개월 동안 도피생활을 해오던 사담 후세인 전 이라크 대통령이 미군에 체포됐다. 체포 당시 얼굴에 덥수룩한 수염을 기른 상태의 사담은 1979년 대통령이 된 이후 24년간 이라크를 좌지우지한 독재자였다. 그의 이름 '사담'은 아랍어로 '맞서는 자'라는 뜻으로 최후까지 미국의 중동정책을 비판하여 굴복하지 않았고 2006년12월 30일 바그다드에서 사형에 처해졌다. 하지만 미국이 전쟁의 명분으로 주장한 이라크의 대량살상무기는 존재하지 않았다.

12월 13일, 1577년

해적왕 드레이크 세계일주 출항

1577년 12월 13일 영국 엘리자베스 여왕의 은밀한 지원을 받은 해적 프랜시스 드레이크가 자신의 배 골든 하인드를 비롯한 5척의 선단을 이끌고 플리머스 항을 출발했다. 그는 항해 중 스페인 왕의 보물섬 카카푸에고 등을 약탈해 현재 가치 1억 유로 상당의 금은보화를 싣고 3년 뒤 돌아와 여왕에게 바쳤다. 드레이크는 기사 작위를 받고 해군 중장에 임명되면서 국민적 영웅으로 떠올랐다. 분노한 스페인의 필리페 2세가 '무적함대' 아르마다를 내세워 영국을 공격했으나 영국 함대의 부사령관으로 임명된 드레이크의 해적식 전법인 화공전술로 무적함대는 궤멸됐고 영국은 '해가 지지 않는 제국'의 발판을 마련했다.

12월 14일, 1939년

‘바람과 함께 사라지다’ 개봉

1939년 12월 14일 마가렛 미첼의 동명소설을 원작으로 한 영화 ‘바람과 함께 사라지다’가 개봉됐다. 감독은 빅터 플레밍, 버틀러 역은 클라크 게이블, 스칼렛 역은 비비안 리였다. 영화의 무대 조지아주 애틀랜타는 이 날을 휴일로 지정했고 영화는 그 해 아카데미 8개부문을 휩쓸며 상영 1년 만에 2500만 명의 관객을 동원했다.

12월 14일, 1911년

아문센 인류 최초로 남극점 도달

영국의 극지 탐험가 로버트 스콧은 천신만고 끝에 1912년 1월 17일 남극점을 밟았지만 거기에는 이미 노르웨이 국기가 꽂혀있었다. 이미 33일 전인 1911년 12월 14일 인류 최초로 남극점을 밟은 로알 아문센이 남긴 것이었다. 아문센은 에스키모처럼 개썰매를 이동 수단으로 선택했고 귀환 길에 식량이 부족해지자 개를 식량으로 이용했다. 반면 스콧이 선택한 모터썰매와 조랑말은 영하 40℃의 혹독한 추위로 고장 나거나 얼어 죽었다. 그 차이가 승부를 결정지었던 셈이다. 스콧 일행은 귀환 도중 추위와 눈보라 속에서 전원 사망했다. 아문센의 목표는 당초 북극점이었으나 미국의 피어리에게 선수를 빼앗기자 남극으로 방향을 돌렸었다. 아문센은 1928년 비행선을 타고 북극탐험에 나선 이탈리아 탐험가 움베르토 노빌레의 구조에 나섰다가 행방불명됐다.

12월 14일, 1900년

막스 플랑크, 양자론 발표

1900년 12월 14일 독일의 물리학자 막스 플랑크가 베를린의 한 물리학 학회에서 전자기파가 연속된 파동이라는 기존 학설을 뒤엎고 '전자기파 에너지는 서로 구별되는 불연속적 덩어리인 양자들의 집합체'라는 새로운 이론을 발표했다. 이 양자론은 고전물리학에 종언을 고하고 20세기 현대물리학의 새 지평을 연 혁명적인 이론으로 플랑크는 이 공로로 1918년 노벨물리학상을 받았다. 그러나 그는 나중에 자신이 핵심적인 기여를 한 양자역학에 의구심을 품고 부정하는 태도를 보였다.

12월 15일, 1909년

기타리스트 타레가 작고

1909년 12월 15일 스페인의 기타 연주가이자 작곡가인 프란시스코 타레가가 바르셀로나에서 세상을 떠났다. 향년 57세. 손가락으로 현을 퉁긴 뒤 이웃 현에 머물게 하는 아포얀도 주법, 현을 상하 반복적으로 떨리게 연주하는 트레몰로 주법 등 경이적인 테크닉과 낭만적인 연주 스타일로 타레가는 근대 기타의 아버지라 불린다. 그는 또 기타 자체를 위한 오리지널 작품 뿐 아니라 모차르트, 하이든, 슈베르트 그리고 바그너 등 많은 클래식 음악을 기타 연주용으로 편곡했다. 스페인 그라나다의 무어족 유적지 알함브라궁의 호젓한 아름다움에 자신의 실연의 상처를 더해 작곡한 '알함브라 궁전의 추억'은 트레몰로 주법으로 그 신비로움과 우수를 표현한 클래식 기타의 최고 작품으로 손꼽힌다.

12월 15일, 1966년

월트 디즈니 사망

1966년 12월 15일 미국의 만화영화제작자였던 월트 디즈니가 65세의 나이로 사망했다. 1928년 최초의 음성만화인 '증기선 윌리'에 미키마우스를 등장시켜 큰 성공을 거둔 후 모두 600여편의 영화를 제작하여 오스카상 31개 수상이라는 전대미문의 기록을 세우며 노벨평화상 후보에 오르기도 했다. 그는 대중문화 역사상 가장 중요한 인물 중 하나로 꼽히지만 한편으로 문화제국주의자라는 이미지 또한 붙어다닌다.

12월 15일, 1675년

화가 베르메르 사망

'진주귀고리 소녀'를 그린 네덜란드의 화가 얀 베르메르가 1675년 12월 15일 43세의 나이로 사망했다. 그는 알려진 생애가 거의 없는 화가로, 남아있는 작품 수도 30~40점 정도에 불과하다. 하지만 그의 그림은 부드러운 빛과 맑고 고요한 일상의 풍경을 손에 잡힐 듯 아름답게 구현한 화면으로 유명하다. 베르메르는 렘브란트, 할스와 더불어 17세기 네덜란드의 황금시대를 대표하는 화가로 손꼽히는데 뒤늦게야 진가가 알려져 위조와 도난의 표적이 되기도 했다.

〈진주귀고리 소녀〉

12월 16일, 1995년

축구 응원단 '붉은 악마' 탄생

1995년 12월 16일 서울 대학로의 카페'칸타타'에서 축구동호인 10여명이 한국축구 응원을 위한 '칸타타 선언'을 채택하였다. '붉은 악마'가 한국대표팀 서포터의 공식이름으로 확정된 것은 1997년 8월. '붉은 악마'는 2002한일월드컵때 온 국민을 선도하여 조직적이고 열정적인 응원을 펼쳐 세계인의 이목을 집중시킨 가운데 한국팀이 4강에 오르는 데 견인차 역할을 하였다.

12월 16일, 1977년

영화 '토요일 밤의 열기' 개봉

1977년 12월 16일, 세계를 디스코 댄스의 열풍으로 몰아넣었던 영화 '토요일 밤의 열기'가 미국에서 개봉됐다. 토요일 밤 디스코를 추는 것이 유일한 낙이었던 빈민가의 청년 토니가 춤을 통해 참다운 삶의 길을 깨닫게 되는 과정을 그린 이 영화는 주인공 역의 존 트래볼타가 일약 최고의 청춘스타로 떠오르면서 공전의 히트를 기록했다. 할리우드의 50년대가 '이유 없는 반항', 60년대가 '이지 라이더'의 세대였다면 70년대는 '토요일 밤의 열기' 세대가 시대를 대표한다. 특히 이 영화의 사운드트랙 앨범은 빌보드 앨범 차트에서 장장 24주간이나 1위에 랭크됐으며 판매고도 3000만 장에 이르러 그룹 비지스는 제2의 전성기를 맞이했다. 이 영화로 인해 세계는 디스코의 바다에 빠졌고 우리나라에서도 소위 디스코텍이라 불리던 댄스홀이 최고의 호황을 누렸다.

12월 16일, 1950년

트루먼, 국가비상사태 선언

1950년 12월 16일 미국의 해리 트루먼 대통령이 모든 국민들에게 공산주의와 맞설 것을 촉구하는 국가비상사태를 선언했다. 그 배경은 한국에서 6·26전쟁 발발 후 4달 만에 UN군의 승리가 임박했으나 중국군의 개입으로 평양을 빼앗기고 38선 이남으로 후퇴한 맥아더군의 패배 때문이었다. 트루먼은 무기생산에 박차를 가하고 자동차 회사들의 가격인상 조치를 취소시켰으며 철도노조도 이에 부응해 파업 노동자들을 직장에 복귀시켰다.

12월 17일, 1903년

라이트 형제, 인류 최초 비행 성공

1903년 12월 17일 자전거포를 운영하던 미국인 라이트 형제가 제작한 비행기가 인류 최초의 비행에 성공했다. 최초의 비행기 이름은 플라이어 1호. 12초 동안 36m를 날아오른 건 형 윌버가 아니라 동생인 오빌 라이트였다. 2년 뒤 플라이어 3호는 4기통 13마력의 가솔린 엔진을 달고 38분 동안 45km 비행에 성공했다. 그제야 인류는 밀랍으로 붙인 새 깃털에 대한 이카루스적인 미련을 떨쳐버릴 수 있었다.

740

12월 18일, 1997년

김대중 후보, 대통령 당선

1997년 12월 18일 야당인 국민회의 대통령 후보인 김대중씨가 제15대 대통령에 당선됐다. 한나라당 이회창 후보를 39만여표 차이로 물리친 김대중 후보는 71년 박정희 후보, 87년 노태우 후보, 92년 김영삼 후보에게 패배한 바 있어 3전4기의 승리인 셈이었다. 그는 동아시아 민주화와 남북화해 정책 등의 공로로 재임중인 2000년에 한국인 최초로 노벨(평화)상을 수상한 바 있다.

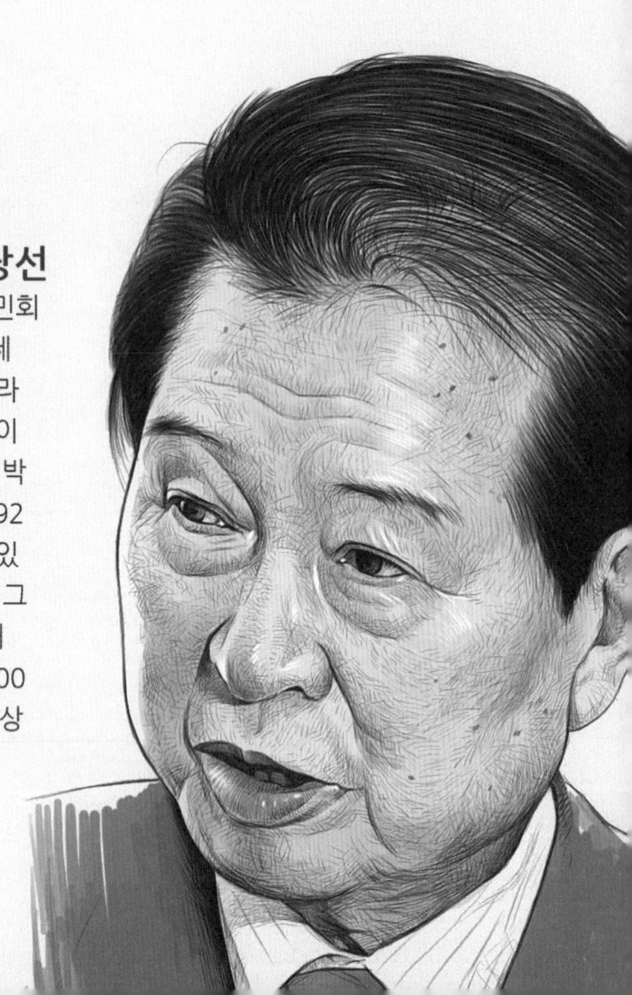

12월 18일, 1892년

차이코프스키의 발레 '호두까기 인형' 초연

러시아 작곡가 표트르 일리치 차이코프스키의 발레곡 '호두까기 인형'이 1892년 12월 18일 상트페테르부르크의 마린스키 극장에서 초연됐다. 원작은 독일의 작가 E.T.A.호프만의 동화 '호두까기와 쥐의 임금님'이다. 소녀 클라라가 크리스마스에 호두까기 인형을 선물 받았는데 그 인형이 꿈속에서 쥐의 대군을 퇴치하고 아름다운 왕자로 변해 클라라를 과자의 나라로 안내한다는 환상적인 이야기다. 한국에서는 1948년 서울발레단에 의해 초연됐다.

742

12월 19일, 2002년

노무현,
제16대 대통령에 당선

2002년 12월 19일 실시된 제16대 대통령 선거에서 민주당 노무현 후보가 당선됐다. 노 당선자는 1988년 13대 총선에서 정계에 입문, 최초 TV중계된 청문회에서 전두환 전 대통령을 치밀하고 거침없이 추궁해 '청문회 스타'가 됐다. 그는 김대중 정부 시절 해양수산부 장관을 역임했고 정계 입문 14년 만에 국민경선제에서 '노풍'을 일으키며 대권 후보가 됐으며, 한나라당의 이회창 후보를 57만 표 차로 이기고 대통령에 당선됐다.

12월 20일, 1519년

개혁가 조광조, 사약을 받다

1519년 12월 20일 조선의 성리학자요 개혁가인 정암 조광조가 전라도 능주의 유배지에서 사약을 마시고 죽었다. 그의 나이 38세로, 관직에 몸담은 지 5년째. 전임 연산군의 악정을 폐하고 유교적 이상 사회를 건설하려 했던 중종의 뜻을 받들어 현량과로 인재를 뽑고 미신을 타파했으며 향약을 실시하는 등 혁신에 전력을 기울였다. 그러나 반정 공신의 훈작을 삭탈하는 위훈삭제를 추진하다 '주초위왕'의 모략을 앞세운 훈구파의 역습으로 짧은 개혁의 꿈은 스러지고 말았다.

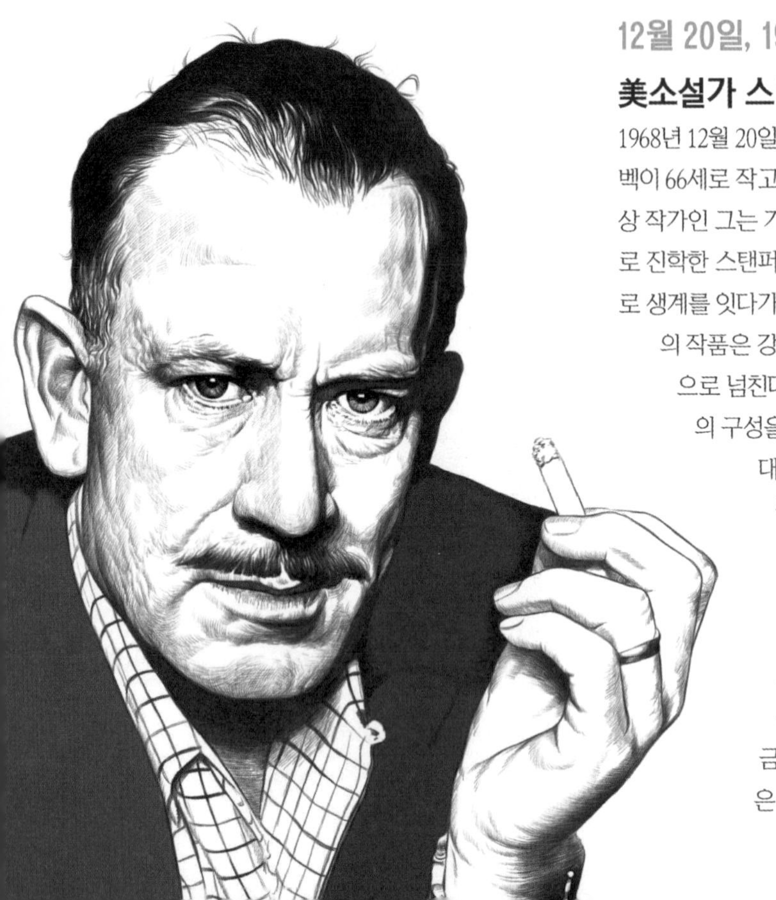

12월 20일, 1968년

美소설가 스타인벡 사망

1968년 12월 20일 미국의 소설가 존 스타인벡이 66세로 작고했다. 62년 노벨문학상 수상 작가인 그는 가정 형편이 어려워 고학으로 진학한 스탠퍼드대를 중퇴하고 막노동으로 생계를 잇다가 문필가가 됐다. 그 탓에 그의 작품은 강렬한 사회의식과 휴머니즘으로 넘친다. 구약 성서의 '출애굽기'의 구성을 본 딴 '분노의 포도'는 대자본의 횡포에 착취당하는 농민과 노동자의 분노와 재생의 의지를 그려 40년 퓰리처상을 받았지만 처음 이 소설이 발표됐을 때 배경인 오클라호마를 비롯한 몇 개 주에서 소설은 불태워졌고 금서로 지정됐으며, 스타인벡은 요시찰 대상 작가가 됐다.

12월 21일, 1963년

광부 123명 서독에 첫 파견

1963년 12월 21일 서독 루르 탄광지대에서 일할 우리나라 광부 123명이 에어프랑스 전세기 편으로 김포공항을 떠났다. 1인당 GNP가 87달러에 불과했던 당시, 162달러 50센트의 월급은 대졸자 까지도 이주 노동에 나서도록 만들기에 충분했다. 실업률이 8%가 넘고 종업원 200명 이상의 기업이 54개 밖에 없었던 어려운 시절에 광부 파견은 가난을 벗어날 수 있는 기회요 돌파구였다. 그러나 채굴장비는 한국인 체형에 맞지 않아 다치기 일쑤였고 음식은 입에 맞지 않았으며 향수병에 시달렸다. 탄광사고도 일어나 매몰돼 죽거나 탄차에 치여 사망하는 사고가 끊이지 않았다. 70년대 말까지 7936명의 광부와 1만32명의 간호사들이 피땀 흘려 벌어 송금한 외화는 한국 산업화의 밑거름이 됐다.

746

12월 21일, 1620년

메이플라워호 미국에 도착

1620년 12월 21일 102명의 영국 청교도를 태운 메이플라워호가 9주간의 항해 끝에 미국 메사추세츠 연안에 도착했다. 이들은 상륙전 배에서 자주적 식민지 정부를 수립하고 다수결로 운영한다는 내용의 '메이플라워 서약'을 체결하여 민주주의 정치의 기초를 마련했다. 그들 중 반수 이상이 추위와 괴혈병을 못이겨 사망했지만 인디언에게서 옥수수 재배를 배워 살아남은 사람들은 이를 기념하여 추수감사절 행사를 시작하였다.

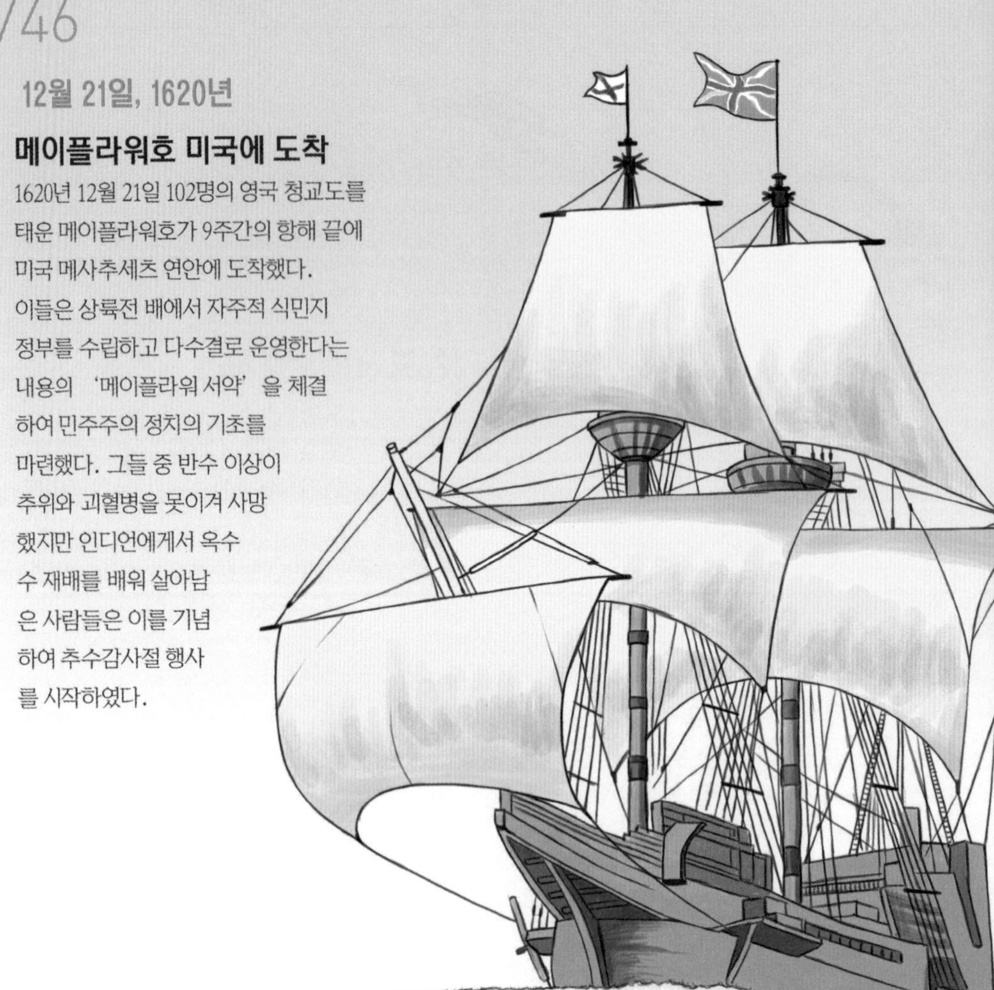

12월 21일, 1898년

퀴리 부부, 라듐 발견

1898년 12월 21일 폴란드 태생의 프랑스 물리학자 마리 퀴리가 남편 피에르 퀴리와 함께 방사능 물질인 라듐을 발견했다고 발표했다. 퀴리 부부는 이후 3년 반 동안 피치블랜드 광석을 녹여 0.1g의 순수 라듐을 분리해 이 공로로 1903년 노벨 물리학상을 수상했다. 그들 부부는 막대한 부를 포기하고 라듐 추출 과정을 공개했다. 피에르가 교통사고로 사망한 후 연구를 계속한 마리는 1911년 노벨 화학상을 단독으로 수상했으나 실험 중 방사된 방사능에 지속적으로 노출돼 백혈병으로 숨졌다.

12월 22일, 1940년

미국 소설가 피츠제럴드 사망

1940년 12월 21일 20세기 전반 미국 소설을 대표하는 걸작 '위대한 개츠비'의 작가 F. 스콧 피츠제럴드가 그의 마지막 장편을 집필하던 중 심장마비로 세상을 떠났다. 1차세계대전 참전 후 취직한 광고회사를 그만두고 글쓰기에 몰두한 그는 자전적 소설 '낙원의 이쪽'이 성공하고 5년 후 '위대한 개츠비'로 세계적 명성을 얻었으나 호화생활과 술에 탐닉했다. 아내의 신경쇠약증과 작품의 연이은 실패, 경제적 어려움 등으로 절망한 피츠제럴드는 멈추지 않고 단편을 발표했지만 회복 불가능한 알코올 의존자가 되고 말았다.

12월 22일, 1894년

드레퓌스 대위 종신형 판정

유태인 프랑스 장교 드레퓌스 대위가 1894년 12월 22일 군사기밀을 독일에게 팔아넘겼다는 혐의로 군사법원으로부터 종신형을 선고받았다. 단지 필적이 비슷하다는 이유에서였는데 진범이 따로 있음이 밝혀졌는데도 불구하고 프랑스 군사법원은 드레퓌스의 유죄를 고집했다. 그러나 문호 에밀 졸라의 '나는 고발한다'는 기고문이 신문에 실리면서 사건의 진실이 드러났고 12년 후인 1906년 7월에 드레퓌스는 마침내 무죄를 선고받아 누명을 벗었다. 집단적 인종편견의 희생양이 될 뻔했던 드레퓌스를 구해낸 프랑스 지식인들의 저항은 지식인의 양심을 대변하는 상징적인 사건으로 남아있다.

12월 22일, 1993년

백제 금동대향로 발굴

1993년 12월 22일 충남 부여군 능산리 고분군에서 71년 무령왕릉 발굴 이후 백제 미술사와 고고학의 최대 성과로 일컬어지는 백제 금동대향로가 발굴됐다. 향로는 높이 64cm, 무게 11.8kg으로 뚜껑손잡이, 뚜껑, 몸체, 받침대 등 4부분으로 구성되어 있다. 뚜껑에는 신선의 세계를 나타내는 무수한 그림이 새겨져있어 도교풍이고 몸체는 연꽃잎에 많은 동물이 보이는 불교적 이미지다. 받침대의 용과 뚜껑손잡이의 봉황은 마치 금방이라도 날아오르려는 듯한 극적인 동세를 드러낸다. 형태의 아름다움뿐만 아니라 뚜껑에 있는 12개의 구멍으로 향이 피어오르게끔 디자인된 실용성도 뛰어나다. 오늘날에도 재현하기 힘들 정도로 정교한 이 향로는 약 1400년 전인 6세기 후반 위덕왕 때의 유물로 추정된다.

12월 22일, 1522년

술레이만 1세, 로도스 섬 함락

1522년 12월 22일 오스만튀르크의 술탄 술레이만 1세가 동지중해의 작은 섬 로도스를 점령했다. 700여 명의 성요한 기사단을 포함한 6500여 명의 기독교 주민들이 10만 명이 넘는 오스만튀르크 군대에 맞선 지 5개월 만에 항복한 것이다. 술탄 술레이만 1세가 기사와 주민들의 신변과 신앙의 자유를 보장하는 파격적인 대우를 내세운 덕분이었다. 이 로도스섬 공방전은 번영하던 이탈리아 도시국가들이 몰락하고 스페인 · 프랑스 · 영국이 유럽의 새로운 권력자로 떠오르는 근대로의 전환을 보여주는 상징적 사건이었다.

12월 23일, 1888년

고흐, 자신의 귀를자르다

1888년 12월 23일 오늘, 프랑스 아를에서 그림을 그리던 네덜란드 출신의 화가, 빈센트 반 고흐가 자신의 귀를 면도칼로 자르고 말았다. 함께 생활하며 그림을 그리던 동료화가 고갱이 아틀리에를 떠나겠다는 말에 화가 난 나머지 저질렀던 일이다. 고갱과는 기질도 화풍도 너무나 달랐고 정신병 증세가 나타나기 시작한 고흐는 자신을 억제하지 못했다.불과 2년 후 끝내 고흐는 권총으로 자신을 쏘고 만다.

12월 23일, 1972년

박정희, 제8대 대통령에 당선

1972년 12월 23일 서울 장충체육관에서 치러진 제8대 대통령 선거에서 단독후보로 출마한 박정희 현직 대통령이 당선됐다. 자신의 집권 연장용 조직체인 통일주체국민회의 대의원 2359명 전원이 투표한 선거에서 박정희는 무효표 2표를 제외한 2357표를 얻어 99.9% 이상의 경이로운(?) 득표율로 승리를 거둔 것이다. 경쟁 후보도 없고, 선거운동도 없으며, 부정선거 시비가 일 염려도 없는 이 체육관 선거는 그해 10월 17일에 발동한 이른바 10월유신이라는 독재체제 아래서 치러져 박정희는 4선 대통령에 취임했고 임기도 4년에서 6년으로 늘어났다. 하지만 이후에 만 7년간 이어진 독재정치시기에 그가 주도한 경제 산업은 비약적인 발전을 이루어 경제발전 모델에서 그의 추진력과 비견될 대통령은 드물다고 말해진다.

12월 23일, 1948년

일본 A급 전범 도조 처형

1948년 12월 23일 일본의 군인이자 정치가인 도조 히데키를 포함한 7명의 A급 전범이 도쿄의 스가모 형무소에서 교수형에 처해졌다. 진주만의 미군 기지를 기습 공격해 태평양 전쟁을 일으켰고 미국, 영국, 프랑스, 네덜란드의 영토를 침략했으며 전쟁포로를 학대·처형했다는 죄목이었다. 패전이 가까워지면서 모든 공직에서 물러났고 종전 뒤에는 자살을 기도했으나 미수에 그친 도조는 A급 전범자로 극동 국제군사재판에 회부돼 64세의 나이에 교수대에서 생을 마쳤다.

12월 24일, 1818년

캐럴 '고요한 밤 거룩한 밤' 탄생

오스트리아 잘츠부르크 부근의 작은 마을 오베른도르프. 1818년 성탄 전야에 이 마을의 성 니콜라스 성당 미사에서 부사제 요제프 모어가 노랫말을 짓고 성당의 오르간 주자 프란츠 그루버가 곡을 붙인 '고요한 밤 거룩한 밤'이 첫 선을 보였다. 이 곡은 성당의 오르간이 고장나 오르간대신 기타 반주에 2명의 솔로와 성가대원의 후렴을 더한 합창곡으로, 하룻밤 사이에 만들어진 노래다. 이듬해 오르간을 고치려 니콜라스 교회를 찾은 오르간 수리공을 통해 오스트리아는 물론 독일로, 미국으로 퍼져간 이 곡은 현재 130개 언어, 193개 버전으로 번역돼 성탄절을 즈음한 지구촌 어디서나 들을 수 있는 '세계인의 캐럴'이 됐다.

12월 25일, 336년

크리스마스 축제 시작

예수 그리스도의 탄생을 기념하는 크리스마스 축제가 336년 12월 25일 로마에서 시작됐다. 예수의 탄생 시기는 정확히 알 수 없으며 로마 제국의 동방 지역에서는 원래 1월 6일을 그리스도 탄생 축하일로 지켰으나, 4세기부터 12월 25일로 바꾸어 기념하기 시작했다. 크리스마스이브에 벽난로에 때는 장작과 크리스마스 케이크, 푸른 전나무, 선물과 인사 등이 이 축일을 기념하는 상징이 됐다.

12월 26일, 1893년

공산혁명가 마오쩌둥 출생

1893년 12월 26일 중국 후난성 샹탄현 사오산 마을의 한 농가에서 중화인민공화국을 수립한 마오쩌둥이 태어났다. 청나라가 멸망하고 볼셰비키 혁명으로 소련이 수립되는 격변기에 엄청난 독서로 중국의 모순을 매서운 눈으로 직시하던 청년 마오쩌둥은 중국공산당 창당의 일원이 되었고 일본의 패망 후 국민당을 몰아내고 마침내 중화인민공화국을 수립했다. 하지만 대약진운동의 실패로 경제가 파탄나고 문화혁명이 유례없는 광기로 치달아 위대한 유토피아의 꿈은 파멸로 끝이 났다.

12월 27일, 1831년

찰스 다윈, 비글호 항해 출발

1831년 12월 27일 영국 폴리머츠항에서 해군 측량선 비글호가 남미와 태평양의 지질과 해역 탐사를 위해 출항했다. 이 배에 22세의 젊은 박물학자 찰스 다윈이 타고 있었고 갈라파고스 제도 등을 5년 간 탐구하고 수집한 그는 '비글호 항해기'를 집필했다. 다윈은 이때 얻은 경험과 지식으로 연구를 거듭해 엄청난 반향을 불러일으킬 진화론을 확립하고 세기적 저작인 '종의 기원'을 발표했다.

12월 28일, 1895년

뤼미에르 형제, 세계 최초의 영화 상영

1895년 12월 28일 프랑스 발명가 뤼미에르 형제가 최초의 유료 영화를 대중에게 공개했다. 파리의 한 살롱에서 1프랑의 입장료를 받고 상영한 짧은 다큐영화 10여 편이었는데 관객의 반응은 폭발적이었다. 뤼미에르 형제는 '시네마토그라프'라는 영화 카메라 겸 영사기를 발명한 선구적인 제작가들로, 이후 20년간 무려 400편의 영화를 만들었지만 흥행에는 소질이 없어 나중엔 영화에서 손을 떼고 사진에 전념했다.

시네마토그라프

760

12월 28일, 1973년

러시아 작가 솔제니친의 소설 '수용소 군도' 출간

제2차 세계대전에 참가 중 스탈린을 비판한 글 때문에 체포돼 강제수용소에서 8년을 보낸 알렉산드르 솔제니친은 스탈린의 피의 숙청과 희생자들의 유형지 생활을 엮은 '수용소 군도'로 1970년 노벨문학상을 받았다. 67년에 이미 비밀리에 집필했던 이 작품이 73년 12월 28일에서야 프랑스 파리에서 정식으로 출간됐다. 그러나 이 책으로 인해 솔제니친은 반역죄로 몰려 체포됐고 이듬해 사형 선고를 받았다. 소련 정부는 그의 시민권을 박탈하고 추방했고 솔제니친은 미국에서 20년간 망명생활에 들어가 '수용소 군도' 2부와 3부는 이 시기 미국에서 출판됐다. 94년 그리던 조국 러시아로 돌아간 후에도 비타협 정신으로 문학과 조국에 대한 사랑으로 한평생을 살아 러시아의 살아있는 양심으로 불렸던 솔제니친은 2008년 심장마비로 세상을 떠났다. 그 밖의 주요 저서로 '이반 데니소비치의 하루' '암병동' 등이 있다.

12월 29일, 2003년

사이클 영웅 암스트롱 '올해의 선수' 2연패

인간승리의 표본인 '사이클 황제' 랜스 암스트롱(미국)이 2003년 12월 29일 2년 연속 AP통신 선정 '올해의 남자선수'에 올랐다. 암스트롱은 생존율 50%의 고환암을 불굴의 의지로 극복하고 1999년부터 세계 최고 권위의 사이클 대회인 투르 드 프랑스를 5년 연속 제패한 인간승리의 주인공이다. 그러나 2012년 8월 미국 반도핑기구는 암스트롱이 약물을 복용했다고 결론을 내렸고 그는 모든 수상 실적과 상금을 박탈당하고, 선수와 코치 활동도 금지됐다.

12월 29일, 1926년

서정시인 릴케 사망

'주여, 때가 왔습니다. 여름은 참으로 위대했습니다'. 시인 라이너 마리아 릴케가 1926년 12월 29일 향년 51세로 숨을 거뒀다. 지병인 백혈병 탓이었다. 장미꽃을 꺾다 가시에 찔려 죽었다는 일화는 사실이 아니다. 1875년 옛 오스트리아령에서 태어난 릴케는 독일의 서정시를 완성했다는 평가를 받은 20세기 최고의 서정 시인이었다. 18세에 첫 시집을 내며 시인의 길로 나선지 3년 후 열네 살 연상의 루 살로메를 만나면서 그의 삶과 시에도 큰 변화가 찾아왔다. 빼어난 미모와 지성을 갖춘 살로메와 함께한 러시아 여행에서 강한 시적 자극을 받았던 릴케는 유럽 전역을 떠돌다 말년을 스위스에서 보내던 중 숨졌다. 소설 '말테의 수기'와 시집 '두이노의 비가' 등이 대표작이다.

12월 29일, 1890년

미국 제7기병대, 인디언 대학살

1890년 12월 29일 미국 사우스다코다주 운디드니 언덕에서 미국 제7기병대가 수 부족 인디언을 무차별 학살했다. 기병대원 500여 명은 수 족을 무장해제 하던 중 한 명의 수 족 용사가 칼을 놓지 않는다는 이유로 총격을 가해 여성과 어린이를 포함 200명 이상의 수 족을 죽이는 만행을 저지른 것이다. 이 사건 이후 인디언은 더 이상 백인에게 저항하지 못하고 정복되었다.

12월 30일, 1916년

괴승 라스푸틴 암살

독이 든 빵과 포도주를 먹고도 끄떡없던 러시아의 수도승 라스푸틴이 1916년 12월 30일 총에 난사당하고 은촛대로 머리를 강타당한 뒤 밧줄로 몸이 묶인 채 네바 강에 던져져 마침내 살해됐다. 혈우병을 앓던 러시아의 황제 니콜라이 2세의 황태자를 기도로써 치유한 라스푸틴은 황제와 황후의 신임을 등에 업고 내정에 간섭하고 뇌물을 받았으며 반대파를 가차 없이 숙청했다. 게다가 진료와 신앙을 구실로 수많은 여성들과 육체관계를 맺는 방탕한 짓을 서슴지 않아 황족과 귀족의 격분을 샀다. 가난한 농민들에게 성자라 칭송받았던 수도승 라스푸틴은 결국 극우파 귀족들과 황제의 조카 유스포프 공에게 암살당한 것이다. 그가 죽은 지 두 달 후 러시아 혁명이 일어나 왕조도 무너지고 말았다.

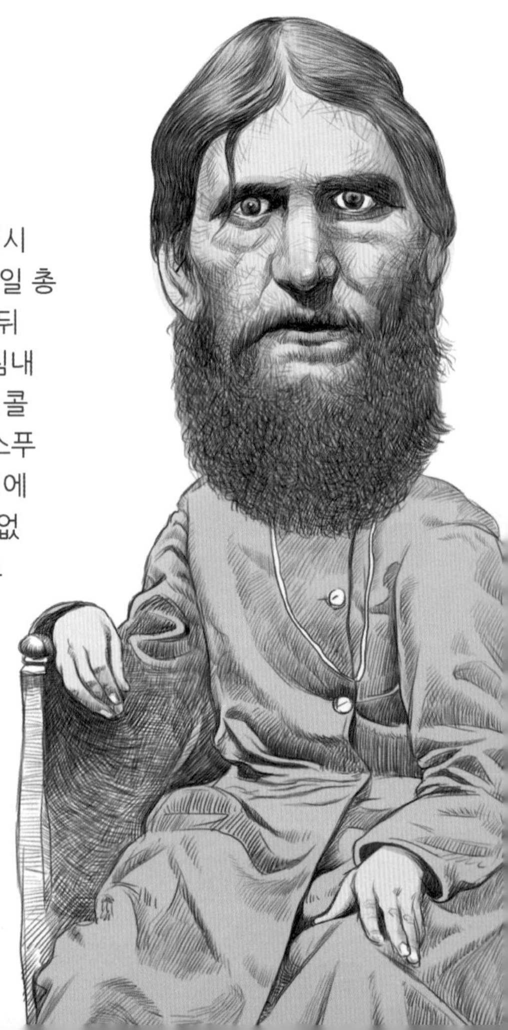

12월 30일, 1917년

시인 윤동주 태어나다

1917년 12월 30일 독립운동가이자
시인인 윤동주가 태어났다.

서시

죽는 날까지 하늘을 우러러
한 점 부끄럼 없기를
잎새에 이는 바람에도
나는 괴로워했다

별을 노래하는 마음으로
모든 죽어가는 것들을 사랑해야지
그리고 나에게 주어진 길을 걸어가야겠다.

오늘 밤에도 별이 바람에 스치운다.

12월 31일

소녀, 웃음을 머금고 잠들다

"그 날은 아주 추운 날이었습니다. 눈이 펄펄 내리고 있었고 주위는 이미 어두워지고 있었습니다. 그 날은 일년 가운데 가장 마지막 날인 섣달 그믐날 밤이었습니다. 춥고 어두운 밤길을 허름한 옷차림을 한 어린 소녀 하나가 모자도 쓰지 않고 구두도 신지 않은 맨발로 걸어가고 있었습니다"

안데르센의 〈성냥팔이 소녀〉 중에서

12월 31일, 1991년

소련연방 해체

1991년 12월 31일 동서 양극체제의 한 축을 담당하면서 미국과 함께 20세기 세계사를 주도해 온 소비에트사회주의 공화국연방(소련)이 해체됐다. 90년대 들어 급진적 개혁을 반대하는 소련 공산당내 강경파들의 쿠데타를 진압한 보리스 옐친 러시아 대통령이 느슨한 연맹체를 구성한다고 발표해, 발트 3국을 제외한 12개 독립 공화국은 92년 1월 1일을 기해 독립국가연합을 구성했다. 이로써 자본주의는 자체 모순으로 붕괴되고 필연적으로 공산사회가 도래할 것이라는 공산주의자들의 꿈은 깨졌다. 1917년 볼셰비키 혁명 이후 74년 동안의 소련 실험은 실패로 끝난 것이다.

12월 31일, 1995년

최고 칭기즈칸, 최악 히틀러

1995년 12월 31일 미국의 워싱턴포스트 지는 서기 1000년부터 1천여 년 동안 역사상 최고와 최악을 각 분야에서 선정, 발표했다. 인류 역사상 최고의 인물은 칭기즈칸, 최악의 인물은 히틀러. 최고의 여배우는 그레타 가르보, 성악가는 카루소, 최고의 천재는 세익스피어, 작곡은 모차르트의 '피가로의 결혼', 과학자는 아인슈타인, 최대의 실수는 나폴레옹과 히틀러의 러시아 침공 등으로 기록했다.